中华传世藏书 【图文珍藏版】

王阳明全集

〔明〕王阳明⊙原著　马昊宸⊙主编

线装书局

心存一份豁达，才能放下怨恨

如今于凡忿懥等件，只是个物来顺应，不要着一分意思，便心体廓然大公，得其本体之正了。

——《传习录》

【鉴赏】

心狭为祸之根，心旷为福之门。心胸狭隘的人，只会将自己局限在狭小的空间里，郁郁寡欢；而心胸宽广的人，他的世界会比别人更加开阔。

心胸狭隘之人，往往放不下对曾经伤害过自己的人的怨恨。在生活中，很多人都曾因为情感纠葛、诽谤中伤或竞争对手的打击而深受伤害，心中的伤口久久不能愈合，耿耿于怀，痛恨那些伤害过自己的人。其实，怨恨不仅不能缓解心中的伤痛，大多数情况下也不能对对方造成影响，仅有的用处，便是伤害自己、折磨自己。怨恨就像一个不断扩大的肿瘤，挤压着生活中的快乐神经，使人们失去欢笑，整日愁容。更有甚者，因为放不下心中的怨恨，将报仇作为生存下去的唯一信念，可悲可叹。

《传习录》中记载，有人就"有所怨恨"一说向王阳明请教。先生指出："像怨恨等情绪，人的心中怎么会没有呢？只是一点也不可以有罢了。当人怨恨时，即使是多想了一点，怨恨也会过度，这样就不是心胸宽广无私了。因此，有所怨恨，心就难以保持正直。如今，对于怨恨等情绪，只要顺其自然，心中不存一分在意，那么心胸自然会宽广无私，从而实现本体的中正平和了。"

心胸狭隘之人，容不得别人比他好，猜忌心重，为芝麻绿豆的小事都能折腾好几天，只因为触碰到了他的利益。与放不下心中的怨恨的人相比，这样的人对自己的伤害更大。因为他的心胸狭隘，身边的人难以与之深交，基本的友好关系和信任感无法建立，除非靠强权压迫或金钱利诱，否则得不到半点发展的机会。历史上不乏由于昏君佞臣的猜忌而令无数功勋卓著的开国功臣走上断头台的例子。

心胸狭隘会给人带来无穷祸患，而心胸宽广则能解决人与人之间的纷争，慰藉心灵。无论是为了个人的身心健康，还是为了在纷繁复杂的现代社会中争取到发展的机会，都应以宽广的胸怀待人处世。只有时刻保持宽广的胸怀，心存一份豁达，才能放下怨恨，重展笑颜，才能感受到他人对自己的尊重，共同进步。也许在你不经意的时候，心中的豁达就能为你带来意想不到的收获。

赵王有个卫兵，名叫少室周。少室周力大无比，在一次比武会上，有五个士兵搏击少室周一人，结果都被少室周摔倒在地。少室周因此得到赵王的赏识并被任命为贴身卫兵。

没过多久，一个叫徐子的人找上门，要与少室周比试摔跤。结果是少室周连输三回。少室周满面羞愧地将徐子带到赵王跟前，对赵王说："请您用他当您的卫兵吧。"

赵王很奇怪，问道："先生的勇武名震四方，很多人都想取代你，为什么你要推荐他呢，我并没有这样要求你呀？"

少室周回答道："您当年是看我力气大，才让我当卫兵的。如今，有了比我力气大的人，如果我不推荐他，天下好汉会嘲笑我的。"

赵王很钦佩少室周的胸怀宽广，最后，让他们两人都当了自己的贴身保卫。

豁达是一种修养，也是衡量一个人层次高低的标准。正所谓"牢骚太多防肠断，风物长宜放眼量"。如果我们凡事都喜欢斤斤计较，终日锱铢必较，久而久之，不但心胸变得狭窄，而且常常对别人产生嫉妒和愤恨，对于身心都是一种莫大的伤害。

只有敞开胸怀，才不会被俗世尘埃所扰，才能安心地关注当下，保证身心的纯净。只有做到待人处世不胡乱猜忌，面对摩擦和误会能放下心中的愤恨，心胸宽广坦荡，不以世俗荣辱为念，不为世俗荣辱所累，不为凡尘琐事所扰，不为痛苦烦闷所惊，才能包容万物、容纳太虚，才能活得轻松潇洒、舒心自在。

心有多大，世界就有多大。王阳明讲，不要着一分意思，就是要开阔胸怀。在他看来，这是一种宠辱不惊、笑看庭前花开花落的人生态度；是一种骤然临之而不惊、无故加之而不怒的智慧和淡定。天地何其广阔，拥有宽广的胸怀，我们便能在其中自由地翱翔。

安贫乐道，独守内心的清净

昔孔子欲居九夷，人以为陋。孔子曰："君子居之，何陋之有？"守仁以罪谪龙场。龙场，古夷蔡之外，于今为要绥，而习类尚因其故。人皆以予自上国往，将陋其地，弗能居也。而予处之旬月，安而乐之，求其所谓甚陋者而莫得。

——《传习录》

【鉴赏】

王阳明在被贬到偏远的龙场后，并未因当地生活条件的艰苦而痛苦不堪，反而以此为乐，正如他自己在《何陋轩记》中写的那样："孔子当初想居住在九夷，弟子们都认为九夷环境太简陋了，不宜居住。孔子却认为，君子居住在那个地方，用君子之风去影响当地的人们，就会将文化传播到那里，改变那里的习俗，哪里还会简陋呢？我（王阳明）因为犯了错误而被贬到龙场驿站来，这里在古代虽是蛮荒之地，在今天却成为政府安抚少数民族的重点地区，只是生活条件依旧很落后。人们都以为我这从繁华的大都市来的人难以在这简陋的地方居住，然而，我在这简陋的环境里安然处之，以苦为乐。"

据当时随同王阳明前往的弟子说，龙场简直就是野生动物园：毒蛇遍地，野兽奔走，在路上行走，一不小心就会踩到蛇的尾巴。每天早上醒来，由于山中的空气夹杂着毒气，常使人感到胸闷、头痛欲裂；且山中大雾弥漫，很难看清道路，行走时一不小心就会摔得头破血流。更糟糕的是，因为龙场驿站年久失修，已经没有房子可供居住，王阳明和弟子们为房子问题费了不少心思。他们先是搭了一个茅草棚栖身，但考虑到易受野兽袭击，就又选了个山洞住下，但山洞阴冷潮湿，王阳明的随从们都病了。

即使在这样恶劣的环境里，王阳明仍然十分乐观，他不仅将居住的山洞命名为"阳明小洞天"，还亲自劈柴火、打水、煮粥，喂生病的随从吃，还为他们唱家乡小调、讲故事，以抚慰他们低落的心情，对随从病中的小脾气也是百般容忍。此外，他还积极与当地居民互通有无：他教当地居民打土坯，用木头建房子；当地居民则教他种粮食，还到山里砍伐木材帮他搭建了几间房屋，王阳明将其命名为"龙冈书院"，后来又有了"宾阳堂""何陋轩""君子亭"等建筑，成为王阳明龙场开悟、讲学的重要场所。

《后汉书·杨彪传》中谈道："安贫乐道，恬于进取，三辅诸儒莫不慕。"意思是说人们要能安于贫穷困苦，并且以坚持自己的信念、理想为乐。正是凭借"安贫乐道"的精神，王阳明才没有萎靡堕落，反而在悟道讲学中，开创了心学。

在王阳明看来，安于贫困生活，以学习和掌握圣人之道为乐，不被现实与名利所扰，便会找到自己的人生意义，这与佛家的持戒之道是一脉相通的。明代施惠在《幽闺记·士女随迁》中说："乐道安贫巨儒，磋怨是何如，但孜孜有志效鸿鹄。"如果沉浸在世俗名利中不能自拔，一心追求欲望的满足，那还不如在宁静的海边享受简单的幸福。著名学者梁实秋在《雅舍小品·图章》中也说："安贫乐道的精神之可贵，更难于用三言两语向唯功利是图的人解释清楚。"

总之，能够安贫乐道，独守内心的清净，是修行的一种境界。若做人也能够如此，则必将有所收获。

心如明镜，才能随时而变

圣人遇此时，方有此事。只怕镜不明，不怕物来不能照。讲求事变，亦是照时事，然学者却须先有个明的工夫。学者惟患此心之未能明，不患事变之不能尽。

——《传习录》

【鉴赏】

问："圣人应变不穷，莫亦是预先讲求否？"

先生曰："如何讲求得许多？圣人之心如明镜，只是一个明，则随感而应，无物不照。未有已往之形尚在，未照之形先具者。"

陆澄问："圣人能够应变无穷，莫非是预先研究探求过？"王阳明回答说："圣人也是人，如何能研究得那么多？只是圣人的心如同明镜，明明朗朗，能随着自己的感受而灵活自如地应对事物，什么东西来到面前，都如实地映照出来。没有已过去的事物尚停留在心中、还没到来的事物预先存储在心中的情况。"

王阳明认为，人只有认识了自己，心灵超然自在，才能在处理各种事务时优游自如，从容不迫，应变无穷。

在今天这个信息量空前爆炸、日趋快节奏生活的时代，我们更需要以这种"心如明镜"的心态来应对，这样才会生活得更轻松快乐一点。

现在社会上越来越激烈的竞争，让每一个人都感受到了前所未有的生存压力，我们拼命地努力，步伐越来越快。尽管我们被过快的生活节奏压得喘不过气，但就是不愿稍微放慢一点脚步，我们已失去了等待的耐心。

然而，事物的发展规律是不以我们个人的意志为转移的。尽管我们想快，但如果总是保持一种急躁的心理，我们就失去了冷静处理事情的能力，就会感觉不到快乐，就会以更糟的心情来对待生活。而这种消极、负面的情绪，只能带来低下的工作效率，令我们迎来更多的失败和不幸。试想一下，当我们饱受失眠的困扰，当我们精神涣散、心情浮躁时，我们能有多少把握做好当前的事情呢？

精神上的压力，对于身心健康的损害是非常大的，压力长久地盘踞在心头，轻则使人情绪浮躁，遇事控制不住自己；重则会使人患上抑郁症，进而危及生命安全。

在这种情况下，我们不能再永无休止地给自己加压了，因为人的心所能承受的压力也是有一定限度的，如果超过了这个限度，人的精神就容易崩溃，引发我们所不愿看到的后果。

其实生命说到底就是一个过程，也是一个追求心灵快乐与幸福的过程，如果人生中只剩下对物质欲望的追求，活得没有一点幸福感，实在是一件悲哀的事情。

美国密西西比大学社会学家卡尔·里夫金考察中国后深有感触地说："中国人活得太累了，他们的人生只有两个词，成功和拼搏……我很奇怪，他们连快乐都感受不到，却想追求幸福。"令人感到讽刺的是，我们在追求真正的快乐和成功的时候，却正在与快乐和成功擦肩而过。

幸运的是，我们可以选择另外一种工作和生活的方式，就是把心灵的档次提升一个层次。在现实生活中，面对似乎已超出个人承受能力的繁重生活和工作，我们应该暂时放慢忙碌前进的脚步，从一个全新的角度去认识自己，改变自己，让心灵得到升华，这样才能游刃有余地应对空前强大的生活压力。

因为我们的心灵本来有着惊人的洞察力和睿智，在没有外物干扰、宁静平和的情况下，它能以更高的效率、更正确的方式来应对所遇到的一切事情。

为了达到这个目标，这就要求我们每天抽一点时间出来反躬自省，与自己的内心多沟通、交流，那样我们就会多一分宁静和洒脱的心态，洞察力、智慧和能力也就会随之而浮现出来。

俗话说："一天之计在于晨。"清晨是一天中最重要的时刻，这个头开好了，一整天都会很顺利。早上起来时，暂时不要做什么，就那么静静地坐着，尽量放松全身，深长自然地呼吸，想象自己正坐在景色优美的大海边，一切思绪随风远去，整个意识停驻在身内的心窝那个地方，静静地观察自己的身体作为一个纯粹存在的客体……慢慢地，会感觉内心越来越宁静，意识好像与周围的环境融为了一体，进入了一种能自己掌握自己、不受任何事物干扰的美好状态。

就这样坐 5 ~ 10 分钟，当你从这种宁静的状态中出来时，告诉自己："我一整天都能像这样保持冷静。"这样，你就能把大脑中的思想与内心中的宁静深深地联系起来。然后，你就可以带着自信、放松的心情开始这一天的生活了。

在做每件事时，都要回想一下早上所体验到的那种状态。如此练习所带来的好处，是你难以想象的，它能让你更清晰地认识自己的本性，在错综复杂的环境中，也不会迷失自我，保持必要的冷静和放松。

如果我们能像明镜照物一样，事情来了就处理，事情过后就放下，那我们就能这样游刃有余地应付各种事情或问题。

要想得到快乐和幸福，也就在我们的一念之间。我们把自我放下来了，不再去攀比和计较什么，心灵进入一种宁静从容的境界，这样才能使我们获得一种持久的、真正的快乐和幸福。

而只有带着快乐的心情去做事，才可以获得更高的工作效率，为实现自我的人生价值打下基础。

心不妄动，获得悠然自在

你未看此花时，此花与汝同归于寂；你既来看此花，则此花颜色一时明白起来，便知此花不在你心之外。

——《传习录》

【鉴赏】

我们每个人的心中都难免有理性和情绪上的斗争。这种"心、意、识"自讼的状态就叫作"心兵"。普通人心中随时都在打内战，如果妄念不生，止水澄波，心兵永息，自然天下太平。

"我不看花时，花与我心同寂。我看花时，花的颜色一时明白起来，便知此花不在我心之外。"王阳明认为外物之所以存在，是因为心的存在。所以在面对人生中的诸多沉浮时，我们大可不必左右摇摆之，而是要以一种从容淡定的心情去对待之，并借此来修炼自己的心灵，达到不动心的境界，以获得一个悠然自在的人生。

从容淡定，是一种活法，一番境界。有一则有趣的笑话，下雨了，大家都匆匆忙忙往前跑，唯有一人神态悠然，在雨中踱步，旁边大步流星跑过的人十分不解："你怎么不快跑？"此人缓缓答道："急什么，前面不也在下雨吗？"

当人们在面临风雨匆忙奔跑之时，那个淡然安定欣赏雨景的人，正是深谙从容的生活智慧。在现代都市竞争的人性丛林中，从容淡定是一种难以达到的大境界，别人都在杞人忧天、慌不择路，只有他镇定从容。正如一首耳熟能详的歌中唱的那样："曾经在幽幽暗暗反反复复中追问，才知道平平淡淡从从容容才是真。"

黄帝做了十九年天子，诏令通行天下，听说广成子居住在崆峒山上，特意前往拜见他。

黄帝见到广成子后说："我听说先生已经通晓至道，冒昧地请教至道的精华。我一心想获取天地的灵气，用来帮助五谷生长，用来养育百姓。我还希望能主宰阴阳，从而使众多生灵遂心地成长，对此我将怎么办？"

广成子回答说："你所想问的，是万事万物的根本；你所想主宰的，是万事万物的残留。自从你治理天下，天上的云气不等到聚集就下起雨来，地上的草木不等到枯黄就飘落凋零，太阳和月亮的光亮也渐渐地晦暗下来。然而谗谄的小人心地是那么褊狭和恶劣，又怎么能够谈论大道！"

黄帝听了这一席话便退了回来，弃置朝政，筑起清心寂智的静室，铺着洁白的茅草，谢绝交往，独居三月，再次前往求教。

广成子头朝南躺着，黄帝则顺着下方，双膝着地匍匐向前，叩头着地行了大礼后问道："听说先生已经通晓至道，冒昧地请教，修养自身怎么样才能活得长久？"

广成子急速地挺身而起，说："问得好啊！来，我告诉给你至道。至道的精髓，幽深邈远；至道的至极，晦暗沉寂。什么也不看，什么也不听，持守精神，保持宁静，形体自然顺应正道。一定要保持宁寂和清静，不要使身形疲累劳苦，不要使精神动荡恍惚，这样就可以长生。眼睛什么也没看见，耳朵什么也没听到，内心什么也不知晓，这样你的精神定能持守你的形体，形体也就长生。小心谨慎地摒除一切思虑，封闭起对外的一切感官，智巧太盛定然招致败亡。我帮助你达到最光明的境地，直达那

广成子

阳气的本原。我帮助趣入幽深渺远的大门，直达那阴气的本原。天和地都各有主宰，阴和阳都各有府藏，谨慎地守护你的身形，万物将会自然地成长。我持守着浑一的大道而又处于阴阳二气调谐的境界，所以我修身至今已经一千二百年，而我的身形还从不曾有过衰老。"

黄帝再次行了大礼叩头至地说："先生真可说是跟自然混而为一了！"

广成子主要说的是怎样才能求得道，我们却可以从中体悟到"静"的作用，每个人想要得到幸福，都要保持自己心灵的平静，按住心兵不动。

王维诗云：

人闲桂花落，夜静春山空。

月出惊山鸟，时鸣春涧中。

诗描写的不仅是美丽的自然，也是诗人生命的美。如果一个人在喧闹的都市中，仍保持一颗清静无为的心，就能像王维那样体验到生命中蕴含

着的花落、月出、鸟鸣的美丽，就能拥有一个诗意的幸福人生。

从容不动心，能够让你在车马喧嚣之中多一分理性，在名利劳形之中多一分清醒，在奔波挣扎中多一分尊严，在困顿坎坷中多一分主动。从容是一种处世泰然，是一种宠辱不惊；从容是以一颗平常心接受着现实的凝重、琐碎、磨难甚至屈辱。

王阳明一再强调"心外无物""心外无理"，他声称心是万物的主宰，一切都源于心，心是灵活多变的，你需要学会掌控。所以，任何时候都不要让心兵慌乱，只需一种从容的淡定，一切便会豁然开朗。

面对失败，淡定是唯一的选择

譬如行路的人，遭一蹶跌，起来便走，不要欺人做那不曾跌倒的样子出来。

——《传习录》

【鉴赏】

王阳明认为，面对失败，要保持淡定，这就好像一个人在走路时突然摔了一跤，爬起来拍拍灰尘，检查身体没有摔伤后继续走路，而不要自欺欺人，装出没有摔倒的样子，更不要站在原地不敢动。

辉煌与低谷、成功与失败都只是人生的一段旅程。今天的辉煌不代表日后的成功，今天的失败也不能代表日后的低谷。正是一段段不同的旅程成就了此时此刻的我们，塑造着以后的我们。然而在低谷和辉煌、失败和成功转化的过程中，每一个转折都需要我们从容面对，淡然处之，勇敢继续下一段旅程。

贬谪龙场可以算得上是王阳明仕途生涯中的一次失败，但面对失败，他没有逃避，也没有自暴自弃，而是思考儒佛道思想，于艰难的生命波涛中寻找立身之本。他针对程朱理学越来越脱离人的生命而变得知识化、外在化的倾向，尤其是其未暴露出来的支离破碎的弊病，以更加简易直截的功夫与"先立乎其大"的入手方法，开辟了一条与程朱不同的成德之学，从而拓宽了主体自立自主的精神价值世界，展示了道德自律与人格挺立的实践精义及具体路径。正是因为王阳明淡定地面对自己的失败，学会从失败中汲取力量，才开创了心学。

每个人都可能面对失败。面对生活的如意或不如意，起决定作用的，并不是人生的际遇，而是思想的瞬间；成功或不成功，有时候也不是由个人的努力所决定，而是取决于意念的转换。当生活与感情皆陷入泥潭时，倘若连开启下一段旅程的勇气都没有了，那岂不是要陷在失败的泥潭中永远痛苦吗？

一个秀才模样的人悠闲地走在路上，这个秀才背着诗词，摇着脑袋，一脸惬意的模样。

秀才出门已经一年多了，他原先是进京赶考的，但是考场失利，名落孙山，他心情暗淡地度过了几个月的黑色时光，整日借酒消愁。两个月前，他和几个朋友共游，与一老者相谈，秀才倒出了心中的苦闷，老人听后，说道："昨天早上与你说话的第一个人是谁？"

秀才回道："这个已经忘了。"

"那明天你会遇到什么人？"

"这个我哪里知道，明天还没来。"

"此时此刻，你面前有谁？"

秀才愣了一下，说："我面前当然是您啊。"

老人轻轻点头道："昨天之事已经忘却，明日之事尚未到来，能把握的唯在此刻，你又何必对过去之事耿耿于怀？明天不可知，昨日已过去，不如放下挂念，平淡对之，你并没有失去什么，不过是重新开始。"

秀才瞪大双眼，等着老人继续说下去。

老人接着说道："既然是新的开始，又何来执着于以前？如潺潺溪水，偶被沙石所阻，但终究万里波涛始于点滴。你可明白了？"

秀才微笑着点点头，此刻的他，已经有了新的打算。在京城办完一些事情后，秀才告别朋友，踏上了回家的路途。他决定三年之后，再考一次。

常人说，害怕失败，是因为想得太多，想得太多是因为情绪太盛，秀才考场失利后顿觉颓唐，也是同样的道理。好在他及时醒悟——心境归于平淡，目标得以重新确立。在这个秀才身上，我们看到的并不是放弃后的心如止水，两眼迷离，而是再度追逐的豁然。因为这种豁然，他不再对过去的遗憾耿耿于怀，不再对未知的将来作不确定的畅想，心落在当下，即此时此刻需要做的事以及如何将其做好。

生命本是一段路，每一段旅程，都需要一个开始，都需要你自己去体验、去锻炼，去接受成功与失败。

事实上，成功者能够不断获取成功不在于他们有多么智慧，而是在于他们无论是成功或失败都敢于往前迈一步，哪怕只是小小的一步，都是离成功更近一步。王阳明之所以鼓励人们在摔跤后爬起来继续走，是因为他深知淡定地面对失败，是从失败走向成功的最快的方法。

淡泊名利

一切得丧荣辱，真如飘风之过耳，奚足以动吾一念？今日虽成此事功，亦不过一时良知之应迹，过眼变为浮云，已忘之矣！

——《王阳明全集》

【鉴赏】

对于王阳明来说，一切得失荣辱，就像那在耳旁飘过的疾风，怎么能干扰他一丝一毫呢？今天虽然立下了此等功绩，也不过是一时良知随机应对的事迹，过眼就会成为浮云，飘然而逝，他已经早就把它忘记了！

此语出于王阳明平定朱宸濠之乱后，在召集学生讲学时，对他们所说的一番话。在王阳明的心中，即使是那样的功绩也不过是过眼云烟，他淡泊的心志充分地说明了"富贵于我如浮云"，不要将个人的得失放在心上。其实在现在的生活中，随着社会的迅速发展、竞争的激烈，适者生存，很多人已经为了追逐名利不懂得淡泊是怎样的一种感受了。

王阳明的学生中，有个叫孟源的人，他总是自以为是、贪求虚名，并且屡教不改。王阳明每次都会批评他，有一天刚刚批评完他之后，有位朋友谈论他近来的功夫，请求王阳明的指点。王阳明在一旁还没等说话，孟源就在一边接着话茬说道："你这才捡了我过去的家当。"王阳明立即教诲他说："你看，你的老毛病又犯了。"孟源脸色立即羞怯而红了起来，正要为自己辩解，王阳明就立即说："你的老毛病又要犯了。"接着教导他说："这是你人生中的最大的缺点，打个比方来说，如果在一个一丈见方的地方种一棵大树，土地肥沃，雨露滋润只能对这棵大树的根供给营养，若在树的周围栽种一些优良的谷物，可是上有树叶遮住阳光，下被树根盘结，谷物而缺乏营养，它又怎么能生长成熟。所以只有砍断了这棵树，并且连它的根须都不留，这样才能够种植优良的谷物，否则，任你如何耕耘，也只是滋养大树的根，让它长得更加茂盛。"

满足于自己取得的成就的人，是不会有更大的进步的。孟源总是自以为是，自夸自大，其目的还是为了显示自己多么的厉害，但是王阳明是他的老师，从各方面来说都要胜于他，王阳明却很淡泊，不争不抢，不骄不躁，所以才成为一代大圣人。一味地追求名利，利欲熏心的人永远都是事与愿违。历史上那些淡泊名利的人却受人敬仰，供万代崇拜。

一味地追求所谓的虚名只会让自己失去更多，良好的品德不是追求出来的，而是需要你排除那些阻碍你的一些纷繁复杂的东西，才能够让你的心更加的淡然、纯净。心境真正淡泊的人才能更清楚地认识自我，才不会被一点眼前的利益得失迷惑双眼，从而才真正地把握了自己的命运。

东晋后期的大诗人陶渊明，他的曾祖父是赫赫有名的东晋大司马，他也算是名人之后，但陶渊明生性淡泊，在家境破落、入不敷出的情况下仍然沉醉于读书作诗。为了生存，陶渊明也去做过州里的小官，可由于看不惯官场上的那一套恶劣作风与尔虞我诈，不久便辞职回家了。后来，他还陆续做过一些地位不高的官职，过着时隐时仕的生活。陶渊明最后一次做官，是义熙元年。那一年已过"不惑之年"的陶渊明在朋友的劝说下，再次出任彭泽县令。一次，县里派督邮来了解情况。有人告诉陶渊明说："那是上面派下来的人，你应当穿戴整齐、恭恭敬敬地去迎接。"陶渊明听后长长叹了一口气："我不愿为了小小县令的五斗薪俸，就低声下气去向这些家伙献殷勤。"说完，就辞掉官职，回家去了。陶渊明当彭泽县令，不过八十多天。他这次弃职而去，便永远脱离了官场。此后，他一面读书为文，一面参加农业劳动，后来由于农田不断受灾，房屋又被火烧，家境越来越恶化。但他始终不愿再为官受禄，甚至连江州刺史送来的米和肉也坚拒不受。

陶渊明是后代很多大诗人的偶像，大诗人李白就很崇拜他，他的美名也是千古流传。陶渊明淡泊的心境以及他并不刻意地追求名与利，让他的事迹与诗文给后代留下了深远的影响。

焦灼和紧张的生活，很难让人静下心来观察一下浮华之下的真相，紧张的神经紧紧地绷着，从而影响了我们的正常思维、一味地乞求声名鹊起，羡慕豪宅名车，只会增加自己生命的负荷，加速心灵的浮躁与不安，最后被利益冲昏头脑。其实太过于急功近利往往欲速不达，倒不如放眼于自然，看看这庭外花开花落，安之若素，沉默从容。

爱慕虚荣是给自己准备的陷阱

世之人从其名之好也而竞以相高，从其利之好也而贪以相取，从其心意耳目之好也而诈以相欺，亦皆自以为"从吾所好"矣，而岂知吾之所谓真吾者乎！夫吾之所谓真吾者，良知之谓也。

——《传习录》

【鉴赏】

王阳明认为，世上的人都从自己的名声好，来互相竞争双方地位的高低，都从自己的利益出发而贪婪而互相索取，都从自己的实际需要和喜好来相互欺骗和隐瞒，也都自以为是遵从自己的爱好行事而已，又怎么会知道所谓真我呢！所谓的真我，就是良知。

在古代的历史中，很多人为了争名夺利而酿成了很多的悲剧。人们只是看到了虚名表面的风光无限，却不知道虚名背后隐藏着多少的辛酸和苦难。为了承受这些所谓的虚名，多少人背地里钩心斗角、自相残杀，多少人为虚名所累。而王阳明能够不争名夺利，在战功赫赫之时，主动让功，退居幕后，真正地做到了淡泊彻悟。

隋炀帝是一个特别虚荣浮夸的帝王，无论什么时候，都要讲究排场，他在端门街大陈摆戏，戏场方圆5000步，执丝竹的管弦乐队达到1.8万人，声闻数十里。戏乐自昏达旦，灯火照天地。

为了炫耀富足，隋炀帝请西域各族首领来洛阳观看百戏演出。各族首领请求允许西域商人入洛阳做买卖，隋炀帝答应了，忙令人装饰洛阳市容。城内外的树木都用丝帛缠绕，商人必须穿华丽的衣服，甚至卖菜的也要用精美的草席铺地。西域商人路过酒店饭馆，店主要热情邀请他们入座，醉饱出门，不许收取分文，还要说："中国丰饶，酒饭一律不要钱。"隋炀帝的虚荣浮夸并不能瞒骗远方的客人，西域的客人提出疑问："贵国也有穷人，衣不蔽体，为何不用丝帛给他们做衣服，而却用来缠树呢？"隋炀帝无话可讲。

有些人喜欢把自己的外表打扮得光鲜亮丽，实际上却缺少涵养。有些人过分追求名牌与奢侈品，为的就是得到别人给的"有钱人"或是"有品位的人"这个虚名称号。有一位著名的写手曾经说过这样一句话："你外表穿得有多高级，说明你的内心就有多空虚。"此话不假，有更多的人把自己的外表升级为了人格的升华，由于这种错误地看待问题的观点，导致其偏离了人生的轨道，在爱慕虚荣上达到了顶点。

王阳明少年的时候便受到父亲的耳濡目染，要通过科举考取功名。其实在古代，很多人都是通过科举来摆脱自己贫苦的命运。很多人为了考取功名，苦读数十载，甚至付出了一生。相比较之下，那个仅仅中了举人就发疯的范进让人感到可悲可叹。而王阳明虽然也受到科举的束缚，但是功名对于他来说无非就是一点点虚名而已，他通过读那些圣贤之书，把它们变成自己的道理，用来为百姓和当时的社会谋福利，也让未来的我们为其痴心研究。著名的哈佛大学教授杜维明说："21世纪将是王阳明的世纪。"他淡泊的高尚道德已经让自己成了圣人中的圣人，他抹去了自己心中要成名的心，不刻意追求利益和名声，却得到了别人处心积虑要得到的东西。

一位年轻的律师花了一笔资金装修他的事务所。他买了一架豪华的电话机做装饰。现在这架电话机正漂亮地摆在写字桌上亮相。秘书报告一个顾客来访，对于首位顾客，年轻律师按规矩让他在候客室等了一刻钟。而后让顾客进来时，律师拿起了电话筒，为了给客人更深的印象，他假装回答一通极为重要的电话："可敬的总经理，我已对他说了，我们只是彼此浪费时间罢了……当然，我知道，好的……如果您一定要坚持的话……可是您要明白，低于2000万我不能接受……好，我同意……以后再联络，再见。"他终于挂上了电话，面对那位顾客。而在门口站着不动的顾客好像非常尴尬。"请问您有什么事？"律师微笑着问这位局促不安的客人。客人犹豫了半晌，低声说："我是技术工人，公司派我来给你接电话线。"律师听到这句话后，面红耳赤。

爱慕虚荣不过是自己给自己准备的陷阱。文章中的律师之所以到最后面红耳赤得难以收场就是因为虚荣心太重，为了显示自己的生意有多好，有多忙，结果自己扇了自己的嘴巴。生活中很多时候都是这样的，徒有虚名的人往往难以进步。不要一味地自视过高，不要贪名夺利，着眼于现实，才能立于不败之地，才会得到真正想得到的东西。

古代的先哲们曾经说过："至人无己，神人无功，圣人无名。"事实上，很多贪慕虚荣的、急功近利的人往往得不到真正的名誉，正如沽名钓誉之徒得不到真正的快乐一样。其实人人都有欲望的心，都想过上完美幸福的生活，都想着要丰衣足食，其实这本是人之常情，也没有什么错的地方，但是倘若把这欲望转变成一种不正当的索取，变成一种无止境的贪婪，那么在欲望的支配下，我们不得不为了所谓的权力、欲望、金钱而失去理智，一味索取。

掌控心灵的密钥

既后读明道先生书曰："吾作字甚敬，非是要字好，只此是学。"既非要字好，又何学也？乃知古人随时随事只在心上学，此心精明，字好亦在其中矣。后与学者论格物，多举此为证。

——《年谱》

【鉴赏】

王阳明后来读到明道先生的书，也就是程颢的书，其中讲道："我写字的时候很恭敬，并不是要字写得好，只是这个恭敬的态度就是学习。"既然不是要字好，又为什么要去学呢？通过学习书法的例子，知道古人不论什么事情，随时都在心上学习，等到心精明透彻了，字自然也就写得好了。后来他与学生及朋友们讨论格物致知的学问时，经常举这个例子为证。

从王阳明这段"心上学"的论述中，我们不难发现，我们不仅可以洞悉快速学习技巧的奥秘，还可以发现其中包含了如何掌控人生的妙法。王阳明的一生历尽了坎坷与磨难，令人惊奇的是，他每次都能够临危不惧，变困境为顺境，这不是因为王阳明超自然而存活于世，而是因为他超级的耐力和自控力。面临那些苦难、困难，王阳明会调整自己的心态，不让环境的恶劣改变自己的心境，总是保持一种坦然淡定的状态。一片明净的心不被眼前的纷纷扰扰所打扰，那么必定也就会发现事物的发展规律，从而找到正确的应对方法，做出正确的选择。

苏格拉底搬进了一座大楼里。这座大楼有七层，他的家在最底层。底层在这座楼里环境是最差的，上面老是往下面泼污水，丢死老鼠、破鞋子、臭袜子和杂七杂八的脏东西，底层住的人很多都是愁眉不展。有个人看到苏格拉底一副自得其乐的样子，好奇地问："你住这样的房间，也感到高兴吗？"

"是呀！你不知道住一楼有多少妙处啊！比如，进门不用爬很高的楼梯；搬东西方便，不必花很大的劲；朋友来访容易，用不着一层楼一层楼地去叩门询问；特别让我满意的是，可以在空地上养一丛一丛的花，种一畦一畦的菜。这些乐趣呀，数之不尽啊！"苏格拉底情不自禁地说。

过了一年，苏格拉底把一层的房间让给了一位朋友，这位朋友家有一个偏瘫的老人，上下楼很不方便。他搬到了楼房的最高层第七层。可是他每天仍是快快乐乐的。有人看见了问："先生，住七层楼是不是也有许多好处呀？"苏格拉底说："是啊，好处可真不少呢！每天上下楼，这是很好的锻炼机会，有利于身体健康；光线好，看书写文章不伤眼睛；没有人在头顶干扰，白天黑夜都非常安静。"后来，那个人遇到苏格拉底的学生柏拉图，问道："你的老师总是那么快快乐乐，可我却感到，他每次所处的环境并不那么好呀。"柏拉图说："决定一个人心情的，不是在于环境，而在于心境。"

在工作中，平和、乐观的心态是最重要的。任何对客观环境的不满和怨天尤人都是无济于事的。只有以积极向上的精神去面对工作，才是解决问题的最佳方法。掌控心灵的密钥就是时刻保持乐观的心态、不争不抢的淡泊之心。一味地自怨自艾，杞人忧天，总不是解决事情的好办法。与其愁苦地生活，倒不如乐观地面对生活。

生活中的很多情趣来源于我们自己的内心，拥有财富的人有自己的乐趣，那么贫苦的人也有贫苦的快乐。我们的心灵决定我们想要的到底是什么。心灵就像一个弹力墙，当你把愤怒狠狠地砸向它的时候，它也往往会给你狠狠的一击。

一个年轻人在马上结婚的时候，被查出患有白血病。无边无际的绝望一下子笼罩了他的心，他觉得生活已经没有任何意义了，拒绝接受任何治疗。

一个深秋的夜晚，他从医院里逃出来，失落地在街上游荡。忽然，一首略带嘶哑又异常豪迈的乐曲吸引了他。他看了看，发现不远处，一位怀中挂着一面镜子的双目失明的老人正弹弄着一件磨得发亮的乐器。年轻人好奇地上前询问："对不起，打扰了，请问这镜子是你的吗？"

"是的。"

"可这面镜子对你有什么意义呢？"

"我希望有一天出现奇迹，并且也相信有朝一日我能用这面镜子看见自己的脸，因此不管到哪儿，不管什么时候我都带着它。这样可以感到生活是多么的美好。"白血病患者的心一下子被震撼了，一个盲人尚且如此热爱生活，而自己却对生活毫无信心。之后他很坦然地回到医院接受治疗，尽管每次化疗他都会感受到死去活来的痛楚，但从那以后他再也没有逃跑过。他坚强地忍受痛苦的治疗，终于出现了奇迹，他恢复了健康。

文章中的年轻人被盲人乐观的心态震撼了，终于重拾积极乐观的心态和屹立不倒的信念。生活中很多时候，都不是真的已经到了绝望透顶的边缘，很多时候都会有生存的转机。当你发现你眼前有一大片乌黑的影子时，那是因为阳光就在你的背后，你只需要一转身，生活便是灿烂无比。把握好自己的人生和命运，要有乐观和坚强的品质，因为乐观和坚强是掌管人生航向的舵手，是把握命运之船的动力桨。不要在痛苦的海水中沉溺。心灵的阳光与黑暗靠的是我们自己的态度，光明与黑暗也在于我们自己的选择，所以掌握心灵的密钥靠的是我们自己。

生死如同昼夜变化

萧惠问死生之道。

先生曰:"知昼夜即知死生。"

问昼夜之道。

曰:"知昼则知夜。"

曰:"昼亦有所不知乎?"

先生曰:"汝能知昼?懵懵而兴,蠢蠢而食,行不着,习不察,终日昏昏,只是梦昼。惟'息有养,瞬有存',此心惺惺明明,天理无一忌间断,才是能知昼。这便是天德,便是通乎昼夜之道而知,更有甚么死生?"

——《传习录》

【鉴赏】

萧惠向王阳明请教生死的道理。

王阳明回答说:"知道昼夜,就知道了生死。"

萧惠又请教昼夜的道理。

王阳明回答说:"懂得了白天,就懂得了黑夜。"

萧惠又问:"还有人会不懂得白天吗?"

王阳明回答说:"你能知道白昼吗?迷迷糊糊地起床,傻傻地吃饭,不明白为什么开始,习惯后也不知道为什么会是这样,整天都昏昏沉沉,只是像在做白日梦。只有时时不忘存养的功夫,使心变得清醒明白,天理也没有片刻的中断，才算是知道白天了。这就是天理，通晓了白天夜晚的道理，还会有什么生死之事弄不明白呢?"

在王阳明看来，生死就像昼夜交替一样平常。其实，早在两千五百多年前，孔子就曾望着奔流的江水喟然长叹："逝者如斯夫，不舍昼夜。"一语道破了时间的无限流逝和生命的不断消亡。生命在一呼一吸间延续，也在一呼一吸间消逝。

死亡是必然的，正如这个地球存在生命一样自然。当我们谈论生命的时候，往往将生命作为一个延续的过程来看待，一个人的寿命就是从出生到死亡这一段延续的时间。儿时的玩乐、在学校接受教育、成家立业、工作赚钱、和朋友交往，这些就是生命的过程。我们把时间分成一天、一个月、一年，然后累积起来就构成了生命的长短，直到死亡终止这一切。然而具有延续性的事物永远不可能自我更新，永远无法了解未知。活着的时候，生命是一个从不间断的延续的过程，过去的每一天都变成了已知。死亡是一个未知的事物，我们不可能通过已知的事物去了解未知的东西，因此活着的人永远无法得知死亡。

就像人的生命只有一次一样，每个人一生只能经历一次死亡。生命经过出生、成熟、生病、消耗、衰老，在每一瞬间都可能死去，因此死亡是每一个当下的活动。想要了解死亡的真相，我们就必须停止那种延续的运动。要想超越死亡的恐惧，为了新的诞生，必然要有终结。每一天的终结，无论是好日子还是坏日子，都可以称作死亡。如果每天都让昨天的记忆、快乐和悲哀死去，这样的头脑才是新鲜的、天真的。认为"昨日种种譬如昨日死"的人，就是超越了死亡。

我们更应该注意到：每天都有起始与终结，当今天走到尽头，它就什么也不是。我们必须现在就了解死亡，而不是明天。也就是说，每天都死去，以便来日有重生的可能。只有如此，一个人在活着的时候，才可能了解死亡。只有在这种死去里，在对延续的终结里，才会有重生，才会在自由中产生一种既有死亡又有生命的存在，才会有永恒的创造。

莫把生命看得太重

问《志士仁人》章。

先生曰："只为世上人都把生身命子看得太重，不问当死不当死，定要宛转委曲保全，以此把天理却丢去了，忍心害理，同者不为。若违了天理，便与禽兽无异，便偷生在世上百千年，也不过做了千百年的禽兽。学者要于此等处看得明白；比干、龙逢，只为也看得分明，所以能成就得他的仁。"

——《传习录》

【鉴赏】

有人向王阳明请教《论语》里《志士仁人》那一章。

王阳明回答说："就是因为世人都把自己的命看得太重了，不问当时是不是应当献出生命，只管委曲求全，为此，把天理都丢弃了。忍心伤害天理，还有什么做不出来？如果违背了天理，那他就如同禽兽了，苟且偷生在世上千百年，也只不过是做了千百年的禽兽。求学之人在这个地方要看得明白。比干、龙逢等，都只是因为他们看得分明了，才能够成就他们的仁。"

生死是人生最根本的问题，所以哲学家常常会思索死亡的问题。所谓"千古艰难唯一死"，如果能够看透这一点，人生还会有什么困难呢？其实，对死亡的恐惧，来自对死亡的无知和对生存的执着。既然死后的世界是不可知的，那就意味着任何人都不能确定活着和死亡哪一个更快乐、更自在，那么为什么人们不能对死亡进行一个乐观的猜测呢？

人总是习惯性地把死亡想象成失去、虚无、黑暗、痛苦，所以在人的心里死亡成了绝望的代名词。我们心甘情愿地被自己的想象欺骗，因而生出了种种恐惧，又让这种种恐惧占据内心，影响了活着的心情。六祖慧能禅师弥留之际所说的"你们不用伤心难过，我另有去处"，犹在耳边，发人深省。没人知道死后的人是否快乐，说不定在"另有去处"反而活得更自由舒服。

关于生死苦乐的问题，庄子有一则有趣的故事：

庄子到楚国去，途中见到一个骷髅，枯骨凸露，呈现出原形。

庄子用马鞭从侧旁敲了敲，问道："先生是贪求生命、失却真理，因而成了这样呢？抑或你遇上了亡国的大事，遭受到刀斧的砍杀，因而成了这样呢？抑或有了不好的行为，担心给父母、妻儿留下耻辱、羞愧而成了这

慧能大师

王阳明名言鉴赏

样呢？抑或你遭受寒冷与饥饿的灾祸而成了这样呢？抑或你享尽天年而成了这样呢？”庄子说罢，拿过骷髅，用作枕头而睡去。

到了半夜，骷髅给庄子显梦说："你先前谈话的情况真像一个善于辩论的人。听你所说的那些话，全属于活人的拘累，人死了就没有上述的忧患了。你愿意听听人死后的有关情况和道理吗？"

庄子说："好。"

骷髅说："人一旦死了，在上没有国君的统治，在下没有官吏的管辖，也没有四季的操劳，从容安逸地把天地的长久看作时令的流逝，即使南面为王的快乐，也不可能超过。"

庄子不相信，说："我让主管生命的神来恢复你的形体，让你重新长出骨肉肌肤，返回到你的父母、妻子儿女、左右邻里和朋友故交中去，你希望这样做吗？"

骷髅皱眉蹙额，深感忧虑地说："我怎么能抛弃南面称王的快乐而再次经历人世的劳苦呢？"

人们如此惧怕死亡，但是没有人知道，人在死亡以后是否也会一样畏惧着生存，想方设法地避免"出生"在这个世界。人所以恐惧，是源于对神秘事物的惧怕，越是不了解死亡，恐惧感就会越强。

古希腊快乐主义大师伊壁鸠鲁认为："一切善恶凶吉都在人的感觉之中，而死亡不过是感觉的丧失。所以，死亡事实上与我们的感觉无关，因而无须恐惧死亡。因为，在人活着的时候，死亡还没有真正到来，而一旦死亡降临时，我们又感觉不到死亡了。"确实如此，死亡并不可怕，可怕的只是我们对生存的执着。王阳明劝诫人们不要把生命看得太重，以免迷失自己，就是这个道理。

要想修身，必先修心

心即理也，天下又有心外之事、心外之理乎？

——《传习录》

【鉴赏】

王阳明认为，人心就是天理，世界上哪还有存在于人心之外的事物和道理呢？很多人听了这句话都觉得这句话是没有道理的，他属于唯心的范畴，似乎与我们历来所接受的唯物论要相悖。但是王阳明关于从人的内心去寻求事物的真理看法，其实也是有道理的。

其实很多事情都取决于你的内心，古语讲"相由心生"，也就是说人的心理会呈现在外在的表现之中。一个人倘若内心焦急，那么他的外表就一定会坐立难安。按照王阳明所言，如果想要一个人的行为举止以及语言达到一定的规范、符合一定的规律，那么就必须从一个人的内心动手，而不是从一个人的外在入手。其实做人只要问心无愧、坦荡真诚，哪怕有什么事情，也会应对自如。

一次苏东坡向佛印禅师学坐禅，他很高兴地穿起大袍，坐在佛印禅师的对面。两个人对坐了一会儿，想想每次和佛印禅师辩论都会输给他，于是苏东坡头脑一转，便向佛印禅师问道："你看我坐着像个什么？"佛印禅师心平气和地答道："像一尊佛!"苏东坡听了这句话，心里觉得很得意!

还没等他得意完，佛印禅师又反问苏东坡道："你看我像什么？"

苏东坡看佛印禅师穿着大袍，婆娑于地，这次终于找到报复的机会了，他连讥带讽地答道："像一堆牛粪。"苏东坡答后，偷看佛印禅师一下，看他有什么表示，只见佛印禅师眼观鼻，鼻观心默然端坐着。这时，苏东坡感到飘飘然起来！

苏东坡得意扬扬地回家了！他的妹妹苏小妹看到他很高兴就问他："哥哥！你今天为什么这样高兴？""告诉你一个好消息，我每次跟佛印师父辩论，都输给他，今天我第一次得到胜利了。"苏东坡说时，喜形于色！

苏小妹问："哥哥！你是怎么样胜他的？"

苏东坡便把今天跟佛印禅师对坐时的谈话经过，一五一十地描述给苏小妹听。他以为苏小妹听了，一定会替他高兴，大大地夸奖他一番，哪里知道小妹听了，却摇摇头向他说道："哥哥！你又输了！"

"我输？我骂师父是一堆牛粪，师父给我骂得一句话也答不出，这怎么是我输呢？"苏东坡感到困惑。

"哥哥！万法（万事万物）唯心，心外无法，这道理你是知道的。"苏小妹笑嘻嘻地对苏东坡说，"佛印师父心里想的是佛，所以他看你像一尊佛；哥哥你心里想的是牛粪，所以你看师父像一堆牛粪。你还不是输了吗？"

按照王阳明所言，欲使人的言行举止符合一定的规范或是达到至善的境界，就要从内心入手，而不是从人心之外的事物。一个人的内心达到了至善的境地，那么他的言行举止也会显现出善的一面。其实人生中，修心并不是最大的难题，只要我们在处世上不断地反省自己，就一定能够摆脱俗事的困扰。

有句话说:"世上没有绝望的处境,只有对处境绝望的人。"很多时候,困难都来自我们自身,很多困难都是因为我们无法摆脱自己内心的困扰,过不了自己心里的那一关,所以我们才觉得眼前困难重重,不可逾越。其实人与人之间本身并无太大的区别,真正的区别在于心态。我们改变不了别人,却可以改变自己;我们改变不了已经发生的事情,但是可以调节自己的心态。在这个世界上生存,要么你去驾驭自己的生命,要么你的生命驾驭你。你的心态决定谁是坐骑,谁是骑师。

在面对心理低谷之时,有的人向现实妥协,向命运低头,放弃了自己的坚持、理想和追求。有的人没有低头认输,他们不停审视自己的人生,分析自己的错误,勇于面对,从而走出困境,继续追求自己的梦想。我们不能控制自己的遭遇,但我们可以控制自己的心态。"世上无难事,只怕有心人,有心无难事,有诚路定通",正确的心态能让你的人生更坦然舒心。

王阳明在遭到贬责之后,并没有意志消沉,而是心胸开阔,不断地鞭策自己,确立了心学学说,让自己成了古今少有的文武全才。所以心态是依靠自己来调整的,只要你愿意调整,你就可以给自己一个正确的、健康的心态。改变心态,就是改变人生。有什么样的心态,就会有什么样的人生。要想改变我们的人生,其第一步就是要改变我们的心态。只要心态是正确的,我们面对的世界将会更加的美好。

人生中难免起起伏伏,在身处风口浪尖的时候,气定神闲,任凭外界风狂雨大,我心岿然不动。只要我们内心充满阳光,世界还会有阴霾吗?

常快活便是功夫

九川卧病虔州。先生云："病物亦难格，觉得如何？"对曰："功夫甚难。"先生曰："常快活便是功夫。"

——《传习录》

【鉴赏】

在虔州时，王阳明的学生陈九川病倒了。王阳明说："关于病这个东西，格正也很困难，你感觉如何？"陈九川说："功夫的确很差。"王阳明说："经常保持身心的愉快，就是功夫。"经常保持身心的愉快是一种功夫，而这种功夫来源于我们自己的内心。在陈九川看来，格物穷理本就是一件很难的功夫，生病了就更难了。其实王阳明的话是在劝诫他，快活不快活与外界的环境没有多大的关系，主要在于自己的内心。

很多时候的烦恼和不快都是自己的内心消极因素造成的。如果一个人能正确地认识一些事情，做好自我调节，那么生活将会充满快乐。人只要生活在这个世界上，就难以避免烦恼和忧愁，但是快乐却取决于内心。如果人不学会在忧愁中游弋，那么就一定会溺死在痛苦的海水中。

在这个世界上，有很多我们无法想象的困难，有些人也许会遭遇人间最大的不幸，能解决一切困难的就是保持一个乐观的心态。其实，在人生的旅途中，最糟糕的境遇往往不是贫困，不是厄运，而是精神和心境处于一种无知无觉的疲惫状态，感动过你的一切不能再感动你，吸引过你的一切不能再吸引你，甚至激怒过你的一切不能再激怒你。这时，人需要寻找另一片风景来改变我们的人生，那么首先要做的就是改变我们的心态。只要心态是正确的，我们的世界就会光明，就会充满阳光、充满激情，这才是生命的意义，也是生命的内容。

孔子评颜回："贤哉！回也。一箪食，一瓢饮，在陋巷，人不堪其忧，回也不改其乐，贤哉回也！"孔子的得意门徒颜回，随着孔子周游列国，虽然满腹经纶，德才兼备，但是甘于贫苦生活而不改其乐，这就是乐由心生。

没有谁的人生是一帆风顺的，古今中外的那些大家们，哪个不是经历了艰难困苦才获得了成功呢？我们不能仅仅看到居里夫人获得了诺贝尔奖，我们也要知道她付出了多少辛苦与汗水，经历了多少的危险。

有一位画家想画成一幅人见人爱的画，当他把这幅画画完，便拿到市场上展出，并且在画的旁边放了一支笔，并附上了说明：请每一位观赏者对画中欠佳之笔标上记号。晚上，画家取回了画，发现整个画面都涂满了记号，没有一笔不被指责的。画家十分不快，决定换一种方式。他又临摹了一张同样的画拿到市场上展出。这一次，他要求每位观赏者将其最为欣赏的妙笔同样标上记号。当画家再取回画时，他发现画面又被涂遍了记号，而那些曾被指责的笔画，都换上了赞美的标记。画家终于明白，在一些人看来是丑恶的东西，在另一些人眼里则恰恰是美好的。

积极的心态就像太阳，每一天都一样，而消极的心态就好比月亮，初一和十五完全不一样。世界首富比尔·盖茨说过："要承认人一生下来就不平等的现实。"其实伸出手，我们会看到五个手指各有不同，在这个世界上有太阳就会有月亮，有晴天就会有雨天，有夏天就会有冬天，现实有时是无法改变的，积极的心态却能让我们笑对人生。

在美国有这样一个小女孩，她每天都从家里走路去上学。一天早上天气不太好，云层渐渐变厚，到了下午时风吹得更急，不久开始有闪电、打雷，好像要下大雨。小女孩的妈妈很担心，于是赶紧开着她的车，沿着上学的路线去接小女孩，她担心小女孩会被打雷吓着，甚至被雷打到。开车的途中她发现很多孩子都被天空中的响雷吓哭了。雷打得愈来愈响，闪电像一把利剑刺破了天空，马上就会有暴雨降临。小女孩的妈妈终于在焦急之中看到自己的小女儿一个人走在街上，不仅没有被打雷吓到，反而每次闪电时，她都停下脚步，抬头往上看，并露出微笑。看了许久，妈妈终于忍不住叫住小女孩，问她说："你在做什么啊？"小女孩说："妈妈，你看上帝在帮我照相，所以我要笑啊！"

人的生活并非只是一种无奈，而是可以由自身主观努力去把握和调控的。人生的方向是由"态度"来决定的，态度的好坏足以明确我们构筑怎样的人生。心态的不同必然导致人格和人生作为的不同，而且会有天壤之别。不良的心态是形成不良性格与不良人生的主要根源。好的心态是我们命运的导航灯，只有亮着这盏灯，黑暗中才不会迷茫。

认清生命的意义

今使之"夭寿不贰"，是犹以夭寿二其心者也。犹以夭寿二其心，是其为善之心犹未能一也，存之尚有所未可，而何尽之可云乎？今且使之不以夭寿二其为善之心，若曰死生夭寿皆有定命，吾但一心于为善，修吾之身以俟天命而已，是其平日尚未知有天命否；事天虽与天为二，然己真知天命之所在，但惟恭敬奉承之而已耳。

——《传习录》

【鉴赏】

在王阳明看来，现今要求人不论长寿还是短命始终如一，是由于还有人因为寿命有长有短而心生杂念。因为寿命有长短之分而三心二意，这说明他为善的心还不能始终如一，不能存养自己的良知，更谈不上致良知。人们应不因寿命长短而改变为善之心，也就是说，生死夭寿都有定数，我们只需一心向善，修养我们的身心来等待天命的安排，这主要是因为人们还不知道天命。事天虽然尚未与天合而为一，但已经知道恭恭敬敬地去承受天命了。需要注意的是，这里的为善不是指狭隘地做善事，而是指恢复内心纯明的心体，即良知。

然而，大多数人不明白这个道理，依旧存有贪生怕死的念头，以长寿为乐，以短寿为苦，竭尽所能地想延长自己的寿命。也就是说，人们总是过于注重生命的长短，而忽略生命的过程。然而，人生的意义不在于生命的长短，而在于体验生命过程中的酸甜苦辣。

庄子在《逍遥游》中说道："朝菌不知晦朔，蟪蛄不知春秋，此小年也。"意思是说树根上的小蘑菇寿命不到一个月，因此它不理解一个月的时间是多长；蝉的寿命很短，生于夏天，死于秋末，它们自然不知道一年当中有春天和冬天。它们的生命都是短暂的，然而，这些生命即使活了几秒钟也觉得自己活了一辈子，因为它们有自己的快乐。人生也是如此，既然我们无法掌握寿命的长短，那么至少可以改变生命的宽度，让生活变得更丰富多彩。

传说老子骑青牛过函谷关，在函谷府衙为府尹留下洋洋五千言《道德经》时，一个逾百岁、鹤发童颜的老翁到府衙找他。两人在府衙前相遇，吸引了许多人前来围观。

老翁对老子略略施了个礼，有些得意地说："听说先生博学多才，老朽有个问题想向您讨教。我今年已经一百零六岁了，说实在话，我从年少时直到现在，一直是游手好闲地轻松度日。与我同龄的人都纷纷作古，他们开垦百亩沃田却没有一席之地，修了万里长城而未享辚辚华盖，建了房舍屋宇却落身于荒野郊外的孤坟。而我呢，虽一生不稼不猎，却还吃着五谷；虽没置过片砖只瓦，却仍然居住在避风挡雨的房舍中。先生，是不是我现在可以嘲笑他们忙忙碌碌劳作一生，只是给自己换来一个早逝呢？"

老子听了，微微一笑，吩咐府尹说："请找一块砖头和一块石头来。"

老子将砖头和石头放在老翁面前说："如果只能择其一，仙翁您是要砖头还是愿取石头？"

老翁得意地将砖头取来放在自己的面前说："我当然取砖头。"老子抚须笑着问老翁："为什么呢？"

老翁指着石头说："这石头没棱没角，取它何用？而砖头却用得着呢。"

老子又招呼围观的众人问："大家要石头还是要砖头？"众人都纷纷说要砖头而不取石头。

老子又回过头来问老翁："是石头寿命长，还是砖头寿命长呢？"

老翁说："当然是石头了。"

老子释然而笑说："石头寿命长人们却不选择它，砖头寿命短，人们却选择它，不过是有用和没用罢了。天地万物莫不如此，寿虽短，于人于天有益，天人皆择之，皆念之，短亦不短；寿虽长，于人于天无用，天人皆摒弃，倏忽忘之，长亦是短啊。"

老翁大惭。

在老子看来，生命不在于长短，而在于有意义与否。而王阳明认为，生命的意义就在于一心为善，保有自己纯明的良知。

也就是说，十年、二十年……五十年，乃至一生庸庸碌碌、畏畏缩缩而活的人，不如一年、一月乃至一日活得有意义的人。只要生命曾经绽放过光芒，这一生就已值得，生、死已无关紧要。活到一百岁，和只活到三十岁、二十岁的人，根本上并没有什么差别。虽然，前者多活几十年，后者少活了几十年，但这只是人们观念上的感觉与执着，对于认得生命意义，清楚宇宙真谛的人来说，即使存在得短也不觉得遗憾。正如王阳明告诫人们的那样："当生则生，当死则死，斟酌调停，无非是致其真知，以求自谦而已。"

须从根本求生死

珍重江船冒暑行，一宵心话更分明。

须从根本求生此，莫向支流辩浊清。

久奈世儒横臆说，竞搜物理外人情。

良知底用安排得？此物由来自浑成。

——《次谦之韵》

【鉴赏】

王阳明在《次谦之韵》一诗中感叹越来越多的人想要从身外之物中寻求生死的道理，自古以来的帝王将相执迷于长生不老药就是如此。其实这是忽略了从自己本身的良知去寻获生死的真谛，实在是舍本逐末。

人们之所以害怕死亡，就是因为人们将死亡当作一次未知的、不可掌握的旅程，说到底，还是人们渴望拥有、害怕失去的欲望在作怪。因此，大多数人都是轻死贵生的，俗话说"好死不如赖活着"就是其典型表现。

庄子曾经讲过这样一个故事：

丽姬原本是一个民女，皇宫选宫女时她被选中，最后还成了皇后，享尽荣华富贵。她在回想当初被选中的情景时说，那时她在家里哭得一塌糊涂，情形悲惨，现在看来反倒觉得当初自己是多么荒唐、愚蠢、无知。

庄子借丽姬的故事来比喻人对待生死的态度，人们惧怕死亡就像丽姬当初惧怕进宫一样，既然我们不知道死亡之后会发生什么，又何必面对死亡而哭泣？

清朝顺治皇帝曾说："未曾生我谁是我？生我之时我是谁？长大成人方是我，合眼朦胧又是谁？"未出生当然不知道自己是谁，从娘胎呱呱落地的那一刻知道自己是谁吗？唯有慢慢长大后才清楚地意识到这个"我"的存在，等往生闭上眼后，请问自己又是谁？

在佛家看来，死去的只是人的躯壳，真正的生命则是绵延不断的。人有生老病死，所以"生，未尝可喜；死，也未尝可悲"。这便是佛教对于生死的看法。

佛陀的弟子总是问佛陀："佛死了都到哪里去了呢？"佛陀总是微笑着，保持沉默。

但这个问题一次又一次被提出来，于是佛陀对弟子说："拿一支蜡烛来，我会让你们知道佛死了到哪里去了。"

弟子急忙拿来了蜡烛，佛陀说："把蜡烛点亮，然后拿来靠近我，让我看见蜡烛的光。"弟子把蜡烛拿到佛陀面前，还用手遮掩着，生怕火被风吹灭，但佛陀训斥弟子说："为什么要遮掩呢？该灭的自然会灭，遮掩是没有用的。就像死，同样也是不可避免的。"

过了一会儿，佛陀吹灭了蜡烛说："有谁知道蜡烛的光到哪里去了？它的火焰到哪里去了？"弟子们你看着我，我看着你，谁也说不出来。

佛陀说："佛死就如蜡烛熄灭，蜡烛的光到什么地方去了，佛死了就到什么地方去了；和火焰熄灭一样的道理，佛死了，他也消灭了。他是整体的一部分，他和整体共存亡。"

佛陀的用意在于告诫世人：死亡就是死亡，想那么多做什么呢？

在此，我们不由得想到德国哲学家海德格尔的著名论断——向死而生。对于一个生命群体来说，它的死，是为了更好地新生。旧的、老的死去，换来新的、进步的诞生。从这个意义上来说，这个死不是无谓的，而是有价值、有意义的死，是为了更好地新生的死。

关于死亡、存在和重生，中国历史中有太多这样的传说，比如凤凰涅槃、不死鸟等；在战场上还有置之死地而后生的典故，"有志者事竟成，破釜沉舟，百二秦关终归楚"这几句形容的就是项羽早年绝境重生的英雄事迹。

尽管涅槃和重生只是一种传说，但是从哲学意义上来讲，生就是向死而生，死就是向生而死。一个生命死了，但是很快就有另一个生命来到世间，生生死死，绵绵不绝，恰如"沉舟侧畔千帆过，病树前头万木春"。

如果用一种超脱、达观的态度去面对死亡，把死亡当作一次再生的机会，那么人生不过重来一回，这样就能减轻生的压力，活得逍遥自在。当你明白了这点，你就做到了王阳明所说的"从根本求生死"，也就对生死无所畏惧了。

世上本无事，庸人自扰之

心之本体，原自不动。

——《传习录》

【鉴赏】

王阳明认为，心之本体，原本就是不动的。也就是说心不动，即使有再多的艰难困苦也会恬淡自如。正验证了那句古话："世上本无事，庸人自扰之。"王阳明在平定叛乱之后，曾感慨道："破山中贼易，破心中贼难。"而所谓的心中之贼就是"私欲"，"私欲"就是一切万恶之源。王阳明认为，人皆有是心，心即理。何以有为善，有为不善？恶人之心，失其本体。它的意思就是，人都有一颗心，心就是理。为什么有人行善，有人行不善呢？恶人的心，就是去了心之本体。其实总结开来就是，一个人持有怎样的心态，就会成为怎样的人，也就能够拥有怎样的人生。性格决定命运，心态决定人生。

积极乐观的人总是把突如其来的困难当作是磨砺，让自己变得更加的强大。而消极悲观的人却把这些苦难看成是老天的刁难，认为自己很倒霉，从而萎靡不振、停滞不前。世间之事，常有不如意，只有做到不动心，才能够真正地超然物外，活得潇洒自在。

从前有一位母亲，她有两个儿子，大儿子是卖盐的，二儿子是卖伞的。只要天下雨了，这位母亲就会心情不好，因为她担心大儿子的盐受潮了，卖不出去；倘若天晴了，这位母亲又担心天不下雨，二儿子的伞卖不出去。就这样，无论天晴还是下雨，她都是整天愁眉不展，没有开心的时候。一天，她遇到一个算命先生，于是便向他诉苦，说出自己的想法。先生问她："为何你不能换一种心态来看这件事呢？如果天若下雨了，那么你的二儿子的伞能够多卖出去；如果天晴了，大儿子的盐也好卖了。无论天阴天晴，你都会有一个儿子生意会很红火，如果这么想，不是可以整天开心吗？"

其实很多同样的客观事物，之所以会有不同的声音，其原因完全是由一个人的心态决定的。心态在人生中拥有着重要的地位和力量。我们不只是生活在现实社会中，我们更生活在自己的心态中。

心态是人的一切心理活动和状态的总和，是人对周围、社会生活的反映和体验。它对一个人的思想、情感、需要、欲望有着决定性的影响，它决定着一个人对待工作、对待生活直至人生的态度。

哲人说："你的心态就是你真正的主人。"歌德说："人之幸福在于心之幸福。"成功学鼻祖拿破仑·希尔说："你的成功取决于您的心态！"就是这个道理。那么，什么是心态呢？不同的心态会产生不同的结果。拥有积极的心态，你看到的永远都是事物好的一面。

从前，有位上京赶考的秀才，途中住了一家店。到了夜里，他做了三个奇怪的梦，一是梦见墙上种白菜；二是梦见自己戴斗笠又打伞；三是与表妹背靠背。于是秀才请算命先生解梦。算命先生说：墙上种白菜——白费劲；又戴斗笠又打伞——多此一举；和表妹背靠背——没戏。秀才很失望，就准备回家放弃上京赶考，收拾行李退店。恰巧店老板也会解梦，听了他的梦，店老板说：墙上种白菜——高种（中）；梦见又戴斗笠又打伞——有备无患；与表妹背靠背是说翻身的时候到了。听店老板一解，秀才精神倍增，就放弃回家，继续进京赶考，后来考中了榜眼。

这个故事告诉我们，积极的心态是成就事业的基础。心态，决定一个人的幸福。有一个健康而优秀的心态是你成功必不可少的条件。我们说事物永远是阴阳同存，而心态也是一样的，它也存在消极与积极两个方面。积极的心态看到的永远是事物好的一面，而消极的心态只看到不好的一面。积极的心态能让毫无希望的事情充满阳光，消极的心态却能让本来很好的事情变得一团糟。人脑是很神奇的，积极的心态能让您不断地往大脑中输入正面的信息，开启您的心智，想出办法，助你走出困境。

人之所以会痛苦，不是因为在追求错误的东西，而是没能领悟人生的真谛。如果你不给自己烦恼，别人也永远不可能给你烦恼，因为你自己的内心放不下。明白了这个道理，你的人生怎能不快乐，又怎么会有那么多的忧愁？

要想拥有一个快乐的人生，关键在于如何引导和掌握自己的心境。面对烦恼和挫折，摆正自己的心态，积极地面对一切，即使再苦再累，也要保持内心的快乐。其实很多时候，艰难与困苦都是我们自己内心里的纠结，放下内心的负担，才能够如释重负地轻松生活。

我们在做人的时候也是，不要自以为是，要学会尊重别人；而在取得成绩的时候，不要得意忘形，做自己该做的事情；不要去干涉别人的自由，不要让自己为难别人，也不要拿别人来为难自己，那么在这个世界上还有什么事能够使我们困扰呢？

不以物喜，不以己悲

读书作文安能累人？人自累于得失耳。因叹曰："此学不明，不知此处耽搁了几多英雄汉！"

——《传习录》

【鉴赏】

王阳明说，读书作文怎么会成为人的负担呢？人还是被自己那颗计较得失的心给困扰了啊！因而先生感叹地说："良知的学问不明，在这里不知道耽搁了多少英雄好汉啊！"

王阳明的一生都不是一帆风顺的。从幼年丧母到大富大贵，再到贬谪他乡，栖身穷乡僻壤。他从不计较人生中的得失。得到了战功却为了保全性命而主动退让，广收门徒，传播心学，又遭到很多人的嫉恨和毁谤，但是他从良知的角度考虑，便使那些不入耳的言论和诬陷都如清风拂过，做自己应该做的事情，不受到任何的干扰。

在唐高宗时期，卢承庆还没有当宰相而是在朝廷担任考功员外郎的职务，就是负责对官吏的工作业绩进行考校评定。有一次，他给一个负责从运河运送粮食的官员打评语，因为这个官员曾在运粮时发生过一次事故，粮船也沉没了，损失了不少粮食，卢承庆给他评为中下。这名官员神色自若，非常平静，一点也没有怨恨的意思，一言不发退下了。卢承庆看着这位监督漕运的官员想了想，又觉得这次事故是个意外，也不是这个官员的过错造成的，而

卢承庆

且在当时的情况下，任何人都的确无能为力，也不都是这位官员的责任，这样给他评分似乎也不太妥当。再看看那位官员，卢承庆看重他的气量，说"遭遇大风不是你所能阻止的"，改评为中中。卢承庆又把改评的事告诉了这位官员，他以为这位官员一定会很高兴，因为业绩评定毕竟是一件很重要的事情，会影响到一个官吏的升迁、俸禄，这可是关系到他的切身利益啊！可是这位官员依然非常平静，丝毫也没有喜悦的表情。卢承庆见了，心中暗暗赞叹："得宠或受辱都能做到镇定自如，心胸真是宽阔！是个难得的人才！真是'宠辱不惊'，评为中上。"

文中的这位官员不因为卢承庆的"中下"而怨恨，也不因为卢承庆评为"中中"而喜悦，真正地做到了宠辱不惊，不因为个人的得失而大喜大悲。所以卢承庆才被这个监督漕运的官员所感动，而暗自赞叹。

"不以物喜，不以己悲"，这句话来源于范仲淹的《岳阳楼记》，意思就

是不因外物的好坏和自己的得失而或喜或悲，表示品德高尚的人处世深远和豁达胸襟。王阳明在一封信中曾写道，普通人和圣人都怀有快乐之心，只是普通人却不知道自己本身拥有这种快乐，反而还要自寻烦恼，久而久之便迷失了这种快乐。很多时候，我们都会为对方的一句夸奖而沾沾自喜，有时候这种兴奋却让自己冲昏了头脑，忽视了自己的缺点或者自己的真正意图。有些人经常因为自己拥有名车、朋友多，或者金钱多，抑或是有良好的家境，而迷失在其中，但是这种有些俗气的快乐并不是真正的快乐。很多人遇到了不称心的事情，就直接表露无遗，总是喜欢钻牛角尖，跟自己较劲，在艰难的困境中走不出去。

不以物喜指的是你现在已经得到的东西，可能是物质金钱方面的，也可能是名和利方面的。有句话说："忘记过去的辉煌，才能取得未来的胜利。"也就是你已经得到的满足感、成就感已经时过境迁了，若继续痴迷于过去的成绩已经没有什么意义了。痴迷于自己过去取得的骄人成绩，就会陷入故步自封的境地，让自己停留在原地，不会再继续进步了。所以用辩证的眼光来看，现在的财富和名利是对你过去价值的承认，也是未来的起点。人需要始终保持一颗迎接未来的心。任何时候都别把自己太当回事，不管你觉得自己是多么厉害，保持一颗平常心是最重要的。未来的路还很长，更多的机会和挑战还在我们的前头。如果我们只会欣赏现在的"物"，那么我们就可能失去了更美好的未来。

不以己悲就是说人只要活着，在任何时候都不要妄自菲薄，不要因为一点困难或事情就断定自己的弱小和无能。每个人在看到自己弱点或是失败的时候都会有些沮丧，甚至带有消极的情绪，这样就完全限制了自己的潜力和发展机会。我们每个人都有机会去实现别人认为不可能实现的事情。做人千万不要看不起自己，如果你连自己都看不起，那么还要指望别人看得起你吗？

有人问王阳明，良知恐怕也存在于声色贷利之中。这种观点对吗？

王阳明回答，初学用功时，对自己的内心必须进行扫除荡涤，使它臻于清净澄明的境界，而不要让自己的心陷入声色贷利等东西之中。它们来了既不欢迎，离开了也不要留恋、惋惜，这样才能以坦然的心情来应对你所遇到的各种事物。当外在的一切东西都不再成为心灵上的负担时，自然就会依赖事物的本来规律去应付它们。

其实王阳明就是告诉我们，要以一种豁达的心态来为人处世，不要因为自己的一点点得失而得意忘形或者愁苦不堪。人们之所以烦恼，是因为他们有太多的执着和贪欲。豁达地面对一些人生中的艰难困苦，那么就不会执着于苦难而愁眉不展。

"求而不得，舍而不能，得而不惜，是人生最大的悲哀"，意思就是想要的却得不到，想放弃却做不到，终于得到了却不知道珍惜，这是人最大的悲哀。对待一切事物，我们都要宠辱不惊。做事不要太过于偏执，对人不要太苛刻，不要因为别人的误解而闷闷不乐，也不要因为别人的赞扬而得意忘形，做到不以物喜，不以己悲。

放下负担，化繁为简

但论议之际，必须谦虚简明为佳。若自处过任而词意重复，却恐无益有损。

——王阳明

【鉴赏】

王阳明认为，做文章讨论之时，必须要谦虚简明才是最好的。如果议论过于放任而繁复，不简明就会有损害而无益处了。其实生活中的很多事情也是同样的道理，人与人之间的价值观、世界观、人生观都不同。有的人活着为了追求豪华宽敞的居所，有的人为了理想而苦苦执着奋斗，有的人为了升官发财而绞尽脑汁。因为有了这些纷繁复杂的念想，所以生存在这个当今的社会，很多人就会非常的劳累，形体上的累永远都比不过自己的心累。

很多内心的苦闷都来源于我们放不下。很多人执着于遥远的东西，苦心追求，最后劳累致伤，最后一念仍然放不下。正所谓"一念放下，万般自在"，人生之苦就来自于许多的放不下。遇到烦恼，要积极化解。心有忧虑，不如放下，轻松生活。很多人遇到了事情，往往纠结于事情为什么不按照好的方向发展，往往怨天尤人；遇到不顺利的事情，就难以控制自己，让烦恼纠缠自己，让讨厌的人和事困扰自己。其实这种纠结终究是来源于自己的内心，如果内心简单，那么世间的很多事情也就简单；如果内心自由，那么你的世界也就是自由的。

人活在这个世上，很多东西不仅放不下，还要偏执地追求更多东西。可以这样说，有了贪欲的人生是可悲的。贪欲让人们不断地去索取，导致内心的复杂，人心继而变得更加的险恶，诸如贪、嗔、痴、怨、爱、恨、情、仇统统来自眼前，此时就会情绪不稳，摩擦与烦恼接踵而至。如何让世界变得自然而然澄清空明，人生也如清风明月般清丽明朗？那就是放下这些，人生自然畅快。

电影《太极张三丰》中有这样一段戏，张君宝与从小一起长大的董天宝一起被逐出少林寺。张君宝被兄弟出卖导致身边的人都被害死，受到了心灵上的重大创伤和刺激，变得疯疯癫癫，颓废迷离。后来在野外看到两个兄弟，其中一个背着一大担的柴，走路很慢。对面跑来了他的弟弟，兴高采烈地说家里面的嫂子生了，背柴的男子做爸爸了。他们都很高兴地朝着家的方向赶。可是由于柴太重，哥哥跑得很慢，弟弟就说："你看你还背着那么多柴干吗？赶快放下回家啊！"听到了弟弟的话，哥哥才反应过来，立即扔掉柴，迅速地跑向家的方向，反超了弟弟很多。这一幕让张君宝明白了一个道理，那就是"放下负担，奔向新生命"，于是他终于从被好兄弟出卖的阴影中走出来，最后练成太极，成了一代宗师。

人之所以不快乐，是因为我们活得不够单纯。其实我们本不需要去争什么的，道家有句话说："命里有时终须有，命里无时莫强求。"从辩证的角度来讲，这句话不无道理。很多东西终归是你的，你推也推不掉；很多东西不是你的，你强求也留不住，就是这样的。很多人为了获得社会地位，不惜使用一些卑劣的手段，最后被识破而一无所有。有些人对外物抱着可有可无的心态，反而会有意外的收获。人生在世，吃五谷杂粮，食人间烟火，观世态炎凉，感人情冷暖，免不了有无可奈何与身不由己，也免不得有苦痛纠结与悲欢离合。

有一位讲师正在给学生们上课，大家都认真地听着。讲师拿起一杯水问道："各位认为这杯水有多重？"有人说二两，也有人说三两。"是的，它只有二两。那么，你们可以将这杯水端在手中多久？"讲师继续问。很多人都笑了，因为他们觉得这杯水重量只有二两而已，拿多久又会怎样！讲师没有笑，他接着说："拿一分钟，各位一定觉得没问题吧？"下面的同学都点点头笑笑。很显然是没问题，这点毋庸置疑。

"拿一个小时，会怎样呢？"讲师忽然问道。

"手会很酸，很累。"

"拿一天呢，一个星期呢？"

很多人收起了笑容，讲师自己回答说："那可能得叫救护车了。"大家都笑了，不过这回是赞同的笑。

讲师继续说道："其实这杯水的重量真的很轻，但是你拿得越久，就觉得它越沉重。这如同把压力放在身上是一样的，不管压力是否很重，时间长了就会觉得越来越沉重而无法承担。我们必须做的是放下这杯水，休息一下后再拿起，只有这样我们才能拿得更久。所以，我们所承担的压力应该在适当的时候放下，好好地休息一下，然后再重新拿起来，如此才可承担更久。"说完，教室里一片掌声。

随着社会的进步，人们也跟着越来越忙，负担也越来越重。不妨在适当的时候放下负担，轻松一下，等调整好了状态再重新拿起。古人有句话叫"大道至简"，可以理解为，越是真理的就越是简单的。人生中那些不如意的事情时有发生，但是很多事情都要做到得失随缘，切不可把失去作为一种负担，那样想要得到也将成为你的负担。世间万事转头空，名利终归一场梦。只有这样去想，你才可能活得更轻松，心胸才会豁然开朗，从而体会到旁人体会不到的快乐。

擒山中贼易，去心中贼难

吾辈用功，只求日减，不求日增。减得一分人欲，便是复得一分天理，何等轻快脱洒，何等简易！

——《传习录》

【鉴赏】

王阳明说，我们做功，但求日减，不求日增。减去一分人欲，便又多得一分天理，如此，何等的轻快洒脱，何等的简捷便易啊！王阳明从小就学习四书五经，对于宋代的程朱理学也有着深刻的见解，尤其对于朱熹提出的"存天理，灭人欲"，他更有着自己深刻的理解。恰恰因为王阳明的这些理解，也就成了他心学的基础。

寺院中的和尚因为思念自己的老母亲而纠结万分，当被王阳明问到是否思念自己家中的母亲的时候，禅师面露愧色给予了肯定。就因为如此，王阳明才开始思索"人欲"的问题。人非草木，孰能无情？每个人都有自己的父母，而思念自己的母亲又有什么过错呢？难道这不是人之常情吗？

对于"存天理，灭人欲"他产生了质疑，于是才将这个说法进行了新的诠释。王阳明认为，人的欲望应该是"求减不求增"，减少自己的欲望，天地间便多了一分天理。这也正是人生快乐、洒脱的法则。

有这样一则故事，有一个年轻的运货农夫，每天都会划着小船，给另一个村子的居民运送农产品。这一天农夫心情极为烦躁，因为天气酷热难耐，农夫汗流浃背，苦不堪言。他心急如焚地划着小船，希望赶紧完成运送任务，以便在天黑之前能返回家中。突然，农夫发现，前面有一只小船，正沿河而下，快速地迎面向自己驶来。眼见着这只船就要撞上农夫的船了，但那只船却没有丝毫避让的意思，似乎是有意要撞翻农夫的小船。"让开，快点让开！你这个白痴！"农夫大声地向对面的船吼叫道，"再不让开你就要撞上我了！"但农夫的吼叫完全没用，尽管他手忙脚乱地企图让开水道，但为时已晚，那只船还是重重地撞上了他的船。农夫被激怒了，他厉声斥责道："你会不会驾船，这么宽的河面，你竟然撞到了我的船上！"当农夫怒目审视对方小船时，他吃惊地发现，小船上空无一人。听他大呼小叫、厉言斥骂的只是一只挣脱了绳索、顺河漂流的空船。

在多数情况下，当你责难、怒吼的时候，当你愤愤不平地抱怨的时候，你的听众或许只是一艘空船。很多时候，世事并不像有的人想象的那样糟糕，有些本来不值得放在心上的事，有的人却把它当成无法排遣的烦恼而郁闷在心，以至于整天愁眉不展。人生的很多烦恼都是自找的。心灵上的束缚造成了感觉上的不自由，从而烦闷久久萦绕心头，难以平复。

有一个小和尚，每次坐禅念经的时候都感觉有一只大蜘蛛跟他捣蛋，无论怎样赶那只蜘蛛也赶不走它。他把这件事告诉了他的老师父，师父让他下次坐禅时拿一支笔，等蜘蛛来了在它身上画个记号，看它来自什么地方。小和尚照办了，坐禅的时候，蜘蛛果然来了，于是小和尚在蜘蛛身上画了一个圆圈。蜘蛛走后，他安然入定了。当小和尚做完功，睁开眼睛一看，那个圆圈原来就在自己的肚皮上。

通过这个故事，我们可以很明显地知道，许多我们推给他人或外界的过失、毛病竟都出在自己身上。当然，这种来自自身的困扰与烦恼我们往往不易察觉，更难以用笔"圈"定。其实，生活中出现的烦恼多是心理问题，想得太多，心思过重，必然就会生活得很累。

有位心理学家做了一个很有趣的实验，他要求一群实验者在一个周日晚上，把想到的未来一个星期内会发生的烦恼事都写下来，然后投入一个大的"烦恼箱"中。等到了第三周的星期天，大家再打开烦恼箱，逐一核对每一项烦恼。等到了第三周的星期天，所有的实验者都在大箱子面前集合了。他在实验者面前打开这个箱子，逐一与成员核对每一项"烦恼"，结果发现其中有九成人的烦恼并未真正发生。接着，他又要求大家把那剩下的字条重新丢入纸箱中，等过了三周，再来寻找解决之道。结果到了那一天，他开箱后，发现那些烦恼也不再是烦恼了。这就是所谓的"自寻烦恼"。

据统计，生活中的很多烦恼和忧虑从未发生过，剩下的一部分烦恼中有的是你能够轻易应付的。大多数的烦恼都会在第二天早晨起来后少了很多。

"世上本无事，庸人自扰之"。生活中，很多人往往会自寻烦恼，自己给自己套上枷锁，从而搞得自己疲惫不堪。我们应该学会解除这些烦恼，给自己减压，从而活得轻松、快乐。

其实世间的万事万物都是人心的写照，世间的景物本就和人之间没有任何的瓜葛，更没有什么烦恼和快乐的区别，不一样的只不过是人心。就像著名的诗句一样："我本将心向明月，奈何明月照沟渠。"一个人内心复杂、忧愁，那么在他的眼中，这个世界也会充满伤痕。如果一个人内心淡然简约，那么这个世界也自然简单快乐很多。

生活中的很多事都是我们自寻烦恼，都是自己的欲望在作祟。人生中的很多烦恼都是自己寻来的，而且很多人都喜欢把身边的小事放大。控制周遭的环境其实在于自己，而不是身边的人和物。唐代大诗人刘希夷曾经感慨过："年年岁岁花相似，岁岁年年人不同。"很多的景物没有任何的情感，都是人投入了自己的感情。大词人苏轼曾这样写过："人有悲欢离合，月有阴晴圆缺。"在这个世界上，很多事情都是我们无法去改变的，有时候人生的得失没有必要去较真地计较，太过于强调个人的得失，反而会深受其害。

我们每个人降临在这个世界上都是为了开心愉快也生活，没有什么人是希望自己整天生于苦恼之中。你开心的时候，生活也是一如既往地过，不开心的时候，生活也不会以你的意志而转移，所以还不如开开心心地过自己的人生，这样的生活才是有意义的生活。

时常微笑，运气不会太差

> 心无所累，意无所牵。
>
> ——王阳明

【鉴赏】

王阳明经历了世间的种种考验、大起大落的人生，却依然坚守自己内心的哲学。有句话说："经常笑的女孩子，运气都不会太差。"其实生活就像一面镜子，当你抛给它的是微笑，那么它还给你的就是微笑；如果你传给它的是抑郁苦闷，那么你收到的也将是愁眉不展。王阳明一生大起大落，几次被贬谪、升迁，又被陷害、追杀，但是依然保持着积极乐观的心态，就因为他内心处变不惊，异常平静，才让他的心学绝世而独立。

在生活中，时常保持微笑，保持一个乐观的心态，会让你迎来更好的生活。你难以想象一个整天抱怨的人会有什么好的运气。也许同样是得到一份辛苦的工作，乐观的人就会很高兴地说："太好了，我有工作了。"而悲观的人就会说："为什么别的人都有那么好的工作，我却要来做这个。"

有个男孩因为一场车祸，坐在轮椅上，从未站起来过。自此之后，他不愿与别人接触，整天蓬着头肿着眼，一语不发，透过玻璃望着灰色的天。他觉得自己这辈子都没有任何的希望了。

突然有一天，他像以往一样，坐在阳台边，虽然天气晴朗无比，但是在他眼中，仍然是昏暗沉沉。正当他灰心丧气的时候，他不经意地看到住在对面的哑巴女孩看见了他，并送来了微微一笑。突然间，他感到心中一震，觉得自己不该再这样下去。从此，他每天都阅读大量书籍，不断投稿写稿。后来他拿到了获奖证书，当他面对着成千上万封读者来信，当他成为著名作家后，有人问他，当初是什么让他走出困境的，他想到了那微微地一笑，然后回答说："是微笑，乐观地面对一切困难。"此后，他决定自己也要对更多的人微笑，并鼓励他们都微笑着走出困境，走向成功。

很多人常常被围困在艰难困苦中，这个时候，他的本心就被蒙蔽住了。明心见性，只有保持自己的本心，才能够走出困境，心旷神怡。一个人如何做到心静神明，那就是时刻地保持微笑。

生活并没有拖欠我们任何东西，所以没有必要总苦着脸。要对生活充满感激，至少，它给了我们生命，给了我们生存的空间。笑容可以缩短人与人之间的心理距离，为深入沟通与交往创造温馨和谐的氛围。因此有人把笑容比作人际交往的润滑剂。在笑容中，微笑最自然大方、最真诚友善。世界各民族普遍认同微笑是基本笑容或常规表情。

有一个人常常觉得生活没有任何的意义，整天愁眉不展，闷闷不乐，后来就越来越颓废，忧郁至极。后来他听说王阳明是圣人，能够帮助他解决疑惑，便跋山涉水找到王阳明，请求解脱之法。

这个人问："我每天都有很多的烦恼，心情极度的抑郁，请问我要用什么办法摆脱痛苦呢？"

王阳明回答道："微笑，时常对自己微笑，对他人微笑，一切烦恼自然全消。"

这个人疑惑地说："我没有微笑的理由，生活这么多的不如意，我要怎样才能微笑呢？"

王阳明回答道："一切愁苦都来自自己的内心，生活就像一面镜子，保持微笑，它也会还给你一个微笑。"

这个人将信将疑地踏上归乡的路。他按照王阳明的方法，遇到了事情也保持微笑，然后身边的人再也没有刁难他，反而对他投以敬佩的目光，他也立马开朗了很多。

与人相处的时候，经常保持微笑，身旁的人也会受到你的感染。微笑就像骄阳下的一股清风，总能带来一丝清爽，微笑就如冬日里的一轮太阳，总能带来一丝温暖。送给你的对手一丝微笑，可以化干戈为玉帛。面对微笑，每一个人都会心存愉悦和真诚，善意的表现也必将预示着一个很好的开始。

微笑是一种生活态度，这个微笑与贫富和地位没有任何的关系。身份地位高的人也许会闷闷不乐，一个穷困潦倒的人也可能心情舒畅。处境顺境的人可能会愁眉不展；身处逆境的人也可能面带微笑。一个人的情绪受到环境的影响，这是很正常的，但你苦着脸，一副苦大仇深的样子，差的环境并不会因为你的抑郁而有任何的改变。但是微笑能拉近人与人之间的距离，让彼此之间备感温暖。如果微笑着去面对生活，增加自己的亲和力，别人更乐于跟自己交往，那么你得到的机会也会更多。

只有心里有阳光的人，才能感受到现实的阳光。心里面阴雨连连的人，是不会感受到雨过天晴后阳光的温暖。微笑是一种发自内心、不卑不亢的情绪，既不是对弱者的愚弄，也不是对强者的奉承，微笑没有目的，无论你面对的人是什么样的人，他有着怎样的身份和地位，你的微笑是对他人的尊重，同时是对生活的尊重，那么你也会收到微笑的回报。

经常保持微笑的人，总是好运连连。我们作为生活中的人的个体，每一个人都希望身边的人是一个开朗热情的人，他不仅能够积极地面对挫折，更能在你遇到苦难的时候帮助你，所以往往那些喜欢微笑，乐观的人就会有很多的朋友。我们自己也喜欢和那些乐观的人打交道，我们可以想象一下，一个整天愁眉不展的人，谁愿意与之交往？整天一副别人欠你三吊钱的表情，生活压力和生活的奔波劳碌，我们每个人都不希望自己在种种压力之下，身边还要有一个这样的朋友，所以露出你的微笑，不仅仅会给自己一个身心愉悦的心境，也会给身边的朋友一个乐观开朗的环境，你会让自己在生活中越来越受欢迎。

过执则无乐，简单则无忧

彼其胶于人欲之私，则利害相攻，毁誉相制，得失相形，荣辱相缠，是非相倾，顾瞻牵滞。纷纭舛戾，吾见其烦且难也。

——《悟真录》

【鉴赏】

王阳明说，利害得失、毁誉、荣辱、是非都是相辅相成，相互纠缠，相互制约的。这些种种的烦恼之事和乱心之事，谁遇到了都会受干扰而不快乐。世间之事没有绝对的，不过分执着，珍惜眼前所拥有的才会快乐，崇尚内心的简约，生活才会无忧无虑。

很多人一生都在致力于追求幸福，却往往把幸福理解为拥有名车、豪宅，这种脱离了自己实际的"幸福"永远都不可能真正让人得到快乐。生活中的每个人都有着自己对幸福含义的理解，我们如果想要开心地生活着，就必须理解生活中的幸福到底是什么？我们要知道幸福不是虚无缥缈的想象，它可以靠我们的努力去达到。幸福其实来自内心的简约、不过分的执着，懂得有所得必有所失，不脱离实际，不好高骛远。幸福其实一直在我们的身边，关键在于你要去发现它并感受它。

有一个湖南人去了香港，由于他人地生疏加上言语不通、英文有限，广东话又听不懂，没有任何背景，找个工作不容易，于是他只好从底层工作开始，两手空空苦打天下。他费尽周折，终于找到了一份勤杂工的工作，薪水极低，每天周而复始地扫地、清洗厕所。

当星期六和星期日休息时，大家都出去逛街，他也很渴望出去放松一下，但考虑到公司常会有人加班，卫生没人打扫，就独自留下打扫卫生。偶然的一个礼拜天，公司老板发现了他的行为，并得知他半年来一直如此一丝不苟，感动不已，第二天就把他调到了办公室工作。几年后他当上了总经理。后来他就开创了自己的公司，成了如今的亿万富翁。他就是捐赠五亿元人民币，创办了"彭年光明行动"的余彭年。

生活中很多人的成功都看似偶然而简单，其实大部分原因都源自这些成功者有着简单平凡的心态。一个人活得很简单，那么他就会很开心；相反，如果每天想着如何的不平凡或者是有什么大企图，那么也必将为之所累。

很多事情纠结于内心就是因为我们过分地执着，这就好比你用梯子搭上了你要爬上去的墙，当你费尽心机、劳心伤神地上去的时候，你才会发现原来自己起初搭错了墙。有些人常常活得很复杂，总是把人想得如何如何的有心计，然后自己就会想一些办法来对付，最后发现其实对手很简单，根本就没有做什么工于心计的阴谋，而自己则白白准备了很久，累得头昏眼花。有句话说："爱情就像两个人在拉橡皮筋，不愿放手的那个，总是受伤的那个。"这句话告诉我们不要过于执着，尤其面对爱情的时候。

从前有一个人，提着一个非常精美的罐子赶路，很多人都很羡慕他有这个罐子而赞叹不已。他自己也因为有这个精美的罐子而很开心，可是忽然有一天，他走着走着，一不小心，"啪"的一声，罐子摔在路边一块大石头上，顿时成了碎片。很多路人看见了，都为他感到悲伤和可惜而唏嘘不已，这么精美的罐子居然就这样成了碎片。可是那个摔破罐子的人却像没这么回事一样，头也不扭一下，看都不看那罐子一眼，继续赶自己的路。

这时过路的人都很吃惊和奇怪，为什么这个拥有精美罐子的人如此洒脱。多么精美的罐子啊，摔碎了多么可惜呀！甚至有人还怀疑此人拿的到底是不是先前的那个罐子，也许这个罐子是假的。事后，有人问这个人为什么要这样。这人说："已经摔碎了的罐子，何必再去留恋呢？再怎么惋惜它也不会回来了。"

一个哲人曾经说："世事如棋局，不执着才是高手；人生似瓦盆，打破了方见真空。"不过于执着，就不会有太多的烦恼和忧愁，就不会有失败。文中提着精美罐子的人就是一个很洒脱的人，他不会纠结于罐子，从而轻松地摆脱了失去和痛苦的超级享受。失去了就是失去了，不要空留恋。对于失去的东西白白地留恋，它也不能再回来，反倒折磨自己的心绪，难以平静。

其实有的时候，执着也是好的，有很多事情就是因为我们执着、坚持才获取胜利的。在许多情况下，执着变成了件好事，比如当我们在人生追求的道路上，成功的机会会因为我们的执着而大大增加。但是过分的执着就不好了，所谓"过犹不及"就是这个道理。比如对爱情、生活、成功的过分执着，容易导致自己身心疲惫、心力交瘁。在感情已经无回天之力时，不如就此放弃，去追求自己新的爱情也未尝不可，不必在一棵树上吊死，而放弃一片大森林。更何况，"天涯何处无芳草，何必单恋一枝花"。所以，凡事不必苛求、不必勉强。

记得曾在《来不及说我爱你》中看到过一句话："心若被困，天下处处是牢笼；心之所安，矮瓦斗室也是人间天堂。"放下执着，放下烦恼，积极化解，这样会更容易得到快乐、体会幸福。我们小的时候，经常听到长辈们在我们面前唠叨的一句话：人无远虑，必有近忧。很多人总是为了所谓的理想、未来、前途、金钱等种种欲望而疲于奔命。通过这些欲望得来的就是我们要活得很复杂，心会很累。作为人，我们当然要懂得未雨绸缪，切记不要老盯着眼前的事物，而忘却了人还应该去积极奋斗，去憧憬未来。

"宠辱不惊，看庭前花开花落；去留无意，望天空云卷云舒。"这样的境界、这样的胸襟、这样的气度，平凡如你我，也许一时半会儿无法做到，但是我们可以要求自己放下贪欲，努力做到心静如水、从容不迫。为人处世，许多时候的不痛快，往往源自内心的执着。

十、包容

常言道，"宰相肚里能撑船"，做大事的人往往不会因为一点小事而斤斤计较。大凡懂得通融和具有广阔的包容之心的人，最后也往往赢得了最大的尊重。宽恕是种美德，在能够准确地明辨是非的情况下，也要懂得智慧地应对。容人之过，方能得人之心。得人之心，做事方可顺其自然，通顺流畅。

宰相肚里能撑船

　　凡人言语正到快意时便截然能忍默得，意气正到发扬时便翕然能收敛得，愤怒嗜欲正到胜沸时便廓然能消化得，此非天下之大勇者不能也。

——《传习录》

【鉴赏】

　　王阳明之所以成功和他的博大胸襟有着重要的关系。在他平定了宸濠之乱以后，他便将功劳让给别人，而之后朝中的太监张永向王阳明索要朱宸濠筹备造反用来打通关系送礼行贿的账本时，王阳明却声称账本早就让他给烧了。其实他心里很明白，张永这样做无非就是借此账本之由，整治那些平时和王阳明唱反调的人。王阳明没有趁机报复打击那些和自己作对的人，平定了战乱之后，他觉得没有理由再大动干戈了。

　　其实历史上的很多明君，他们大都懂得通融，在很多小事上装糊涂，大事上都精明得很。他们的这种生存谋略注定他们成为一个王者，做人上人。

　　春秋时期，楚庄王平定叛乱后大宴群臣，宠姬嫔妃也统统出席助兴。席间丝竹声响，轻歌曼舞，美酒佳肴，觥筹交错，直到黄昏仍未尽兴。楚王命令点蜡烛夜宴，还特别叫最宠爱的两位美人许姬和麦姬轮流向文武大臣们敬酒。

忽然一阵疾风吹过，宴席间的蜡烛都熄灭了。这时一位官员斗胆拉住了许姬的手，拉扯中许姬撕坏衣袖得以挣脱，并且扯下了那人帽子上的缨带。许姬回到楚庄王面前告状，让楚庄王点亮蜡烛后查看众人的帽缨，以便于找出刚刚无礼之人。

楚庄王听后，却传令不要点燃蜡烛，而是大声说："寡人今日设宴，与诸位务必要尽欢而散。现在诸位都去掉帽缨，以便更加尽兴饮酒。"

听楚庄王这样说，大家都把帽缨取下，这才点上蜡烛，君臣尽兴而散。

席散回宫，许姬怪楚庄王不给自己出气，楚庄王说："此次君臣狂欢尽兴，融洽君臣关系，酒后失态乃人之常情，若要追究责任，予以责罚，岂不大煞风景？"

许姬这才明白楚庄王的用意。这就是历史上著名的"绝缨宴"。

七年后，楚庄王伐郑。一名战将主动率领部下先行开路。这员战将所到之处拼力死战，大败敌军，直杀到郑国国都之前。战后楚庄王论功行赏，才知其名叫唐狡。唐狡表示不要赏赐，坦承七年前宴会上无礼之人就是自己，今日此举全为报七年前不究之恩。楚庄王大为感叹，便把许姬赐给了他。楚庄王能够成为"春秋五霸"之一，与其心胸开阔、知人善任不无关系。假如没有绝缨宴，也许唐狡早就被处死了，楚国伐郑就不一定能胜，楚庄王的春秋大业也就不一定能够成就了。

比尔·盖茨有句名言："站在敌人的身边去，把敌人变成自己的朋友。"楚庄王的宽容表现了他的韬略和气魄，也体现了他为人的宽宏大度。成就大事者，如果没有能够心里撑船的宽广，那么就容不下任何事，也做不成任何事。

　　三国时期的蜀国，在诸葛亮去世后任用蒋琬主持朝政。他的属下有个叫杨戏的，性格孤僻，讷于言语。蒋琬与他说话，他也是只应不答。有人看不惯，在蒋琬面前嘀咕说："杨戏这人对您如此怠慢，太不像话了！"蒋琬坦然一笑，说："人嘛，都有各自的脾气秉性。让杨戏当面说赞扬我的话，那可不是他的本性；让他当着众人的面说我的不是，他会觉得我下不来台。所以，他只好不作声了。其实，这正是他为人的可贵之处。"后来，有人赞蒋琬"宰相肚里能撑船"。

　　一个真正成功的人必须要有广博的胸襟，才能不被狭隘偏私所限制，无论在什么时代，人才都是最难得的。从古至今有很多政治家对于冒犯自己的人才往往既往不咎，收为己用，让这些真正的人才助自己成就一番大的事业。

　　在淮阴那个地方有一个年轻的屠夫，他看到韩信就侮辱他说道："你的个子比我高大，又喜欢带剑，但内心却是很懦弱的啊。"并当着众人的面侮辱他说，"假如你不怕死，那就刺死我；不然，就从我的胯下爬过去。"韩信注视了他一会儿，于是俯下身子从对方的胯下爬过去。当时集市上的人都讥笑他，以为韩信的胆子真的很小。等到项梁率军渡过了淮河，韩信持剑追随他，然而在项梁手下，却没有得到任何的名声。项梁战败，韩信又隶属项羽，项羽让他做了郎中。他屡次向项羽献策，以求重用，但项羽都没有采纳。汉王刘邦入蜀，韩信脱离楚军归顺了汉王，因为没有什么名声，只做了接待宾客的小官。后来他因犯法判处斩刑，同伙13人都被杀了，等轮到韩信时，他抬头仰视，正好看见滕公，于是对滕公说："汉王不想成就统一天下的功业吗？为什么要斩壮士！"滕公感到他的话不同凡响，见他相貌堂堂，就放了他，和韩信交谈，很欣赏他。韩信终于得到萧何的赏识，被萧何全力保举给刘邦做了大将，从此一举成名，为刘邦打下了半壁江山。垓下会战彻底打败了项羽后，刘邦封韩信为楚王。韩信到达封地，找到当年那位曾让他受到胯下之辱的屠户，不但不杀他，反而还任命他为楚国中尉，并对将领们说："他是一个壮士。当时他侮辱我时，我难道真的不敢杀他吗？不是的。但我杀了他就不能成名，不能实现自己的抱负了，所以我忍辱而达到了现在的境地。我真该谢谢他啊，他磨炼了我的意志！"

得饶人处且饶人，与人方便就是与自己方便。韩信是一个识大体、顾大局的人，倘若他一气之下杀了那个侮辱自己的人，他便会为自己的行为付出代价而接受牢狱之灾，还何谈什么理想和抱负呢？而建功立业之后，也没有过于追究那个曾经侮辱自己的人，反而把那段屈辱的经历视为磨炼自己的机会，韩信能够成就自己的大业也是应该的。

水至清则无鱼

处朋友，务相下则得益，相上则损。

——《传习录》

【鉴赏】

王阳明说："与朋友相交，彼此谦让，就会受益；彼此攀比，只能受损。"这句话被后来的人用来告诫人们指责人不要太苛刻，看问题不要太过于严厉，否则就容易使大家因惧怕、担心而不愿意与之打交道，就像水过于清澈养不住鱼儿一样。但是，很多时候，有些人总是喜欢背离这句话的本意，把它用来劝人凡事不必认真，得饶人处且饶人，甚至见了危害人民利益的人或事，也睁一只眼、闭一只眼，不该宽容的也宽容了。

其实很多人都不知道，还有一句话是与之相对的，那就是"毛病是养出来的，不能迁就"。其实我们可以想象一下，这句话流传至今，我们就必须承认它具有劝告人们待人少苛求、多宽容的积极意义。但是很多人

王阳明墓

喜欢钻空子，并不能正确地理解这句话的积极意义，而是把它当作"慈悲"为怀的处世哲学，在发生了一些事情的时候通常也一味宽容迁就，尤其是面对一些问题和矛盾时，并不能够正视问题出现的原因，也不去观察并解决问题，往往漠然视之，放任自流，充当"老好人"。殊不知，这种"慈悲"非但不能赢得多数人的好感，换来所谓的"好人缘"，反倒容易让大家反感，觉得虚伪了很多。

寺院里有一位德高望重的长老，有一天他发现在寺院的高墙边有一把座椅，他知道有人一定是借此越墙到寺外。长老搬走了椅子，在这儿等候。午夜时分，外出的小和尚爬上墙，再跳到"椅子"上，他觉得"椅子"和先前踩过的椅子不一样，先前硬，而现在的软软的甚至有点弹性。落地后小和尚定眼一看，才知道椅子已经变成了长老。原来他跳在长老的身上，

王阳明名言鉴赏

长老是用脊梁来承接他的。小和尚仓皇离去。这以后一段日子，他诚惶诚恐等候着长老的发落。但长老并没有这样做，压根儿没提及这"天知地知你知我知"的事。小和尚从长老的宽容中获得启示，他收住了心再没有去翻墙，通过刻苦的修炼，成了寺院里的佼佼者，若干年后，成为这儿的新长老。

寺院的长老的宽容让当年借椅子爬墙出去玩的小和尚得到了顿悟。我们可以试想一下，如果长老不是很宽容的话，他惩罚小和尚，也许只能管得住小和尚一时，而管不了他一世。小和尚压根就不会师父的谩骂或者批评而有那样彻底的顿悟。正因为有了长老的宽容让小和尚知难而退，因为曾经踩过长老的脊梁，没有遭到谩骂和教训，心中有愧，为了弥补那种愧疚感才会如此成就了自己，同时也让自己成长起来，成就完美的人生。

很多时候，我们看问题都要辩证地去看，而不要一味地苛刻，宽容不仅需要"海量"，更是一种修养促成的智慧。事实上，只有那胸襟开阔的人才会自然而然地运用宽容；反之，长老若搬去椅子对小和尚"杀一儆百"也没什么说不过的，小和尚可能从此收敛但绝不会真正反省，也就没以后的成就。

无独有偶，嘉靖元年，有位泰州商人穿着奇装异服来到王阳明家求学，想要拜在王阳明的门下、王阳明一口就答应了他。在这里学习了一段时间以后，这个人就打算穿着奇装异服出去游历讲学。王阳明问他为什么要穿成那样，这个人便回答说是为了反对理学的陋习陋规，而讲究心学。王阳明看出来此人就是为了避免被人看不起，所以才要穿成那样，并且要打着王阳明的旗号出去讲学，便一言拆穿了他，说他只不过想出名罢了。这个人发现自己的心思已经被老师看穿，就想着以后在王阳明这里肯定混不下去了，还是收拾东西趁早离开，至少还有一丝尊严。可是令他没有想到的是，王阳明没有和他计较这个事情，反而继续留他在自己的家中。他从此苦心求学，痛改前非，成为一名优秀的学者。他就是王阳明的优秀学生之一，泰州学派的创始人王艮。

人们常说："水至清则无鱼，人至察则无徒。"如果你身为一个长辈或者师长不能容忍下属的一点过错，纠结而不放，也就无法做到为人师表，在大家的心里难以立下威信。我们要学习王阳明，凡事不要总是从自己的角度去考虑问题。一个人如果没有私心，就自然能够容忍他人，在生活中也是如此。能够己所不欲，勿施于人，那么你的心自然也宽敞得多，容纳得更多。用你的宽容和不苛刻来减少对方的抵触情绪，对方也会感恩戴德，然后滴水之恩，涌泉相报，那么还有什么问题是难以解决的呢？

不理是非，就无是非

凡今天下之议论我者，苟能取以为善，皆是砥砺切磋我也，则在我无非警惕修省进德之地矣。

——《传习录》

【鉴赏】

王阳明在一封书信中这样写道："现在天下的人都在议论我，如果能因此为善，那么，都是在与我砥砺切磋，就我而言，不过是提高警惕，反省自己，增道进德。"世间之事，纷繁复杂，当一些无关痛痒的评论进入你的耳朵时，我们也不要因此而怒目圆睁，所谓"流言止于智者"对待那些所谓的诽谤和是非之语，我们都要能够承担、忍耐，并且包容。

在道德修养上，要不在乎别人对自己的言论和看法，一心专注于目标，这样才能有所进步。有句话说："看你的身价，就要看你的对手。"我们在日常生活中，受到一些人的诋毁是在所难免的，当你要与他们辩论的时候，有没有想过，解释又有何用？做好眼前的事情是对这些诋毁者最有力的还击。

无所不能的名臣狄仁杰也有过同样的过失。在武则天统治时期，狄仁杰与娄师德都做过宰相。狄仁杰一直排斥娄师德，有一天武则天问他说："朕重用你，你知道原因吗？"狄仁杰回答说："我因为文章出色和品行端正而受到重用，并不是无所作为而依靠别人。"过了一会儿，武则天对他说："我曾经不了解你，你做了高官，全仗娄师德提拔。"于是令侍从拿来文件箱，拿了十几篇推荐狄仁杰的奏折给狄仁杰。狄仁杰读了之后，害怕得连忙认错，武则天没有指责他。狄仁杰走出去后说："我没想到娄大人一直容忍我！"而娄公从来没有骄矜的表现。

世间上的是是非非不是三言两语就能说明白的，很多人因为别人的评论或者议论就叫苦连天，痛苦不堪。其实这个时候，做到不理是非，那么便无是非。鲁迅先生说："人生中，最大的蔑视，就是连目光都不要撇过去。"对于那些飞来横祸，我们做到不理不睬，自然没有什么能难倒我们。

但丁有句闻名世界的话："走自己的路，让别人说去吧。"活在这个世界上，每个人都无法避免被人非议或者诽谤，面对那些是是非非，我们无法去堵住别人的嘴巴。你要相信，如果你不是贼，你也不会因为别人的怀疑而变成贼，清者自清，浊者自浊。

有这样一对父子俩，他们牵着驴进城，半路上有人笑他们："真笨，有驴子不骑！"父亲便叫儿子骑上驴。走了不久，又有人说："真是不孝的儿子，竟然让自己的父亲走着！自己却骑驴。"父亲赶快叫儿子下来，自己骑到驴背上。走了没多久的路，又有人看到他们说："真是狠心的父亲，不怕把孩子累死！"父亲连忙叫儿子也骑上驴背。没走多久，谁知又有人说："两个人都骑在驴背上，不怕把那瘦驴压死吗?"父子俩赶快溜下驴背，把驴子四只脚绑起来，用棍子扛着。经过一座桥时，驴子因为不舒服，挣扎了下来，结果掉到河里淹死了！

是非多如麻，如果每一个是非都要顾虑到，真的能累死人。这个故事告诉我们，作为一个人要有主见，具备判断是非的能力，才不会被别人的意见所左右。不要活在别人的议论中，要靠自己的脚走路、自己的脑袋思考。人的思维千万种，一千个读者，就有一千个哈姆雷特。众口难调，你的做法永远无法做到让所有的人都满意，那么做好自己，不损人利己即可。

在现实社会中，闲话是无所不在的。关键是你对它要有一个正确的态度，以一种超然的态度去对待它，要有一种免疫力，不然就很容易被它所左右，甚至造成人生的失败。有句话说："可以不认同，但要学会尊重。"就是这个道理，面对很多流言蜚语，我们无法去堵住别人的嘴巴，甚至剥夺旁人发表言论的权利，但是我们可以管住自己的内心，不去听，不去理会。

在一所大学里，一位年轻貌美的女孩子击败许多比她资格老的竞争对手，获得教授职称。一时间她在校园里顿时成了众矢之的，别人对此说什么的都有，种种难听的、诋毁的，甚至造谣中伤的话都出来了，大有"众口铄金"的势头。女孩子却好像没有听到这一切，依旧从容自若地做自己该做的事。她的朋友都看不下去了，问她为什么不对那些恶毒的闲话辩解一下，甚至反击一下。她从容地笑了笑："他们有说话的权利，我有不予理会的权利，这不是很正常吗？"过了一段时间，那些诋毁、造谣的人见年轻人根本不理会，好像根本没这回事一样，自觉没趣，慢慢地，那些闲话也就消失了。

王阳明心学是集儒释道学问之大成的一种学说，以修心为体，以入世为用，任他千变万化，只是我心不变，以不变应万变，则其妙无穷，处处皆合中道，是为圣人也。无论外界如何改变，我心不变，则外界一切的言论都不能干扰我。当你面对旁人的质疑或者外界的非议的时候，不理是非是最明智的选择。有时候，选择很重要，抉择更加重要，面对是非我们可以有选择地去听，根据一些言论来提升自己的不足，但是有效地筛选是非与议论是最重要的。做错了选择就会受到折磨，就会在乎不必要的是是非非。

小不忍，则乱大谋

岂能以不忍人之心而行不忍人之政，则虽茅茨土阶，固亦明堂也，以幽、厉之心而行幽厉之政，则虽明堂，亦暴政所自出之地邪？武帝肇讲于汉而武后盛作于唐，其治乱何如邪？天子之学曰辟雍，诸侯之学曰泮宫，皆象地形而为之名耳。然三代之学，其要皆所以明人伦，非以辟不辟、泮不泮为重轻也。

——《传习录》

【鉴赏】

王阳明说，能用怜恤他人的仁德之心来实施怜恤他人的仁政，即使是茅屋土阶，也仿佛明堂；以周幽王、厉王的蛇蝎心肠来实施幽王、厉王的暴政，即使是明堂，也是暴政实施的场所。汉代汉武帝重新探讨明堂之事，唐朝武则天大建明堂，他们治理国政的效果又如何？君王建立的学校称为辟雍，诸侯建立的学校称为泮宫，均是根据地形而命名。但是夏、商、周三代的学问，其是以讲明人伦为核心，至于是否类似壁环，是否建在泮水旁边，都无足轻重。

明正德十六年，年仅30岁的明武宗朱厚照去世，堂兄弟明世宗朱厚熜继位。嘉靖皇帝因对王阳明有所耳闻，知道他在一年之内平定了江西地区的巨寇，又用短短的一个多月的时间平定了朱宸濠的造反，又以讲心学闻名天下，于是授以王阳明"新建伯"的爵位。但是这个爵位仅仅是一个虚名，并没有什么实质性的待遇，同时因朝廷里的内阁大学士杨廷和、蒋冕等人都是恪守朱学之士，和王阳明有着学术上的分歧，同时新皇帝又都是靠这些人推举上来的，这样王阳明就进入了一个两难的境地。父亲王华的病危，加之对手的诽谤、皇帝的无视种种都压迫着王阳明，让他喘不过气来。王阳明病倒了，在种种习难的情况下，他意识到自己的这种悲痛与失望是无法应对来自外界的一些压迫的，于是他忍耐，并坚持了下去。

就是这样，他的心学才大告于天下的，他的忍耐和乐观的精神让他远离政治，并将自己全部的精力都投入到自己的心学之中。

人生有很多事需要忍，忍一时风平浪静。人想要在一定的领域中有所成就，就必须做到忍耐。忍是一种眼光、一种胸怀、一种领悟、一种人生的技巧，忍是一种规则的智慧。王阳明之所以能有如此成就，和他的忍耐有着非常重要的关系。当他面对对手的诽谤时，没有抱怨失望；当他面对皇帝的不重用时，没有灰心丧气。他坚信等待和忍耐是对待苦难的常用态度，他坚信事物是有变化的，迟早时来运转，风水轮流转。

隋朝的时候，隋炀帝十分残暴，各地农民起义风起云涌，隋朝的许多官员也纷纷倒戈，转向帮助农民起义军，因此，隋炀帝的疑心很重，对朝中大臣，尤其是外藩重臣，更是易起疑心。唐国公李渊（即唐太祖）曾多次担任中央和地方官，所到之处，悉心结纳当地的英雄豪杰，多方树立恩德，因而声望很高，许多人都来归附。这样，大家都替他担心，怕他遭到隋炀帝的猜忌。正在这时，隋炀帝下诏让李渊到他的行宫去晋见。李渊因病未能前往，隋炀帝很不高兴，多少产生了猜疑之心。当时，李渊的外甥女王氏是隋炀帝的妃子，隋炀帝向她问起李渊未来朝见的原因，王氏回答说是因为病了，隋炀帝又问道："会死吗？"王氏把这消息传给了李渊，李渊更加谨慎起来，他知道迟早为隋炀帝所不容，但过早起事又力量不足，只好隐忍等待。于是，他故意败坏自己的名声，整天沉湎于声色犬马之中，而且大肆张扬。隋炀帝听到这些，果然放松了对他的警惕。这样，才有后来的太原起兵和大唐帝国的建立。

控制好情绪需要理性地克制，需要雅量。人生中很多时候遇到的事情，都需要我们去忍耐。假如李渊当初听了隋炀帝的话，怒火中烧马上与之理论或采取兵变，很可能会因为准备不足、时机不成熟而失败。一旦失败，则永无机会从头再来了。那么后世将永远没有机会见证大唐的风采。

"小不忍，则乱大谋"，历史上这样的事情很多，不胜枚举。我们都知道厚积薄发的韩信，如果他不受胯下之辱，盛怒之下杀掉那个羞辱自己的人，估计他就没有机会成为淮阴侯，建功立业，而是因杀人进入监狱等待秋后问斩。一个人的涵养来源于他的修养，有修养之人都懂得控制情绪。遇事不能冷静，并且以某种极端手段处之的人，绝不是一个有修养的人。忍耐有的时候体现的也是一种度量，一个常戚戚的小人又如何做得了忍让呢？人生中的很多机遇都是我们不能克制自己的脾气而错过的。"错过就是过错"，机不可失，时不再来。有的时候也许仅仅是一个考验，却因为我们不能够很好地忍耐，就败给了火气将军。

王阳明也是一样，宁王朱宸濠起兵反抗朝廷，王阳明率兵讨伐，一举擒获宁王朱宸濠，为朝廷屡立战功，却没有得到褒奖，而是遭到诬陷。但是王阳明并没有立即为自己解脱，而是将功劳让出去，避免了自己遭受迫害。后来正德皇帝明白始末，奖赏了王阳明。其实在我们的人生中努力拼搏并没有错，但是有攻就有守，小的忍耐会有大的飞跃，会让你避开灾祸，人生之路变得更加宽广。

容人之过，得人之心

如今于凡忿懥等件，只是个物来顺应，不要着一分意思，便心体廓然大公，得其本体之正了。

——《传习录》

【鉴赏】

在王阳明的传习录中记载，有人就"有所愤怒"这一说法请教于先生。王阳明回答说："诸如愤怒、恐惧、好乐、忧患等情绪，人心中怎会没有呢？只是不应该有罢了。一个人在愤怒的时候，较容易感情用事，有时候会怒不可遏而导致很过分，就是去了廓然大公的本体了。因此，有所愤怒，心就不能中正。如今，对于愤怒等情绪，只要顺其自然，不过分在意，心体自然会廓然大公，从而实现本体的中正了。例如，出门看见有人斗殴，对于错误的一方，我心中很恼火，虽恼火，但是我心坦然，不生过多的气。现在，对别人有怒气，也应该这样，如此才为中正。"

心胸狭窄之人，往往放不下对曾经伤害过自己的人怨恨，只会将自己局限在狭小的空间里，让怨恨打败自己的快乐，从此只能郁郁寡欢。而心胸宽广的人，他的世界会比那些人更加开阔宽广。面对旁人的种种嘲讽，我们只当耳旁风刮过即过，切不可久久萦绕心头，挥之不去，然后用别人的错误惩罚自己。

宋朝宰相吕蒙正不喜欢记着别人的过错。刚担任参知政事，进入朝堂时，有一位官吏在朝堂帘内指着吕蒙正说："这小子也来参政啊？"吕蒙正装作没有听见走过去了。与他同行的人非常愤怒，下令责问那个人的官位和姓名。吕蒙正急忙制止他们。下朝以后，那些与吕蒙正同行的人仍然愤愤不平，后悔当时没有彻底追究。吕蒙正则说："如果知道那个人的姓名，就终生不能再忘记，因此还不如不知道那个人的姓名为好。不去追问那个人的姓名，又有什么损失呢？"当时所有的人都佩服吕蒙正的度量。

在生活中很多人都会有这样或者那样的感情纠葛，都曾经遭受过旁人的诽谤和言辞的攻击而黯然神伤，心中的那种怨恨和伤疤久久不去，对于曾经伤害过自己的人仍然耿耿于怀，经常会拿出曾经的伤痛再一次地伤害自己、折磨自己。佛语中讲："冤冤相报何时了。"我们不要让自己生存在一个仇恨里，更不要将仇恨视为你活下去的唯一理由，没有什么人值得你如此，狠心对待你的人，更没有权力这样占满你内心的空间。

心胸狭隘之人会给身旁的人带来厄运，因为他们容不得别人比自己过得好。他们的猜忌心很重，往往会因为别人的一点小事，一句不重要的话拿来反复地折腾，然后曲解原有的含义，认为都是他人在攻击自己，触犯了自己的利益。心胸狭隘的人身边往往无好友，因为最基本的朋友间的信任感是不具备的。不能忍让和谦虚又如何能与人深交呢？

要想在人生路上一路平坦，你必须是一个有涵养的人，同时也要有足够的度量。心胸狭窄不容他人，他人也必不容你，这是交际时极忌讳的一个短板。

娄师德的弟弟被任命为代州刺史。临行，娄师德说："我的才能不算高，做到宰相。现在你呢，又去做很高的地方官，有点过分了。人家会忌妒我们，应该怎样才能保全性命呢？"他的弟弟跪下说："从今以后，即使有人把口水吐到我脸上，我也不敢还嘴，把口水擦去就是了。我以此来自勉，绝不让你不放心。"娄师德说："这恰恰是我最担心的。唉，人家拿口水唾你，是人家对你发怒了。如果你把口水擦了，说明你不满。不满而擦掉，使人家就更加发怒。应该是让唾沫不擦自干。"这就是成语"受唾自干"的来历。正因如此，娄师德才在武则天执政时，始终受到武则天的

王阳明名言鉴赏

信任。

俗话说，"将军额上能跑马，宰相肚里能撑船"，这是容人的最高境界。作为一个成功者，首先要有宽广的心胸，善于求同存异，虚心听取各种不同的意见和建议，不要总是对一些细枝末节斤斤计较，更不要对一些陈年旧账念念不忘。你的一言一行都可以成为别人在意的焦点。心胸狭窄，不容他人，从不虚心听取意见，这块短板肯定会影响整个人的实力，是非常不可取的。正所谓"金无足赤，人无完人"，每个人都有自己的弱点和缺点，就连历史上著名的管仲也有"管鲍分金"的故事。春秋时期，鲍叔牙与管仲合伙做生意，鲍叔牙本钱出得多，管仲出得少，但在分配收益时却总是管仲多要，鲍叔牙少要。鲍叔牙并没有觉得管仲贪财，而是认为管仲家里穷，多分点没关系。后来鲍叔牙还把管仲推荐给齐桓公，辅佐其成就霸业，管仲也因此成为著名的政治家。

处变而不惊，以不变应万变，以宽容对狭隘，以礼貌谦恭对冷嘲热讽，不将心思牵绊于一事一物，不将一丝哀怨气恼挂在心头，这是一个成功者理应具备的容人雅量。渴望成功的人一定要克服心胸狭窄这个短板。

知进退，得饶人处且饶人

不管人非笑，不管人毁谤，不管人荣辱，任他功夫有进有退，我只是这致良知的主宰不息，久久自然有得力处，一切外事亦自能不动。

——《传习录》

【鉴赏】

王阳明不仅是著名的哲学家，更是一名出色的军事家。王阳明的用兵之道往往与众不同，在别人认为应该进攻的时候，他却认为应该退守。宁王叛乱时期，朱宸濠久攻安庆不下，集结兵力的王阳明未采纳众人从背后攻击叛军的意见，坚持认为应该退而攻南昌。结果证明他的判断是对的，南昌城攻下之后，朱宸濠彻底失去了反击的根据地。

其实，王阳明的军事思想和用兵之道也适用于我们的生活。人生是一场华丽的舞会，聪明人往往自始至终保持着优雅奔放、进退自如的姿态。我们无论处于何时何地，都会遇到各种各样的人，都要与各种各样的人相交相处。在人际关系中，难免会出现磕磕碰碰，发生问题。有人说：只要有人的地方，就会有争斗。若想与他人和平相处，就要拥有一个良好的人际关系网，在原则范围内，偶尔的吃亏，偶尔的退让，既是一种包容的胸怀，也是一种友好的讯号。若太过计较，双方都将陷入泥潭而难以挣脱，就像是那些在篓中互相钳制难以逃生的螃蟹。

一个青年到河边钓鱼，遇到一捕蟹老人，身背一个大蟹篓，但没有盖盖。他出于好心，提醒老人说："大伯，你的蟹篓忘了盖上。"

老人回头看了他一眼，微微一笑："年轻人，谢谢你的好意。不过你放心，蟹篓可以不盖。要是有蟹爬出来，别的蟹就会把它钳住，结果谁都跑不掉。"

那一篓互相钳制的螃蟹是否曾想到，钳住别人也就堵住了自己的出路？在现实生活中，留三分余地给别人，就是留三分余地给自己。跳探戈一样。

朋友、同事、上下级之间，如果能用恰当的方式彼此相处，彼此协调，知进知退，通权达变，不但要小心不踩到对方的脚，而且要留意不让对方踩到自己的脚。这样，人与人之间才能和睦相处。

与人方便就是与己方便，在人生中，将别人渴望的东西主动送上门去，能免愤恨、招感激，为自己赢得一份宝贵的人情，给自己以后的人生留下了余地。因为世事艰险，如果不注意在人生的点滴处积累善缘，就会无形中给自己埋下定时炸弹；而如果得饶人处且饶人，适当地网开一面，也许就在无形中消除了很多危险。

宽容安抚，以德化怨

舜征庸后，象犹日以杀舜为事，何大奸恶如之！舜只是自进于义，以义熏熏，不去正他奸恶。凡文过掩慝，此是恶人常态；若要指摘他是非，反去激他恶性。舜初时致得象要杀己，亦是要象好的心太急，此就是舜之过处。经过来，乃知功夫只在自己，不去责人，所以致得"克谐"。

——《传习录》

【鉴赏】

王阳明认为，舜被尧征召之后，舜的弟弟象仍然整天想要把舜杀死，这是何等奸邪的事？而舜只是提高修养、自我克制，不直接纠正象的奸恶，而是用安抚的方法来熏陶感化他。文过饰非，用以掩盖自己的奸恶，这是恶人们的常态；如果去指责他的是非，反倒会激发他的恶性。舜最初让象起念杀害自己，也是因为想让象变好的心意太过急切，这就是舜的过错。后来，舜才明白原来功夫只在自己，不能责备别人，所以才能与象和平相处。

由此可见，对待恶人，宽容的安抚比严厉的责罚更有效，更能激发出恶人心中的善意和仁爱，从而改过自新，去恶扬善。这其实就是老子所提倡的"以德报怨"的思想。

《老子》中写道："民不畏死，奈何以死惧之。"意思是说，民众不怕死，又怎能用死来威胁他们呢？老子之所以会有这样的感叹，是因为春秋时期，社会混乱，民不聊生，不少人为了生存，或聚而为盗，或揭竿造反。当时最著名的强盗大概是盗跖，据《庄子·杂篇》介绍，此人是大贤士柳下惠的弟弟，"从卒九千人，横行天下，侵暴诸侯"。司马迁在《史记》中则说他"性格残忍凶暴，然部下盛赞其信义"，官府多次出兵镇压，都没有成功。

当然，老子这句话并不只是针对盗跖来讲，而是泛指官府镇压盗匪的蛮横手段。他认为，老百姓没有活路才去做强盗，镇压是没有用的。如果让老百姓有活路，他们就会爱惜生命，害怕死亡。这时候，惩处个别为非作歹的人，就没有人敢为非作歹了。官府穷奢极欲，使得老百姓没有活路，他们连死都不怕了，又怎么会怕官府镇压呢？由此可知，老子这句话的用意在于劝告统治者不要迷信惩罚的效力，与其惩罚犯罪的人们，不如从根本上制止犯罪，让老百姓生活富足，这样他们就会自尊自爱，即使不管他们，他们也懂得自律；即使有个别坏人，管起来也会容易得多。

其实，这世上，如果人人都有稳定幸福的生活，是不会有人愿意做坏人的。老子的观点可总结为两句话："让好人有条件做好人，让坏人不需要做坏人。"正如国学大师南怀瑾评价的那样："'以德报怨'是老子的思想，后世也认为它代表了道家的思想。就是说，你对不起我，我不恨你，不报复你，反而对你好，乃至把你感化。"

人们常说："以恨对恨，恨永远存在；以爱对恨，恨自然会消失。"你在憎恨别人时，心里总是愤愤不平，希望别人遭到不幸、惩罚，却又往往不能如愿，失望、莫名的烦躁之后，你便失去了轻松的心境和欢快的情绪，从而导致心理失衡；另一方面，在憎恨别人时，只看到别人的短处，在言语上贬低别人、在行动上敌视别人，结果使人际关系越来越僵。

宽容曾经伤害过你的人，是人生大智慧，以德化怨，是成熟人性臻至化境的象征。宽容的人生收获的必是幸福与美满。因此，面对他人对你的伤害时，与其责罚、报复，不如用安抚的方法来熏陶、感化他们，以引导他们改过向善。

小事不忍，难成大谋

其后谪官龙场，居夷处困，动心忍性之徐，恍若有悟。

——《传习录》

【鉴赏】

王阳明自言被贬谪龙场后，居住在蛮夷之地，处境贫困之极，但是自己"动心忍性"，最终有所领悟。那时候的王阳明初入官场，胸怀大志却被奸臣刘瑾暗算，贬谪到贵州，甚至在路上险些遭到杀害。但他还是忍下了这口气，巧妙地躲过了暗杀，走马上任。也正是因为他的隐忍，暂时打消了刘瑾的疑心，保住了性命；更是因为他暂时的隐忍，才有了后来的"龙场悟道"，从此创立了心学。

王阳明虽被贬，心中志向也被扼杀，但他仍然不急不躁，不仅避免了杀身之祸，还成就了自己的前途。在现实生活中，性格急躁、粗心大意的人，难以办成大事；性情温和、内心安详的人，必然万事顺意。不掌握自己命运的人，必定要被命运所捉弄。

古时，有位妇人经常为一些琐碎的小事生气。她也知道这样不好，便去求一位世外高人为自己开解。世外高人听了她的讲述，一言不发，把她领到柴房中，上锁而去。妇人气得跳脚大骂，骂了许久，世外高人也不理会。妇人转而开始哀求，世外高人仍是置若罔闻。妇人终于沉默了。世外高人来到门外，问她："你还生气吗？"

妇人说："我只为我自己生气，我怎么会到这个地方来受罪。"

"连自己都不能原谅的人，怎么能心如止水？"世外高人转身而去。

过了一会儿，世外高人又问她："还生气吗？"

"不生气了。"妇人说。

"为什么？"

"生气也没有办法呀！"

"你的气并没有消逝，还压在心里，爆发后，将会更加剧烈。"世外高人又离开了。

世外高人第三次来到门前，妇人告诉他："我不生气了，因为不值得

王阳明名言鉴赏

生气。"

"还知道不值得，可见心里还有衡量的标准，还是有'气根'。"世外高人笑道。

看到世外高人的身影迎着夕阳立在门口时，妇人问他："什么是气？"

世外高人将手中的茶水倾洒到地上。

妇人看了一会儿，突然有所感悟，于是，她叩谢而去。

当我们容许别人来掌控自己的情绪时，本身就已经成为一个受害者，当对发生的现况无能为力的时候，抱怨与愤怒便成了唯一释放的选择。生气就是在用别人的过错来惩罚自己。既然如此，又何必生气呢？

莫生气，因为生气伤身又伤神。每个人都有自己的情绪，要学会控制，否则，有些过分的语言和行为，会误事更会伤人。要做大事，成大事，关键在于一个"忍"字。人常说，忍字头上一把刀。如果多一些容忍，不管是包容别人的人，还是被包容的人，都会获得身心的愉悦。

古代有个叫张崇的人，年轻的时候在山坡上放牛，没多久张崇便不知不觉地打起盹来。这时，他被一声牛叫惊醒，他看到自己的邻居蹑手蹑脚地抓起缰绳，把自己家的牛牵走了。

张崇并没有马上喊叫起来，他很了解这个邻居的情况，由于家里贫困，邻居家已经很久没吃上肉了。张崇从地上起来，不动声色地跟在邻居的后面。

到了邻居家后，张崇看到邻居正在磨刀，看样子是要宰牛。此时，邻居发现张崇立在一旁，顿时满脸羞愧，拿刀的手不知往哪里放。张崇并没有责怪邻居，而是对他说了一个故事。

原来，张崇小时候家里的日子过得很艰难，常常吃了上顿没下顿，一次，他跑到一户人家的地里，偷了一个西瓜，主人发现后并没有说什么，而是从地里又拿来节西瓜给张崇吃，临走还让他捎上几个。

过了十几年，张崇在京城当了官，经常对手下人讲起这两个故事，说："我用我自己的行为去感染对方，这要比责骂有用得多，如果天下人都这么做，那么我们就能看到太平之世了。"

西瓜的主人并没有责备张崇，反而给他西瓜吃。张崇被感染了，于是当自己的牛被人牵走时，他也没有责骂，而是用行动去感染对方。所谓小事不忍，难成大谋。为人要学会忍耐，如果一点小事都不能容忍而发脾气，就只会坏事。只有下定决心耐住性子，才能做成事，否则就会有麻烦缠上身。懂得忍耐，明天就一定会有阳光。

明朝初期，程朱理学占有统治地位，王阳明的学说问世后，刮起一股新风，开辟了儒学新的局面，但是也遭到了不少学者的异议。如同朝为官的吴廷翰就"知行"的问题对王阳明的学说进行了批判。他认为，人所认识的是外界的客观存在，强调感性的知和行在认识中的作用，也就是说，知便物的对应，"不可求知于物之外"，"言知之物，乃知之着实处"，假如离开了外界事物，则只有"空知"，失去了认识的对象和来源等。王阳明对于他人的批判和指责，并没有表现出多么的不满，而是包容大度，他认为这是正常现象。

每一位优秀人物的身旁总会萦绕着各种纷扰，对它们保持沉默要比寻根究底明智得多。我们应当保持一种温和平静的心态，从容地面对那些纷扰。

生活中必须学会忍耐。没有能力改变现实，那么你就必须忍耐、适应，等一切都过去了，剩下的就是美好的了。

宽可容人，厚可载物

禽兽与草木同是爱的，把草木去养禽兽，又忍得？人与禽兽同是爱的，宰禽兽以养亲与供祭祀、宴宾客，心又忍得？至亲与路人同是爱的，如箪食豆羹，得则生，不得则死，不能两全，宁救至亲，不救路人，心又忍得？

——王阳明

【鉴赏】

王阳明曾经发过这样的感慨：动物和草木都是值得人去爱护的，把草木拔掉拿去喂养动物，怎么能忍心呢？人和动物也是一样的值得爱护，杀了动物去祭祀或者宴请宾客，怎么能忍心呢？亲人和陌生人一样，也是值得爱护，如果两个人都快饿死了，给他们一点吃的就可以救活，宁可救自己的亲人而不救陌生人，又怎么能忍心呢？

孔子的学生子贡曾问孔子："老师，有没有一个字，可以作为终身奉行的原则呢？"孔子说："那大概就是'恕'吧。""恕"，用今天的话来讲，就是宽容。在前十年热播的电视剧《还珠格格》中，有这样一句话让我记忆犹新，"饶恕是人生中最大的美德"。的确，没有什么比宽容更让人佩服的事情了。著名作家雨果曾经说过："世界上最宽阔的是海洋，比海洋更宽阔的是天空，比天空更宽阔的是人的胸怀。"

有一天，宋太宗在宫中设宴，让殿前都御孔守正与左骁卫大将军王荣前来陪同饮酒，君臣同乐，边喝边聊，酒过三巡，菜过五味。孔守正和王荣二人很快便喝得大醉。言谈之间，他们在皇帝面前争论起各自在边境建立的战功。双方各执己见，分别强调自己发挥的作用，互不相让，唇枪舌剑，终于争吵起来。更过分的是，他们二人竟然在皇帝面前破口大骂，污言秽语不堪入耳，这种行为严重违反了宫廷礼仪，冒犯了皇帝的龙颜。在场陪喝酒的另外几个大臣见他俩闹得实在不像话，就喊来卫士，将他们架到另一个房间去。大臣们在惊异之际，纷纷奏请太宗将两个人抓起来送吏部去治罪。太宗没有同意，而是让人送他们各自回家休息去了。第二天，孔守正和王荣酒醒后，忽然想起饮酒时曾经违反了律条和宫廷礼节。于是他们赶忙同赴金殿承认罪过，自请处分。谁料到，宋太宗淡淡一笑，说："两位爱卿所说的事情，当时我也已喝醉了酒，大概不比你们醉得轻呀！记不得有这些事了。"赵光义九五之尊，对昨天的事情矢口否认，对孔守正、王荣二人不遵守礼法的行为也不追究，这既让孔守正、王荣感到意外，更对皇上感激涕零。从那以后，他们誓死忠心报答君王，毕生为国效劳。群臣眼见皇帝如此宽宏大量，爱护臣僚，竟然有不少人感动得掉下泪来，在内心里也更加佩服和尊敬赵光义了。

　　宋太宗赵光义假装糊涂，既表现了大度，又收买了人心。他对自己的臣子宽宏大量，使臣子对他心生敬仰之情，甘愿为他尽忠，以确保国家的长治久安。可见，宽容也是一种智慧。张爱玲说："因为爱过，所以慈悲；因为懂得，所以宽容。"宽以待人是一种美德，是为人处世不可缺少的一剂良方。多一点宽容就多一份爱，多一点宽容，人与人之间就多一分温暖。

宽容能化干戈为玉帛，化戾气为祥和。学会宽容利人利己，宽容会让你赢得更多的人心。

宽容是有限度的，并不是一味地、无原则地迁就他人。如果别人恶意损害了集体的利益，给我们大家都造成了巨大的损失，我们就不能视而不见、充耳不闻了。宽容是博爱的表现，但不是所有的宽容都是博爱。"农夫与蛇"的悲剧就充分地说明了农夫的爱是愚昧的爱，因为他的宽容，让蛇得寸进尺。宽容一定要建立在不失原则的基础上。

宋太宗就是该严则严，惩恶扬善决不手软。宋太宗十分重视子女的成长。为了把孩子培养成才，他特召了一批"良士"来辅导自己的儿子。其中姚坦被指派到益王府作"翊善"（专门教导皇子的官）。益王赵元杰是宋太宗的第五子，是一个挥金如土的花花公子。他"费数百万"在府邸造了一座假山，竣工之日，"召宾僚乐欢，置酒共观"。酒席宴上，众人都对假山赞不绝口，唯独姚坦低头不看，益王"强使视之"。姚坦说："我只看见血山，哪里有什么假山？"益王惊问其故，姚坦答："这个假山是用农民租税建造的，不是血山是什么？"由于姚坦经常批评益王的过错，因而引起益王的反感。一些阿谀奉承之徒，为讨好益王，排斥姚坦，便乘机劝益王装病。太宗听说儿子病了，十分着急，便召益王左右入宫问疾。来人说："益王本无病，因翊善姚坦管束太严，益王不舒畅，所以生病了。"太宗一听大怒，说："我选品行端正的人作益王的僚属，目的是辅导益王行善。现在益王装病，是想叫我除去正人吗？况且益王年少，未必自己能想出装病的主意，一定是你们教唆他干的。"于是命令把益王左右的人痛打一顿。却召姚坦入宫，嘉奖了他的正直。由于太宗信用臣下，不护子短，使姚坦更加直言不讳，尽忠职守。后来益王赵元杰确有改过自新的上佳表现。因而史书上说他"力学乐善"，死后被谥为"元惠"。

"宽可容人，厚可载物"。在宽容这方面，宋太宗赵光义可谓做得最适宜，有紧有松，非常适度。所以宋太宗赵光义一朝一派祥和，经济与政治都发展得很好又清明。有了宽容才有了人生的快乐。王阳明指出，交朋友，要互相谦让，互相宽容，这样才能够从中受益。如果只知道互相攀比、憎恶，自然就会受到损害。能够宽容他人的人，心存厚道，在为人处世方面多会顾及他人，同时也会很好地保全自己的利益。

耐心等待，风车从不跑去找风

诸君只要常常怀个"遁世无闷，不见是而无闷"之心，依此良知，忍耐做去。

——《传习录》

【鉴赏】

王阳明曾在讲学中说过："各位只要经常怀着一个超脱世俗之心，排除烦扰，根据这良知耐心地做下去。"

王阳明可谓是一心为国的典范，却也承受了很多别人难以忍受的磨难。他内心的纠结与苦楚、不被重用和诽谤、暗杀和贬谪，这些都激励着王阳明要等待和坚持，扼守自己的良知，以平和的心态在孤寂决绝中省悟。想要成就事业，成就自己，那么就要耐得住寂寞和落寞，不浮躁，不急功近利，潜心静气才能汲取智慧的结晶。

记得曾经看过一本名叫《地下生存2190天》的小说，里面有这样一句话："在生面前，死显得那么漫长，我们不过是站在短暂里等待漫长，可惜的是更多的人熬不过短暂，便匆匆地进入了漫长。"这几许悲凉的味道辗转于心间，挥之不去。熬不过等待，禁不住等待的人往往都先其他人一步，匆匆地进入了漫长。那些始终相信会得救的人，最终在地下生存了2190天被救了出来。

很多人都是不愿意等待的，其实有很多厚积薄发的典型，但是更多人不相信自己也是需要等待的。有句话说"心急吃不了热豆腐"，果真如此。

从前有个性急的年轻小伙子，做什么事情都很急，耐不住等待。有一天他要与情人约会，结果来得太早，又没耐心等待。明媚的阳光、迷人的春色和鲜艳的花朵，这些美丽的景色他都无心观赏，反而一头躺倒在大树下长吁短叹。

忽然他面前出现了一个侏儒。"我知道你为什么闷闷不乐。"侏儒说，"拿着这颗纽扣，把它缝在衣服上。你要遇着不得不等待的时候，只需要将这纽扣向右一转，你就能跳过等待的时间，要多远有多远。"这很合小伙子的胃口。他握着纽扣，试着一转，啊，情人已出现在眼前，还朝他笑送秋波呢！真棒啊，他心里想，要是现在就举行婚礼，那就更棒了。他又转了一下，隆重的婚礼，丰盛的酒席，他和情人并肩而坐，周围管乐齐鸣，悠扬动人。他抬起头，盯着妻子的眸子，又想："现在要只有我俩该多好！"他悄悄转了一下纽扣，立时夜阑人静。他心中的愿望层出不穷："我们应有座房子。"他转动着纽扣，房子一下子飞到他眼前，宽敞明亮，迎接主人。

还缺几个孩子，他又迫不及待，使劲转了一下纽扣，日月如梭，顿时已儿女成群。他站在窗前，眺望葡萄园，真遗憾，它尚未果实累累。偷转纽扣，飞越时间。生命就这样从他身边急驶而过。还没有来得及思索后果，他已老态龙钟，衰卧病榻。至此，他再也没有要为之而转动纽扣的事了。

回首往日，他不胜追悔自己的性急失算，不愿等待，一味追求满足。眼下，因为生命已风烛残年，他才醒悟：即使等待，在生活中亦有意义。他多么想将时间往回转一点啊！他握着纽扣，浑身颤抖，试着向左一转，扣子猛地一动，他从梦中醒来，睁开眼，见自己还在那生机勃勃的树下等着可爱的情人。然而，现在他已学会了等待。一切焦躁不安已烟消云散。他平心静气地看着蔚蓝的天空，听着悦耳的鸟语，逗着草丛里的甲虫，他以等待为乐。

故事中的小伙子经过"纽扣一梦"终于明白等待的快乐，即使等待，在生活中也很有意义，一方面你可以积蓄力量；另一方面，只有经过努力和历尽艰辛实现的愿望，才更令人满足。禁得住等待的人，才能得到幸福。有句话说："生命的美，不在目的，而在历程。"这段历程就是慢慢地等待、慢慢地体验的过程。等待是为了让自己能够安心地韬光养晦，有朝一日一怒而飞。就像楚庄王"三年不飞，飞将冲天；三年不鸣，鸣将惊人"一样。

等待也是有限度的，要把握时机，事物的发展都是有一定的规律的，"物极必反"，把握自己，也要抓住时机，耐得住等待。等待就像一个细嚼慢咽的过程，即使你的肚子再怎么饿，你也要慢慢咀嚼。狼吞虎咽也许会解一时之饱，却要在日后忍受一世的胃痛。

耐得住等待，才能够苦尽甘来。忍得住寂寞，才会有真爱。世间上的很多事，都需要我们耐心地等待，汉代的薄太后就是一个耐得住等待的人，忍受平凡，避开锋芒，才能从吕后的手中逃脱掉，最后让儿子汉景帝刘恒安稳地躲过杀害，夺得天下。万事都需要我们慢慢地来，耐心地等待，切不可急功近利，你要知道，风车从不跑去找风，只会静静地等着风来。

博大胸襟助你成就非凡事业

凡人言语正到快意时便截然能忍默得，意气正到发扬时便翕然能收敛得，愤怒嗜欲正到胜沸时便廓然能消化得，此非天下之大勇者不能也。

——《传习录》

【鉴赏】

"宰相肚里能撑船"，但凡真正的大人物，都有相对广阔的胸襟，斤斤计较之辈，一般难有太大的出息。

王阳明心胸开阔，在平定了叛乱，俘虏了宁王朱宸濠之后，他把功劳全都让给了别人。而之后，朝中公公张永向王阳明索要朱宸濠筹备造反时打通关系送礼行贿的账本，张永本想借此账本整理那些平时跟王阳明唱反调的人，但王阳明却声称把这个账本给烧了。在他眼中，叛乱已经平定，再没有理由大动干戈，就到此为止吧！

一个真正成功的人，必须要有博大的胸襟。一个胸襟宽广的人，才能不被狭隘偏私所限制，才能认识生命真正的意义，成为识人才的伯乐，眼光高远，千金买马骨。

孙中山心怀天下

　　曹操在诗中所说："青青子衿，悠悠我心。但为君故，沉吟至今。"无论在什么时代，人才永远都是最重要的。人才难得，所以很多政治家对冒犯自己的人才往往能既往不咎，收为己用，这也是他们能成就霸业的关键。

　　齐桓公即位后，即发令要杀公子纠，并把管仲送回齐国治罪。因为管仲做公子纠的师傅时，想用箭射死齐桓公，结果齐桓公假死逃过一劫。管仲被关在囚车里送到齐国，鲍叔牙立即向齐桓公推荐管仲。齐桓公气愤地说："管仲拿箭射我，要我的命，我还能用他吗？我恨不得杀之而后快！"鲍叔牙说："以前他是公子纠的师傅，所以他用箭射您，这不正好体现了他对公子纠的忠心吗？而且要是论起本领来，他比我强多了。主公如果要干一番大事业，我看管仲可是个用得着的人。"

　　齐桓公也是个豁达大度的人，听了鲍叔牙的话，不但不治管仲的罪，还立刻任命他为相，让他管理国政。管仲帮着齐桓公整顿内政，开发富源，大开铁矿，多制农具，后来齐国越来越富强了。

　　齐桓公既往不咎，原谅了管仲的冒犯，原因在那儿呢？一是各为其主；二是管仲确有大才；三是最重要的一点，齐桓公确实是一个有胸襟的人。

化敌为友，使其成为自己得力的干将，这是古代领导者常见的戏码。

我们常说，滴水之恩，当涌泉相报，就是这个道理。对别人的好，以后往往会反馈回来的。《孙子兵法》里最精妙的招数要数"攻心"。而要攻心，就要有一颗有容乃大的心。能够包容、忍受别人不能忍受的苦难甚至屈辱，才能成就别人无法成就的大事业。

韩信是淮阴人，他幼年丧父，后来母亲也在贫病交加中死去了。韩信从小只好读书习武，不会种田、做生意，到了无以为生时，只得到邻里家中混饭吃。

一天，韩信遇到一群恶少，其中一个侮辱韩信说："别看你长得又高又大，好佩刀剑，其实是个胆小鬼。你要是怕死，就从我的胯下钻过去。"韩信牢牢地盯着他看了好久，终于忍了气爬着从他的胯下钻了过去。市井人皆耻笑韩信，认为他胆小如鼠，这就是"胯下之辱"。后来，刘邦在韩信的帮助下打败项羽，平定了天下。

韩信可谓是一个聪明顾大局的人。如果当时韩信一怒之下杀了那个无赖，吃了官司置身于牢狱之中，还谈什么抱负。要想能屈能伸就得学会忍，能够克己忍让，是有力量的表现，也是雄才大略的表现；能够明白轻重，分清大小的人才具有成大业的潜质。

王阳明接受两广新命的时候，当朝的小人对其的诬陷仍然不断，朝廷没有对其给予任何的澄清，但是王阳明把天下百姓的安危放在最重要的位置，不顾病体，踏上了前往广西收拾残局的道路。没有私心，也就自然能够容忍小人的不仁，生活中，我们也应该学学王阳明，凡事不要总考虑自己的利益，心自然就能更开阔。

不急不怒，忍让内敛

往年区区谪官贵州，横逆之加，无月无有。迄今思之，最是动心忍性砥砺切磋之地。

——《传习录》

【鉴赏】

世间什么力量最大？忍辱的力量最大。拳头刀枪，使人畏惧，但不能服人，唯有忍辱才能感化强者。诸葛亮七擒孟获，廉颇向蔺相如负荆请罪，此皆忍辱所化也。王阳明也坦言，当时被贬谪贵州，逆来顺受、一无所有的境地，是最能锻炼自己忍耐力、最能够使他动心忍性的地方。

"自行本忍者为上。"做人要忍，尤其对那些性情暴躁之人，遇事不要轻易发火，要学会自制，否则，得罪的人多了，不利于自己日后的发展。

富弼是北宋仁宗时一位品行很好的宰相，然而富弼年轻的时候，因能言善辩在无意间得罪了不少人，给自己的事业、生活带来了不利影响。

经过长时期的自省，他逐渐变得宽厚谦和。所以，当有人告诉他谁在说他的坏话时，他总是笑着回答："怎么会呢，他怎么会随便说我呢？"

一次，一个穷秀才想当众羞辱富弼，便在街心拦住他道："听说你博学多识，我想请教你一个问题。"

富弼知道来者不善，但也不能不理会，只好答应了。

秀才问富弼："请问，欲正其心必先诚其意，所谓诚意即毋自欺也，是即为是，非即为非。如果有人骂你，你会怎样？"富弼想了想，答道："我会装作没有听见。"秀才哈哈笑道："竟然有人说你熟读四书，通晓五经，原来纯属虚妄，富弼才智驽钝，充其量不过是个庸人而已！"说完，大笑而去。

富弼的仆人埋怨主人道："您真是难以理解，这么简单的问题我都可以回答，怎么您却装作不知呢？"

富弼说道："此人乃轻狂之士，若与他以理辩论，必会剑拔弩张、面红耳赤，无论谁把谁驳得哑口无言，都是口服心不服。书生心胸狭窄，必会记仇，这是徒劳无益的事，又何必争呢？"

几天后，那秀才在街上又遇见了富弼。富弼主动上前打招呼。秀才不理，扭头而去；走了不远，又回头看着富弼大声讥讽道："富弼乃一乌龟耳！"

有人告诉富弼那个秀才在骂他。

"是骂别人吧！"

"他指名道姓骂你，怎么会是骂别人呢？"

"天下难道就没有同名同姓之人吗？"

他边说边走，丝毫不理会秀才的辱骂。秀才深感无趣，便走开了。

人的一生谁都难免会遇上像富弼这样难堪的局面，遭到他人不公正的批评甚至辱骂。富弼用行动告诉我们，面对卑鄙的、恶毒的、残酷的辱骂，千万不要被对方一句不公正的批评或难听的辱骂而变得失去理智。获胜的最好方法，就是保持沉默，不和别人发生正面冲突，多余的解释也没必要。相互争吵、辱骂既不会给任何一方带来快乐，也不会给任何一方带来胜利，只会带来更大的烦恼、更大的怨恨、更大的伤害。退一步讲，在对骂中没有占上风的一方，当众出丑，带来的只是对自己的怨恨。占了上风的一方，虽然把对方骂得体无完肤，又能怎么样？只能加深对立情绪，加深对方的怨恨。

为了更好地保全自己、发展自己、成就自己，我们就要学会俯身，放低姿态，在社会生活中表现得谦逊、低调、圆融、平和。因为，许多时候，正是我们的"低姿态""内敛"，才使我们的人生更加完满。

玉不琢，不成器，人不磨，不坚毅

常人之心，如斑垢驳杂之境，须痛加刮磨一番，尽去其驳蚀，然后才纤尘即见，才拂便去，亦自不消费力。到此已是识得仁体矣。

——王阳明

【鉴赏】

王阳明认为，平常人的心，就像布满了斑点、污垢而混杂不纯，需要痛加刮除与打磨一番，彻底去除那些斑点和污垢，然后才能看清楚那细微之外，然后轻拂就能去除，也不需要花费太大的力气。至此就是识得仁义和大体了。

人生贵在磨炼，每个人生下来都是一个不规则的顽石，都需要经过打磨才能够成为有用之才。人的头脑也需要磨炼，不经常使用就会锈住。就像不经常使用的菜刀，久久地放在那，早晚会锈钝而不能用。泰戈尔曾说：

"只有经历地狱般的磨炼，才能练出创造天堂的力量；只有带血的手指，才能弹出世间的绝唱。"磨炼是人生的一大笔宝贵财富。要想成功，磨炼的历程必不可少。

有句话叫："人不学不灵，钟不敲不鸣。"磨炼就像一个使用、打磨的过程。那些漂亮的鹅卵石是因为水流的不断冲击和打磨才变得圆润无比，光滑惹人喜爱。放在山里面没有人踩，没有水流去冲击，石头也还是棱角分明，不会圆滑。人亦如此，不放在社会的大熔炉中，就不懂得圆滑变通。

很久以前山上住着一位高僧，他非常的博学和有智慧，经常有一些失意的年轻人去找高僧开导。有一天，一位失意的年轻人去找高僧，向他说明自己最近经历了很多不好的事情：女友离开了自己，被老板炒鱿鱼，父亲也离开了他，他感觉活着实在没有意思了。高僧听了他的遭遇，什么都没说，而是拿了两只装有茶叶的杯子，先用温水冲了一杯，让年轻人尝一尝。年轻人虽然无心喝茶，但还是尝了一口，觉得一点香味也没有。高僧又用沸水冲了另一杯，没冲满。只见茶叶在杯子里上下沉浮着，一股清香飘了出来。高僧这样加了三次水，最终，年轻人闻到了沁人心脾的芳香。为何茶叶两次炮制的结果有所不同？其原因很简单。第二次被泡的茶叶因先后三次经历了沸水的磨炼，最终才发出了沁人的香味。高僧说："茶如此，人亦然。"年轻人点点头，收起了脸上的哀伤，下山去了。

人生在世，只有经历磨炼，才能收获成功。吴承恩曾曰："有风方起浪，无潮水自平。"不经历风吹雨打的海水是不会出现浪花的，不经历磨炼的人，也是不会有所成就的，汉代史学家司马迁遭受宫刑，但他含垢忍辱，最终写出"史家之绝唱，无韵之离骚"的《史记》；清代小说家蒲松龄经历了种种艰难困苦和贫困，才写出了"写鬼写妖高人一等，刺贪刺虐入木三分"的《聊斋》；范仲淹惨遭三贬，但他达观开朗，呼出了"先天下之忧而忧，后天下之乐而乐"的千古名言。不经历风雨，怎能见彩虹？

清代著名的讽刺小说家吴敬梓出身于安徽全椒的名门望族，但他为人宽厚仁慈，豪爽豁达，遇贫即施，没几年工夫便把祖上的遗产花光。

33岁那年，吴敬梓为生活所迫，举家迁移南京。客居异乡，无依无靠的他只得靠典当衣物与友人周济维持生活。冬天，天气严寒，屋里无火取暖，更无棉衣裹身，到了夜间更是寒冷难耐，屋内滴水成冰，墨成冰墨。吴敬梓经常冻得手腿打战，牙齿作响，又无钱买柴生火，只能咬牙干忍着。一天夜晚，大雪过后，天气格外寒冷。正在屋里创作的吴敬梓确实坐不住了，这里站站，那里坐坐，满屋子没有暖和的地方。他无助地望着窗外，窗外的白雪在月光映射下发出苍白的光芒，树木山峦被月光蒙上了一层美丽的光晕。吴敬梓心想，反正坐也坐不住，干脆到屋外走走，于是推门出去来到路上，边走边欣赏夜色，不知不觉中，手脚暖和了，脸上冒汗了。吴敬梓终于找到了驱寒的方法。从此以后，每当创作期间寒冷难耐时，吴敬梓便绕城跑步取暖。他还把这个"经验"传给了自己的一些穷朋友，每到夜间便和几个朋友一同健步取暖，并相互交流谈心，非常惬意。朋友们戏称这个活动为"暖足"。

当时他的生活条件困苦之极，他的友人曾用这样的诗句形容他的困境"囊无一钱守，腹作干雷鸣"，"近闻典衣尽，灶突无烟青"。就在那个时候，他参看世间百态，感受人间凄凉，萌发了创作《儒林外史》的念头。经过几年的酝酿、积累，39岁那年，吴敬梓开始了《儒林外史》的创作，吴敬梓克服了种种困难，在 49 岁那年，历经十年时间终于完成了《儒林外史》这部 30 万字的巨著。

人生需要经历磨炼，文艺创作是如此。如果没有重重的磨难，又怎么会有吴敬梓的《儒林外史》呢？医学也证明，年轻的时候多活动筋骨，多走路，晚年的时候就不会得骨刺。脑筋越磨炼越灵活，心灵越磨炼越透彻；四肢越磨炼炼发达，意志越磨炼越坚毅。每当我们遇到磨砺的时候，不要苦恼，不要退缩。你要学会如何用磨难造就自己坚毅的性格，让自己更加不怕打压，更加经得起千锤百炼。

人生就如一部戏，磨炼会使这部戏跌宕起伏，饶有余味。一个没有经历过磨炼的人就像温室中的花朵，经不起大风大浪。长在戈壁滩边的白杨，风吹日晒依然强壮无比。唯有经历磨炼的人生才能过得充实，唯有经历磨炼的青春才会更加光彩照人。对于一些经不起考验的人来说，缺少生活的磨炼，遇到事情或者困难只会束手无策，挫败不堪。磨炼就是让我们有钢铁般的意志，没有经过破茧痛苦的蝴蝶永远也没有坚硬的翅膀。人生贵在磨砺。

不要拿别人为难自己

不管人非笑，不管人毁谤，不管人荣辱，任他功夫有进有退，我只是这致良知的主宰不息，久久自然有得力处，一切外事亦自能不动。

——《传习录》

【鉴赏】

王阳明认为，不在乎别人的嘲笑、诽谤、称誉、侮辱，任他功夫有进有退，我只要这致良知没有片刻停息，时间久了，自会感到有力，也自然不会被外面的任何事情所动摇。

曾经听过这样一句话："不要拿别人难为自己，也不要拿自己难为别人。"这句话就是告诉我们要有忍耐之心，同时也要有包容之心。

佛说："要为自己而活不要太在意别人。"修养很好的人能研究透彻自他不二的所以然，八风不动，得失、利害、毁誉、称讥不会动摇。别人说你很了不起，你也不得意忘形；别人说你不够看、差劲，你也不会烦恼。一个人活在世上，必然会被名利所困，为可望却不可及的梦想所累，心会被这些搅得心神不宁。有了一分安详的心境，就不可能再用别人的思想来左右我们的人生。

我们不能左右别人，但是我们也不能让别人左右了我们的思想。一个人要活出自己的心态、自己的人生。

一个老和尚和一个小沙弥一起外出云游，走到一河边，没有桥，只能蹚过去。河边一美貌女子恰巧也要过河，请求老和尚帮助。老和尚没说什么，就顺便把女子背过河。过了河，与女子分别后，两个和尚继续赶路。过了很久，小沙弥终于忍不住了，问老和尚："师父，佛祖说出家人不近女色，你怎么竟然背女人过河？别人看到了会有闲言闲语的。"老和尚笑了笑说："你难道忘了，佛祖还告诉我们出家人要以慈悲为怀，不可见死不救吗？你那么在意别人的话，难道也忘了出家人要六根清净吗？"小沙弥听了老和尚的话后，惭愧地低下了头。

听了这个故事，想必很多人就想到了一句电视里经常出现的戏语："酒肉穿肠过，佛祖心中留。"我们需要一种处事不惊的心态。说话做事不可太在意别人的评价，否则就会处处为别人而活，处处被别人牵着鼻子走，而真正忽略了自己的思想。人生中的很多痛苦来源于人语言的中伤，但是真的能否中伤还取决于你是不是愿意让别人的语言控制你的思想。

王阳明初到贵州，便遇到了意想不到的困难。那里的环境非常的艰苦，而且瘟疫肆虐。但是王阳明以圣人对待困境的态度作为精神支撑，苦不入心。在程朱理学已经深入人心，甚至根深蒂固的明朝，我们可以想象，王阳明的心学忍受了多大的非议，但是他依然坚持自己立志成圣的观念，讲学，散播心学，成了一代心学大师。

苏东坡在瓜州任职时期，经常与金山寺的住持佛印禅师一起谈禅论道，生活得十分惬意。一日，苏轼认为自己对于禅已经领悟到一定程度了，于是便写了一首诗："稽首天中天，毫光照大千。八风吹不动，端坐紫金莲。"意思是说："我顶礼伟大的佛陀，蒙受到佛光的普照，我的心已经不再受到外在世界的诱惑了，好比佛陀端坐莲花座上一样。"来阐述自己对于禅道的理解，然后拿给佛印禅师去印证。佛印看了他写的诗后，笑着在上面写了"放屁"两个字，然后就叫书童带回去给苏东坡看。

书童回去马上就来到苏东坡面前，把佛印禅师的批文给苏东坡看。苏东坡看到"放屁"两个字后，马上火冒三丈就动身去找禅师理论。他气冲冲地来到金山寺，远远看见禅师站在江边。禅师告诉他说："我已经在此等候多时了！"苏东坡一见禅师就气呼呼地说："禅师！我们是至交，我写的诗，你既然看不上，也不能侮辱人呀！"禅师说："我没有侮辱你呀？"苏轼理直气壮地把诗上批的"放屁"两字拿给禅师看说："这不是侮辱人是什么？今天我一定要讨个公道，你一定要给我一个说法。"佛印禅师呵呵大笑说："还'八风吹不动'呢！怎么'一屁就打过江'了呢？"苏东坡听后羞愧得无话可说。

只要致良知没有片刻停息，时间久了，自然不会被外面的任何事情所动摇。世人总是太在乎别人的眼光和想法，然而连圣人也不可能做事处处合别人的心意，你又怎么可以呢？"八风吹不动"说得容易，那需要我们有一颗安详的心，不再受他人的思想摆布，最终也会活得平静，活得心安理得。

禅曲里面有这样一句歌词："铁牛不怕狮子吼。"人生在世，很多人都活在别人的评价中，有些人过不去别人的刁难，有些人有很多事情难以释怀，有句话说，"能说出来的痛苦，都不是痛苦，能忘记的人，都不是敌人"。就是这样，这个世界无论怎样荒芜，只要你露出笑脸，总会有一抹风景是为你独自绽放的。

第四章　王阳明心学大智慧

一、心为天地万物之主

自古以来，圣人都在为我们讲述一个真理：心为天地万物之主。王阳明也不例外，因而他说出了"其发窍之最精处，是人心一点灵明"的深刻道理，并在此基础上开创了心学。因此，我们不能小瞧自己的内心，它既充满着人类最真实的渴望，也隐藏着众多不为人知的力量。

人人都拥有的巨大能量——心

王阳明的妹夫兼得意门生徐爱问王阳明："只在心中探求至善，恐怕不能完全阐明世上万事万物的道理吧?"对此，王阳明回答说："心就是天理，天理都在心中，世上哪还有存在于人心之外的事物和道理呢?"

"心即理，心外无物"，这就是王阳明所创的心学的核心思想。王阳明和朋友就"心外无物"这个问题曾有一段著名的对话。

一天，王阳明和一位朋友游南镇，朋友指着岩中的一棵花树问道："天下无心外之物，如此花树，在深山中自开自落，于我心亦何相关?"王阳明答道："你未看此花时，此花与汝心同归于寂；你来看此花时，则此花颜色一时明白起来，便知此花不在你的心外。"

可见，在王阳明看来，世界上一切问题，都可以在自己的心上得到答案。正如他在《咏良知》一诗中写的："人人自有定盘针，万化根源总在心。却笑从前颠倒见，枝枝叶叶外头寻。"因此，"心"成为一种巨大能量的象征。亦如美国著名作家露易丝·海在书中写的那样："我相信，我们每个人的身上都有一种力量，这种力量可以帮助我们拥有健康的身体、美好的友谊、美妙的职业，给我们带来各种各样的成功。首先我们要相信这种力量的存在，然后释放一些不必要的障碍和生活方式，深入内心去感受这种力量，因为它知道什么对我们是最好的。如果我们愿意把生命交给至高的爱和支持我们的力量，就将拥有成功并充满爱的生命！"

现代的脑科学、心理学及生理学一致认为：人的潜意识里蕴藏着巨大的潜能，但不同程度地被各种消极心态、消极信息所形成的"自我"压抑着，使得这些潜能在平时不能显现。但如果人的心理在某种特别的情况下处于特定的状态，压抑潜意识的消极因素解除了，内在的无穷潜能便能够被激发出来。

有一位著名的心理学家曾做过这样一个实验：

一个运动员的握力经测量为100磅，他在常态下调动了全身的力量也不能使指针突破100磅。一个高明的催眠师将这个运动员催眠至"丧失自我"的深层意识状态，然后告诉他："你拥有非常强大的力量，你的力量之大，连你自己也会吃惊。"当运动员在深层意识状态里接受这个观念后，再一次测量握力时，他非常轻松地使指针突破了110磅。

在整个过程中，催眠师并没有给他增添外界的实际力量，更没有给他服用兴奋剂等违禁药品，只是将他导引进一种丧失自我的状态中，让他心灵深处的意识接受他拥有强大力量这一观念，就让他把自身的潜能大幅度地发挥出来了。实际上，那种强大的力量和基本能力，始终存在于他的心性之中。

由此可见，只要人们排除旧的"自我"意识的干扰，就能让真正自我的力量——心的力量显现出来。当一个人真正做到了这一点，就会发现自己已经是一个强大的人了，这就是人们常说的"内心强大才是真正的强大"。

现在很多人过于追求外在的人生高度，追求金钱、名利、地位这些身外之物，忘记了自己的心也需要一种高度。许多时候，人们把那些能够帮助自己成功的学问当作让心灵强大的法宝，疯狂地实践它们，却收效甚微。因此，人们时常疑惑：为什么我天天读《卡耐基》还是将人际关系处理得一团糟？为什么我天天读《曾国藩》还是仕途失意？为什么我日夜学胡雪岩却仍然挣扎在贫困线上？原因就在于人们对这些大人物的模仿只学得其形，而未学得其神。说白了，就是一个人如果没有经历和那些大人物一样的心路历程，仅仅模仿他们的行为是没有用的，这也进一步论证了"心"的重要性。

所以，人们在处理一个问题或做一件事时，最好的方式就是整个身心全部投入，以全部的心力去探究其本质，于问题本身发掘内在联系。这样，心性内在的巨大力量，将会帮助我们发现规律、找出答案，帮助我们解决人生中的现实问题。

人人心中都有个圣人

王阳明曾对众弟子们说："每个人心中都有个圣人，只是因为自信心不足，圣人就给埋没了。"然后他回头特意对他的一位叫于中的弟子强调说："你胸中原就有个圣人。"于中慌忙起来推辞。王阳明说："这是你自家有的，如何要推？"于中还是回答说："不敢当。"

王阳明说："众人胸中都有个圣人，何况你于中，为何因此谦虚起来呢？靠谦虚是得不到的。"

于中便笑着接受了。

于中心中真有个圣人吗？王阳明说，人人心中都有个圣人，都有成圣做贤的潜质。

多年以前，印度有个叫阿里·哈法德的人，家就在距离印度河不远的地方。在当时，他凭借大片的兰花花园、稻谷良田和繁盛的园林已成为当地的富豪。有一天，一位佛教僧侣对他说，这个地方会有钻石。阿里·哈法德惊喜地问在哪里。僧人告诉他："只要你能在高山之间找到一条河流，而这条河流是流淌在白沙之上的，那么，你就可以在白沙中找到钻石。"

阿里·哈法德卖掉了农场，把家交给一位邻居照看，头也不回地去寻找钻石了。他几乎走遍世界各地，见到高山之下有河流，就废寝忘食地开挖。但最终，他一无所获，还死在了挖掘钻石的工地现场。几十年后，阿里·哈法德的继承人（继承并居住在阿里·哈法德的庄园）牵着他的骆驼到花园里去饮水时，突然发现在那浅浅的溪底白沙中闪烁着一道奇异的光芒，那真是阿里·哈法德千辛万苦想要寻找的钻石！

这就是印度戈尔康达钻石矿被发现的传奇经过。戈尔康达钻石矿是人类历史上最大的钻石矿，其价值远远超过南非的金百利。英国国王皇冠上的库伊努尔大钻石，以及镶在俄国国王王冠上的那颗世界上最大的钻石，都取自那处钻石矿。

今天再来读这个故事，有些许的感伤。我们无从得知，阿里·哈法德出发时为什么不看看自己家的情况，那正是僧侣所谓的"高山之间的河流"啊！

这个故事的名字叫《钻石就在你家后院》。"后院"就是我们的内心，而我们的内心在我们的身上。用西方心灵励志的话来说就是，最大的宝藏其实就在我们身上。

明朝末期知名的僧人石屋禅师，和王阳明一样，坚信每个人最大的宝藏就在自己身上。有一次，石屋禅师外出，偶遇一个青年男子，那人恰好与他去往同一个方向，于是两人结伴同行。到了天黑的时候，他们终于走到了那个男子所住的镇子，男子很热情地邀请石屋禅师去他的家中暂住一晚，石屋禅师不想给人家添麻烦，但是男子却不在意，还说道："天色已晚，镇上的客栈又少，还是在我家过夜吧，不会添麻烦的。"

石屋禅师推辞不过，便向他道谢，并与他一同来到了他家。半夜的时候，石屋禅师听见有人蹑手蹑脚地来到了自己所住的屋子里，他大喝一声："谁？"由于石屋禅师经常外出讲经，因此练就了一副浑厚的嗓音。那人被这突如其来的极具震慑力的声音吓得跪在地上。石屋禅师奔上前去，揭去他脸上蒙着的黑布一看，令他没有想到的是，这个人原来竟是白天和他同行的青年男子。

石屋禅师大声喝道："怎么是你？哦，我知道了，原来你留我过夜是为了这个！我一个和尚能有多少钱！你要干就去干大买卖！"

那男子听完石屋禅师的话，觉得如此了解他们内幕的石屋禅师也是干过这行的，只不过是为了方便才化装成和尚的。想到这里，他竟感觉一阵轻松，抱拳说道："哦，大师原来是同道中人！你能教我怎么干大买卖吗？"他的态度是那么恳切、那么虔诚，一心期望能从石屋禅师那里汲取到一些更为高超的发财之道。

看着他执迷不悟的样子，石屋禅师觉得很是心痛，便用缓和的语气对他说道："我没什么可教你的，只是想对你说，你真可惜呀！你放着终生享用不尽的东西不去学，却来做这样的小买卖。这种终生享用不尽的东西，你真的很想要吗？"

"终生享用的东西？在哪里？在哪里？这种终生享用不尽的东西在哪里？"男子的话语是那样的急切，恨不得立即就得到这样的宝物。石屋禅师突然紧紧抓住男子的衣襟，厉声喝道："可悲啊！它就在你的怀里，你却不知道！你就是最大的宝藏，身怀宝藏却自甘堕落，枉费了父母给你的身子！"说罢，石屋禅师甩袖而去。

石屋禅师走后，男子想了几天，终于幡然悔悟，从此改邪归正，并拜石屋禅师为师。后来，他也成为著名的禅僧。

正如王阳明所说，人人心中都有个圣人，可惜的是，糊涂的人却去心外寻求，他们不知道自己心中就有个圣人，却荒诞地把它埋没了。

"专一"我们的心

"主一"是理学名词之一，是专心、专一、专注的意思。在我们的生活中，总能见到或者听到专心致志的人，他们大都成就非凡，引人注目。

经营学上有这样一个案例，就说明专注的作用。

在今天，众所周知，麦当劳的创始人是雷·克罗克。他以非凡的经营才能，把麦当劳兄弟的小餐馆变成了世界快餐第一品牌，自己也成了美国乃至世界著名的企业家之一。

据说，当初从麦当劳兄弟手中买下特许经营权的除了克罗克外，还有个荷兰人。这个荷兰人和克罗克对经营麦当劳有着不同的看法：克罗克只开麦当劳店，而把加工牛肉、鸡肉和养牛、养鸡这份赚钱的买卖都让给了别人。荷兰人不但开了麦当劳店，而且投资开办了牛肉、鸡肉加工厂，使加工牛肉、鸡肉的钱流入了自己的腰包，后来，他又办了一个养牛场。

多年以后，克罗克的麦当劳之花开遍全世界，而那个荷兰人却窝在荷兰的一个农场里当上了养牛大王——养着200多头牛。他的麦当劳店和肉类加工厂则全都关门大吉了。

这个故事如果是真的，那至少告诉了我们这样一个道理：要获得成功，就要明确目标，专心致志，顽强执着，不达目的决不放弃。所以，老人们说："专注是金。"

还有一个著名的例子，主角是法国著名昆虫学家法布尔。

法布尔从小只对大自然的昆虫感兴趣，除此而外，所有事物在他心中都不存在。法布尔观察昆虫的生活情况到了走火入魔的地步。为了了解昆虫的生活，他有时在野外纹丝不动地伏在地上，从太阳升起一直观察到月亮升起。为了捕捉一只昆虫，他常常跟着昆虫跳来跳去。为了观察雄榭蚕蛾"求婚"的过程，他花了整整三年的时间。当快要取得成果的时候，榭蚕蛾"新娘"却不巧被一只螳螂吞食了。法布尔毫不灰心，从头再来，又整整观察了三年，才得到结果。正是这种专注，让他取得了超凡的成就。他的巨著《昆虫记》在生物学界产生了不可估量的影响。

法布尔

很多名人的成功案例都似乎告诉了我们这样一个道理：没有专注的态度，就不可能做出成功的事业来。但我们在专注时，到底该专注什么呢？这就是王阳明的学生陆澄的疑惑。

陆澄这样理解专注：读书就一心在读书上，就是身边有多少美人也不能扰乱我心；会客就一心在会客上，就是泰山崩塌，也不变色。

王阳明对专注却是这样理解的：好色就一心在好色上，追逐金钱就一心在追逐金钱上，这算专注吗？这是在事物上专注。我所谓的专注，是在心上专注，是专注于天理。

这段解释最符合王阳明心学的宗旨：一切问题都是心的问题，虽然在事上磨炼，但目的却是为了炼心。其实也就是说，我们不要到各种事物上去专一，而是要专一我们的心。比如法布尔的专一于昆虫，表面上看是在专一于昆虫，实际上是他内心的使命感和兴趣让他这样做的。我们不妨假设，如果法布尔用这种专一的态度去专注于虎豹，也一样能有所成就。

　　有师徒二人赶路，徒弟一路上满腹牢骚，嘀咕个不停，一会儿嫌背的行李太重，一会儿又不断地要求师父找个地方休息。

　　师傅听了，知道小徒弟是想偷懒，但是也没有责怪他，只是语重心长地对他说："路途那么遥远，老是休息，什么时候才能到达目的地呢？"说完，师傅径自精神饱满地向前走去，小和尚无奈，也只得在后面跟着。

　　有一天，师徒二人经过一座村庄，迎面遇到一位国色天香的美女。走在前面的师傅走过去主动与这位女子搭讪，也不晓得他跟那位女郎说了些什么，那女郎突然大声尖叫起来。她这一叫不要紧，却喊出了这位女郎的家人和邻居，他们闻声出来一看，以为是做师傅的在轻薄妇女，便齐声喊打。身材高大的师傅立刻不顾一切地向前飞奔，见此情形，走在后面背着行李的徒弟，也快速地跟随师父往前奔逃。

　　师徒两人就这么一路狂奔了起来，跑过几条山路后，师傅见后面的村人没有追上，就在一条寂静的山路边停了下来。他回头看见徒弟气喘吁吁地跟着跑了过来，就非常关心地问道："你刚才背着这么多行李，跑了这么远的路，是不是觉得很重啊？"

　　听师傅这么一说，徒弟不好意思地挠挠自己的光头，说道："师父！真是很奇怪，刚才奔跑的时候，我一点儿都不觉得身上的行李很重！"

　　这个故事虽然近于笑话，但其实也告诉了我们一个道理：人生如行路，如果对前途没有坚定的信心及目标，那么做一点儿小事，就会觉得甚是辛苦繁重；反之，如果对前途有信心，有理想，有目标，那么再遥远的路途、再重的责任，也不会感觉辛苦繁重。

其实，王阳明的心学犹如孙悟空手中的金箍棒，能变化成各种武器，每一种武器都所向无敌，但归根结底，它仍然是金箍棒，而不是别的武器。我们专注的应该是金箍棒本身，而不是金箍棒变化出的那些武器。

专一我们的心，这才是王阳明所谓的专注。

欲修身，先养心

浮世之中，总有许多人为追求物质享受、社会地位和名声显赫等身外之物而心力交瘁，疲惫不堪。他们怨天尤人、欲逃离其中而不得，皆因忽略了自己的内心，不能明白万事以修心为先的道理。

王阳明认为，人心就是天理，世界上哪还有存在于人心之外的事物和道理呢？虽然"心外无物"的看法与唯物主义观点相悖，但王阳明关于从人的内心去寻求真理的看法，是有其道理的。古人云："相由心生"，无论是从佛学、玄学还是科学的角度予以考证，都具有一定的合理性，表明了人的心思会呈现在其外在表征之中。如此推敲，人的言语、行为等外在表征，则多为其复杂内心的反映。按照王阳明所言，欲使人的言行举止符合一定的规范或是达到至善的境界，则要从其内心入手，而不是人心之外的事物。只有当内心达到了至善的境地，其外在的言行举止才能表现出善的一面。

贪泉，泉名，据史料记载，贪泉地处广州北郊30里的石门镇。传说人饮此水，便变得贪而无厌，故名。西晋时，朝廷派往广州的几任官员，差不多都以经济犯罪而被撤职查办，人们传说他们是因为喝了贪泉的水。后来，朝廷派去一位廉洁的名吏吴隐之任广州刺史，到任之日，他领随从来到贪泉边，从中取水而饮，随从劝他说："以往进入广州的官员都要饮上一杯，以示风雅，但是这些官员都贪赃枉法，爱钱如命，此泉饮不得。"吴隐之问随从说："那些不喝泉水的老爷们是否清廉了？"随从说："还不是一丘之貉。"吴隐之连饮三瓢后动情地说："贪财与否，取决人的品质，我今天喝了贪泉水，是否玷污了平时为官清廉的名声，请父老乡亲们拭目以待吧。"并赋诗一首："古人云此水，一歃怀千金。试使夷齐饮，终当不易心。"果然，他在任期间，为政清廉，并没有因饮贪泉水而贪污，留下了饮"贪泉"而不贪的千古美谈。

贪与不贪，并不在于一泉，没有饮贪泉水的人，也会照贪不误。所以，贪泉只是那些贪污的人的一个挡箭牌。王勃在《滕王阁序》中说："酌贪泉而觉爽，处涸辙以犹欢"，一个人贪与不贪，本在于自己内心的修养，并不在于外在的条件。

做人若问心无愧，坦坦荡荡，对于每天里遇到的各种突如其来的状况，也能应对自如，而不会被其搅乱心情，也就可以傲视天下。在儒家先贤眼里，这是君子风范的标准之一。

王阳明用一生的经验总结出一句话："心"左右一切。做好事来源于内心，做坏事也来源于内心。心中所想会影响我们的行为，一颗平静而宽容的心令人能够体会到生活的快乐，而一颗躁动而沉重的心则令人陷入黯淡而找寻不到方向。只有以修心为先，才能更通透地知晓世间的道理，才能更真切地把握为人处世之道。然而，对于身处纷繁世界中的大多数人而言，即便知道理应如此，但要真正做到并不容易，甚至要用一生的时间去琢磨。

其实，修心不是绝大的难题，只要我们能够日日更新、时时自省，不断净化内心的污垢，便能摆脱俗事的困扰。

守住一颗至善之心

世人常言，心中郁结难舒，困惑不已。人们之所以解不开心中的郁结，很大程度上是因为心为外物所蒙蔽，使人看不清自己的本心。所谓本心，即心之本体也。王阳明有言："至善是心之本体，只是'明明德'到至精至一处便是，然亦未尝离却事物。"他认为，至善才是人心的本体，而将光明正大的品德弘扬到至高无上的境界就是至善，但也未曾脱离客观事物。这种"至善是心之本体"的看法，与孟子的"人性本善"有相似之处。即从本心出发，看清自己的本心才能摒弃一切恶的俗世观念，避免盲目攀较、自负自傲、贪得无厌等心之负累，守住一颗至善的心。

王翱，字九皋，河北盐山人，明朝永乐进士，历事明成祖、仁宗、宣宗、景帝五朝，曾任吏部尚书十五年。死后谥号"忠肃"，因吏部本周礼天官之职，故世称"王天官"。

王翱做都御史时，和一个太监一起镇守辽东。这个太监很守法，与王翱相处得很好。后来，王翱改任两广总督，这个太监送给王翱四枚大珠。王翱坚决推辞，太监说："这珠可不是受贿得来的。过去先皇把郑和所买的西洋珠赏赐给左右近臣，我得到八枚，现在拿出一半为你赠别，你本来就知道我并不贪财啊。"王翱收下大珠子，放入所穿的上衣里，把它缝好。后来回朝，太监已经死了，王翱找到太监的两个侄子。王翱问他们说："你们的老人廉洁，你们大概不免苦于贫困吧?"二人都说："是的。"王翱说："如果你们有所经营，我帮助你们出钱。"二人嘴里答应了，但是心里不信，认为王翱是假意客气。王翱屡次催促他们，于是他们假造一张五百两银子的买房契约，告诉王翱。于是王翱拆开上衣，取出藏在里面的珠子交给他们，只见原来封存时的封印依然如故。

王翱是明朝"声实茂著"的一代名臣，在历史上，王翱不贪图别人的财物是很有名的，这与那些不管是否自己的，应该拿不应该拿都往自己兜里揣的人不同。道德是一种习惯，不贪财是一种禀性。贪财从"贪心"开始，王翱之所以执意要把珠子还给太监的后代，是因为对于他来讲，这珠子是他心灵上的一个沉甸甸的负担，所以，他想尽办法，把这珠子赠给太监的后人，以卸掉心灵上的重负。所以，做人不要贪心，否则会让自己的心灵不堪重负。

王阳明赞成性本善之说，认为心本来是明亮的，只因各种私欲等污垢蒙在心上，失去了善的本性。只要清扫干净，恢复明亮，便能够看清本心，仍然是一个好人，甚至是一个圣人。

所以，每个人心中都有一份善念，只是被每日的琐事繁务所蒙蔽，看不清便以为没有，导致了抑或消极抑或偏激的想法，使心中的郁结越积越大，越结越复杂，最终做出令人扼腕叹息的错误决定。因此，只有遵照王阳明的警示：看清本心，明心见性，才能找到心中的郁结所在，才能找到解开心结的正确途径，才能走出心灵的围城，走向美好的人生。

看破繁华，不动于气

孔子人生态度的一个重要方面，就是求心安。心若安定了，那外面的风吹雨打便都可看作过眼云烟。就其对儒家之"礼"的阐释——"礼与其奢也，宁俭；丧与其易也，宁戚"可以看出，孔子认为礼节仪式与其奢侈繁杂，不如节俭，正如丧礼那样，与其在仪式上准备得隆重而周到，不如在心里沉痛地哀悼死者，因为心中之礼比其外在形式更重要。

求心安，即保持一颗安定、清净的心，不因外界的打击和诱惑而摇摆不定，不过于狂热地去追求心外之物。能够做到这一点并不容易，因为人的心境太容易受到外界的干扰。恶人受丑陋之心的牵引而做坏事，普通人也可能因为执着心、愧疚心等而使自己陷入痛苦，无法自拔。如果人对于外界的事情心有挂碍，并由此生出了懊恼、欢喜，那么这颗心就失去了它的本来面目。

王阳明的弟子薛侃曾向他请教："为何天地间的善难以培养，而恶却难以去除呢？"王阳明认为，因为心中有善恶之念，引发好恶之心，才导致为善或为恶。他在回答中举出"花草"的例子：当人们想赏花时，就认为花是好的而它周围的杂草是恶的，因为那些杂草影响了赏花的效果；而当人们要用到那些杂草时，则又认为它是善的。这样的善恶区别，都是由于人们的好恶之心而产生的，因此是错误的。王阳明指出，应该心中无善无恶。他所讲的无善无恶，与佛家所讲的不同。佛家只在无善无恶上下功夫而不管其他，便不能够将此道理用于治天下。而圣人所讲的无善无恶，是告诫世人不从自身私欲出发而产生好恶之心，不要随感情的发出而动了本心。

有一天，深山里来了两个陌生人。年长的仰头看看山，问路旁的一块石头："石头，这就是世上最高的山吗？""大概是的。"石头懒懒地答道。年长的没再说什么，就开始往上爬。年轻的对石头笑了笑，问："等我回来，你想要我给你带什么？"石头一愣，看着年轻人，说："如果你真的到了山顶，就把那一时刻你最不想要的东西给我，就行了。"

年轻人很奇怪，但也没多问，就跟着年长的人往上爬。斗转星移，不知过了多久，年轻人孤独地走下山来。

石头连忙问："你们到山顶了吗?"

"是的。"

"另一个人呢?"

"他，永远不会回来了。"

石头一惊，问："为什么?"

"唉，对于一个登山者来说，一生就大的愿望就是登上世上最高的山峰，但当他的愿望真的实现了，同时，也就没有了人生的目标，这就好比一匹好马的腿断了，活着与死，已经没有什么区别了。"

"他……"

"他从山崖上跳下去了。"

"那你呢?"

"我本来也要一起跳下去的，但我猛然想起答应过你。把我在山顶上最不想要的东西给你，看来，那就是我的生命。""那你就来陪我吧!"

年轻人在路旁搭了个茅草屋，住了下来。人在山旁，日子过得虽然逍遥自在，却如白开水般没有味道。年轻人总爱默默地看着山，在纸上胡乱画着。久而久之，纸上的线条渐渐清晰了，轮廓也明朗了，后来，年轻人成了一名画家，绘画界称他是一颗耀眼的新星。接着，年轻人又开始了写作，不久，他就因他的文章回归自然的清秀隽永一举成名。

许多年过去了，昔日的年轻人已经成了老人，当他对着石头回想往事的时候，他觉得画画、写作其实没有什么两样。最后，他明白了一个道理：其实，更高的山并不在人的身旁，而在人的心里，心中无我才能超越。

这位老人的境界不可谓不高。确实，更高的山在我们的心里，只有心中无我时，人才能攀越这座高山。人世间最可怕的不是做错事，而是心中动了歪念。倘若内心摇摆不定、狂热偏激，就会动歪念，就会继续做错事，这个时候就只有倒空了自己，才会发现虚无。

一位佛学大师曾说："心是最有反应、最有感觉的器官。我们看大自然的山川鸟兽、花开花落。我们看人生的生老病死、苦空无常，我们看世间的生住异灭、轮回流转等，都会因心的触动而有喜怒哀乐的表现。"世间的风动幡动，其实都是因为心动罢了。

王阳明说：无善无恶是静态时候的表现，有善有恶是气动的表现。在起心动念间，如果我们自己的内心茫然，就会不知所住，甚至连自己究竟是对是错都分辨不清。因此，唯有秉持一颗安定、清净之心，才能将世情看破，身处繁华闹市而不为所动。

心上什么都别放

所谓私念，在王阳明那里就是违背天理的人欲，直白而言，就是纯为自己打算的念头。如果一个人心上每天都存着私念，胡思乱想，懵懵懂懂地去做事，那满眼肯定是昏天黑地。这很好理解，人是社会性动物，地球不是为你而转动的，你一往无前，总在为自己打算的同时，肯定会伤害到别人的利益，或者因为现实太残酷而处处碰壁。这就如眼中放了好多尘沙，必然是昏天黑地的。

那么，我们每天在心头上放些好的念头可以吗？

这些"好的念头"其实就是个人的喜好，比如你喜欢打球、喜欢唱歌、喜欢读书，这些喜好每天都放在心上，时刻不停地去想念。王阳明说，这样也不好——这些喜好虽然是好的，但也正如眼里放了些金屑，眼睛也睁不开。

心的本体应该是空的，什么都不放在心上，心才不会累。无论是好的想法还是坏的想法，只要它存在，你的心就在不停地动，你就会累心。

王阳明告诉我们，心必须要是空的，只有是空的，平时什么都不想，才会活得幸福。这正如下面这个佛家的故事：

佛在世的时候，有人问他："你弟子当中，舍利弗尊者智慧为什么会那么大？他好像真的是无所不知。"

佛笑着指着讲堂旁边的鼓，问他："鼓的里面有没有东西？"

答曰："没东西，空空的。"

佛说："就是因为它空，敲它它才会响——大叩则大鸣，小叩则小鸣。"

佛解释说，舍利弗的心就像那个鼓一样，里面空空，什么都没有，所以你只要向他请教，他立刻就答复你，答得都非常正确。而平时看上去，他好像无所不知一样。其实他真的就是这样。只有你的心是空的，你才能盛下突然而来的东西。我们世人的心里面，就像鼓里塞了很多东西，叩的时候也鸣，但鸣的不是那个味道，不是那个音声。不需要思虑，无所不知，这是真智慧。所以如果你要真正有幸福的智慧，你的心就要清静，你的心要空。

当杯子里盛满水时，我们看到的是水；当杯子里盛满果汁时，我们看到的是果汁；当杯子里盛满咖啡时，我们看到的是咖啡。只有当杯子是空的时，我们才知道那是个杯子。杯子才是你自己。

不要贵外贱内

很多人都有这样的心灵问题：贵外贱内，对外在的东西特别注意，却很少注意自己的内心。在人际交往中，外貌往往被人当成是名片。从心理学角度而言，外貌决定了对方对你的第一印象。所以，很多人会花很大的精力去追求美丽的外表。爱美之心人皆有之。追求外表的魅力固然没有错，但是如果太在意自己的外表，可能会忽视了内心的力量，而适得其反。

一颗仙人掌羡慕玫瑰花的高贵美丽，请求上天也将自己变成一朵玫瑰花，上天满足了它的这一愿望。

可是，仙人掌刚变成玫瑰花不久，就命运不济，碰上了一场暴风雨。暴风雨摧毁了花园里的所有玫瑰，当然也包括仙人掌变成的那朵。就这样，那颗仙人掌为了一时的光鲜付出了生命的代价。如果它还是仙人掌，暴风雨是不能奈何它的。

太注重外表的光鲜，还会让我们无法进步。

好莱坞有位歌星叫琳达，未成名时只是个电车车长的女儿，由于她自幼酷爱唱歌和表演，所以成为一名好莱坞明星是她的最大心愿。不过，她外貌并不出众，嘴巴很大，更让她伤心的是，自己还是个大龅牙。后来，她进入一家夜总会唱歌，每次唱歌的时候，她都刻意地用上嘴唇来掩盖自己的龅牙。

熟悉音乐知识的人都知道，一个人如果在嘴形上不能放开，她的发声就不可能达到极限和完美。有一天，琳达唱完之后，一名客人来到后台找她，他告诉琳达："我最近听了你很多场表演，觉得你很有唱歌的天分。可是，我注意到你有个问题：你一直在试图掩饰你的龅牙。"

琳达的脸马上变得苍白，她恨不得地上有个缝，让自己能钻进去。但客人随即说道："其实长了龅牙并不是什么丢人的事情，以后别再想着去掩饰了。把你的嘴巴张开，尽情地唱吧。你要明白，来这里的人都是为听你的歌声的，而不是看你的龅牙的。"

琳达艰难地接受了这位男士的忠告，逐渐地把龅牙裸露出来，她的客人越来越多了。后来，她成为电影界和广播界的一流歌星，而她曾经十分讨厌的龅牙，成了她个人的标志，有些喜剧演员甚至开始模仿她。

实际上，外表并不像我们想象的那么重要。可能我们十分在意的缺点，别人或许根本就没有注意到。

不过，许多人都是虚荣的动物。尽管有人知道外表远没有我们想的那么重要，可还是有人迷失于对容貌的无止境的追求中。王阳明说，花漂亮得一塌糊涂，却没有果实，就是因为它把所有精力都放在绽放美丽的花朵上了。

众所周知，一个人的能力和相貌之间永远不能画等号。正所谓"天生我材必有用"，每个人都有自己与众不同的气质和特点，正是这些独特之处，才构成了你的独特性。

所以，别再因为你的相貌不尽如人意而妄自菲薄，切莫因为不及他人的外表而自艾自怜，这样只能使你一路遭遇"囧途"。只有自信快乐地做自己，展现真我，才能够拥有优雅而从容的人生。

太在意外表，也正如王阳明所说的"千叶之花"，最终没有果实。

请记住下面的话：每个人对美的标准是不一样的，千万不要用别人的标准来衡量自己，要坦然地接受自己的外貌！不管外面的世界多么繁华、喧嚣，不管别人的要求是什么，始终要记住一点——仅靠外表是无法评价一个人的。

真正应该下功夫的地方是你的内心，因为这个世界是残酷的，只有内心强大而不是外貌强大的人才能生存下去。

心不动，则烦恼不动

"天下本无事，庸人自扰之"，这句格言是说本来没有什么事，庸人却自己给自己找不痛快。其实，当我们对心和外界环境的关系进行理性观察时，就会发现我们每个人都是"庸人"，因为这句格言准确地揭示了我们心灵运行的基本特征。

王阳明曾和友人到山中游玩，友人指着一朵花问："你常说天下无心外之物，如此花树在深山中自开自落，于我心亦何相关？"

王阳明答道："你没有看此花时，此花和你的心一样都在沉寂状态；你现在动了心来看此花，那此花也就入了你的眼，它也就在你心中绽放了起来。由此可知，此花不在你的心外。"

这是心学史上最著名的一段话，其实它并非多么深奥难懂，仅从字面上就可理解：你没有看那朵花时，你的心没有动，那是朵什么花，花是什么颜色的，花有多大，你都不知道，所以花不在你心中；而当你心动后看那朵花时，那朵花就在你心中留下了影子，所以你就知道了它，并且看到它是一朵什么花，它是什么颜色，花朵有多大。

花虽然是客观存在的，但它到底呈现什么样的状态，比如是寂静还是绽放起来，却是取决于你的心。

也就是说，我们的心和外界环境可以产生联系，也可以不产生联系：如果不产生联系，那外界环境就不存在，你的心也不存在，这是一种寂静的状态；如果产生联系，那外界环境就动了起来，自然，是你的心先动的。

现在仔细想想，世界上真的存在苦乐、好坏、优劣吗？

让我们来看看这样一个故事：

一个年轻的农夫划着一只运送货物的小船。那天的气温奇高，农夫汗流浃背，苦不堪言。虽然如此，农夫还是认真地划着船向目的地进发。

就在半路上，他看到一只小船顺流迎面向自己快速驶来。眼见着两只船就要撞上了，但那只船并没有丝毫避让的意思，似乎是有意要撞翻他的小船。农夫大怒，他认为自己走在正确的航向上，就咆哮道："让开，快点让开！你这个蠢货！"对面的小船速度依旧。农夫急了，站起身，抽起桨，准备要给小船上的船夫一点教训。当他站起来还没有机会伸出桨时，他的船就被对方的船撞翻了，农夫被惯性抛进水里。他伸出脑袋，抹掉脸上的水，大骂："你这个白痴，会不会划船？这么宽的河面，你竟然撞到了我的船上？！"骂完后，他大吃一惊，因为那条小船是一条幽灵船：上面根本没有人。

他斥骂的只是一条挣脱了绳索、顺河漂流的空船。

在日常生活中，当你责难、怒吼的时候，你的听众或许只是一艘"空船"。很多时候，世事并不像有的人想象的那样糟糕透顶，一些根本不值得放在心上的事，有的人却把它用放大镜放大，当成无法排遣的烦恼放在心上，心灵受到不必要的煎熬。这就足以说明，烦恼很多时候都是自己找来的。

禅宗慧开禅师有段话说：春有百花秋有月，夏有凉风冬有雪，若无闲事挂心头，便是人间好时节。这里所谓的"闲事"，就是你跟外界发生关系的那些不必要的事。

仅以情绪而言，我们有时候会突然大怒，认为有些事或者是某些人惹恼了我们，其实，那些事就是那些事，那个人就是那个人，如果你不跟他产生关系，擅动你的心，这些怒火自然就不会产生。

在我们生活中出现的烦恼，多是"心"的问题。我们往往喜欢"看花"，而不是让心和花一起归于沉寂。我们总是想得太多，心思过重。心理学上有个著名的实验很能说明这一点：

实验主持者要求一群实验者在周日晚上，把想到的未来一周的烦恼事都写下来，然后投入一个大型的"烦恼箱"。到了第三周的星期天，他在实验者面前打开这个箱子，逐一与成员核对每一项"烦恼"，结果使人惊讶：其中有九成烦恼并未真正发生。但实验并没有完，实验主持者又要求大家把那剩下的字条重新丢入纸箱中，等过了三周，再来寻找解决之道。结果到了那一天，他开箱后，发现那些烦恼根本就不再是烦恼了。

"世上本无事，庸人自扰之。"一切问题，其实都是心的问题。一旦心产生问题，我们就会自寻烦恼，给自己的心灵套上枷锁。而能够摘掉这道枷锁的只有一个人：那就是你自己。

人前贵不如内心安

"人皆可以为尧舜。"孟子就曾这样鼓励过芸芸众生。每个人只要一心成圣，圣道自会到来。要知道，圣人的本性和我们普通人的本性并没有什么不同，我们同是来自宇宙的生命，同以宇宙为根本。我们拿矿石与金子来比喻，圣人就像那由金矿中提炼出来的金子，而我们还是那包容许多杂质的矿石。倘若我们也能够把自己心性中的杂质炼去化掉，就会像圣人一般成为那珍贵的金子。

王阳明在回复陆原静的信中说，有欲念本身就是一种自私自利的表现。越想寻求宁静，宁静则不生，越想追求财富，财富则不得。任何事物都有一个随性、积淀的过程，强求反而会失去。

孔子的弟子子夏在鲁国做了官，有一天回来向孔子请教，孔子对他说："无欲速，无见小利。欲速则不达，见小利则大事不成。"这里孔子是要告诉子夏为政的原则，就是要有远大的理想。人们做事不要只讲究快，不要只图眼前小利，如果只图快，结果反而达不到目的；只图小利，就办不成大事。说明做事不能只图快不求好，急于求成反而干不好事。

一个重视心灵修养和成长的人，对待外物应该拥有一种豁达的态度。事物本身有它发展的规律，有些事情人力根本无法改变，这个时候需要的是超脱些，这样心灵才能得到恒久的自由。

从前，有个年轻的农夫和情人相约在一棵大树下见面。他性子急，很早就来了。虽然春光明媚，鲜花烂漫，但他急躁不安，无心观赏，颓丧地坐在大树下长吁短叹。

忽然他面前出现了一个小精灵。"你等得不耐烦了吧！"精灵说，"把这个纽扣缝在衣服上吧。要是遇上不想等待的时候，向右旋转一下纽扣，你想跳过多长时间都行。"

农夫高兴得不得了，握着纽扣，轻轻地转了一下。啊！真是奇妙！情人出现在他的眼前，正含情脉脉地凝望着他呢！要是现在就举行婚礼该有多棒啊！他心里暗暗地想着。他又转了一下，隆重的婚礼、丰盛的酒席出现在他的面前；美若天仙的新娘依偎着他；乐队奏响着欢快的音乐，他深深地陶醉其中。他看着美丽的新娘，又想，如果现在只有我们俩该多好！不知不觉中纽扣又转动了一点，立刻夜深人静……

他心中的愿望层出不穷：还要一所大房子，前面是自己的花园和果园。他转动着纽扣，还想要一大群可爱的孩子。顿时，一群活泼健康的孩子在宽敞的客厅里愉快地玩耍。他又迫不及待地将纽扣向右转了一大半。

时光如梭，还没有看到花园里开放的鲜花和果园里累累的果实，一切就被茫茫的大雪覆盖了。再看看自己，须发皆白，早已经老态龙钟了。

他懊悔不已：我情愿一步步走完一生，也不要这样匆匆而过，还是让我耐心等待吧！扣子猛地向左转动了，他又在那棵大树下等着可爱的情人。他的焦躁烟消云散了，心平气和地看着蔚蓝的天空。原来，人生不能跳跃着前行，耐心等待才能让生命的历程无满乐趣。

如年轻的农夫一样，我们每个人都渴望快速拥有自己想要的东西，所以很多人都产生了投机取巧的浮躁心理，一心急，事情只会越做越糟，最后的结果往往是欲速而不达。

王阳明做官立功，虽然身处荣华富贵，但是却能从中超然而出，不为名利所牵累。在他的眼里，金银珠宝和土粒，华丽服饰和破棉袄，美味佳肴和野菜，富丽堂皇的房子和穷庐草屋，没有任何区别。

人之所以有烦恼，就是因为有太多的欲望，有太多的执着。整天想着名、色等身外之物，并想方设法要快速地拥为己有。于是，人生就在这样一种贪欲的火堆上煎熬着。

古人云："无欲之谓圣，寡欲之谓贤，多欲之谓俗。"芸芸众生之中，世俗之人众多，圣人寥寥无几。我们之中的大部分人因为被欲望所牵制，追求名利地位，便在那滚滚红尘中挣扎，

夜阑卧听风吹雨
铁马冰河入梦来

陆游诗句 王守仁书

王守仁书法

在无穷的世事中流转，以致利令智昏而心灵蒙昧，无法静下心来面对自己真实的生命。在欲望的沼泽中，他们愈陷愈深，终于遭遇灭顶的灾难。被欲望纠缠的心灵，怎么能发现自己真正的本来面目？

"清清净净一灵光，刹刹尘尘不覆藏，万万千千都失觉，多多少少弗思量，明明白白无生死，去去来来不断常，是是非非如昨梦，真真实实敢承当。"佛学大师慧经禅师用这首偈告诫人们要保持洁净的心胸，无私无念，不再贪婪，也就不再会被牵制。当你从如梦的人生中清醒过来，不再为自己的利益而执着于世间一切华而不实的东西，静心无为，你就已经得圣人气象了。

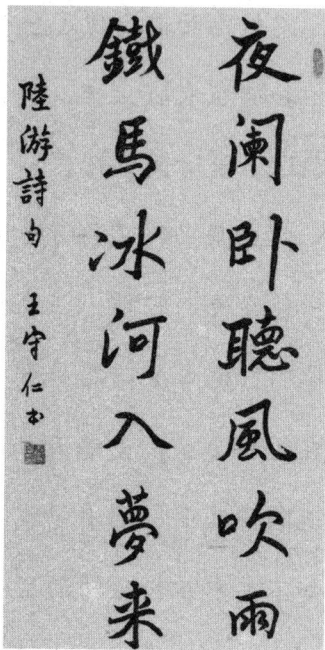

重返童心，找回真实的自己

王阳明认为，人心的本体，原来是明白清楚的，然而由于气量的拘束和物欲的蒙蔽，逐渐变得昏暗模糊了……现在，人们只是想要穷尽天下万事万物的道理，却不知返回到自己的内心探求，那么，你所说的善恶的起因、真伪的分辨，舍弃了自我的良知，又将如何体察呢？

只有把蒙蔽本心的那些物欲清除，让本心恢复纯明，才能真正激发心的巨大能量。这就要求人们的内心回归到纯朴自然的状态，回归到初临人世时那头脑空空的初心之境。也就是让人们重返童心，做回心灵上的儿童，这也是李贽在王阳明的"本心"之上衍生出"童心说"的基础。

关于童心，继承了王阳明思想的明代哲学家李贽首先做了如下解说："夫童心者，真心也……若失却童心，便失却真心；失却真心，便失却真人。"在他看来，所谓童心，就是人在最初未受外界任何干扰时那一颗毫无造作、绝对真诚的本心，是不掺杂任何虚假的纯真，是人内心中的一念之本，是那瞬间萌动的"天真"。如果失掉童心，便是失掉真心；失去真心，也就失去了做一个真人的资格。而人一旦不以真诚为本，就永远丧失了完整的人格，心的巨大能量也就被压制了。

儿童，是人生的开始；童心，是心灵的本源。心灵的本源怎么可以遗失呢？但确实有许多人遗失了它。

当人们初临人世的时候，只是一个头脑空空的婴儿，只懂得饿了要吃，困了要睡，他们不懂得男女之间的色欲，不懂得功成名就、家财万贯的荣耀，他们什么都不知道，只是以一颗纯真的初心，新奇地观望这个世界，享受这个世界带给他们的每一丝欢乐。

随着人们渐渐长大，原本纯洁的心沾染上了世俗的尘埃。人们在启蒙时期，通过耳闻目睹会获得大量的感性知识，长大之后，又会学到更多的理性知识，而这些后天得来的感性闻见和理性道理一旦入主人的心灵，童心也就失落了。久而久之，人们所得的道理、闻见日益增多，所能感知、觉察的范围也日益扩大，从而明白美名是好的，就千方百计地去发扬光大；知道恶名是丑的，便挖空心思地来遮盖掩饰，这样一来，童心也就不复存在了。

童心一旦失去，说出话来，也是言不由衷；参与政事，也没有真诚的出发点；写的文章，也无法明白畅达。其实，一个人如果不是胸怀美质而溢于言表、具有真才实学而自然流露，那么从他嘴里连一句有道德修养的真话也听不到。为什么呢？就是因为他童心已失，后天所得的闻见、道理已入主心灵。

当你用虚假去面对世界时，世界回应你的也只能是虚假。因为人一旦以虚假为本，一举一动也就无不虚假了，由此去对假人说假话，正是投其所好；跟假人讲假事，肯定信以为真；给假人谈假文章，必然赞赏有加。这可真是无处不假，便无所不喜！满天下全是虚假，俗人哪里还分辨得出真伪。在这样一个虚假的世界里，看不到真相的人们难免做出错误的决定，走上错误的道路，做出错误的事情，而这一连串错误所累积而成的人生必将痛苦不堪。

要想摆脱这种虚假、痛苦的生活，必须寻回童心。从此时此刻起开始重返童心，真实地面对自己，面对世界。

天地在我心中

很多时候，当我们感到迷茫时，经常会问自己这样一个问题：我为什么要来到这个世界？是世界选择了我，还是我选择了世界？

有些人自命不凡，觉得自己很伟大，以为地球总绕着自己转，自己是宇宙的中心；而有些人总觉得自己很渺小，在宇宙中，连尘埃都算不上，在时间的长河中，不过是沧海一粟，匆匆而来，匆匆而去。

这两种态度其实都走入了一个极端。

有位弟子问王阳明："您常说天地万物和我心是一体的。人身体的部分和心的确是一体的，但天地万物是客观存在的，如何和我心是一体的呢？"

王阳明反问："你说这个天地中间，什么是天地的心？"

弟子回答："圣贤说，人是天地的心。"

王阳明又问："主导人去思考做事的叫作心，心又是什么？"

弟子回答："只是一个灵明。"

王阳明说："这就很明白啦。充塞天地中间的只是这个灵明。我的灵明，就是天地鬼神的主宰。没有了我的灵明，天地鬼神就不存在。你看那死去的人，他的天地鬼神在哪里？但是，没有了天地鬼神，我的灵明也就不在了。因此，天地万物与我心是一体的，是互相流通、互相依靠的。"

王阳明这段话的意思可以这样理解：天地万物，我理你，你是天地万物；我不理你，你就什么都不是。但有时候我必须要理天地万物，因为我不理天地万物，我的灵明也就没有了用武之地，所以也就不能存在了。二者要么都存在，要么就都不存在，谁也离不开谁。

试想想，如果这个世界没有了你，地球照样转，人们照样生活，你的那份工作照样有人能做得来。唯一不同的可能就是你身边的亲人和朋友会为你惋惜一回，但他们不会时刻把你记在心上。你对世界的影响微乎其微，从这一点而言，你的一生平淡无奇。即使你做出了惊天动地的事业，让万民景仰，但因为你自己的离开，你根本就不会知道这些。所以，你的离开，就等于你的天地万物彻底消亡了。而存在的天地万物是别人的天地万物，跟你已经没有任何关系。

但是，正是因为你存在，所以你才显得那么伟大。你有自己的天地万物，你可以不理它们，你可以理它们。你想要一个什么样的天地万物，只需要用你的灵明跟它们感应就行了。

当你不想跟它们发生感应时，天地万物只是别人的。

世界固然是客观存在的，可每个人看世界的角度和心态不一样，所看到的世界也就不一样。世界只有因为你才变得精彩，如果你闭上眼睛，世界就根本不存在了。这就是天地万物与自己的内心是一体的心学根源，也是"天地在我心"的思想源泉。

此心须向逆境求

在王阳明看来，人生在世所遇到的所有大小事情，其实我们在面对它或者解决它时，只有四个方法：喜、怒、哀、乐。很多人都明白，我们在遇到使我们恼火的事情时，应该克制自己的怒火；而当我们遇到让我们高兴的事情时，也别太高兴，因为乐极生悲；当我们遇到使我们哀伤的事情时，也不要哀伤得过了头，因为无论从生理还是心理上来讲，哀伤过头伤身又伤心。

但是，这只是许多人在没有遇到这样的事情时的乐观的想法，一旦我们必须用这四种方法去解决事情时，我们总会出错。本不应该发怒时，却七窍生烟；本不应该高兴时，却高兴得太早而一无所获；本不应该太过于悲伤时，却悲伤得死去活来。

人应该锻炼使用这四种方法去解决人生中所遇到的种种问题，王阳明告诉了我们一个很简单的方法：在问题来时去锻造自己的内心。

我们的人生像一条坎坷不平的道路，如果倒霉透顶，可能随处随时都是逆境，那就要在逆境中锻造自己的心，使它千锤百炼，最终成为强大的内心。

西方哲学家有句名言："真正的伟大，即在于以脆弱的凡人之躯而具有神性的不可战胜。"其实，人人都知道一个生存真理，那就是，真正内心强大的人是磨炼而成的。一遇挫折就放下心灵武器的人绝不会成功。

生活是现实而又残酷的，任何人都不会一帆风顺，他们都会遇到这样或那样的烦恼：理想与现实的矛盾，人际交往的障碍，学习上的困难，情感生活的困扰，竞争的失败，等等。说到底，就是人在现实中遭受了挫折。

王阳明说，正是这种挫折才是你修行的千载难逢的好机会。在面对逆境时，克制自己的愤怒、悲伤，不要手足失措，这就是心灵强大的表现。

王阳明曾身处逆境过，他被放逐到几乎是史前时代的贵州龙场驿站，就是在这放逐的逆境中，他创建了心学。我们每个人都曾被他人或者是社会"放逐"过，孤独无援，但正是这种凄惨的"放逐"，才是我们重新锻造心灵的大好机会。

擅长从心灵角度书写历史人物的奥地利作家斯蒂芬·茨威格在《一个政治家的画像：约瑟夫·富歇》中充满感情地赞赏逆境中的"放逐"：

是否有人写过赞美放逐的诗歌，歌颂这创造命运的力量，这使人在坠落中得到提高，在孤独、寂寞的沉重压迫下，重新以另一种方式崛起的力量？古往今来，艺术家总是在指责放逐是攀升的表面干扰，是徒劳无益的间歇，是灭绝人性的中断。然而，大自然的节奏需要这一类强有力的休止。因为只有深入了解底层，才能认识完整的生活；只有在遭受挫折的时候，人们才会迸发出向前奋进的力量。创造性的天才恰恰需要这种暂时的、强迫性的孤独和寂寞，以便从绝望的深层，从放逐的远方，衡量自己真实使命的高度和水平。人类最重要的信息，都来自放逐地。伟大的宗教创人——摩西、耶稣、穆罕默德、释迦牟尼——他们个个都必须先进入荒漠般的寂静，进入离群索居的境地，然后才能获得一言九鼎的地位。弥尔顿的失明，贝多芬的耳聋，陀思妥耶夫斯基的监禁生涯，塞万提斯的土牢岁月，路德的瓦尔特堡被囚，但丁的亡命天涯，尼采的自愿禁锢于恩加丁的冰天雪地里，这一切都是真正的天才违背常人的清醒意志，是他们潜藏在心底的本能要求的体现。

王阳明说，此心须向逆境求。在逆境中锻造内心是非常容易的一件事，因为它的解决方法就在你心中，你只需要控制住自己的心，不怒，不伤，不忧，不惑，相信这段逆境只是你心灵成长的一段旅程，那么所有的问题就都不是问题。

心如明镜，随感而应

总有人提人生需要规划，但实际上，人生就如一道变幻线，下一步是什么，谁都无法预料。既然无法预料，那你的规划岂不是无济于事而又浪费精力？

在美国经典影片《蝴蝶效应》中，男主角能通过简单的方式回到过去。为了改变现在的不完美，他多次回到过去，在关键时刻进行改变。可惜，他总是徒劳无功，最终仍然不得不接受他和女主角是陌生人的关系。这个故事其实只告诉了我们一件事：人生如果是直线，你何必规划算计它；如果它是曲线，你无论如何规划算计它，其实都是徒劳无益的。

在王阳明看来，人生就是曲线的、不确定的。他是用亲身经历验证的。所以当它的弟子问他，那些圣人的人生所以完美的原因是不是事先规划好时，他说，根本就没有这回事。只要你的良知在，那就是随感而应，根本不需要规划。人生其实就是一个过程，走到哪算哪，骑驴看唱本。

心学其实并非是今天意义上的科学，但它比科学更有用。科学告诉我们，任何事情都要有规划，但科学也无法否认变化比计划快，所以你处心积虑地规划好一切，结果第一步走出去后，就发生了变化，你的规划就宣告破产了。

每个人的命运，都有不确定、不可靠性。之所以成为现在的这个样子，实际上都是一个个说不准的意外和偶然造成的。人人心里都怀揣着一个美好的梦，都在为这个美梦而努力。可是你会发现，冥冥中似乎有一种力量在支配着我们，让我们总是离自己的梦远远的。"人定胜天"的思想想来都是呓语，我们在宇宙中只是一颗尘埃，自己根本无法做主。

有位桑巴的登山运动员，在一次登山时出了意外，陷入深谷，凭借毅力，他坚持了 10 天，最终获救。有记者问这位死里逃生的登山运动员：10 天时间里，你都想了些什么。

桑巴回答：两个字——生死。

他说，这 10 天，我把自己的一生都细细地想了一遍，却兴奋地发现了一个人生的秘密：自己的命运，或者说所有人的命运，原来都是不确定、不可靠的。

桑巴首先想到的是自己的婚姻。20 岁那年，他差点与另一个女人结婚，只是因为结婚前，那个女人向桑巴的家人多要了一张牛皮（当时的彩礼），桑巴的家人不同意多给一张牛皮，他们之间的婚姻由此告吹。之后桑巴便娶了别家的女人。也就是说，一张牛皮，改变了桑巴的轨迹。

两段姻缘之间，桑巴还和刚的女人有过交往，不过，没有一个人和他走到一起。用他的话说，就差了一点点。

桑巴的婚姻后来迎来了七年之痒，他差一点离了婚。他和这个女人合不来，于是两人写好了离婚协议书，准备去办离婚手续。但那几天突降风雪，无法出门。风雪停了的时候，两人似乎已经过了非离不可的阶段，就这么又过到今天。要不是那一场暴风雪，桑巴现在该是和别的女人生活在一起。如果是和别的女人生活在一起，一切就都不是眼下的这个样子了：时间、地点、工作、环境都会不同，他现在肯定不是眼前这样子。

桑巴最后又想到了死亡。其实，这不是第一次面临死神的召唤。死神经常闻着他的踪迹，追踪他。他 3 岁那年，患急性病，昏迷半月。医生查不出他是得了哪种病，无奈中宣布了他的死期。家人开始为他准备后事。谁想，这时正赶上一名患同样病的人来就诊，而这名病人的病情更加显著，是细菌感染。大夫们恍然大悟，发现桑巴原来也是同样的病症。医生给他重新治疗……他活了。要不是赶上这么一个"同病相怜"的人，桑巴3岁那年便结束了生命。一生只活到3岁。

桑巴刚会游泳那年，大概也就七八岁的样子，他在河里脚抽筋，沉入河底。岸上空无一人，桑巴以为这次必死无疑了。但就在这时，岸边突然出现了一位村民，偏偏还是一位水性很好的村民，救了桑巴。事后这位村民说，那天他是因为和自己的女人生了气，才跑出来。如果那天这位村民的生活一切正常，那时他该是在家里吃午饭，那样桑巴也就没命了。桑巴活着，是因为一个人与另一个人的赌气，是因为别人家的一件意外。

二十多岁时的某一天，桑巴乘火车外出，却赶上了火车出轨。桑巴坐的那节车厢人员死伤最多：17人死，34人伤。在列车出轨前的5分钟，桑巴上厕所，厕所却正被使用。桑巴无奈，只好到别的车厢去找厕所。事后桑巴得知，那位使用厕所的人，正是死者中的一个。桑巴冒出一身冷汗。他想：如果当时是他先进的厕所，那么他该是17名死者中的一个了。

就在这事关生死的10天中，桑巴还想了很多很多。他发现人生原本是没有规律的，你可能是这样的，也可能是那样的。你可能差一点变成有钱的富人，你也可能差一点沦为衣食无着的艰辛者。也许你本该活到70岁，但有可能你在10岁、20岁时便突然故去，可也没准你活过了80岁，而且依然健康。这都有可能。什么都有可能。

既然任何事情都有可能，那人生真没什么好算计的。

中国道家哲学强调"万般神通皆小术，唯有空空是大道"，其实说的就是应该遵循事情自身的本性，顺应自然，不以现实功利为追求目标。

国学大师冯友兰对那些经常算计人生的人告诫说："你最好不要操心。你的根本错误就在于找个道理打量计算着去走。若是打量计算着去走，就调和也不对，不调和也不对，无论怎样都不对；你不打量计算着去走，就全对了。人自然会走对的路，原不需你操心打量的。遇事他便当下随感而应，这随感而应，通是对的。要于此外求对，是没有的。"

这段话是王阳明"随感而应"的最好诠释。记住：幸福的人生不是计划，而是"随感而应"。

急躁则自顾不暇

浮躁，是轻浮急躁的意思，它往往是造成人们做事目的与结果不一致的常见的原因，一味地追求效率和速度，做起事来既无准备，也无计划，只凭一时的心血来潮就动手去做，恨不能一日千里、一蹴而就，但却往往事倍功半，其结果只能与理想背道而驰。王阳明讲求不动心，也就是戒"躁"的意思。他十分不赞同浮躁的心，认为只要静下心来努力去做，就没有做不到的事情。

很多时候，我们的内心都为外物所遮蔽、掩饰，浮躁的心情占领了我们的整颗心，因此在人生中留下许多遗憾：在学业上。由于我们还不会倾听内心的声音，所以盲目地选择了别人为我们选定的、他们认为最有潜力与前景的专业；在事业上，我们故意不去关注内心的声音，在一哄而起的热潮中，我们也去选择那些最为众人看好的热门职业；在爱情上，我们常因外界的作用扭曲了内心的声音，因经济、地位等非爱情因素而错误地选择了爱情对象……我们惯于为自己做各种周密而细致的盘算，权衡着可能有的各种收益与损失，但是，唯一忽视的，便是去听一听自己内心的声音。

一位长者问他的学生：你心目中的人生美事为何？学生列出

"清单"一张：健康、才能、美丽、爱情、名誉、财富……谁料老师不以为然地说："你忽略了最重要的一项——心灵的宁静，没有它，上述种种都会给你带来可怕的痛苦！"

宁静可以沉淀出生活中许多纷杂的浮躁，过滤出浅薄粗率等人性的杂质，可以避免许多鲁莽、无聊、荒谬的事情发生。

一位学僧问禅师："师父，以我的资质多久可以开悟？"

禅师说："十年。"

学僧又问："要十年吗？师父，如果我加倍苦修，又需要多久开悟呢？"

禅师说："得要二十年。"

学僧很是疑惑，于是又问："如果我夜以继日，不休不眠，只为禅修，又需要多久开悟呢？"

禅师说："那样你永无开悟之日。"

学僧惊讶道："为什么？"

禅师说："因为你只在意禅修的结果，又如何有时间来关注自己呢？"

禅师的意思是在劝诫学僧，凡事切不可急。的确，想要成就一番伟业，关键在于戒除急躁，能够真正静下心来做好每件事，你越是急躁，就会在错误的思路中越陷越深，也就越难摆脱痛苦。

王阳明从小就显现出了他的不凡，少时钻研佛、老思想，上下求索，却终究没能解决他对人生的态度问题。直至中年之时，贬谪贵州龙场，回到儒学当中来，才算真正有所晤。"欲速则不达"，由于之前的探索，下苦功，最后才获得了一定的成就。

当今很少有人能做到王阳明这样，也许当前更多人信奉的是："随主流而不求本质。"在追求的过程中丧失了自己的目的性，不追求最根本的目的，转而追求一些形式上的成功，正如一句话中所说，瞬间的成就可以使人获得短暂的名利，但如果谈起永亘，无非只是皮毛之举。如果我们要想真正去成就一番事业，就必须静下心来，脚踏实地，摆脱速成心理的牵制，戒除急躁，明确最根本的目的，一步一个脚印地走下去。

有一个人，肚子饿了，到饼店去买煎饼吃。他一连吃了六个，觉得还是不饱，就再买第七个吃，刚吃了半个，就觉得很饱了。这时候，他心中很懊悔，用手打着自己的嘴巴说道："我是这样的愚痴不知节约，如果早知道后头的半个煎饼能吃饱，那么我只要买这半个煎饼就是了，前头的六个煎饼不是多吃了吗？"

人要经过苦难、磨炼才能有所成。不经历时间，不经过积累就渴望成功，正同那人吃饼的痴想一样不可能实现。世间美好的东西实在多得数不过来。我们总是希望得到太多，让尽可能多的东西为自己所拥有。生命常在拥有和失去之间流走。拥有时加倍珍惜，失去了，就权当是接受生命的考验，权当是坎坷生命的奋斗诺言。拥有诚实就会弃了虚伪；拥有充实就会弃了无聊；拥有踏实就会弃了虚浮。人都应该有一个清醒的头脑、一颗清净的心。只有静下心来，戒除浮躁才能成功。因此，无论外界怎样，我们都应该随时提醒自己千万不要有一丝一毫的浮躁，只有认认真真、踏踏实实才是处世之道。事有急之不白者，缓之或自明，毋急躁以速其戾。

静坐静思，不被外物所扰

在纷乱的社会生活中，人们常常感到不安。对此，王阳明建议学习静坐，闭上眼睛去养神。养着养着，外在的喧嚣和热闹都消失了，随即便发现了心灵内在更为美好的境界。

"独坐禅房，潇然无事，烹茶一壶，烧香一炷，看达摩面壁图。垂帘少顷，不觉心静神清，气柔息定，蒙蒙然如混沌境界，意者揖达摩与之乘槎而见麻姑也。"这是《小窗幽记》给人们阐述的一个幽静、美妙的意境：独自坐在禅房中，清爽而无事，煮一壶茶，燃一炷香，欣赏达摩面壁图。将眼睛闭上一会儿，不知不觉中，心变得十分平静，神智也十分清静，气息柔和而稳定。这种感觉，仿佛回到了最初的混沌境界，就像拜见达摩祖师，和他一同乘着木筏渡水，见到了麻姑一般。

人只有心静下来的时候，才能够观照到自己的本来面目。就好像波浪迭起的时候，我们无法看到水底的情况；只有当水平波静的时候，我们才能看到清澈的水底。所以，静坐是人们放下心外一切的有效方法。

静坐是指放松入静，排除杂念，呼吸自然，一切的一切主要是为了让一个人变得安静，变得能感觉到自己的存在，然后一直变到忘我之境。静坐可以让一个人的身体保持内外的平衡，也利于提升自己的心灵境界。一个人若能在嘈杂中感悟宁静，也就达到了人生快乐的极高境界。

有四个人聚在一块进行一项"不说话"的训练，以此考验自己的定力。四个人当中，有三个人的定力较高，只有一个人定力较弱。由于是在晚上，要时常为灯添油，所以四人商量过后，管灯的工作就由定力最弱的那个人负责。

"不说话"开始后，四个人就围绕着那盏灯静坐。几个小时过去了，四个人都默不作声。

油灯中的油越燃越少，眼看就要枯竭了，负责管灯的那个人，见状大为着急。此时，突然吹来一阵风，灯火被风吹得左摇右晃，几乎就要灭了。

管灯的人实在忍不住了，他大叫说："糟糕！火快熄灭了。"

其他三个人，原来都闭目静坐，始终没说话，听到管灯的那个人的喊叫声，有一个人立刻斥责他说："你叫什么！我们在做'不说话'，不能开口说话。"

又有一个人闻声大怒，他骂第二个人说："你不也说话了吗？太不像样了。"

第四个人始终沉默静坐。可是过了一会儿，他就睁眼傲视其他三个人说："只有我没说话。"

到达心灵的宁静境界实属不易，如果还要在宁静的境界里感悟人生的奔腾则是难上加难。因为外物的嘈杂难敌内心的安宁，但是环境的安宁却不容易让人兴奋。当人们被静谧所吞没的时候，是兴奋不起来的，因此在宁静中让自己的内心变得活力四射就显得更难得。

人当心如止水，但是止水并不是死水，所谓静止只是相对的状态，人生往往是宁静里波涛汹涌，那些最平淡的事情里面往往酝酿着最为激烈的革命。一个人如能做到在宁静中感悟奔腾，就已到达心灵的至高境界。

静虑息欲致良知，这个办法是王阳明说知行合一时提出的办法，当人们万分疲惫的时候，只需静坐下来，闭上眼睛，打开心眼去看你内心存在的那个世界，疲劳也就渐渐消退，祥和空灵的境界随之而来。

身处喧嚣尘世，我们也要独自静处在禅房之中，清静无为，摆脱了尘世的喧扰，焚烧上一炷好香，烹煮上一壶清茶，慢慢地品味着妙道的清香。然后面对着达摩祖师坐禅，静坐闭目，心自澄明，朦胧中和达摩祖师相会，共话禅意，哪里还记得这俗世的烦恼呢？

心外没有束缚

孔子曾说过这样一句话：君子之于天下也，无适也，无莫也，义之与比。

这句话的意思是说，一个聪明的人在生存中，对任何事都没有厚薄，按"义"的指引去做。

当然，孔子的话，不能完全凭字面意思去理解。其实我们还可以做如下的理解：人世间所有的事情，都有一个不变的哲理在里面。所以遇到了事情，应该随顺事情本身，而不应该事先料想或者是计划该如何。比如遇到一件事情，心中料想一定是可行的，这就是"适"，这样即使遇到了不可行的事情，都会认为可行，必然导致轻率而妄为；如果遇到一件事情，心中料想一定是不可行的，这就是"莫"，这样即使遇到了可行的事情，都会认为不可行，必然导致故步自封，走投无路。如王阳明所说，这两种心态其实都是出于"私心"，所谓"私心"，并非是专门利己的心，而只是刻意去为之的心。一旦有了这样的"私心"，必然会影响做事。

真正的聪明人，对于天下任何事，都不会事先认为可行而妄为，也不会事先认为不可行而就不去做。他们做事的唯一标准就是看是否合乎天理——合理的就做，不合理的不做——从不轻易地改变是非标准，一切都以天理道义为准，丝毫没有自己的私心在其间，所以能够从容面对。

说得直白一点，其实就是让我们在做事时不要为一些外在的规则所羁绊，要摆脱世俗的束缚，心中只要秉承着一点——义——就可以了。

孟子也说过，真正的君子，言不必信，行不必果，惟义所在。

王阳明说得更浅显：只要心中有义在，不必有表面的原则。心外没有任何原则、束缚。他举个例子说，比如你是个清廉正直的人，对别人的贿赂向来深恶痛绝，可有些时候，你就必须要收，那就要看收了别人的东西是否符合道义了。千万不要给自己提前定下规则，然后自以为是个有原则的人，其实这种人是画地为牢，作茧自缚。

在现实世界，大多数人都在画地为牢，其实也就是毫不犹豫地遵从外在命令，根本不问他所遵从的命令是否符合道义。

二战期间，纳粹德国士兵不分青红皂白地屠杀了600万犹太人和其他民族的人，因为这是当时纳粹的"法律"。战争结束之后，这种野蛮行径的罪责被一级一级地推到了纳粹政府的最上层，所以，如你所知那样，最后在整个德国只有希特勒及其身边的几名高级官员对这些惨无人道的罪行负全部责任，而至于其他人，特别是数以万计的士兵，只是被解释为在执行"元首的命令"，遵守"第三帝国的法律"。

至少从王阳明心学层面来看，纳粹的千万士兵面对手无寸铁的平民射出数以万计的子弹，堪称是冷血动物。因为每个人都有良知，每个人都有能力认为他们的暴行是违反天理的，但为什么，那些士兵即使在杀了千万无辜的人后，而从不感到愧疚？

也许，在纳粹士兵看来，他们只是服从命令，但他们完全可以在杀人时不用那么认真。可他们没有，杀起人来聚精会神，把杀人当成是一种使命。这只是因为他们太遵守外在规则，忘记了"义"。他们就是在画地为牢，作茧自缚，没有自我，没有自由，只是一具喘气的尸体。

西方心理导师韦恩·w.戴尔在他的《心理治疗指导书：你的误区》中曾举过这样一个例子，来说明外在规则能让人愚蠢：

我的一位同事曾给我讲过士兵们如何坚决执行规定的一件事。他所在的部队在南太平洋关岛驻扎期间，让他印象很深的一件事就是许多士兵都自觉地遵守着一些显然没有道理的规定。例如，当时有这样一项规定：在露天看电影时，军官可以坐在有顶篷的红条凳上。可是在半夜放电影时，军官是从来不去看的。这时就会有一个士兵专门守着这些空着的红条凳，禁止任何人坐上去。这样，在夜晚你经常可以看到一群水兵冒着雨看电影，而一排红条凳却空着，旁边还有一名水兵在看守，以确保规定得以遵守。我的这位同事上前询问为什么要遵守这种荒谬的规定，他得到了一个标准答复："我不负责制订规定，我只管实施规定。"

即使在我们的日常生活中，也经常能发现这样的现象。比如在游泳池、网球场以及超市等其他公共场所，大约有一半的规定是没有任何意义的。例如，超市规定，不允许在超市内部吃还没有付账的食品。如果一个人真的遵守外部规则，即使面对等待付账的长长的队伍，马上就要渴死，他也不喝就在手中的饮料，因为他还没有付账。

按王阳明的说法，这个时候，那些规则就是违反天理的。而你恰好又

王阳明心学大智慧

去遵守这些规则，就说明你根本不懂得什么是道义。所谓道义，在这个时候，就是活下去。人的生存就是天理，违反人的生存的任何规定都是恶的，都是错的。

使我们沮丧的还有外在的一种规定，那就是王阳明所谓的"礼"，今天，我们称之为礼节。王阳明对"礼"有着很清晰的判定：礼就是理，驻守在你心中的道理其实就是外在的礼节。如果你心中的道理是正确的，那外在表现出来的礼节即使贻笑大方，那也是对的，也应该去做。

如果你有兴趣，你不妨回顾一下在为人处世中那些毫无意义的规矩。你的父母肯定从你小时候就告诉你要遵守这种或那种规矩，至于原因，可能仅仅是某某权威人士在某书中是这样写的。周公制作的礼，如果今天把它放到社会中去遵守，那肯定会让很多人痛不欲生。这并不是因为那些礼过时了，而是因为很多礼节根本没有任何必要和意义。即使在今天，去什么样的地方吃饭，应该穿什么样的衣服，面试应该穿什么、注意哪些外在修饰，这都是不必要的礼节。

在一些所谓的礼节教科书中，百分之九十九的内容是毫无意义的规矩，因为这种规矩是一些人过去凭空武断地确定下来的。实际上，你根本不必机械地遵守这些死板的规则。王阳明说，只要你的行为不妨碍他人，你认为怎样做合适，就可以怎样做。你完全可以依照自己的意愿来。

但是，为什么还是有很多人喜欢遵守各种外在规矩，喜欢把一些很简单的事复杂化？这可能缘于他们的懒惰。德国作家黑塞说："有些人极为贪图安逸，他们不愿思考，不愿判断问题，仅仅满足于安分守己地生活；另一些人则在内心制订自己的法律。然而，法律明文禁止他们去做每个正直的人都会做的事情，可以去做的却往往是他们不屑一顾的事情。尽管如此，每个人又都必须做出自己的决定。"

王阳明说，所有的规矩都在你心中。你认为该如何就如何，不要被外界的规矩所牵绊，如果你时刻都遵守各种外在规定，就会成为规定的奴隶，这样活着的人身心俱疲，而且未必就能得到幸福。当然，一个成熟的文明社会又是提倡人们要安分守己的，人们是不应该为所欲为的，这是不是矛盾了呢？其实不矛盾，规矩之外还有一个"义"的存在，我们心中必须要存个"义"，有能力确定哪些规定是可取的，并且是维护社会秩序所必需的，而哪些规定是在不妨碍自己或他人的情况下可以违反的。

由于"义"也在我心中，是由我心的好恶来决定的，所以，每个人都有对"义"的不同解释。归根结底，每个人都应该按自己的意愿生活，这才是人类幸福的唯一出路。

幸福就是心理合一

王阳明龙场悟道后提出的第一个心学概念就是"心即理"，所谓"心即理"，并非是所有的"心"都是"理"，而是有"良知"的心才是"理"。一个按王阳明所说的有良知的人，其心中所思所想都符合天理。也就是说，天理就在我心。但前提是，你的良知必须是一尘不染的。

再换个讲法，我们在用心思考、做事时，都应该是和内心的真实想法一致的。王阳明在这里举的例子是关于春秋霸主的，他说，这些霸主表面上说要尊重周王、抵御外敌，其实内心只是想获得一个霸主的美名和许多国家进贡的实惠。这就是外面做得好看，但却与内心的想法根本不相干，

王阳明心学大智慧

这就不是"心理合一"了，也就是我们常常提到的表里不一、口是心非。

所谓口是心非，意思是说，有些人嘴里说得好听，心里想的却是另一套。由于说出来的话和做出来的事与心中最本真的想法背道而驰，真心却不能真意，所以它是幸福的天敌。

不过，这又是无可奈何之事。在今天，为了生存，或者是为了更好地生活，许多人都在口是心非。为了讨好领导，他们要口是心非；为了迎合同事，他们也要口是心非；为了赢得客户，他们还要口是心非。无可否认，口是心非已经成了许多人生活当中不可缺少的一部分。

我们在世俗的压力下学会了"圆滑"，学会了掩藏自己内心的真情实意，变得虚情假意，变得虚伪。王阳明说，不真心实意地去生活，注定了你的生活将是劳累的。

不仅是在生存层面，有时候为了我们与生俱来的虚荣心，我们也会口是心非。我们明明性格软弱，却非要说自己内心强大。我们内心明明想明白了的事，但为了面子，却死不承认。而为了维持这种虚荣的状态，我们又去做一些本心根本不愿意去做的事。

长此以往，正如王阳明所说——我们已经流入"分心理为二"的境地，却不自知。我们永远都在活给别人看，外表风光无限，内心凋零凄惨。

为什么我们不能坦然面对自己的内心？

为什么我们不能卸掉伪装，露出真实的自己，活出真我的精彩？

这恐怕是很多人在夜深人静时经常问自己的问题。这个问题明明有答案，但很少有人去追寻答案、实践答案。因为人生在世，很难给自己制造一个这样的世界：在这个世界里，再也不用说自己不想说的话、做自己不愿做的事。

既然没有一个这样真情实意的世界，我们又不想因为心口不一而活得疲累，那我们又该如何呢？

王阳明说，要心理合一。由于心就是理，所以不必在事上用功，只需要在心上用功。所谓"心上用功"，其实就是心必须要是真诚的，要时刻保持这份真心，以这份真心去说话、做事，即使有些话是吹捧，有些事可能不符合外界的道德规范，但只要不违反自己内心的真实想法，其实就已算是心理合一了。

这就正如那句处世名言"遇人短命，逢货添财"一样——见到别人虽然看上去很老，但一定要说人家年轻；见到别人买的东西虽然看上去很便宜，但一定要把价格说得高一点。这就不是分心理为二，这就是心理合一。因为心学最终极的目的，是让自己幸福的同时也让别人感到幸福。而且，这种善意的"吹捧"，并没有给你内心带来痛苦，那么，何乐而不为呢？

二、志向决定人生高度

在王阳明看来，如果一个人胸无大志，即使有伟大的举动也称不上是伟人；如果一个人立志要学习圣贤的心性修养，则迟早会达到圣贤的境界。如果每个人都能确定人生的方向，并在这个方向上坚持走下去，必将获得成功。

志向决定高度

王阳明作为一代大儒，对立志与人生的关系，有着独到的见解，他说："一个人若是想做出一番事业，首先要立志，否则就会一事无成。即便是各种工匠技艺，也要把立志作为根本。"

人们常说，一个人的理想往往决定了他的高度。燕雀焉知鸿鹄之志，鸿鹄是要像大鹏那样展翅翱翔于九天之高，尽收天下于眼中的；而燕雀没有那么远大的理想，对能够触及榆树就已经心满意足了。

有了高远的志向，就有了成就事业的可能，所以立志是十分重要的。王阳明能成为一位洞悉心灵奥秘、闻名古今中外的心学大师，正是在其志向的引领下才一步一步走向成功的。即便后来受到种种磨难，他也没有放弃。不只是王阳明，古往今来，每个有所成就的人物都为自己树立了远大的志向，告诉自己要去哪里，然后才向着目标努力奋斗。

班超是我国东汉时期杰出的军事家和外交家，他从小就胸怀大志，不拘小节。汉明帝永平五年（62 年），班超因哥哥被聘为校书郎，而随同母亲一起来到洛阳。因为他写得一手好字，便受官府的雇用，抄写文书，并以此谋生。为了将这份工作做好，班超每天天不亮就起床，晚上很晚才睡。

当时，北方的匈奴时常侵犯汉朝边境，班超特别愤慨；同时，他看到西域各国与汉朝的交往已断绝了五十多年，心中非常忧虑。有一天，他正在抄写文书，写着写着，突然觉得这份工作实在无聊，想到自己远大的志向，忍不住站起来，将笔狠狠地掷在地上说："大丈夫即便不能实现自己的理想，也应该像傅介子、张骞那样，为国家做贡献，怎么可以在这种抄抄写写的小事中浪费生命呢!"周围的人听了这话都笑他，班超回应说："凡夫俗子怎能理解志士仁人的襟怀呢?"于是，他决定"投笔从戎"，去干一番大事业。

后来，他成为一名将领，在对匈奴的战争中取得胜利。接着，朝廷采取他的建议，派他带着数十人出使西域，重新打通了丝绸之路。他也因此成为我国历史上杰出的外交家，名垂青史，万古流芳。

班超投笔从戎，建立了千秋功业，正在于他没有满足于抄抄写写，安稳度日的生活。他把自己的境界和志向提升到一定的高度，才做出了名垂青史的成就。可见，有明确的人生志向对一个人是何等重要。

王阳明认为："志不立，如无舵之舟，无衔之马，飘荡奔逸，终亦何所底乎?"北宋思想家程颢也说："治天下者必先立其志。"明代文学家冯梦龙也说："男人不展风云志，空负天生八尺躯。"宋代文学家苏轼也说："古之立大事者，不唯有超世之才，亦必有坚忍不拔之志。"法国古典作家拉罗什夫科曾说："一个人如果胸无大志，即使再有壮丽的举动也称不上伟人。"英国作家塞缪尔·迈尔斯也说："人若有志，万事可为。"由此可见，古今中外的成大事者都十分推崇志向对人生的引导作用。人生非常短暂，如果你想让自己的人生富有意义，不虚度光阴，就必须要立志，而且还要早立志、立大志。

坚持心之所想，最终将成为力之所及

王阳明作为宋明理学中"心学"的创始人，强调个人的主体意识和自主精神。他认为，立志就是心中念念不忘存天理。若时刻不忘存天理，久而久之心自然会凝聚在天理上，就像道家所说的"把凡胎修炼成圣胎"。如此将天理时刻铭记于心，逐渐达到宏大神圣的境界，也是从心中最初的意念不断坚持并发展下去。

"心之所想"虽然只是停留在脑海中的意识，看似虚无缥缈，却有着不可小觑的力量。王阳明所言的"念念存天理"，就是用我们的意念影响我们的思维。当心存念想时，就能做到心无旁骛、专心致志；倘若心无所思，则难以排除杂念，容易陷入胡思乱想之中。

"心之所想"的力量远不止于此。在奋力追求成功的人生道路上，"想"成功是必不可少的前提条件。缺少这份"心之所想"的动力，抑或受外界干扰而无法将之坚持到底，则难以发挥自身潜力，难以超越自我，挑战极限。

明朝后期是中国古代科学技术史上最灿烂辉煌的时期，此时出现了一位伟大的地理学家、探险家——徐霞客。

徐霞客自幼聪明好学，喜欢读历史、地理、游记之类的书籍，立志成人之后遍游国家的大好山川。

但是父亲去世后，老母亲无人照顾，徐霞客的游览计划被打断，终日闷闷不乐。母亲看出了他的心思，对他说："好男儿志在四方，哪能为我留在家里。"母亲的支持，坚定了徐霞客远游的决心。

徐霞客

徐霞客有了勇气和力量，便辞别母亲开始游历。他先后游历了太湖、洞庭湖、天台山、雁荡山、泰山、武夷山和北方的五台山、恒山等名胜，并且记录下了各地的奇风异俗和游历时的惊险经历。

几年后，母亲去世，徐霞客便把全部精力放在游历考察事业上。他跋山涉水，到过许多人迹罕至的地方，攀登悬崖峭壁，考察奇峰异洞。

在湖南茶陵，徐霞客听说这里有个深不可测的麻叶洞，便决心去探访。可当地人说洞里有神龙和妖精，没有法术的人不能进去。刚走到洞口，向导得知徐霞客不会法术，就吓跑了。徐霞客毫不动摇，独自手持火把进洞探险。当他游完岩洞出来的时候，等候在洞外的当地群众纷纷向他鞠躬跪拜，把他看成是有大法术的神人。

徐霞客白天考察，晚上就借着篝火记录当天的见闻。三十多年里，他走遍祖国南北，对曾走过的地方之地理、地质、地貌、水文、气候、植被做了深入细致的调查研究，并用日记体裁进行详细、科学的记录。徐霞客死后，他的笔记由他人整理而成闻名世界的《徐霞客游记》。

虽然很多人都心有所想，却很少有人为了愿望而坚持不懈地努力下去，也很少有人为了一个目标而坚定地执行下去，因为总是会受到来自外界的各种各样的干扰。我们每个人都向往成功，但是心有所想的同时还要排除外界的干扰，要在心里不断地提醒自己，让自己不断地朝着目标前进。虽然当我们想着"下次考试提高 20 分""一个月减肥 10 公斤""毕业后就要买房"的时候，自己都不太相信，因为这些都是身边无数人没能实现的目标。倘若就这样气馁了，放弃了，那我们距离成功将越来越遥远。我们要相信自己的心之所想，清楚地告诉自己想要的是什么，并为之而努力奋斗。只有时刻保持这种"想要"的念头，才能彻底抛开所有阻挠它实现的因素。

最后，我们会发现，所有的"我想"，都变成了"我要""我一定"。想都不敢想的事情，未必就是我们无法做到的事情。大胆地坚持心之所想，方知自己的潜力有多大。

不要在"心想事成"之前放弃最初的念想。成功不仅需要奋力拼搏，更需要一份坚持不懈的动力支持。坚持心之所想，最终将成为力之所及。

志不立，天下无可成之事

孟子说："天将降大任于斯人也，必先苦其心志，劳其筋骨，饿其体肤，空乏其身，行拂乱其所为，所以动心忍性，增益其所不能。"自古以来，凡欲做大事者必先立志，志不坚则事必难成。

王阳明作为一代大儒，对立志与人生的关系，有着独到的见解，他说：一个人若是想做出一番事业，首先要立志，否则就只会一事无成。不仅如此，即便是各种工匠技艺，也都是要靠着坚定的意志才能学成的。

确实如此。人们常说，一个人的理想往往决定了他的高度。燕雀焉知鸿鹄之志，鸿鹄是要像大鹏那样展翅翱翔于九天之高，尽收天下于眼中的；而燕雀不知道去千万里之远有何用，自然对能够触及榆树和枋树就已经心满意足了。如翱翔于九天之大鹏一般，王阳明从小便胸怀大志，要读书做圣贤之人。

有一次，年仅十二岁的王阳明在书馆里问他的老师："何为第一等事?"老师回答说："唯读书登第耳。"王阳明竟持着怀疑的态度反驳道："登第恐未为第一等事。"老师反问他什么才是人生的头等大事。王阳明说："读书学圣贤耳。"

"读书做圣贤"这样大的志向正是出自少年王阳明之口，他认为登第当状元只是外在的成功，而读书做圣贤是追求内在的修养，才能够永垂不朽。大人看来，王阳明这样的口气未免有些张狂，甚至和他的年纪一比较，还带着点滑稽可笑的味道。但是这崇高的志向，对王阳明以后的生活产生了深远的影响，在思考和实践的过程中，他常常以这为标准来回答和解决生活当中出现的问题。

只要有了高远的志向，那么无论想成就什么事业都有了可能，所以立志是十分重要的。王阳明作为一位洞悉心灵奥秘、响彻古今中外的心学大师正是在自己志向的带动下才一步一步走向成功的。即便后来受到种种磨难，他也没有放弃。不只是王阳明，古往今来，每个有所成就的人物在努力奋斗的同时都为自己树下远大的志向，告诉自己要去哪里。

班超是我国西汉时期杰出的军事家和外交家，他从小胸怀大志，不拘小节，但是对父母非常孝顺。汉明帝永平五年（公元 62 年），班超因哥哥被聘为校书郎，而随同母亲一起来到洛阳。因为他写得一手好字，便受官府的雇用，抄写文书，以此谋生。为了将这份工作做好，班超每天天不亮就起床，晚上直到很晚才睡。

当时，北方的匈奴时常侵犯汉朝边境，班超特别愤慨；同时，他又看到西域各国与汉朝的交往已断绝了五十多年，心中非常忧虑。有一天，他正在抄写文件的时候，写着写着，觉得这份工作实在无聊，想到自己远大的志向，忍不住站起来，将笔狠狠地掷在地上说："大丈夫即便不能实现自己的理想，也应该像傅介子、张骞那样，为国家的外交做贡献，以取得封侯，怎么可以在这种抄抄写写的小事中浪费生命呢！"周围的人听了这话都笑他，班超回应说："凡夫俗子怎能理解志士仁人的襟怀呢？"于是，他决定"投笔从戎"，去干一番大事业。

后来，他当上一名军官，在对匈奴的战争中取得胜利。接着，朝廷采取他的建议，派他带着数十人出使西域，重新打通了丝绸之路。他也由此成为我国历史上杰出的外交家，名垂青史，万古流芳。

班超投笔从戎，建立了千秋功业，正在于他没有满足于抄抄写写，安稳度日。他把自己的境界和志向提升到一定的高度，才能有名垂青史的成就。可见，人生的志向对一个人是何等重要。

"大丈夫四海为家""好男儿志在四方"，都说明了人们对于志向的一种追求。不要隅居于自己的狭小天地之中，做一只井底的青蛙，而应该走出去，看看外面的大千世界，去关注天下苍生，站在一个更高的立场去看待世间的万物，以一种更广阔的胸怀去面对自己的人生。只要在相信"天生我材必有用"的同时，努力使自己成为有用之才，那么远大的四方之志终会有实现的一天。

志当存高远，路从脚下行

王阳明和同辈人不一样，他从小立志要做圣人，也就是去探究宇宙人生的奥秘。为此，他习读百家书，曾遵从朱熹的"格物致知"去格万物，最后从陆九渊那里找到了圣人之道，还领悟出了"知行合一"的道理。

他的哲学，最后不仅可以用于政治——扳倒严嵩的徐阶就是受其影响；也可以用于军事，他自己就亲身平定了多次叛乱。一介文人，作战百无一失，在中国历史上是绝无仅有的，而他所做的，只是一直在修炼自己。但是火候到了，就如同鱼跃龙门，化身为龙，自由地游走在天地之间，无往而不利。

志向对于人来说，其实是未来行为举止的驱动力，没有志向的人如同旋转的陀螺，不知道停下的位置在哪里。正如先贤孔子所说的一般："志于道，据于德，依于仁，游于艺。"意思是说，将天地道义的实现作为自己终生奋斗的目标，然后用道德的标尺来约束自己，以仁义作为自己处世的原则，同时还要学习六艺来丰富生活的内容。道德之性、仁爱之心、六艺之才，是实现人生目标必不可少的条件。而其中最重要的前提便是树立高远的志向，以志向来引导前进的方向，才不至于在前行的道路上迷失自我，误入歧途。

秦朝丞相李斯年少时跟随荀子念书。由于家境贫寒，经常食不果腹。一日，李斯在厕所里看到粪坑中的老鼠，又小又瘦，一见到人就惊慌逃窜。过了几日，李斯去米仓盛米，看到一只在米仓中偷米吃的老鼠。这只老鼠又肥又大，见着李斯不但不逃跑，反而瞪着眼很神气地看着他。李斯觉得很奇怪：为什么厕所中的老鼠见着我就拼命地逃跑，而这只老鼠见着我不但不逃跑，反而还敢瞪我呢？

李斯陷入沉思，反复琢磨两只老鼠间的差异，终于悟出了一个道理：又小又瘦、见人就逃的老鼠，是没本事没靠山、被欺负惯了的老鼠；而又肥又大、见人不避的米仓老鼠，认为自己很有本事，很有靠山，所以敢见人不避，目空一切。李斯突然觉得，现在的自己就像厕所里的那只小老鼠，非常可怜。于是，李斯暗暗发誓：做人也要如此，要做就做米仓中的大老鼠，绝不做那可怜的粪坑老鼠，不但吃不饱，还备受欺负！

悟出这个道理之后，李斯便告诉荀子自己不读书了。荀子问他不读书要去做什么，李斯说要去游说诸侯，求得功名富贵。就这样，李斯半途荒废了学业，开始追求富贵功名。后来，李斯得到秦始皇的信任，当上了秦朝丞相。他在为人处世中处处奉行"老鼠哲学"——仰仗秦始皇的信任和自己的地位，打击陷害异己忠良，贪赃枉法，肆无忌惮。秦始皇死后，李斯便落了个遭人诬陷、满门抄斩的悲惨结局。

米仓中的老鼠激励着李斯立下了人生的大志，但是"老鼠哲学"却又让李斯一败涂地。"据于德，依于仁，游于艺"固然重要，但人生全部的努力及其方向，更多地源于我们确立的志向。志在顶峰的人不会永远龙游浅水，甘心做奴隶的人永远难成大器。只有志存高远，才能走出一条笔直的人生道路。王阳明亦有言："譬之树木，这诚孝之心便是根，许多条件便是枝叶。须先有根，然后有枝叶。不是先寻了枝叶，然后去种根。"确立志向之时，倘若其心不正，则容易失之偏颇，惨淡收场；其志不高，则容易碌碌无为，一事无成。

然而，高远的志向只是心之所向的念想，如何将之付诸实践呢？对于这个问题，不同的人会做出不同的选择。而最典型的莫过于"依于仁"，"游于艺"，抑或徘徊于二者之间。

苏轼与佛印出游，看到一个木匠在做墨盒，于是即兴对诗。佛印曰："吾有两间房，一间凭与转轮王，有时放出一线路，天下邪魔不敢当。"苏轼淡然一笑，对曰："吾有一张琴，五条丝弦藏在腹，有时将来马上弹，尽出天下无声曲。"

同样一根线，苏轼与佛印看出了不同的人生哲理。佛印说的是眼前所见的墨盒里的线，用的时候要拉出来，非常直，就像为人处世所坚持的原则和底线，天下邪魔看到他的正直都不敢靠近。他强调了一个端直的人品和操守对实现人生目标的重要性。再看苏轼所言：我也有丝弦，不过不像墨盒的线那样要拉出来，而是藏在我心中。苏轼用弹奏只有自己能够明白的天籁之音来比喻他的人生——追求自由自在的欢愉。

上述二人不同的人生态度分别代表了中国人格理想上的两个支点："仁"是嘈杂世界中生命自我选择与坚持的力量；而"艺"是令我们心神荡漾，触目生春的欢愉。这两点之于生活，就如阳光雨露之于草木，缺一不可。然而最为重要的，还在于"志于道"。王阳明高度强调道德的自我完成，在他看来，凡墙都可以是门，只有树立远大的抱负，循着高尚而伟大的理想之路从心头做起，才不至于鼠目寸光，荒废一生。

不搞偶像崇拜，只是做好自己

偶像崇拜自古有之，偶像的含义因时代的变迁而有所不同。就中国传统的儒学思想而言，更多的是比喻人心目中具有某种神秘力量的象征物。这种象征物，既可以是塑造成形的佛像，也可以是活生生的人物。就其本质而言，偶像具有供人仿效、提供精神力量的积极作用。然而，它也可能导致崇拜者自主意识的迷失。

我们崇拜偶像是为了给自己树立一个榜样，从而完善自我。在自我完善的过程中，来自外界的考验越严苛，我们进步的空间就越大。只有经受住严峻的考验，才能在千般折磨、万般痛苦之后"立地成佛"。被视为偶像之人，他们以自身的成就为世人树立了榜样，并非要压倒众人而独占鳌头，更希望的是后继之人大胆超越，有所创新。若在偶像崇拜的过程中迷失了自我，盲目模仿他人，将永远活在偶像的阴影中不得解脱。这样的人只剩躯壳，而埋没了一颗自由跳动的心。尤其是那些已逝的偶像，生前的丰功伟绩载于青史，更容易令人陷入其阴影之中而无法自拔。

王阳明所言"圣人与天地民物同体，儒、佛、老、庄皆我之用，是之谓大道"，指出圣人与天地万物、芸芸众生并没有本质上的区别，只要是适合自己的，都可以为我所用。因此，对于心中崇拜的偶像，我们可以借鉴其思想，而不应迷信其僵硬的躯体。盲目的偶像崇拜是成功路上的绊脚石，而有所选择、取其精华的偶像崇拜，才能铺平成功的人生之路，激发出于后世有益的人生智慧。这一点，几百年前的丹霞禅师就已参透。

一个寒冷的冬天，丹霞禅师四处云游，来到洛阳。一日，天空突然下起鹅毛大雪，丹霞禅师便走进附近的惠林寺避寒。天气实在太冷，丹霞禅师看到佛殿上供着很多木佛像，佛像前还供着香火。于是他毫不犹豫地拿起一个木佛像，将其点燃，生火取暖。

正在这时候，寺庙里的住持回来了。看到丹霞禅师在烧佛像，主持又惊又怒，立即大声斥责道："你这个和尚，疯了吗？竟然敢烧佛像！"

丹霞禅师用木杖拨了拨灰烬，慢条斯理地说道："我想烧了这木佛像之后，取它的舍利子。"

住持余怒未消："果真是个疯和尚，木佛像怎么会有舍利子？"

丹霞禅师淡淡一笑，平静地说："你也知道木佛像没有舍利子，那就让我再拿几个木佛像来烧吧！我实在太冷了！"

丹霞禅师对佛祖的尊敬不亚于寺庙的住持，却不因佛经的智慧而畏惧眼前的木佛像，敢于在寒冷的冬天用其生火取暖，适时地物尽其用，正是超越偶像的表现。

诚然，每个人的心中都或多或少地存在着几位令自己无比佩服、无比崇拜的偶像。在树立人生志向的时候，多以偶像为目标，为人处世也以偶像的作风为参照。这就容易忽略真正适合自己的人生方向，忘记了偶像所具备的不一定都适合自己，强行模仿只会适得其反。王阳明"格竹子"失败的事件就给我们一个很好的启示，他崇拜朱熹，认真钻研朱子学说的同时，还仿照朱熹提出的格物致知理论"格竹"，没有悟出万物的道理，反而落得一身病痛。这次体验，让王阳明对朱子学说产生了怀疑，为他走上自己的学术探索之路打下了基础。

王阳明讲"立志贵专一"，前提便是"于始生时删其繁枝"，"于始学时去夫外好"。因此，对于偶像，我们要取其精华、去其糟粕地欣赏、借鉴，以其作为我们学习的榜样，激发前进的斗志，实现智慧的解脱。绝不能过分地崇拜偶像，使自己的思想、行动以及丰富的创造力受到束缚，最终成为偶像的奴隶。

切莫好高骛远害了自己

在王阳明看来，后世儒生大多不明白圣人的学说，不知道在自己内心的良知良能上去体察扩充，反而去追求自己不了解的事物，去做自己不能做、做不好的事情，一味地好高骛远、爱慕虚荣。这就好像一个人不知道自己有桀、纣的心地，却动不动想要做尧、舜的事业，这怎么可能呢？这样的结果只能是一年到头忙忙碌碌直到老死，却不知道干了什么，这样的人真是可怜啊!

这其实是在告诫人们要有自知之明,在确立人生方向时不好高骛远,要量力而行,这样才不至于招致失败。

许多人在确定人生方向时高骛远,给自己定了异常远大、不切实际的目标,这不但违反自然规律,而且会使自己寸步难行,最后只会加深失望,加深挫折感。要知道每个人都有自己的极限,超过极限的事,是难以做成的。

在一座深山中有一座千年古刹,有一位高僧隐居在此。好多人慕名千里迢迢赶来寻找他,有的人想求大师指点迷津,有的人想向大师学一些武功。

他们到达深山的时候,发现大师正从山谷里挑水回来。他挑得不多,两只木桶里的水都没有装满。

按他们的想象,大师应该能够挑很大的桶,而且挑得满满的。

他们不解地问:"大师,这是什么道理?"

大师说:"挑水之道并不在于挑得多,而在于挑得够用。一味贪多,适得其反。"众人越发不解。大师从他们中拉出一个人,让他重新从山谷里打了两满桶水。那人挑得非常吃力,摇摇晃晃,没走几步,就跌倒在地,水全都洒了,那人的膝盖也摔破了。

"水洒了,岂不是还得回头重新打水吗?膝盖破了,走路艰难,岂不是比刚才挑得更少吗?"大师说。

"那么大师,请问具体挑多少,怎么估计呢?"

大师笑道:"你们看这个桶。"

众人望去，只见桶里画了一条线。

大师说："这条线是底线，水绝对不能高于这条线，高于这条线就超过了自己的能力和需要。起初还需要画一条线，挑的次数多了，就不用看那条线了，凭感觉就知道是多是少。这条线可以提醒我们，凡事要尽力而为，量力而行。"

众人又问："那么底线应该定多低呢？"

大师说："一般来说，越低越好，因为低的目标容易实现，人不容易受到挫伤，相反会培养起更大的兴趣和热情，长此以往，循序渐进，自然会挑得更多、挑得更稳。"

生活中，有许多人都像上文中那个打了两满桶水的人一样好高骛远、急功近利，结果往往事与愿违，很难达到目的。道理固然简单明了，但很少有人能够真正地理解和贯彻到自己的行动中去。只因大多数人都希望成为不平凡的人，他们梦想成功，希望自己的才华获得赏识、能力获得肯定，希望拥有名誉、地位、财富。遗憾的是，真正能做到的人，总是少数。因为，大多数人不能量力而行，总是在经意或不经意之间陷进了好高骛远的泥潭里。

很多时候，量力而行不仅需要量己之力，还要量时势之力。人们常说："时势造英雄。"也就是说人人都有成为英雄的潜质，但如果没有能够将人的能力推向极限，甚至是超出极限的环境，英雄也就是一个凡人。如果汉高祖刘邦不是生在一个动荡的时代，如果不是因为押送徒役去骊山的途中大多徒役逃散，刘邦也不会被逼起义，并最终打败项羽成立西汉王朝。要知道，在刘邦起义反秦前，人们都认为刘邦胸无大志，既不能治理商业，也不能下地干活，实在是一个十分普通的小人物。和刘邦相比，项羽可谓能力超强，却最终因未能抓住时机而战败自刎。由此可见，一个人的能力再强，如果他不懂得顺应时势做出改变，终究也成不了英雄。

人生如秤，对自己的评价轻了容易自卑，重了则容易自大；只有把握准确，才能实事求是、恰如其分地感知自我，完善自我。因此，我们在确定人生方向的时候，要时刻掂量自己，时刻认清自己是谁，时刻明白自己有几斤几两，有几分力量，不要过高估计自己的德行和力量，不可以好高骛远。量力而行，才能选对方向，获得成功。

持志如心痛

志向是什么？人人都知它是人们对未来美好的向往和追求。通常而论，人们这样或那样的想法，也可称之为志向，不过，人人的想法不一样，所以每个人的志向也就不一样。

农夫有农夫的志向，工人有工人的志向，君子有君子的志向，小人也有小人的志向。什么才是真正的、有意义的志向？王阳明说，学做圣人的志向是人生最有意义的志向，当你把"学做圣人"作为志向时，就一门心思去努力。一个真有志向、肯去实现志向的人，就如心脏被一根针扎着，一心只想着心上的痛，哪里有功夫去做别的？这就是"持志如心痛"。

在我们的生活中，想来就有两类人：一类是非常清楚自己该做什么的人，另一种是浑浑噩噩不知干什么的人。其实从生理学的角度来说，很多人都是清醒的人，能够为自己所确立的目标孜孜以求。但也有不少人没有明确的目标，他们的人生态度很暧昧，没有志向，甚至没有方向。

人生不是短暂的，所以不要只看着脚下，要给自己制定一个固定的目标。只有朝着确定的目标前进，才算是有意义的人生。

有志向和没志向对你的人生到底有什么区别，在下面这个故事中你可以找到答案。

一群年轻人准备从美国哈佛大学毕业了，临出校门时，哈佛心理学大师对他们进行了一次关于人生目标的调查。结果是这样的：27%的人没有目标，60%的人目标模糊，10%的人有清晰但比较短期的目标，只有3%的人，有清晰而长远的目标。

他们欢呼着离开哈佛，25年后，哈佛再次对这群学生进行了跟踪调查。这次的结果是这样的：3%的人，25年间他们朝着一个方向不懈努力，几乎都成为社会各界的成功人士，成就非凡，是行业领袖和社会精英；10%的人，他们的短期目标不断地实现，成为各个领域中的专业人士，属于中产阶级；60%的人，他们安稳地生活与工作，不算太好，但也没有坏到哪里去；剩下没有目标的27%的人，他们过得很不如意，并且有各种各样的抱怨，他人、社会、"不肯给他们机会"的世界都成了他们抱怨的对象。

我们从这个报告中得到了什么信息？

不错，他们之所以有如此大的区别，其实只是因为志向的有无和清晰度问题。

如果你想走上幸福的高岗，就必须立下志向，而且立下志向后，要百折不挠，九死不悔。就如王阳明所说的，时刻都如有一根钢针一样扎在你心上，让你无法从志向的道路上离开半步。

一个叫约翰·戈达尔的人在15岁那年就拟定了一个表格，他称为《一生的志愿》。上面列着他一生的志向：

到尼罗河、亚马孙河和刚果河探险；

登上珠穆朗玛峰、乞力马扎罗山和迈特荷恩山；

驾驭大象、骆驼、鸵鸟和野马；

探访马可·波罗和亚历山大一世走过的路；

主演一部电影；

驾驶飞行器起飞降落；

读完莎士比亚、柏拉图和亚里士多德的著作；

谱一部乐谱；

写一本书；

游览全世界的每一个国家；

结婚生子；

参观月球；

……

他的志向太多了，一共有 127 个。普通人会把这当成是难以实现的梦想，但约翰·戈达尔却老实地把它们编了号码，开始循序渐进地实行。

第二年，也就是他 16 岁那年，他和老爸到佐治亚州的奥克费诺基大沼泽和佛罗里达州的埃弗洛莱兹探险。从这时起，他按计划逐个地实现自己的目标。49 岁时，他已经完成了 127 个志向中的 106 个，还获得了一个探险家所能享有的荣誉。如今，约翰·戈达尔生活得很充实、很快乐，他依旧照着既定的目标前行着。有人曾问过他：100 多个志向，你是如何实现的？他回答：很简单，一个一个去实现就是了。

一个明确的志向、目标是我们人生获得幸福的根本。有位记者曾访问了几百个成功者，问他们有哪件事是他们今天已经懂得、但在年轻时却留下了遗憾的事情。在受访者的回答中，最多的一种是："希望在年轻时就有前辈告诉我、鼓励我去追寻自己的理想和志向。"

　　依王阳明心学"自尊""独立"的概念，志向不需要别人来指导。志向是你个人的事情，只有你自己才能为自己制定一个最合适的志向。

　　只有合适的志向（目标），才能使你到达幸福的彼岸。

　　在一条河边，几个垂钓者正在专心地看着水面，等着大鱼上钩。忽然，一位垂钓者竿子一扬，钓上了一条大鱼，足有三尺长，落在岸上后，仍腾跳不止。可是垂钓者却用脚踩着大鱼，解下鱼嘴内的钓钩，顺手将鱼丢进海里。其他的钓鱼者惊呼：这么大的鱼还不能令他满意，可见垂钓者雄心之大。

　　就在众人纳闷时，那位钓者鱼竿又是一扬，这次钓上的是一条两尺长的鱼，钓者仍是不看一眼，顺手扔进海里。第三次，那位钓者的鱼竿再次扬起，只见钓线末端钩着一条不到一尺长的小鱼。可使人吃惊的是，他居然将鱼解下，小心地放进自己的鱼篓中。

　　有钓鱼人问这位怪异的钓友"舍大而取小"的原因。

　　怪异钓鱼者笑着回答："因为我家最大的盘子只不过有一尺长，太大的鱼钓回去，盘子也装不下。"

　　可见，在人生的道路上，找到适合自己的目标非常重要。否则，你将永远会挣扎于不满的情绪之中。

　　确立目标固然重要，但是在向目标迈进的过程中，常常会遇到阻碍，因此，如何克服这种种障碍是达到目标的重要一环。正如王阳明所说，当那根针扎得人很难受时，很多人都会选择放弃，拔除钢针。

佛教史上的慧远禅师对此颇有感触。

慧远禅师年轻时喜欢四处云游。有一次，他遇到了一位大烟鬼，两人走了很长一段路后坐在河边休息。大烟鬼给了慧远禅师一袋烟，慧远禅师高兴地接受了行人的馈赠，然后他们就在那里谈话，由于谈得投机，那人便送给他一根烟管和一些烟草。

和那人分开后，慧远禅师忽然想到：烟这个东西让人心醉神迷，肯定会打扰我禅定，时间一长了一定恶习难改，还是趁早戒掉吧！于是他就把烟管和烟草都扔掉了。

几年后，慧远禅师又被《易经》迷上了，而且还学有所得，可后来他又转念一想："《易经》占卜固然准确，但如果我沉迷此道，怎么能够全心全意地参禅呢？"从此以后他再也没有接触过《周易》，甚至连想都没有想过。

再后来，他又迷上了书法，经过刻苦钻研，小有所成，得到了几个书法家的赞赏，但他又放弃了。理由是："我又偏离了自己的正道，再这样下去，我很有可能成为书法家，而成不了禅师了。"从此他一心禅悟，放弃了一切与禅无关的东西，终于成了一位禅宗大师。

为了成就目标而坚持不懈的精神是可贵的，也是令人敬佩的。当然，我们还要明白：一旦知道了自己的所为与目标相悖，便立刻改正，这是到达目标的最佳方法。

王阳明未创建心学时，就和慧远禅师有着同样的问题：

王阳明五岁时开口说话，就已对儒家经典倒背如流，虽然谈不上有独到见解，但至少他不讨厌儒家思想。八岁时，他突然对神仙之术产生了狂热兴趣。

十二岁到北京游览民族英雄于谦的庙时他又突然被于谦所吸引，转而跑到居庸关外去进行军事冒险，回到北京后他热情洋溢地写了一篇《平安策》，希望老爹能把它交给皇帝。

十三岁时，老娘去世，王阳明对生死有了翻天覆地的看法。他逐渐感觉到人生如此可厌，好不容易来到人世，却只有短暂的几十年，如果命运不公，十几年甚至是几年就终结了。这一负面情绪又让他重新拾起了神仙之术。如你所知，对神仙之术的饥渴让他跟一位老道士过了洞房花烛夜。

十八岁时他遇到大儒娄谅，这再度燃起他对儒家圣人的热情，但经过"格竹子事件"后，他认为朱熹的"格物"是错的；又因为科考失败，逼着他放弃了圣人之学，选择了辞章（写文章、诗歌）。二十一岁国考失败，他跑回老家搞了个龙泉山诗社。二十五岁国考又失败，他迅疾放弃了辞章，又回到骑射（军事）上来。

二十七岁，也就是中进士的前一年，他看到了朱熹给南宋第三任皇帝赵惇（宋光宗）的上书中有这样一句话："居敬持志，为读书之本；循序致精，为读书之法。"有志者立长志，无志者常立志。王阳明大梦方醒，再度回到儒学这座大山前。不过，他很快就被朱熹的"格物"搞得晕头转向，最后不得不悲叹一声：看来圣人之路还真不是我走的。于是，他又回到了神仙之术上了。

二十八岁，王阳明终于考中进士，这种选择性的焦虑才因为工作的原因暂时得到缓解。

多年以后，王阳明总结这段"选择"性焦虑症时说，自己沉溺于邪僻中达二十年。但在当时，他没有这样的觉悟。每一次的选择他都带着英雄气概和百死不回的意志，可当他放弃时，又会给自己找各种借口：放弃辞章之学，他说是虚文；放弃骑射兵法，他说英雄无用武之地；放弃道佛之术，他说道特别是佛有违人性。

关于这后一件，还有一个有趣的故事。三十二岁那年，王阳明在杭州闭关修炼，突然开悟，跑到虎跑寺"指点"一个和尚放弃佛门。当时他看到和尚闭眼闭嘴，突然就大喝："这和尚终日口巴巴说什么！终日眼睁睁看什么！"这一喝，很内行。老和尚被王阳明震得开了眼，也开了口。

王阳明问他："你家里还有什么人？"

和尚回答："母亲还在。"

王阳明问："想念她吗？"

和尚感叹："不能不想念。"

王阳明如同一位精神导师一样对和尚说："那就去你母亲身边思念吧。"第二天，和尚跟佛祖一刀两断。

在反复无常的选择中，王阳明得到了什么呢？其实什么都没有得到。因为用他自己的话来说，他总是在给自己扎钢针，而又总是很快就把钢针拔除了。

别忘了第一等事

王阳明说，人人都要确立目标，但这目标是做圣人，这是人生第一等事。一旦确立这个目标，就要狠下功夫，盯着目标，走到底。千万不要被别的目标抢了去，每天活在一大堆目标中，但是没有做圣人的目标，那就跟一块死肉一样，虚度人生了。

在王阳明眼中，人人都有良知，有良知的人只要好好致良知，那就是圣人。

遗憾的是，在现实生活中，我们很多人都没有树立这个目标，或者是树立了这个目标而没有坚持到底，在半路上被别的目标"谋杀"了。

有三只猎狗追赶一只土拨鼠，土拨鼠快速地钻进了一个树洞。这个树洞只有一个出口，三只猎狗蹲在洞口等土拨鼠，突然从树洞里钻出一只兔子，兔子飞快地向前跑，猎狗们调转头，追赶兔子。兔子仓皇之中爬上另一棵大树。但它没有在树上站稳，摔了下来，砸晕了正在树下垂涎的三只猎狗，最后，兔子逃脱了。

那么，现在问你，这个故事里有什么不对的地方吗？

当然有。比如：兔子不会爬树，一只兔子不可能同时砸晕三只猎狗。

但还有一点，可能你没有注意到：土拨鼠哪去了。

你也许这时才恍然大悟，实际上，你真的无法确定土拨鼠哪去了。它可能还在树洞里，也可能从树洞里逃走了。

而我们所以失去了对土拨鼠所在的追问，就是因为半路杀出了一个程咬金——那只兔子。我们的注意力全被兔子吸引过去了。

在通往人生终极目标（圣人之心）的过程中，很多人会被途中的细枝末节和一些毫无意义的琐事分散了精力，扰乱了视线，要么中途停下来，要么就是走上岔路，而放弃了自己的原始目标。

请千万别忘了时刻提醒自己：土拨鼠哪去了？自己心中的目标哪去了？

所谓圣人，无非是能随心支配自己生活的人，他们不为外物所累，不为心中的欲望所吸引。美国一位著名心理学家说：今天的人所以活得疲惫，心里很容易产生挫折感和种种焦虑，甚至不快，是因为他们心灵的迷失和被淹没在各种目标中。

孟子在他的书里讲了这样一个故事：

有两个学生拜弈秋为师学习下棋。其中一个学生每次都聚精会神地听弈秋讲解棋道；而别一个学生虽然很聪明，但上课时总是心不在焉，而且他的目标总是在变，今天想学下棋，明天又想学画画，后天又想做个厨子。

有一天，二人正在上课，有一群大雁从空中飞过。那个始终专心的学生连头都没有抬一下，浑然不觉。而心不在焉的那位虽然看着也像是在那里听，但心里却想着拿了箭去射大雁，突然就想到有一天要做一名出色的神射手。

专心是成功的基础

多年以后，那位专心致志的学生成了一名出色的棋手，而另一位却仍然在画家、棋手和厨子之间徘徊着，偶尔看到空中有鸟飞过，也会想到要做一名神射手。

人的迷失其实就是因为所要或所想的太多，而又不能一蹴而就地达到目标。这种想法毁了太多的人，他们总是目标多多，反而错过了许多近在眼前的景色，有意识或无意识地放弃了一些可以马上抓住的机会。

王阳明说，不能贪图达到别人所达到的目标，而要安于自己所应达到的目标。而这个应达到的目标就是做一个陕乐的人。

你应该有如下的问题来问自己：真正想要的是什么？什么才是你人生中最重要的？你的第一等事是什么？

慢慢地，你会发现，那些遥远的不切实际的东西会耽误你的行动，而那些离你最近的事物才是你的快乐所在。所以，请把精力集中在最能让你快乐的事情上，做一个生活中陕乐的"圣人"。

勿作结果想，心向过程中

王阳明心学是重过程而不重结果的一门学说。在心学中，人人都能成为圣人，但必须要每天坚持不懈地努力，才能达到如此结果。王阳明即使临死前，也不承认自己是圣人，只是说"此心光明"。王阳明认为，人生的意义其实在过程中，结果只是老天给的"附加战利品"。这正是"勿作结果想，心向过程中"的最好诠释。

立志用功成为圣人，正如种树。开始的时候发芽，然后有枝、有叶、有花、有果实，这是一个长时间的过程，每一步都要走得踏实，不要好高骛远。有枝时不要想着什么时候有叶，有叶的时候不要想着什么时候有花。空想没有任何意义，只要不忘记栽培之功，难道你还怕没有结果吗？

表面上看，王阳明是在重视结果，实际上，王阳明重视的是过程。这个过程才是人生最有意义之处。心学只是想告诉你，生命是一个过程，事业（圣人境界）是一种结果。只要你立志用功，就一定有结果。

最幸福的人生其实就是一个美好的过程，跟结果有关，但关系并不大。比如，鱼是"结果"，获取鱼的"过程"有很多：上街买、下河摸、撒网捞，但也有的人喜欢垂钓，其意不在鱼，而是垂钓的过程。

西方神话中有一个故事：西西弗是天上的神，但由于犯了错误，被宙斯罚到人间当囚徒，他所受到的惩罚就是每天把一块石头推上山，然后这块石头会自动滚下山，第二天他就得重新把它推上山。如此周而复始，永无尽头。他就那样日复一日地推石头上山，如我们每天清晨醒来上班、回家、睡觉、再上班一样。刚开始时，西西弗感到痛苦和绝望，但是后来，他推着推着就开始欣赏整个过程，因为就在推石头的过程中，他看遍了人间的美景，他对自己将要得到的结果不在意了。他惊讶地发现，推石头本身就是一种意义，所以他越推越快乐，最后感动了宙斯，取消了对他的处罚，他又重新回到天上。

西西弗的故事告诉我们：人生本来就是一个过程，只需要把这过程用真心去完成，自然会有美好的结果。

心学的最大妙用就在于过程，因为只要过程走得漂亮，结果是注定要来的。过程如何走好？要充满幸福地去走。如果我们每天都过得很快乐，加在一起就是快乐；如果每天都不快乐，加起来就是不快乐。所有快乐的过程加到一起的结果就是陕乐，所有不快乐的过程加到一起的结果就是不快乐。

不过，我们在生命中永远不可能只注重过程而不注重结果，这个世界也不可能只给你安排过程，不给你安排结果。如果你的生命没有结果，那就是一棵只开花不结果的树，尽管你的生活本身会非常快乐，但毕竟有遗憾。因为当你年老回忆时，你发现你的生活尽管陕乐，但却一片空白，没有留下任何痕迹，这时候你就会很难受。

所以，如果你为了一个事业目标已经竭尽全力，最后即使没有结果，这段经历也是最好的结果。如果你努力了，但最后失败了，跟你无关；如果你没有努力，最后失败了，那才是你的错。

其实也就是说，人活着就是一个过程，从一无所有、一无所知来到这个世界，到最后两眼一闭、两手空空离去，可谓生不带来、死不带去，活的就是过程。人生这趟旅程，最后一站全是死亡——"结果"可谓一样，所以要努力获得一个精彩的过程。有了精彩的过程，你终会发现，人生的意义就在于追求的过程中。

立大志，做大事

王阳明曾经对弟子说："你们在这里学习一定要立下做圣人的决心，每时每刻都要有一种'一棒打出一条伤痕，一掌打出一道血印'的精神，才能在听我讲学时，感到句句有力，印象深刻。如果整天糊糊涂涂地混日子，好似一块死肉一般，打也不知道痛，恐怕最终也学不到学问的精髓。回家后，还是只能把以前的老方法拿出来用，这样浪费时间，你们不觉得可惜吗？"

古语说得好："志不强者智不达。"法国军事家拿破仑也曾说："不想当将军的士兵不是好士兵。"据此可知，确立远大志向是走向成功至关重要的一环，有了目标才能奋斗，有了好的目标才能有好的收获。而只有把自己的志向和国家、民族连在一起，才称得上是大志；只有自己的国家独立了、富强了，个人才能实现自己的大志。

王阳明从小便胸怀大志，即要读书做圣贤之人。

一次，年仅12岁的王阳明在书馆里问他的老师："何为第一等事?"老师回答说："唯读书登第耳。"王阳明持着怀疑的态度反驳道："登第恐未为第一等事。"老师反问他什么才是人生的头等大事，王阳明说："读书学圣贤耳。"

王阳明在十二岁时便认为登第当状元只是外在的成功，而读书做圣贤则是追求内在的修养，才能够永垂不朽，才是第一等事。在大人们看来，年幼的王阳明有这样的口气未免有些张狂，甚至还带着点滑稽可笑的味道。但是这崇高的志向，对王阳明以后的人生产生了深远的影响，在思考和实践的过程中，他常常以此为标准来回答和解决生活中遇到的问题，并最终开创了心学。

纵观历史，凡成功者均会立长志，即立大志。岳飞，从小就立下"精忠报国"的志向，纵使英年早逝，也成就了尽忠国家的夙愿；周恩来总理从小立下"为中华之崛起而读书"的志向，并经过不懈的努力，成为一位卓越的领导人，为振兴中华献出了自己全部的精力。因此，我们每个人都应努力向上，树立远大的理想，并为之努力，让自己成为一个优秀的人。

一百多年前，在广东香山翠亨村的一棵大树下，一位老人正在给一群孩子讲太平军的故事。故事刚讲完，就有一个孩子站起来，攥紧拳头，称赞太平军首领洪秀全是反清大英雄，并发誓要做"洪秀全第二"。这个从小立志的孩子，就是后来推翻清王朝统治的同盟会的首领孙中山。

为了救国民于水火，孙中山联合反清志士，在檀香山组织了革命团体兴中会，建立了中国第一个资产阶级革命团体，大大推动了全国的资产阶级民主革命运动。

无数个孩子听过太平天国的故事，唯有少年孙中山提出了做"洪秀全第二"的梦想，并为之奋斗终生。他实现了这个理想，并大大超越了这个理想：洪秀全实现了皇权之梦却没有改变社会，而孙中山，为千年古国开创了一个崭新的时代。

如果你想要拥有一个充实的人生，就要像王阳明、孙中山等志士、伟人一样早立志、立大志。正如中国科学院吴传钧院士所说："人生短暂，工作为志，乐观为勤。不仅要早立志，而且要立大志，发愤图强，贯彻其中，必有收成。"

盲目的偶像崇拜是成功路上的绊脚石

王阳明曾经对学生徐爱说："子夏虔诚地相信圣人，曾子却反省探求自己。相信圣人固然不错，但远没有自己反省探求理解得深刻。你现在既然没有搞清楚，怎么能因循旧说，而不探求正确的答案呢？就拿朱熹来说，他也尊崇相信程子，但是他对心中不明白的地方，却从来不盲从。"由此可见，王阳明是不赞成人们过于崇拜圣人的，认为这样容易禁锢自己的头脑，在"因循旧说"中丧失自我思考的能力。

崇拜圣人，也就是所谓的"偶像崇拜"。偶像崇拜自古有之，但偶像的含义因时代的变迁而有所不同。就中国传统的儒学思想而言，更多的是指人们心目中具有某种神秘力量的象征物。这种象征物，既可以是塑造成形的佛像，也可以是活生生的人物。就其本质而言，偶像具有供人仿效、提供精神力量的积极作用。然而，它也可能导致崇拜者自主意识的迷失。

我们崇拜偶像是为了给自己树立一个榜样，从而完善自我。被视为偶像之人，他们以自身的成就为世人树立了榜样，并非要压倒众人而独占鳌头，而是希望后继之人大胆超越，有所创新。若在偶像崇拜的过程中迷失了自我，盲目模仿他人，将永远生活在偶像的阴影之中。

王阳明所言"圣人与天地民物同体，儒、佛、老、庄皆我之用，是之谓大道"，指出圣人与天地万物、芸芸众生并没有本质上的区别，只要是适合自己的，都可以为我所用。因此，对于心中崇拜的偶像，我们可以借鉴其思想，却不应盲目迷信他们。盲目的偶像崇拜是成功路上的绊脚石，而有所选择、取其精华的偶像崇拜，才能铺平成功的人生之路，激发出于后世有益的人生智慧。这一点，几百年前的丹霞禅师就已参透。

一个寒冷的冬天，丹霞禅师云游到洛阳。一日，天空突然下起了鹅毛大雪，丹霞禅师便走进附近的惠林寺避寒。天气实在太冷，丹霞禅师看到佛殿上供着很多木佛像，佛像前还供着香火。于是他毫不犹豫地拿起一个木佛像，将其点燃，生火取暖。

正在这时候，寺庙里的住持回来了。看到丹霞禅师在烧佛像，住持又惊又怒，立即大声斥责道："你这个和尚，疯了吗？竟然敢烧佛像！"

丹霞禅师用木杖拨了拨灰烬，慢条斯理地说道："我想烧了这木佛像之后，取它的舍利子。"

住持大怒："果真是个疯和尚，木佛像怎么会有舍利子？"

丹霞禅师淡淡一笑，平静地说："你也知道木佛像没有舍利子，那就让我再拿几个木佛像来烧吧！我实在太冷了！"

丹霞禅师对佛祖的尊敬不亚于寺庙的住持，却不因佛经的智慧而畏惧眼前的木佛像，敢于在寒冷的冬天用其生火取暖，适时地物尽其用，正是超越偶像的表现。

诚然，每个人的心中都或多或少地存在着几位令自己无比佩服、无比崇拜的偶像。在树立人生志向的时候，多以偶像为目标，为人处世则以偶像的作风为参照。这样做往往容易忽略真正适合自己的人生方向，要知道，偶像所具备的不一定都适合自己，盲目模仿只会适得其反。

王阳明"格竹子"失败的事件对我们来说就是一个很好的启示。他崇拜朱熹，认真钻研朱子学说的同时，还仿照朱熹提出的"格物致知"理论"格竹"，结果没有悟出竹子的道理，反而落得一身病痛。这次体验，让王阳明对朱子学说产生了疑惑，为他走上自己的学术探索之路打下了基础。

因此，对于圣人、偶像，我们要取其精华、去其糟粕地欣赏、借鉴，以其作为我们学习的榜样，激发前进的斗志，实现智慧的解脱。绝不能过分盲目地崇拜圣人，使自己的思想、行动以及丰富的创造力受到束缚，最终成为圣人思想下的心灵奴隶。

人只贵于自修

王阳明自创建心学后，就受到了很多人的毁谤。正如孔子还在世的时候，也有很多所谓的隐士咒骂孔子"四体不勤，五谷不分"一样，毁谤王阳明的人对王阳明也是极尽毁谤之能事。

有一天，王阳明问他的学生：自从剿灭宁王朱宸濠以来，天下人但凡知道我名字的，都在言语中对我冷嘲热讽，这是什么原因呢？

学生回答：这是因为老师您功勋卓著，他们羡慕嫉妒恨。

也有学生说：这是因为老师的学说已传遍天下，议论学说和学说的发明者本是常态。

更有学生说：王老师您的学生越来越多，由于个人资质的不同，所以学生们学到的东西也是五花八门，他们传播出去后，有好的也有不好的，于是让人对您的学说产生怀疑。

王阳明说：你们说的这些大概也是有的。但我自己内心体会到的，你们却没有说出来。

学生们问：是什么啊？

王阳明回答：未平定宁王时，我心中还有一些乡愿的意思在（所谓乡愿，就是指那些看似忠厚而实际上没有一点道德原则，只知道随波逐流、媚俗的人）。而我现在相信自己的良知，是就是，非就非，按照良知去做事，不拿腔作势，也不畏缩，按照良知的提醒，该做什么就做什么，该怎么做就怎么做。我现在是个狂者的胸怀，天下人看我是个了不起的样子，由于人人都不希望剐人鹤立鸡群，所以毁谤也就来了。

学生又问：老师的良知无所不能，何以不能避免毁谤呢？

王阳明回答：毁谤是外面来的，你如何能避免？

在今天，闲言闲语甚至谣言诽谤无处不在，无时不在。越是优秀的人物，就越难避免毁谤。梁启超写《李鸿章传》，第一句话就是"惟庸人无咎无誉"。换个角度来说，毁谤其实是件好事。

但凡是个优秀的人物，就无可避免地会受到毁谤的"拜访"，而毁谤的"拜访"也恰好证明了你是个优秀的人。

那么，既然无法避免毁谤，唯一的办法就是如何解决它。王阳明说："人只要注重自身修养，如果自己实实在在是个圣贤，纵然人们都毁谤他，也说不倒他。好比浮云蔽日，怎么能损害太阳的光明呢？可反过来，如果自己是个外貌端庄恭敬、内心空虚无德的人，纵然没有一个人说他坏话，他潜藏的恶总有一天会暴露。所以孟子说：'有意料不到的赞扬，也有过于苛刻的诋毁。'毁誉来自外面，怎么能逃避？只要能够修养自身，外来的毁誉又能怎样呢？"

　　自身的修养，靠的就是内心。只要我们修炼自己的内心，把良知上的乌云驱散，使良知本体发光发热，那么毁谤对于有良知的人而言，就不在话下了。

　　面对毁谤，王阳明的意思是不要去辩驳。辩驳的时候，其实是愈描愈黑。完全可以让他去说，他说累了，因为找不到目标，就像一个拳师出拳一样，每次都打到空气中，打累了，他也就没有兴趣去打了，毁谤自然就停止了。

　　正如王阳明所说，毁谤是外来的，原本不在我心上。如果你做到心外无事，那么毁谤就找不到目标，处处扑空，其实也就是毁谤者本人在那里自娱自乐。

　　网络上有句话说，毁谤就是血口喷人，是否能喷到别人还说不准，但之前肯定是自己含了口腥血。希腊民谚说，毁谤就是仰头向天吐口水，口水总会落下来，污了别人的同时也污了自己。

　　王阳明说，天下一切问题其实都是心的问题，如果你的心不想有问题，那就没有问题。在用心处理毁谤时，还能在刻苦的修行中得到益处。

下面我们来看一个世俗的例子：

曾任微软公司中国区总经理的吴士宏女士，最开始在 IBM 公司只是一个负责打扫卫生、沏沏茶、倒倒水，以及干各种勤杂活的底层工作人员。当时她虽然自卑，却也很满足，因为这毕竟解决了生计问题。

因为只是不起眼的勤杂员，公司的职员根本拿她不当回事，连门卫都故意要检查她的外企工作证来为难她，一些资格老的职员更是把她当作是个小奴隶。

吴士宏对此并未放在心上，因为别人的歧视是外来的，你无法改变，只能以刻苦的修心来面对。但有一次，一个元老级的女职员非常恼火地发现，她冲好的咖啡多次被人偷喝。大概是出于刻板的印象，她立即怀疑是地位低下、负责沏茶倒水的吴士宏所为。

她跑到正在打扫卫生的吴士宏面前，冷冷地说："拜托你，喝过咖啡后，请帮我盖上盖子！这是基本的礼貌，明白？"

吴士宏听到这句话，气得浑身发抖。因为这是对她人格的侮辱，是一种最恶毒的毁谤。她咬牙暗暗发誓，总有一天，她要高高在上，让所有的人都对她刮目相看。

从此，吴士宏每天都要比别人多付出 6 个小时来工作和学习，因为她知道只有通过努力，才能改变这种无端遭受别人侮辱的现状。最后，她终于成了 IBM 公司华南区的总经理，后来又成了微软公司中国区的总经理。

也许这就是王阳明所说的"立志"，立"成为圣人"之志。但立下志向，必须要从心上去刻苦实践。付出总有回报，这是千古不变的真理。

王阳明说，如果你能修行成为圣贤，就是有毁谤来了，也损你不着。

相反，毁谤能造成一种心境，能震撼你的灵魂深处，促使你去改变自己、完善自己，从而将自身的潜力最大限度地发挥出来，成就一番事业。

所以毁谤没有什么可怕的，对那些恶意中伤、侮辱你的言语和行为，你要把它当作是外来的一种激励物。王阳明说，圣人就要万物皆备于我。好的言语正面激励我，恶的言语反面激励我。只要自己做好了，毁谤不过是一片转瞬即逝的乌云。

王阳明还说，如果你不在心上求解决方法，而只是以毒攻毒，每天都对毁谤接招拆招，那只会害了你自己。这样的人，即使没有毁谤来袭，他也不是个内心强大的人，总有一天会陷入痛苦的深渊而无法自拔。

做个有"心"人

依王阳明的话，"心"不只是人身上的一个器官，也不是一个简单的思考工具，而是一件其效如神的法宝。"心"包含了天地间一切事物的条理，能贯通天下之事的千变万化。不过，"心"虽然有如此神效，却并非是我们通常意义上的"无所不知"。

他的学生郑朝朔问："最高的善应该是从事上学得的吧？"

王阳明回答："只要你把心塑造成天理一般，心本身就能获得最高的善，你去事上求什么？你举几个例子我看看。"

郑朝朔说："比如孝顺父母，就有许多礼节，这些礼节总该去刻苦学习吧。"

王阳明说："如果单纯讲这些孝顺父母的礼节，一二日就能讲完，还用什么刻苦学习啊。只要你心中有孝顺父母这个天理在，这些外在的礼数自然而然就会了。如果只是在礼节上讲究，那只是戏子演戏，就是演得再好，也不是从内心发出的，难道是最高的善吗？"

王阳明的意思很简单：所有表现出来的温良恭俭让等种种美德，如果不是发自内心，那就是假的，是做给别人看的。也就是说，内心所具备的动机是善，人自然就能发挥能动性，做出无限的善事来。如果动机不纯，外表再好看，也没有用。推而广之，当我们在生活中遇到任何事情时，先要从内心深处去面对它，而不是流于表面，只要用心来面对，你的生活将不再是死水一潭。

其实，从某个角度来说，心学就是一门用心的学说。王阳明告诉我们，一切问题都能在心上得到解决，也就是说，只要你用心，世界上就没有解决不了的问题。

有个擦鞋的年轻人特别喜欢用心来做事，来思考。在工作时，他很注意倾听顾客的谈话，有很多次，他都听到一些黑人朋友在谈到自己的头发时，总是带着憧憬的心情说："如果我的头发能变直该多好啊！"

说者无心，听者有意，年轻人开始琢磨起黑人的头发如何变直的问题来。但这个问题不是他的能力所能解决的。年轻人是这样用心的：当他给客人擦鞋时，总是客气地问人家的职业。

终于有一天，年轻人得到了这样的回答：我是化学家。

年轻人就问：化学家是做什么的？

客人回答：调配一些东西。

年轻人又问：那您认为您可以调配一种东西让黑人的头发变直吗？

这名是化学家的客人瞅了一眼年轻人，说：可以试试。

不久，那名化学家又上门来擦鞋，还带来了一小瓶液体，他对年轻人说，找个你的黑人朋友，把这液体抹在头发上，看看效果。晚上，年轻人就找到一位黑人朋友，把液体抹到了朋友的头发上，奇迹出现了，黑人兄弟的头发变直了！

年轻人急忙找到那名化学家，两人联手销售这种液体，向一些理发店、商店推销，后来又成立了一个专门销售这种液体的公司，二人赚得盆满钵满，从此命运为之改变。

人人都想成功，但却不知道从何入手。其实，成功的捷径就藏在我们每天的生活中，找到这条捷径的方法只有一个，那就是：做个有心人。

记住，这个世界不是有权人的，也不是有钱人的，而是有心人的。

心上用功，就是成功

即使是最平庸的人，也希望有一天能成为人人景仰的圣人。这是因为圣人近乎神仙，无所不能。可是，即使是才智最杰出的人也没有心情去当圣人，因为在他们看来，通往圣人的道路是艰辛可怖的，需要刻苦的修炼，需要不食人间烟火，尤为重要的是，圣人既然是圣人，就不能为自己谋取私利，只能为公于天下。这对于多数人而言，实在是一件难事。

王阳明却说，其实所谓圣人，他们也不过是心里只有天理，而没有人欲夹杂。他举的几个人物诸如伯夷、伊尹和孔子，就都是这样的人。这样的人就好比是百分之百的纯金，之所以称它们为纯金，是因为它们的成色足而没有铜铅等杂质。也就是说，任何一个人，如果心里纯净，全都是天理，那就与圣人无二了。

怎么才能成为圣人？其实很简单，只要肯学，只要此心去人欲、存天理，就是圣人了。

不过，他又说，孔子这样的大圣人能做出惊天动地的大事业，而普通的圣人做不出来，这说明圣人之间还是有才力的不同。假设普通人的金子是一两，那么孔子那块金子就有一吨重。但是，两种金子虽然重量不一，可在成色上都是一样纯，本质却是一样的。所以说，人人都可以成为尧舜，人人都可以成为圣人。

实际上，王阳明所谓的圣人，在今天的语境下叙述，无非就是那些才华横溢、有钱有势的人。在明王朝，人们羡慕圣人和今天我们许多人羡慕富豪是同一的道理。

其实，成圣与才能无关，与财富无关，与权势更没有关系，只与你的内心有关。拥有富可敌国的财富未必就幸福；才华横溢的人往往都怀才不遇；权势更是靠不住，稍有风吹草动，可能就灰飞烟灭。钱财可能会失去，权势可能会被抢去，只有我们的内心最靠得住，只要你不放手，任何人都抢不走，也没有办法抢走。所以任何人，只要肯在内心上用功，即使你生活在最底层，也能成为圣人。

王阳明的弟子从街上回来后，说，我看满街都是圣人。王阳明回答他，你看满街都是圣人，满街人看你也是圣人。

只要在自己心上用功，人人都是圣人。也就是说，在人格上大家都是平等的。不是说你有钱有势，你就高人一等；而有些人是平民，所以就是低贱的。这都是不对的。人的高低贵贱只在个人的内心修养上来看，只要你把本属于你的那块金子锻造得纯粹，你就是高贵的。

当然，王阳明同时也指出，由于人的先天气质和禀赋不同，有上智和下愚的区分，上智的修心的速度很快，而下愚的就要付出更大的努力才能做到。但不管你是上智还是下愚，只要肯用功在心上修行，就必然能达到"纯金"的境界。

但理论和现实往往都是背道而驰的，现实中很多人一味地追逐名利、财富，以为有了这些就能彰显自己的"圣人"形象，这就如有些人看到别人的黄金重量巨大，不在自己这块黄金上下功夫，让它纯粹，却把铜、铁等杂质拉到自己的黄金里面来，结果锻造出来的黄金的确重了，可全是杂质，已经不纯了。

即使如知识本身，也同样如此。知识越多的人越有可能会不知足，更因为学无止境，所以拼命在追求知识，却忽视了要在内心存天理。所以知识越多，就越有能力去做助长人欲的坏事；才能越大，欲望就越强。每天都让心灵不停地忙碌，自然也就离幸福越来越远。

王阳明说，圣人并不是要做很多事，做的事越多，你的内心越忙碌，忽视了本身"黄金"的纯粹，换来的却是铜铁混杂的不纯的黄金。内心的不纯，注定了你离幸福越来越远。所以，放下一切不必要的，只在内心上修炼，你就是幸福的"圣人"。

圣人和贵人都是自己

王阳明十八岁之时，于江西成亲后同夫人回老家途中拜访了娄谅先生。娄先生十分欣赏王阳明，并且告诫他：必须通过学习才能达到圣人的境界。这句话王阳明深深记在了心底。它不仅坚定了王阳明成圣的志向，还让他得出了一条成圣的标准：只有通过自身不断地努力，读书和实践，最终达到一定的程度和境界，才会实现成圣的愿望。

自古以来，圣人指点迷津、贵人相助成功的典故比比皆是，备受推崇。每个人都期望如王阳明遇到娄谅先生的点拨一样，在迷茫时能够得到圣人的指点，在困境中能够得到贵人相助。然而圣人的指点往往并不明朗，仍需要自己去琢磨推敲；贵人的帮助更不是无条件的，或是看中你的才华横溢，或是看中你的八面玲珑，即便是看中你天生的敦厚正直，也需要靠自己的努力去积累、去创造。

"必须通过学习才能达到圣人的境界"。实际上，真正的圣人和贵人，并不是伟人、神佛抑或他人，而是个人自己。在做学问方面，王阳明认为，虽然做学问也需要老师的指点教化，但始终不如自己去探究来得彻底。为人处世方面，只有自己肯上进，不断完善自我，关键时刻充分发挥自己的能力，才有可能青云直上，闯出一片蓝天。历史上诸多求人不如求己的故事，也说明了在任何时候都必须看重自己的能力，而不是依赖他人的提携和帮助。

一书生在屋檐下躲雨，看见观世音菩萨撑着伞走过，便说："菩萨，普度一下众生吧，带我一程如何？"观世音菩萨说："我在雨里，你在屋檐下，而檐下无雨，你无须我度啊。"书生立刻走出屋檐，站在雨中说："现在我也在雨中，该度我了吧？"观世音菩萨说："你在雨中，我也在雨中，我不被淋雨，是因为我有伞，你被雨淋是因为你没有伞。所以不是我度你，是伞度你。你要想得度，请找伞去！"说完就走了。

第二天，书生又遇到了难事，便去庙里求菩萨。走进庙里，发现现世音菩萨像前也有一个人在跪拜，那个人长得和观世音菩萨一模一样，丝毫不差。书生很惊讶，问他："你真是观世音菩萨吗？"那个人说："我就是。"书生又问："那你为什么还自己拜自己呢？"观世音菩萨笑道："我也遇到了难事，但我知道，求人不如求己啊！"

学佛之人，更多的是自我修行。禅者大都有放眼天下，舍我其谁的气概，力求"自修自悟""自食其力"。王阳明曾在回答学生提问时说道："子夏笃信圣人，曾子反求诸己。笃信固亦是，然不如反求之切。今既不得于心，安可狃于旧闻，不求是当？"他认为，相信圣人固然没错，但不如自己反省探究来得真切。如果自己心里都没有搞清楚，又怎么可以因循守旧，而不去自己探究正确的答案呢？学佛之人如此，做学问如此，世人同样如此。

无论是神佛还是圣人，都是人们精神上的寄托和强大的动力，但失去了他们，人生并不会由此走向暗淡；贵人相助固然能够令人一夜成名甚至功成名就，但没有他们的帮助，有志者同样能够凭借自己的力量获得成功。圣人和贵人指出的捷径并不意味着一片坦途，有时可能会扼杀个人潜能和创造性思维。真正能够帮助自己的，还是自己。此所谓"天助自助者"。

道理虽然浅显，但往往只有少数人才能彻悟。孔子便是少数深谙此理的人之一。在面对士大夫的刁难时，他能够轻松地以此向对方还以颜色。

卫国的王孙贾曾问孔子："与其向比较尊贵的祭祀场所'奥'祈祷保佑，不如向并不尊贵但作为五祀之一的'灶神'祈祷保佑，这是什么意思？"

孔子曰："此言差矣。如果犯了滔天大罪，向什么神祈祷也没用了。"

王孙贾想要告诉孔子，他与其跟各国诸侯往来，不如来拜访他们这些士大夫，祈求他们在君王面前替他说几句好话！孔子却认为，一个人若真的做了坏事，那他怎样祷告都没有用，任何菩萨都不能保佑他。言下之意就是他不需要那些王孙贵胄帮腔求情，因为自己没有做错事，君子坦荡荡，无愧于心。

现代社会，个人的发展受诸多因素的影响，社交网络、家庭背景在求职创业的过程中发挥了重要作用，几乎成为官场、职场的潜规则。"求人不如求己"的古训则略显乏力。即便如此，也应如王阳明所言："笃信固亦是，然不如反求之切。"个人的成功应从完善自身入手，不断地主动创造条件使自己在他人心目中留下深刻印象，而不是寄希望于他人偶然间对自己的青睐。即便是上天的眷顾，也只会降临在有准备的人身上。

心之所想，力之所及

王阳明作为宋明道学中"心学"一派的代表人物，强调个人的主体意识和自主精神。他认为，只要心中念念不忘存天理，就是立志。能不忘记这一点，久而久之心自然会凝聚在天理上，就像道家所说的"把凡胎修炼成圣胎"。如此将天理时刻铭记于心，逐渐达到宏大神圣的境界，正是从心中最初的意念不断坚持并发展下去的。

"心之所想"虽然只是停留在脑海中的意识，看似虚无缥缈，却有着不可小觑的力量。王阳明所言的"念念存天理"，就是用我们的意念影响我们的思维。当心存念想时，才能做到心无旁骛、专心致志；倘若心无所思，则难以排除杂念，陷入胡思乱想之中。

"心之所想"的力量远不止于此。在奋力追求成功的人生道路上，"想"成功是必不可少的前提条件。缺少这份"心之所想"的动力，抑或受外界干扰而无法将之坚持到底，则难以发挥潜在的能力，难以超越自我，挑战极限。

明朝后期是中国古代科学技术史上最灿烂辉煌的一段时间。此时出现了一位伟大的地理学家、探险家——徐霞客。

徐霞客自幼聪明好学，喜欢读历史、地理、游记之类的书籍，立志成人之后遍游国家的大好山川。

但是父亲去世后，老母无人照顾，徐霞客的游览计划被打断，终日闷闷不乐。母亲看出了他的心思，对他说："男儿志在四方，哪能为我留在家里。"母亲的支持，坚定了徐霞客远游的决心。

徐霞客有了勇气和力量，便辞别母亲游历他乡了。他先后游历了太湖、洞庭湖、天台山、雁荡山、泰山、武夷山和北方的五台山、恒山等名胜，并且记录下了各地的奇风异俗和游历中的惊险情景。

几年后，徐母去世，徐霞客把他的全部精力都放在游历考察事业上。他跋山涉水，到过许多人迹罕至的地方，攀登悬崖峭壁，考察奇峰异洞。

在湖南茶陵，徐霞客听说这里有个深不可测的麻叶洞，便决心去探访。可当地人说洞里有神龙和妖精，没有法术的人不能进去。刚走到洞口，向导得知徐霞客不会法术，就吓得跑了出去。徐霞客毫不动摇，独自手持火把进洞探险。当他游完岩洞出来的时候，等候在洞外的当地群众纷纷向他鞠躬跪拜，把他看成是有大法术的神人。

徐霞客白天进行实地考察，晚上就借着篝火记录当天的见闻。三十多年里，他走遍祖国南北，对曾走过的地方之地理、地质、地貌、水文、气候、植物做了深入细致的调查研究，并用日记体裁进行了详细、科学的记录。就是在这种环境中，他写下了闻名世界的《徐霞客游记》。

很多人虽然都心有所想，却很少有人为了愿望而坚持不懈地努力下去，也很少有人为了一个目标而坚定地执行下去。因为总是会有来自外界各种各样的干扰。我们每个人都向往成功，但是心有所想的同时需要排除外界的干扰，需要在心里不断地提醒自己，不断地想着朝目标前进。虽然当我们想着"下次考试提高二十分""一个月减肥十公斤""毕业后就要买房"的时候，自己都不太相信，因为身边已经有无数人这么想，却同样有无数人无法实现。倘若就这样气馁了，放弃了，那我们距离成功将越来越遥远。相反，要相信自己的心之所想，清楚地告诉自己想要的是什么，并为之而努力奋斗。只有时刻保持这种"想要"的念头，才能彻底抛开所有阻挠它实现的因素。最后我们会发现，所有的"我想"，都变成了"我要""我一定"。想都不敢想的事情，未必就是我们无法做到的事情。大胆地坚持心之所想，方知自己的潜力有多大。

正如放风筝。风筝能飞多远，关键在于手中的线有多长。如果线断了，再好的风筝也飞不起来。我们想要成功的心，就是牵着风筝的线，不要让线在风筝飞上云端之前断掉，更不要在"心想事成"之前放弃最初的念想。成功不仅需要奋力拼搏，更需要一份坚持不懈的动力支持。坚持心之所想，最终将成为力之所及。

三、活出狂者胸襟

志存高远、行不掩言、富于进取、率性而动，是儒家传统的现实人格理想。推崇儒学的王阳明正是以此为准则，才无惧世人对他的毁誉，坦然面对政治生涯中的跌宕起伏，笑对生活的贫贱富贵，从而活出了难能可贵的狂者胸次。

狂者气象：无所畏惧，敢作敢为

王阳明曾经对弟子祖露心声说："我在来南京以前，尚有一些当老好人的想法。但是现在，我确切地明白了良知的是非，只管行动，再不用有什么隐藏。现在我才真正有了敢作敢为的胸襟。即便天下人都说我言行不符，那也毫无关系了。"

弟子薛尚谦不由赞叹道："先生有这样的信念，才是圣人的真血脉啊！"

无所畏惧，敢作敢为，活得轻松洒脱，这正是王阳明所推崇的狂者胸次。王阳明的狂者胸次不仅体现在"以成圣为第一等事"的远大抱负上，也体现在他政治上对权贵的蔑视，学术上对权威（正统理学）的挑战。圣狂交融，使之有别于正统理学所津津乐道的所谓醇儒。圣人之境内含着庙堂的取向，而狂者气象则可以引向山林中的洒脱。在王阳明思想的深层，确乎交织着庙堂与山林二重情结，他有很强的入世意识，其一生的大部分时光，都是在经世实践中度过的；但同时又一再流露出对青山幽林的眷恋，正如他自己所说："我亦爱山仍恋官，同是乾坤避人者。"也正是因为这份轻松洒脱的狂者胸次，才使得王阳明的心不为自己跌宕起伏的政治生涯所困扰，才使得他能专心修养自己的心性，全心全意"致良知"，故而才能既成为历史上有名的军事家，保护人民生活安宁；又成为心学的开山祖师，帮助人们获得心灵上的安宁、喜悦。

王阳明之所以能够活得轻松自在、超越、洒脱，是因为他心里不树立任何概念，当事情发生的时候，他就事论事，对这件事不赋予他个人的特性和思想色彩，不带有自己的思想观点。事情来了就安住在事情上，和事情融为一体，去面对它，处理它；处理完了，就安住在空明的觉知上，最终超越它。也就是所谓的"有事就借事练心，无事就借境练心"，这个"境"指的是内在心灵的境界，比如境界来了自己是否有所动？比如恐惧、欢喜，等等，看自己的念头是如何起，从哪里起，如何动，又到哪里去。凡夫是"除境不修心"，圣人是"修心不除境"。

从细微处来说，要想活得轻松洒脱，最好的办法就是不问琐事，不为琐事所扰。

牛弘，隋朝大臣，字里仁。他不但学术精湛，位高权重，而且性情温和，宽厚恭俭。牛弘有个弟弟牛弼，他不像哥哥那么谨言慎行。一次牛弼喝醉了酒，竟把牛弘驾车用的一头牛射死了。牛弘刚到家，其妻就迎上去给他说："小叔子把牛射死了！"牛弘听了，不以为意，轻描淡写地说："那就制成牛肉干好了。"待牛弘坐定后，其妻又提此事说："小叔子把牛射死了！"显得非常着急，认为是件大事，不料牛弘随口又说："已经知道了。"他若无其事，继续读自己的书，其妻只好不再说什么。

明代著名作家冯梦龙评点此事说："冷然一句话扫却了妇道人家将来多少唇舌。"想要摆脱琐事带来的烦恼，最好的办法就是放宽心胸，如牛弘一样，不问"闺"中琐碎之事。

牛弘

人生的烦恼多半是自己寻来的，而且大多数人习惯把琐碎的小事放大。其实，"月有阴晴圆缺，人有悲欢离合"，自然的威力，人生的得失，都没有必要太过计较，太较真了就容易受其影响。因此人们才说魔鬼不在心外，而在自己心中。就像王阳明说的："擒山中之贼易，捉心中之贼难。"这样看来，敌人就在自己心里，自己的烦恼痛苦也就是自己的心魔，能将其降伏者，也只有我们自己。你如果能降伏心中的魔鬼，自然能像王阳明那样活出轻松洒脱的"狂者胸次"。

要有"慎独"的能力

我们总能见到这样一种人，特别是年轻人，他们不知道自己究竟该追求什么。这些人从小到大，学习成绩优秀，得到了无尽的宠爱和赞赏。家长或者是老师已经为他们安排好了一切，他们只要听话就好，所以多年来自己的一切，包括上什么大学、学什么专业、将来找什么工作、要不要交朋友等等人生问题，都是父母、长辈、老师们替自己设计好了的，自己也已习惯过这种顺水推舟的生活。然而，长此以往，当生活中出现矛盾，必须由自己做出抉择时，他们就傻眼了。

原因很简单，我们先来看《传习录》上的一段问答：

王阳明的一位学生以佛家的方式给众人演示，举一根手指问："你们看见了吗?"

大家齐声说："看见啦!"

他再把手缩进袖子中举手问大家："你们还能看见吗?"

大家都说："看不见!"

这人就说："按佛家的说法，你们还没有认识到一切众生普具的佛性。"然后他问王阳明："我不明白这是什么意思。"

王阳明回答："手指有时能看见，有时看不见。你所谓的认识到一切众生普具的佛性主要在于人的心神，只是在可以看见可以听见的地方说事，而不在听不到见不着的方面用功。其实呢，听不见看不着之处，才是良知的本体，'戒慎乎其所不睹，恐惧乎其所不闻'才是致良知的功夫。儒家学者能够时时刻刻看见其眼睛看不见的、听到其耳朵所听不着的，功夫才真正有了落实。时间久，功夫圆熟，习惯成了自然，则无须刻意也无须防范，真人性自然生生不息，哪会以外在的所闻所见为累呀!"

王阳明洋洋洒洒说了这么多，但中心思想其实只有一个，就是要我们"慎独"，因为只有"慎独"，才能锻造我们内心的那一点灵明（良知）。"慎独"要求我们要时刻高度警惕每一个念头、每一个行为，尤其是当它们还处在隐微幽暗之地、不为他人所知之时，就要及时加以制止，不可掉以轻心。

　　问题是，许多年轻人从小到大都是在别人的安排下度日，平时很少孤身独处、独自面对，按王阳明的说法，他们很少对自己的内心世界作认真、细致的反省。他们只看到家长为他们安排的人生路还不错，所以根本看不到自己的人生路背后的玄机。而这一玄机就是佛的那根指头。

　　指头是永远都在的，无论它是显现着还是被藏了起来，这正如我们的人生路。当我们被别人安排人生路时，我们看到指头在；可当没有被人安排时，我们就茫然无措，看不见指头，也就看不见人生路了。用佛的话说，这就是没有见性。

　　想要见性，想要走一条好的人生路，必须要亲自动手、亲自思考、亲自实践，尤其是在独处时思考、反省。

　　《菜根谭》中说：闲中不放过，忙中有受用；静中不落空，动中有受用；暗中不欺隐，明中有受用。

　　这段话告诉我们：有了闲暇时间不虚度光阴，而是静坐修身，忙起来时会体会到它的好处。这叫"闲中不放过，忙中有受用"。一个人安静下来时不无所事事，而是调整心态，遇事时将能更加从容自如。这叫"静中不落空，动中有受用"。当你有机会利用职务、权力之便占人便宜，而不会被人发觉时，你会做吗？在无人知晓的幽暗角落，不顺手牵羊做坏事，这叫作"暗中不欺隐"。这样的人才是如王阳明所说的有良知的人，也是能在现实生活中知行合一的人。

吾性自足，不须外求

　　1508 年，王阳明因得罪刘瑾而被发配到贵州龙场驿站担任站长，史料记载说，当时那里几乎还处在史前时代，原始森林遮天蔽日，猛兽毒蛇横行，语言不通。王阳明几乎是处在叫天天不应、叫地地不灵的绝望境地。由于他是发配的罪犯，虽然美其名曰驿站站长，不过按法律规定，他不能住在驿站里。他只能在驿站附近重新构建房屋。没有人能帮助他，他只有自己动手，才能勉强糊口，他发现对于自己这样一个知识分子而言，这样的境地真是生不如死。

绝境往往能让人产生难以置信的力量和匪夷所思的心灵突破，正是在这艰苦的环境中，王阳明的心境发生了变化。他常常思索这样一个问题：如果是圣人处此，会有什么方法渡过难关？也许正是这种思路和心态的转变，让王阳明在原始森林中坚强地活了下来。

突然有一天，他悟透多年来钻研的理学真谛，在睡梦中大喊大叫，说："圣人之道，吾性自足，不必外求。"这就是中国思想史上惊天动地的一幕——心学诞生时动人心魄的情景。

王阳明终于悟透了千百年来儒家知识分子谈论的"格物致知"——其实只是心灵的自我拯救。世界上没有任何一种力量可以让自己的心灵得到拯救，唯有自己才能拯救自己。

我们面对的外界环境很难改变，正如王阳明所在的龙场原始森林一样。如果在客观环境和很多无法改变的事实面前我们认命了，那此后的人生将是一片荒芜。唯一能让我们咸鱼翻身的方法，就是改变看待环境和事隋的态度。

在我们的生活中，许多事情在本质上没有什么优劣之分。生活中的任何经验或事物的意义，都取决于我们如何看待它们。一个人要改变自己，最好的办法就是如王阳明那样，学会如何对个人的经验用最好的角度来看待，用积极的态度来看待。同样是半杯水，有人看到的是空了一半，有人看到的是满了一半，这就是你对事情的态度。前者是悲观，后者是乐观。其实事情没有改变，但因为你改变了心态，杯子里就有了水。

"吾性自足，不假外求"，无非是说，当你遇到艰难困苦时，要改变的不是事物，而是我们的内心。改变对事物的看法，用一种阳光的心态来看待事物，世间也就没有可以阻止我们的事情了。

在王阳明看来，人与人之间并没有太大的区别，真正的区别在于心态。有句话说："要么你去驾驭生命，要么生命驾驭你。你的心态决定谁是坐骑，谁是骑师。"

有这样一个小故事，颇能说明改变心态的乐趣：

一个老妇人有两个儿子，大儿子是销售雨伞的，二儿子开了个洗衣店。这原本是很好的事情，但老妇人每天都郁郁寡欢，因为晴天她担心大儿子的雨伞卖不出去，雨天又担心二儿子店的衣服晒不干。一天，有人对她说："您为什么不换个方式来看这个问题，比如晴天的时候，您二儿子家顾客盈门，而雨天大儿子家生意兴隆？"老妇人这么一想。还真是那样，顿时就欢快起来了。

其实事实没有一点改变，老妇人只是改变了看待事情的态度，幸福就敲开了批的心门。

有位进京赶考的秀才在考试前两天的晚上做了三个梦：第一个梦，他梦见自己在墙上种白菜；第二个梦，他自己戴了斗笠还打了伞在雨中行走；第三个梦，他梦见自己和暗恋的人脱光了衣服背靠背躺在一起。

古人都相信梦，所以秀才第二天就找了个算命先生来释梦。算命先生听完秀才说完这三个梦，又听说他要去参加国考，就说："我看你还是算了。你想啊，高墙上种白菜不就是白种吗？戴了斗笠还打着伞不是多此一举吗？和暗恋的人脱光了衣服却背靠背不是没戏吗？"

秀才一听，心里凉了大半截，回客栈便收拾包袱准备回家。店老板很奇怪，问他怎么还没有进京就要回家。秀才把自己的梦和算命先生的话复述给了老板。老板听了，哈哈一笑说："我也会解梦。我给你解一下吧。你想：高墙上种白菜不是高种吗？戴斗笠还打伞不是有备无患吗？你和暗恋的人背靠背躺在一起，不是说明你翻身的机会就要来了吗？"

秀才一听，情绪马上好起来了，精神饱满地参加了考试，结果高中。

事情（三个梦）并没有改变，改变的只是对梦的解释。那名秀才所以进京考试，正是因为他认可了那种积极乐观的解释。其实，改变看待事情的态度，有时候就是换个角度考虑问题。王阳明在龙场驿站时，如果不是把角度从自己身上改变到圣人身上，恐怕他不可能活下去，更不要谈创建心学了。

西方有一句谚语说得很好："纵声欢唱的人会把灾祸和不幸吓走。"面对灾祸和不幸，你要乐观。如果能够换个角度看问题，生活也就充满了希望和快乐。然而遗憾的是，我们很多人往往不能够看到生活中积极和光明的一面，幸福也因此离我们而去。

曾经有个寺院的住持，给寺院里立下了一个很有趣的规矩：年底，和尚们都要用两个字来总结一年来的感受。第一年年底，住持问新和尚心里想说什么，新和尚说："床硬。"第二年年底，住持又问他心里最想说什么，他回答说:"食岁。"第三年年底,他没等住持问便说:"告辞。"住持望着新和尚的背影自言自语地说:"心中有魔,难成正果啊!"

这个心中有的"魔"就是他的消极心态,这个"魔"不会让我们采取积极心态,不会让我们换个角度来考虑问题。

人生其实就如同一枚硬币的两面,有正面和背面。愉快、光明、幸福、希望……这是人生的正面;忧愁、黑暗、不幸、绝望……这是人生的背面。

很多人不停地抱怨、发牢骚,其实都是因为心态不对,看问题的角度不对,如果能够换个角度,以积极的心态乐观地看问题,人的心情马上就会好起来。事物在一个人心中的好坏,不在于事物本身,而在于人的心态。国学大师王国维说:"以我观物,故物皆着我之色彩。"这正是王阳明心学的一大特点:凡事都在我心,我心能改变一切,把消极变为积极,没有任何外力可以帮助我,只有我心,而我心其实已经足够。

宣泄情感要中庸

陆澄接到家信,说儿子病危,陆澄心情忧闷,无法克制。

是啊,儿子病得都快要死了,你还能不让人家愁苦吗?王阳明找陆澄谈话说:这正是你实践心学的最佳时候啊。如果在这时不用功,平常时讲的那些有什么用处?父亲爱儿子,自然是人之常情,不过天理也有个"度",过了就不好。人都有七情六欲,有人认为,七情六欲应该尽量发泄才算是人,就如父母去世,做儿子的岂不想哭死,可是,古话说了:不能过分悲伤而失去了本性(毁不灭性)。本性的存在靠什么?当然是身体。

这其实就是"度"的问题。七情六欲、悲喜哀乐，人皆难免，且各种情感都有各自必然会发生的强烈的理由：失恋的人觉得"我都失恋了，能不忧伤吗"，贫困的人觉得"我都穷成这样了，能不烦恼吗"，失去亲人的人觉得"亲人都没了，这心里能不悲苦吗"……但这些"不得不"的情感依然要有一个"度"，一旦过度，便是不好。

《红楼梦》里的林黛玉就是个情感太过的人，她太喜欢寻愁觅恨，一点小烦恼到她心中就被无限放大，确切地说，林黛玉最后就是死在了过度的"多愁善感"上。人的情感从先天而来，正面的喜乐和负面的哀伤在所难免。但医学家研究过，过度的烦恼不但毁坏心情，还会对生理造成严重的负面影响。比如欢乐的大醉之后紧随而来的是酒醒后的空虚，要死要活的悲伤后随之而来的是心情的更加沉重，如此，何谈快乐和幸福？

其实在王阳明看来，无论是快乐还是哀伤，都是自己的事。人应该对得起自己，如果哀伤就是你的本色，那倒不妨每天多愁善感。但事实却是，哀伤只能使人和幸福隔离，不可能达到快乐的境界。所以，我们应该选择快乐地活好每一天。

尤其是，人不能因为负面情绪和正面情绪的过度释放而毁灭自己的身体，凡是各种情感的释放都该有个度，保持这个度才符合人生修行的要求；过了，那就失去了幸福与快乐的源泉。

不忙不乱，不焦不躁

忙碌是现代社会中大多数人的一种生活状态。不幸的是，与身体的操劳相伴随而来的，还有内心的忙乱急躁、焦虑不堪。所谓"身之主宰便是心"，倘若在忙碌的生活中不能给内心留一分悠闲，而使其深受烦恼与担忧所累，便更难在为人处世之时做到游刃有余、潇洒自在。

《传习录》中有这样一段记载：

崇一问："寻常意思多忙，有事固忙，无事亦忙，何也？"

先生曰："天地气机，元无一息之停。然有个主宰。故不先不后，不急不缓，虽千变万化而主宰常定，人得此而生。若主宰定时，与天运一般不息，虽酬酢万变，常是从容自在，所谓'天君泰然，百体从令'。若无主宰，便只是这气奔放，如何不忙？"

欧阳崇一问："平时意念思想常常很忙乱，有事的时候固然会忙，无事的时候也忙，这是为什么呢？"王阳明回答说："世间万物的变化本来就没有瞬息的停止。然而有了一个主宰之后，变化就会有所依据，有秩序可言，虽然千变万化，但主宰却是一成不变的，人有了这个主宰才能在瞬息万变的人世间生存。如果主宰恒定不变，就像天地运行一样永不停息，即使日理万机，却也从容自在，这就是所谓的'天君泰然，百体从令'。若没有主宰，便只有气在四处奔流，怎么会不忙呢？"

由此可知，要做到"虽酬酢万变，常是从容自在"，便要有一颗不忙不乱、不焦不躁的"主宰"之心。具体到人们的日常生活、工作中，就要用心去体悟繁杂中的快乐，学会用一颗平静的心去享受忙碌的价值。

现实当中有很多人，为了功名利禄而盲目地工作，以此来填充自己的人生。工作带来的种种压力，不断侵蚀着内心的安宁，让人倍感焦灼，于是渐渐地，人的身心就会陷入一种莫名的慌乱之中，完全理不清头绪。此时，唯有从内心闲下来，静下来，才能转变观念，学会把工作当作一种快乐的享受，而不仅仅是赚取金钱谋取地位的工具。如此，才不至于将人生变成炼狱。

如道家所言，将自己的心放到天地间，去体悟自我的渺小与天地的广大。与由人所构成的社会相比，包容天地万物的大自然，更能令人身心舒畅。自然可以开启人的心灵，陶冶人的情操。将自己的内心倾向自然，正如"智者乐水，仁者乐山"，仁者从心之根本养成如大山般稳重、坚定不移的品质。当我们走进自然的怀抱，沐浴春风与阳光，尽览山河之宽广与博大，便会明白，那些长期困扰我们的身外之物，皆由一颗远离自然的心而起。当我们身处自然之中，便能够亲身感受大自然的博大胸襟，感受到万物的和谐共处，从而在大自然的安逸与恬静中把握心中那份从容与自在。

忙碌的生活虽然令人身心疲惫，但也可以充满乐趣，成为一门令人身心愉悦的艺术。关键在于你是否能够放慢心的脚步，让你的心松口气。正如攀登高山，若一心只想着登上顶峰，难免疲惫不堪；但若能静下心来，欣赏沿途赏心悦目的风光，那将是一种别样的感受，更是一种忙而不乱的人生。

人的内心既是一方广袤的天空，能够包容世间的一切；也是一片宁静的湖面，偶尔也会泛起阵阵涟漪；更是一块皑皑雪原，辉映出一个缤纷的世界。纵然世间的纷纷扰扰难以平息，生活的智者总能在心中留一江春水，淘洗忙碌的身躯；以一颗娴静淡泊之心，看庭前花开花落，望天上云卷云舒。

空心，才能容万物

王阳明曾言："圣人之所以为圣，只是其心纯乎天理而无人欲之杂，犹精金之所以为精，但以其成色足而无铜铅之杂也。人到纯乎天理方是圣，金到足色方是精。然圣人之才力亦有大小不同，犹金之分两有轻重。……盖所以为精金者，在足色而不在分两；所以为圣者，在纯乎天理而不在才力也。故虽凡人，而肯为学，使此心纯乎天理，则亦可为圣人，犹一两之金，此之万镒，分两虽悬绝，而其到足色处可以无愧。"王阳明以纯金作比，意在说明圣人比凡人更高明的地方，不是他的才能，而是一颗只存天理而无贪嗔杂念的空明之心。

宇宙万物，因为虚空而含纳包容，所以能拥有日月星河的环绕；因为高山不拣择砂石草木，所以成其崇峻伟大。世人常说"海纳百川"，便是将"大海"作为浩瀚胸襟的形象代表。而人心的包容，是大海与高山都不能比的。所谓"心空"，即内心无外物羁绊。修养内心的最高境界，便是将心腾空，如此才能真正做到包容万物。

苏不韦是东汉人，他的父亲做司隶校尉时得罪了同僚李皓，被李皓借机判了死刑，当时，苏不韦年仅18岁，他把父亲的灵柩草草下葬后，又把母亲隐匿起来，自己改名换姓，用家财招募刺客，发誓复仇。但几次行刺都没有成功，这期间李皓反而青云直上，最后官至大司农。

苏不韦就和人暗中在大司农官署的北墙下开始挖洞，夜里挖，白天躲藏起来。干了一个多月，终于把洞挖到了李皓的卧室下。一天，苏不韦从李皓的床底下冲了出来，不巧李皓上厕所去了，于是杀了他的小儿子和妾，留下一封信便离去了。李皓回屋后大吃一惊，吓得在室内设置了许多机关，晚上也不敢安睡。苏不韦知道李皓已有准备，杀死他已不可能，就挖了李家的坟，取了李皓父亲的头拿到集市上去示众。李皓听说此事后，心如刀绞，心里又气又恨，又不敢说什么，没过多久就吐血而死。

李皓因一点个人私怨就将人置于死地，结果不仅给自己招来杀身之祸，连老婆、孩子都跟着倒霉，甚至是死去的父亲也未能幸免于难。而苏不韦从十八岁开始就谋划复仇，此外什么也没做成。这两个人最大的缺陷都是因为被仇恨所牵绊，没有一个宽大的心胸。人有时候如果能宽容一点，甚至一笑泯千仇，将干戈化为玉帛，不但能为自己免去毁灭性的灾难，还可以放下心灵的包袱，让自己变得轻松，而生活也能变得更加幸福和祥和。

从内心深处摆脱周遭的羁绊，进入心无旁骛的至高境界，就是踏上了心灵的解脱之路，内心感受到的万物便会远远超过自己视线范围之内的一切。此时的内心，呈现的是一种空无的状态，也就是王阳明所说的空明之心。空，才能容万物。即便是人与人之间的交往，也需要给彼此一定的空间，才能畅所欲言、和平相处。与其用金钱权利、名誉地位将内心满满地填充，何不索性全部放下，将心腾空，获得心灵的自由和解脱呢？

因此，普通人若能学会抛开杂念，使内心纯净空明，那么，即便才能有高下之分，也同样可以成为圣人。

坦然面对诽谤

有人问王阳明："《论语》中记载叔孙武叔诽谤孔子，为什么圣人孔子也避免不了被人诽谤呢?"

王阳明说:"诽谤是从外面来的,即使是圣人也不能够避免。人贵在自我修养,假若自己确确实实是个圣贤之人,纵然别人都来诽谤他,也不会对他有任何损害,就好像浮云遮蔽太阳,浮云怎么可能对太阳的光明有所损害呢?假如一个人只是表面端庄,而内心丑恶,即使没有一个人说他,他的丑恶,总有一天也会暴露出来的。所以孟子说:'有求全之毁,有不虞之誉。'诽谤、赞誉是外来的,怎么能避免?只要能自我修养,外来的毁誉就算不了什么。"

王阳明平定宁王朱宸濠的叛乱之后,诽谤和议论他的人越来越多。关于原因,有人认为王阳明的功绩越来越大,权势也越来越大,天下嫉妒之人就越来越多;也有人认为王阳明的学说越来越普及,所以为宋朝的学者争辩的人越来越多;等等。但王阳明对诽谤和议论并不在意,只是一心一意地修养自己的心性,尽心尽力地传承"致良知"的思想。他深知"浊者自浊、清者自清"的道理,即当谣言、诽谤来临的时候,不需要汲汲务求去澄清,只需要自己心境坦荡,谣言、毁谤自然不攻自破。

庄子在《庄子·齐物论》中写道:"所谓夫大道不称,大辩不言,大仁不仁,大廉不谦,大勇不忮。道昭而不道,言辩而不及,仁常而不成,廉清而不信,勇忮而不成。"意思是说,至高无上的真理是不必称扬的,最了不起的辩说是不必言说的,最具仁爱的人是不必向人表示仁爱的,最廉洁方正的人是不必表示谦让的,最勇敢的人是从不伤害他人的。总之,真理完全表露于外那就不算是真理,逞言肆辩总有表达不到的地方,仁爱之心经常流露反而成就不了仁爱,廉洁到清白的极点反而不太真实,勇敢到随处伤人也就不能成为真正勇敢的人。能具备这五个方面的人可谓是悟到了做人之道。

真理不必称扬，会做人不必标榜。真正有修养的人，即便面对诽谤也是极有君子风度的，他们会以坦然的心境面对诽谤。

苏轼因"乌台诗案"入狱，一年后，皇帝为了试探他是否有意谋反，特意派一个太监装成犯人入狱和苏轼在同一个监牢。

白天吃饭时，太监用言语挑逗他，苏轼牢饭吃得津津有味，答说："任凭天公雷闪，我心岿然不动！"夜里，他准备睡觉，太监又撩拨道："苏学士睡这等床，岂不可叹？！"苏轼不理不睬，倒头就睡，而且鼾声大作。

第二天一大早，太监推醒他，说道："恭喜大人，你被赦免了。"要知道，那一夜可是危险至极啊！苏轼晚上若有不能安睡的异样举动，太监就有权照谕旨当下处死他！

"君子坦荡荡，小人常戚戚"，苏轼是君子，当然能够坦荡荡了。而要做到坦荡并不是一件容易的事，我们也应努力做一个坦荡荡的君子，努力修养自己的心性，让自己在任何时候都能够踏踏实实地睡觉。

在现实生活中，言来言去，自难免失真之语。诽谤就是失真言语中的一种攻击性恶意伤害行为。俗语云："明枪易躲，暗箭难防。"也许，在很多时候，诽谤与流言并非我们所能够制止的，甚至是有人的地方就有流言。而我们对待流言的态度则显得尤为重要，正如美国前总统林肯所说："如果证明我是对的，那么人家怎么说我都无关紧要；如果证明我是错的，那么即使花十倍的力气来说我是对的，也没有什么用。"这与王阳明对待诽谤的态度——遇谤不辩——如出一辙。

用坦然的心态来应对诽谤，浊者自浊、清者自清，诽谤最终会在事实面前不攻自破。这是我们从圣人思想中撷取的智慧之花，在现实生活中，拥有"不辩"的胸襟，就不会与他人针尖对麦芒，睚眦必报，这才是拥有圣人智慧的表现。

幸福须在心中求

到底什么样的活法才算幸福，大多数人心中都有如下的认知：金钱、名利、地位是人生价值的体现，只有具备这些才能证明人生的高度；而人生的高度决定着幸福指数。但事实却是，很多人在追求这些东西的同时，承受了太多压力，导致心灵沉重不堪。我们不能确定这样的人生是不是就一定幸福，但大多数情况下我们看到的是：金钱、名利、地位，往往以人们的精神补偿费的形式而出现。

这种情形让我们不禁一震：生活给我们一块糖，仅仅是因为我们的心灵受到的委屈太多?!

在追求幸福的路上，心中没有喜悦，反而不停地觉得心累，这真的还是幸福吗?

1508年，被官场逐出、流放到贵州的王阳明，在贵州龙场驿那浓密的原始森林中，突然悟出了一个让心灵幸福的方法。他断然放弃前贤朱熹提倡的"去外界求取人生价值"的方法，突然顿悟：人生价值只能在心里求；到心外去求，是缘木求鱼、南辕北辙。

王阳明的这一整套学说，就是"心学"。"心学"其实就是解决主导我们生活的心的哲学，它告诉我们，所有的问题其实都是心的问题。当心和我们的肉体一起来到世间时，它无关无碍，轻松自在；可当我们拼命地追逐外物时，心灵就会受到压迫，它会让你感受到它的呐喊，而你的心就再也不能平静，一切致使我们苦恼的情感就不请自来。但如果你安抚心灵，不被外物所迷惑，那你和心灵就有了幸福的约定。这无疑是告诉我们，对一切我们带不走的名利不动心才是心灵的要求，只有心灵平静，才能得到幸福。换句话说，心外什么都没有。

想了解这句话背后的真谛，需要我们返回到王阳明和他弟子徐爱的一段对话中，这是心学的敲门砖，也是我们寻找幸福的起点。

王阳明和弟子徐爱的一段对话颇能说明这一点。

徐爱问："如果只是在内心上求人生的道理，恐怕会遗漏许多其他道理。"

王阳明回答："拥有善良的心就是道理，天下根本就没有心外之事，更没有去心外求得的道理。"

徐爱举例说："孝顺父亲是一个道理，忠于领导又是一个道理。和朋友相处仍然也有道理。这是各种不同的道理，只是在心上求，难免会出笑话。难道我跟朋友相处，还要像孝顺老爹一样地亲近朋友吗？"

王阳明回答："那我就问问你：孝顺父亲，难道是去父亲身上找个孝的道理？忠诚于领导，难道是去领导身上找个忠诚的道理？跟朋友相交，难道是去朋友身上找个义的道理？其实这些道理就在我们心中，心外哪里有什么道理？只要我们的心是善良的，见到父亲自然知道孝的道理，见到领导自然明白忠诚的道理。"

徐爱再问："那天下没有心外之事是怎么回事？"

王阳明反问："事是谁做的？"

徐爱回答："恐怕是人。"

王阳明再反问："人凭什么做事？"

徐爱回答："恐怕是四肢。"

王阳明最后反问："主导四肢的是什么？"

徐爱回答："是我们的心。"

王阳明最后做总结："如果你的心不去主导四肢，不去思考，那肯定是没有事发生。凡是有事发生，必然是我们的心动了。这就是天下没有心外之事。"

如果你说心外有事，那事情可多了。会钻营的人升官了，黑心的人发财了，不学无术的人在电视上胡侃，结果出大名了……这对你而言都是事，而这些事会让你感到迷惑，心态浮躁，甚至感到愤怒。

所以王阳明认为，这些都是浮云。世间成功的法则可能有千条百条，但你若也想要成功，成功之法应在你自己的心内求，绝不是会钻营的人升官了，你就去学习钻营；黑心的人发财了，你就去学习黑心；不学无术的人成名了，你也让自己不学无术……到头来，心外什么都有，结果心内却空空如也。

到底要如何做到心外什么都没有，这不是像说起来那么简单。在人生活的这个世界上，功名利禄是人人追求的目标，如果人人都在拼命地追求这些目标，也就证明很少有人能不受这些客观环境的影响，把只求内心的幸福当作是一种目标。也许，正是因为这一说法实践起来太难，所以我们才更需要它，因为它是幸福的源泉。

早年，王阳明少年得名，却连续两次参加会试，又连续两次落第。当其他落第学子心情郁闷、哭天抢地之时，王阳明只淡淡地说了一句："你们以落第为耻，我却以不得第动心为耻。"动心，就是心外有了事。让心外之事牵着鼻子走，我们就活不出真我来，那就不是幸福之道。

王阳明的心学其实就是让我们活出本真，用自己强大的内心来主宰我们的幸福。而"心外无事"其实就是让我们遇到事时要波澜不惊、不急不躁。

你要相信，发生在你身上的任何事，只要你不去过分关注它，它就会从你的心里慢慢消失。只要你不为事情本身所动，天下就没有任何艰难困苦可以奈何你。

心外无事其实是心学的一条重要法则，它告诉我们，我们每个人都有一种超级强大的武器，那就是我们的心灵。我们要好好地利用它，因为通往幸福的路上绝不能没有它。

常在静处，谁能差遣我

"非宁静而无以致远。"诸葛武侯如是说。静是什么？是泰山崩于前而色不变，是大胸襟，也是大觉悟，非丝非竹而自恬愉，非烟非茗而自清芬。

如何才能进入静的境界？王阳明给出了一种答案：不要轻易起心动念。常人之所以和圣人有分别，完全因为起心动念。因此，万事万物呈现在心中的时候，寂然无我；而当达到了寂然无我的境界时，万事万物自然也会呈现在心中。心静则万物莫不自得，心动则事象差别现前，如此才能达到动静如一的境界。

紧张和焦灼的生活，很难让人品味到静的清芬与恬愉，甚至会渐渐浮躁起来，可是浮躁往往不利于事情的发展。因此，与其让浮躁影响我们正常的思维，不如放开胸怀，静下心来，默享生活的原味。毕竟唯有宁静的心灵，才不营营于权势显赫，不奢望金银成堆，不乞求声名鹊起，不羡慕美宅华第，因为所有的营营、奢望、乞求和羡慕，都是一厢情愿，只能加重生命的负荷，加速心灵的浮躁，而与豁达康乐无关。

谢安乃晋朝名臣。晋简文帝时，权臣桓温想要简文帝禅位给他，简文帝死后，谢安等人趁他不在京都，马上立太子做了皇帝。桓温气急败坏，于是在宁康元年（公元 373 年）二月，亲率大军，杀气腾腾地回兵京师，向谢安问罪，并欲趁机扫平京城。改朝换代。眼见朝廷上下，人心惶惶，新帝司马曜也不得不下诏让吏部尚书谢安和侍中王坦之到新亭迎接桓温。

二月的京城，春寒料峭，桓温的到来更给这里增添了一派肃杀气象。桓温到来时，百官都去迎接。文武百官纷纷跪拜在道路两旁，甚至连抬头看一眼威风凛凛从眼前经过的桓温的勇气都没有，这里面也包括那些有地位有名望的朝廷重臣。但谢安除外，他面对四周杀气腾腾的卫兵，他先是作了一首咏浩浩洪流的《洛生咏》，然后才从容地说："我听说诸侯有道，就会命守卫之士在四方防御邻国的入侵。明公入朝，会见诸位大臣，哪用得着在墙壁后布置人马呢？"桓温一下子被他镇住了，于是赶忙赔笑说："正因为不得已才这样做呀！"他连忙传令撤走兵士，笼罩在大家中间的紧张气氛一下子消除了。

接下来，他又摆酒设馔，与谢安两人"欢笑移日"，在这欢笑声中，东晋朝廷总算度过了一场虚惊。

"泰山崩于面前而不惊"，如此的定力不是每个人都有的。谢安曾经在桓温的手下做事，面对这个杀气腾腾的上级，要想保持镇定，不仅需要在气势上胜过他，更要在内心上胜过他。可以说，谢安能够在桓温面前安然自在，是因为他自己保持了内心的宁静，在气势上胜过了桓温。

王阳明良知的哲学思想中包含这样一层含义，即良知是生命本源的一种知觉。宁静作为一种功夫它的意义就在此，它能够减去压在良知表面上的重物。宁静是一种气质、一种修养、一种境界、一种充满内涵的悠远。安之若素，沉默从容，往往要比气急败坏、声嘶力竭更显涵养和理智。

其实，真的不需太急功近利，不如将心跳放缓，随青山绿水而舞，见鱼跃鸢飞而动。水流任急境常静，花落虽频意自闲。把心常放在静处，荣辱得失，哪一样能够左右我？

成就自家心

幸福的人生到底是什么模样，一万个人就有一万种解释。把一些伟大心灵导师的答案放到一起，就会发现一个共同点，即：幸福的人生其实就像鞋子，合脚与否，只有自己知道。用王阳明的话来讲就是，人只要在心上感觉到幸福，那就是真幸福。人的第一天职就是要成就自家心体，也就是做自己。

遗憾的是，每个人总是喜欢羡慕别人，他们总认为别人比自己强，在不能和别人一样时自卑感就产生了。王阳明说，人生来就是一块金子，虽然重量不同，但质地却是相同的。是金子就能发光，而且是发出自己独特的光芒。在我们每个人身上，其实都有未被发现和挖掘的最大的宝藏，都有在某一方面别人无法取得、因而羡慕的优势。所以，王阳明不喜欢那些总在追求外在的、不属于自己的东西的人，用他的话说就是：你总是希望自己的金子大小和别人的相同，殊不知，如果非要相同，那就必须掺杂铜、铁等劣质物，有一天终于和人家的金子大小相同了，可却不知道，那已经不是你的金子了，它掺杂了好多劣等物质。

很多时候，我们去外面苦苦追寻一些东西，到最后却发现原来最宝贵的东西就在自己的身上！

很久以前，丛林里有一只小老鼠，我们就称它为杰瑞吧。杰瑞经常感觉自己形象不佳，本领又小，生活在社会的最底层，所以每天都郁郁寡欢。在它眼中，猫是最神气的动物，所以它请求上帝把它变成一只猫。上帝经不住它的苦苦哀求，答应了它。于是，杰瑞这只小老鼠就变成了一只神气的猫，它还给自己改名叫汤姆。

但它的幸福感并未持续多久，就又有了新的问题，原来汤姆发现它自己非常害怕狗。于是，它又去求上帝，希望上帝把自己变成一只狗。可谁料，狗怕狼，于是它希望上帝能让它成为狼。狼又怕老虎，于是，它又请求上帝把它变成老虎……

就这样一路变化，小老鼠杰瑞气喘吁吁，但辛苦总算没有白费，它终于变成了森林之王——大象。

杰瑞昂首阔步，在丛林中像帝王一样巡视，威风凛凛，所有的动物见了它都毕恭毕敬，浑身冒汗，杰瑞简直高兴极了。

可是，没过多久，杰瑞又发现了一个致命的问题：大象最怕的竟然是老鼠！因为只有老鼠能钻到大象的鼻子里，让大象痛不欲生。

杰瑞急忙又跑到上帝那里，请求上帝让它成为一只老鼠。上帝笑道："你看，真正强大的还是你自己啊！"

小老鼠杰瑞的故事告诉我们这样一个道理：当我们羡慕和嫉妒别人时，何不回头在自己身上找优点？其实我们自己身上一定有自己还没发现的宝藏。

西方作家易卜生就说："人的第一天职是什么？答案很简单：做自己。"

美国人奥格曼·狄诺也说："没有人能取代你，认清这一点，尽自己的所能，做好应做的事。你并没有义务一定要成功，你只有义务做最真实的自己。"

王阳明告诉我们，只要你有心，你就要自信，自信在这个世界上你是独一无二的。

心学，有时候其实是一种骄傲的学说，它虽然没有把世人看得一文不值，但它的的确确把自己看得很高。那些成功的过来人经常会谈到这样一句话：看重自己，你就会发现其实自己并非一无是处。保有自己的特性，做个充满自信的人，你将会是独一无二的你！

美国幽默讽刺作家马克·吐温成名以后，一些爱慕虚荣的人都以长得和他相似为荣。有些百无聊赖的人还会给马克·吐温写信，并且附上自己的照片，问马克·吐温自己和他相似度有多少。马克·吐温给这些人回信（其实是复印了许多份的同一封信）说："先生：我衷心感谢您的来信和照片。正如您所希望的，我认为阁下的尊容比所有那些像我的人更相似。我可以荣幸地告诉您：您比我更像我自己。每天早上，当我修面而找不到镜子的时候，就自然而然地用您的照片代替了。"这些复信发出后，再也没有类似的信和照片寄来了。马克·吐温用幽默智慧地劝导了那些爱慕虚荣的人好好做自己。

滚滚红尘，有不少人看到别人有地位、有名誉，总想着做别人，不想好好做自己，这在王阳明看来，就是给自己那块金子里掺杂铜、铁等物，天长日久，这块金子只能是个大杂烩了。

当下最大：饥来吃饭倦来眠

王阳明的一个朋友曾经对他感叹道："内心萌发私意的时候，我的心里明明很清楚，只是不能够马上把它剔除掉。"

王阳明引导朋友说："私欲萌发的时候，你能感觉到，这是你立命的根本；而当下就能立刻把私欲消除，就是立命的功夫。"由此可见，王阳明深知当下的力量，认为把握住当下的每分每秒，就已经是"致良知"了。

如何把握当下呢？答案很简单，就是认认真真地做好生活中的每一件事情，该吃饭的时候吃饭，该睡觉的时候睡觉，该上学的时候上学，该玩耍的时候玩耍，该上班的时候上班，不刻意去追寻日常琐事背后的根源。若能做到这些，你自然能远离烦恼，为生活增添欢乐。总之，正在做的事情，正在和你一起做事情的人，都是眼下最重要的。

一天，有源禅师去拜访大珠慧海禅师，请教参禅用功的方法。他问慧海禅师："禅师，您也要用功参禅吗？"

禅师回答："用功！"

有源又问："怎样用功呢？"

禅师回答："饿了就吃饭，困了就睡觉。"

有源不解地问道："如果这样就是用功，那岂不是所有人都和禅师一样用功？"

禅师说："当然不一样！"

有源又问："哪里不一样呢？不都是吃饭睡觉吗？"

禅师说："一般人吃饭时不好好吃饭，有种种思量；睡觉时不好好睡觉，有千般妄想。我和他们当然不一样。"

的确，认认真真地干好生活中的每一件事情便是用功。认真对于每个人来说都是一种生活姿态，是一种对生命历程完完全全地负起责任来的生活姿态，是一种对生命的每一瞬间注入所有激情的生活姿态。能够把握住当下，自然能认认真真对待生活中的每一件事情，仔仔细细扮演好生活中的每一个角色。

正如小树一样，你看不到它如何成长，但是它没有一刻不处于成长变化中，假如它有一秒钟不成长或不变化，那么第二秒、第三秒乃至永远都不会成长或变化。

由此可见，当下的每一步都是未来的阶梯，当下的每一步都重要于昨日、明日，因而我们应更加看重脚下，看重头顶的晴空。要知道，昨日已成历史，明日尚不可知，只有"当下"才是上天赐予我们的最好的礼物。

人生无常，很多事情都不是我们能预料的，我们所能做的只是把握当下，珍惜拥有。该做什么就做什么，饿了吃饭，渴了饮茶，不为昨天的事犯愁和追悔。按照王阳明说的"当下即去消磨，便是立命功夫"，做好当下力所能及的事情，避免下一刻还要为上一刻的过失烦恼，使人生一直处在为过去烦恼的痛苦之中。

我心光明，同流世俗不合污

王阳明临死前说："此心光明，亦复何言。"回顾他的一生，少年时便立下大志，勤读诗书。初入仕途被人陷害，贬谪龙场三年，饱尝人间之苦，身心俱受打击，却也在此悟道，受用一生。而后频频得志，名震天下，桃李满布天下。王阳明的一生波折与荣誉共生，他认为自己这一生不愧对百姓，不愧对国家，了无遗憾。

王阳明能够如此从容不迫地面对死亡，是因为他的一生虽同流世俗但并没有合污，是因为他一直在辛勤地付出，一直在为百姓和国家鞠躬尽瘁，真正实现他"狂而不狷"的狂者胸次。

古语道："处治世宜方，处乱世宜圆，处叔季之世当方圆并用；待善人宜宽，待恶人宜严，待庸众之人当宽严互存。"意思是说，处在太平盛世，待人接物应严正刚直；处在天下纷争的乱世，待人接物应随机应变、圆通老练；处在国家行将衰亡的末世，待人接物要方圆并济。对待善良的君子，态度应当宽厚；对待邪恶的小人，态度应当严厉；对待一般平民百姓，态度应当宽严并用。

身处污浊环境中时，我们如果能保持"万花丛中过，片叶不沾身"的操守，能从容淡定、不失自我便不需急于撇清自己与这个世界的关系。这是真正的狂者胸次：同流世俗而不合污。

孙叔敖原来是位隐士，被人推荐给楚庄王，三个月后做了令尹（宰相）。他善于教化引导人民，因而使楚国上下和睦，国家安宁。有位孤丘老人很关心孙叔敖，特意登门拜谒，问他："高贵的人往往有三怨，你知道吗？"孙叔敖问："您说的三怨是指什么呢？"孤丘老人说："爵位高的人，别人嫉妒他；官职高的人，君王讨厌他；俸禄优厚的人，会招来怨恨。"孙叔敖笑着说："我的爵位越高，我的心胸越谦卑；我的官职越

孙叔敖

大，我的欲望越小；我的俸禄越优厚，我对别人的施舍就越普遍。我用这样的办法来避免三怨，可以吗？"孤丘老人感到很满意，于是走了。

孙叔敖按照自己说的做了，避免了不少麻烦，但也并非一帆风顺，他曾几次被免职，又几次复职。有个叫肩吾的隐士对此很不理解，就登门拜访孙叔敖，问他："你三次担任令尹，也没有感到荣耀；三次离开令尹之位，也没有露出忧色。我对此感到疑惑，现在看你的气色又是如此平和，你的心里到底是怎样想的呢？"孙叔敖回答说："我认为官职爵禄的到来是不可推却的，离开是不可阻止的。得到和失去都不取决于我自己，因此才没有觉得荣耀或忧愁。况且我也不知道官职爵禄是应该落在别人身上呢，还是应该落在我的身上。落在别人身上，那么我就不应该有，与我无关；

落在我身上，那么别人就不应该有，与别人无关。我的追求是随顺自然，悠闲自得，哪里有工夫顾得上什么人间的贵贱呢？"肩吾对他的话很钦佩。

孙叔敖没有被免职和复职的风波扰乱心绪，他始终保持物来则应，物去不留的淡然心境。为人处世，我们确实需要一颗方正的心。有圆无方，则谓之太柔，太柔之人缺筋骨，乏魄力，少大志，在生活中难以有大作为；但若有方无圆，则性情太刚，太刚则易折。

"众人皆浊我独清，众人皆醉我独醒"虽有其清高自傲，但很多时候只能换来屈原式的含恨离世或是文人式的抑郁不得志。与之相较，同流世俗而不合污，周旋尘境而不流俗或许是更加明智的选择。这是推崇"狂者胸次"的王阳明所认可的修身之道。

不动心，不烦恼

在平定叛乱后，面对世风日下的现实，王阳明感慨道："破山中贼易，破心中贼难。""心中之贼"便是"私欲"，私欲是一切万恶的源头。他认为一个人持有什么样的心态，就可能成为什么样的人，也就会拥有一个什么样的人生。

世间的事，纷至沓来，只有做到不动心，才能得到真正超然物外的洒脱。王阳明认为，心的本体，原本就是不动的。心不动，即便有三千烦恼丝缠身，亦能恬静自如。这就好比，同样多的事情，有人为世事所叨扰，忙得焦头烂额，有人却能泰然自若地悉数处理完毕，生活的智者总是懂得在忙碌的生活之外，存一颗娴静淡泊之心，寄寓灵魂。后者虽因忙碌而身体劳累，却因为时时有着一颗清静、洒脱而无求的心，便很容易能找到自己的快乐。

苏轼是古代名士，既有很深的文学造诣，同时他的思想中也兼容了儒释道三家对生命的理想，而有时候，他也不能真正领悟到心定的感觉。

苏轼被贬谪到江北瓜洲时，和金山寺的和尚佛印相交甚多，常常在一起参禅礼佛，谈经论道，成为非常好的朋友。

一天，苏轼作了一首五言诗："稽首天中天，毫光照大千；八风吹不动，端坐紫金莲。"做完之后，他再三吟诵，觉得其中含义深刻，颇得禅家智慧之大成。苏轼觉得佛印看到这首诗一定会大为赞赏，于是很想立刻把这首诗交给佛印，但苦于公务缠身，只好派了一个小书童将诗稿送过江去请佛印品鉴。

书童说明来意之后将诗稿交给了佛印禅师，佛印看过之后，微微一笑，提笔在原稿的背面写了几个字，然后让书童带回。

苏轼满心欢喜地打开了信封，却先惊后怒。原来佛印只在宣纸背面写了两个字："狗屁！"苏轼既生气又不解，坐立不安，索性搁下手中的事情，吩咐书童备船再次过江。

哪知苏轼的船刚刚靠岸，却见佛印禅师已经在岸边等候多时。苏轼怒不可遏地对佛印说："和尚，你我相交甚好，为何要这般侮辱我呢？"

佛印笑吟吟地说："此话怎讲？我怎么会侮辱居士呢？"

苏轼将诗稿拿出来，指着背面的"狗屁"二字给佛印看，质问原因。

佛印接过来，指着苏轼的诗问道："居士不是自称'八风吹不动'吗？那怎么一个'屁'就过江来了呢？"

苏轼顿时明白了佛印的意思，满脸羞愧，不知如何作答。

身在人世操劳一生，却能心安身安，这着实是一件不容易实现的事。这需要我们转换对生活的态度，持一颗清静的心，带着激情去生活，不生是非分别，不起憎爱怨亲，才能够安稳如山，自在如风。

世上本无事，庸人自扰之。王阳明说人人都具有心力，大凡终日烦恼的人，实际上并不是遭遇了多大的不幸，而是自己的内心对生活的认识存在片面性，心无力而已。真正聪明的人即使处在烦恼的环境中，也能够自己寻找快乐。

在忙碌、纷扰的生活外保持一颗清静的心，这是每一个人必须谨记在心的真理。人的心灵就是一方广袤的天空，它包容着世间的一切；心灵是一片宁静的湖水，偶尔也会泛起阵阵涟漪；心灵是一块皑皑的雪原，它辉映出一个缤纷的世界。心中有青山，就算是忙，也永远是"气定神闲的忙"。

顺境逆境都能从容

生活充满了种种偶然与不测，很多人的心情都容易因此受到影响，使得精神无时无刻不在忐忑不安之中。而要沉着冷静地去面对，则需如王阳明所说的涤荡内心。不管是顺境还是逆境，都要静心不动。

静心即净心。平常人想要净心的时候，往往习惯于用理性去控制，但这样做的结果可能适得其反，告诉自己："不能动心，不能动心"，这个时候心已经正在动了。提示自己"心不能随境转"，这个时候心已经转了。王阳明说，有意去找寻宁静，这个时候已经不宁静了。真正的净心不是特意去控制它，也不是刻意去把握它。什么时候都知道自己的心，心自然而然就不动了。心不动了，人就不会为外界的诱惑所动从而净化自身。

仰山禅师有一次请示洪恩禅师道："为什么吾人不能很快地认识自己？"

洪恩禅师回答道："我给你说个譬喻，如一室有六窗，室内有一猕猴，蹦跳不停，另有五只猕猴从东西南北窗边追逐猩猩。猩猩回应，如是六窗，俱唤俱应。六只猕猴，六只猩猩，实在很不容易很快认出哪一个是自己。"

仰山禅师听后，知道洪恩禅师是说吾人内在的六识（眼、耳、鼻、舌、身、意）和追逐外境的六尘（色、声、香、味、触、法），鼓噪繁动，彼此纠缠不息，如空中金星蜉蝣不停，如此怎能很快认识哪一个是真的自己？因此便起而礼谢道：

"适蒙和尚以譬喻开示，无不了知，但如果内在的猕猴睡觉，外境的猩猩欲与它相见，且又如何？"

洪恩禅师便下绳床，拉着仰山禅师，手舞足蹈似的说道：

"好比在田地里，防止鸟雀偷吃禾苗的果实，竖一个稻草假人，所谓'犹如木人看花鸟，何妨万物假围绕'？"

仰山终于言下契入。

为什么人最难认清自己呢？主要是因为真心被掩盖了。就像一面镜子，布满灰尘，就不能清晰地映照出物体的形貌。真心没有显现出来，妄心就会影响人心，时时刻刻攀缘外境，心猿意马，不肯休息。

心不动才能真正认清自己，遇到顺境不动，遇到逆境也不动，不受任何外在的影响。现代人的状况大多相反，遇到顺境的时候高兴得不得了，遇到逆境的时候痛苦得不得了，这就带来许多痛苦。其实，我们遇到的任何外境都一样，如果我们能够了解这一点，就不会被六尘所诱惑，也不会被六识所蒙蔽。

实际上，顺境跟逆境不过是一体两面而已，一个是手背，一个是手心。顺境时得意忘形，逆境时失意忘形，都是不对的，换句话说，是心有所住。有所住，就被一个东西困住了，就得不到解脱。要想真正解脱，并不是去崇拜偶像，也不是迷信权威，而是要心无所住，心不为动。这样，面对任何事情，物来则应，过去不留。

外面再美的景致，也无法使我们的心得到真正的休息，反而白白浪费掉精力。王阳明启示我们，把浑浊、动荡的心澄清。不要刻意去欢喜、悲伤。就好像看一池生长于污泥中的荷花，池边的观赏者有人欢喜有人忧，可是一池的荷花却在那里，不动，不痴，也不染，荷花只是荷花。人如果也能像荷花一样，不被外物牵绊，活出真我，心便能回归寂静，生活也就不会被境遇随意差遣。

顺应我们的性情生活

在王阳明看来，如果一个人能根据自己的才能选择适合自己的职业，那么即便他一生都从事繁重的工作也不认为辛苦，一生从事低下琐碎的工作也不认为卑贱。那时，天下所有的人都高高兴兴，亲如一家……整个天下事就像一个家庭的事务，一些人负责衣服、食物方面的劳作，一些人经商互通有无，一些人制造器具，大家群策群力，以实现赡养父母、教育子女的心愿，都只怕自己承担的事务做不好，因而尽心尽责。

这便是顺应自己性情生活的状态！遗憾的是，这种美好的生活很难实现，因为人们很难认清自己的性情，也就难以发现适合自己的位置。之所以如此，是因为在这个物欲横流的世界，人们的心容易被物质遮蔽，看不清世界的真相，更看不清自己——优势有哪些，劣势有哪些，也就难以取长补短，做出适合自己的选择。在不适合自己的位置上生活，人们很容易失去自我，以致成为他人利用的工具或金钱、名声、地位等物欲的囚徒。

当然，大多数人找不到适合自己的位置，是因为他们好高骛远——只看到别人的成功，而忽视了自己的局限，于是盲目模仿，最终带来的只是失败和痛苦，就像故事中那只不自量力的乌鸦一样，成为他人的玩物。

一只鹰从高崖上飞过，以非常优美的姿势急速俯冲而下，把一只羊羔抓走了。一只乌鸦看见了，非常羡慕，心想：要是我也能这样去抓一只羊，就不用天天吃腐烂的食物了，那该多好呀！于是它就反复练习鹰俯冲的姿势，希望也能像鹰一样去抓一只羊。

一天，这只乌鸦觉得自己练习得差不多了，就从山崖上急速俯冲而下，猛扑到一只羊身上，想把羊抓走。尽管它拼命拍打翅膀，仍飞不起来。它想放弃羊独自飞走，但它的爪子却被羊毛缠住了，怎么都拔不出来。牧羊人看到后，跑过去将乌鸦一把抓住，剪去了它翅膀上的羽毛，拿给家里的孩子们玩耍。孩子们问这是什么鸟，牧羊人回答说："这是一只乌鸦，可是它想充当老鹰。"

如果你是一只拥有强健的爪子和翅膀的老鹰，便可以轻而易举地抓起一只羊羔飞走，但如果你是一只乌鸦，你就不能这么干，因为你只有弱小的爪子和翅膀。一只用心生活的乌鸦，会为天天有腐烂的食物吃而高兴万分，因为它深知这才是它应该做的，这就是顺应性情生活。

如何才能顺应性情生活？我们首先要观察自己的性情——静下心来，用心体会我们经历的那些快乐或痛苦的事，就能得出结论：当我们感到快乐时，就是在顺应我们的性情生活；当我们感到痛苦时，就是在违逆我们的性情生活。如果我们在生活中体会到的快乐越来越多，我们的心就会变得越来越清明。

当我们的心变得通透无比时，我们就不会被引导到错误的位置上，因而能顺应性情生活：性情踏实的人从事衣食等劳作，性情灵活的人从事商业贸易等活动，性情细致的人从事精巧的器具制造等工作，性情温和智慧的人从事教育工作……每个人都能找到并一直做那些让自己快乐的事，而这正是王阳明所倡导的心学核心——"致良知"——的最佳体现。

信心的力量无穷大

在虔州时，王阳明曾和弟子于中、陈九川、邹守益一起探讨学问。他对弟子们说道："每个人心中都有个圣人，但许多人因为自信心不够，自己把圣人湮没了。"然后，王阳明指着弟子于中说道："你心中本来有圣人。"于中慌忙站起来表示不敢当。王阳明却说："这是你心中本来就有的东西，你为什么要推辞呢？"于中说："不敢。"仍旧推辞。王阳明又说："这是大家都有的东西，更何况于中你呢，为什么要谦让呢？这可是不能谦让的啊。"听完这番话，于中才笑着接受了。于中不敢接受"心中本来有圣人"

这一事实，根源在于他不自信。

在王阳明看来，我们每个人都是神圣而伟大的，在每个人的内心都有一个圣人般完美的自我。每个人都是天地间的一个奇迹，只是由于我们不自信，致使这个"真正自我"（即王阳明所说的"圣人"）的智慧和能力被埋没了。

虽然"真正自我"远比现实中的自我更优秀、更有智慧、更有能力，但我们自出生以来，就受到各种负面因素的影响，这种深刻的影响力使得真正的自我被遮蔽住了，我们看到的通常是不完善的自我，有很多的缺点。诸如心胸太狭窄，受到别人一点冒犯，便会暴跳如雷；遇到些许挫折，就会自暴自弃；生性懒惰，做事拖拉；意志不坚定，易受外界环境干扰……所以绝大多数人都有一种天生的自卑感，认为自己能力欠缺、智商不高、不够优秀、不如别人。

即便我们从小到大听过长辈无数次的教诲："要对自己有信心，要自信。"可在关键时刻，我们还是会不由自主地怀疑自己："我可以吗？我真的行吗？"在这些自我怀疑中，机遇一闪而过，于是我们又懊恼地抱怨："如果当初坚持自己的看法就好了，自己明明是对的。"

由此可见，我们多么需要信心这种力量啊！因为信心是内心强大的力量，是生命力中不屈不挠的韧性，是内心的淡定和坦然。圣人孔子曾说"仁者不忧，智者不惑，勇者不惧"，能做到不忧、不惑、不惧的人，内心必然拥有强大的力量。因此他们才能不看重外在世界的纷繁变化，不在意个人利益的得与失，保持内心的强大与坦然，独立傲然于世间。

世界著名的交响乐指挥家小泽征尔就是因为强大的自信心而一举成

名的。

在一次世界级优秀指挥家大赛的决赛中，小泽征尔按照评委会给出的乐谱指挥演奏。在演奏过程中他敏锐地听出了不和谐的声音，起初，他以为是乐一队演奏出了问题，就停下来重新指挥，但还是不对。再三考虑后，他觉得是乐谱有问题，于是再次停下来向评委会提出自己的看法。这时，在场的作曲家和评委会的权威人士无一例外地坚持说乐谱绝对没有问题，是他错了。面对众多音乐大师和权威人士的坚持，小泽征尔思考再三，最后斩钉截铁地大声说："不！一定是乐谱错了！"话音刚落，评委席上的评委们立即站起来，对他报以热烈的掌声并不住地赞叹，祝贺他赢得了整场比赛。

原来，这是评委们精心设计的"圈套"，以此来检验指挥家在发现乐谱错误并遭到权威人士集体否定的情况下，能否坚持自己的正确主张，不被权威言论干扰。前两位参加决赛的指挥家虽然也发现了错误，但终因不相信自己的想法而附和权威们的意见被淘汰。小泽征尔却因充满自信而摘取了世界指挥家大赛的桂冠。

许多人之所以做不到最优秀的自己，是因为他们对自己没有信心，缺少敢于担当的勇气，只是漫无目的地到处寻找别人的优点，而忽略了发掘自己最优秀的一面。一再地否定自己，也就失去了成为最优秀的自己的机会。正如萧伯纳所说："有信心的人，可以化渺小为伟大，化平庸为神奇。"

所以在生命历程中，我们要相信自己的心灵有着无限的可能，要相信有一种神圣力量的存在。只有尽力挖掘内在的潜力，才有可能达到应有的人生高度；只有内心拥有强大的力量，才是我们走向成功、快乐、幸福的保证。

当然，在拥有信心的同时，我们要认清自己，不能盲目自信。每个人都有优点，信心就是在内心提醒自己看到自己的优点，从而把优点变成行动力，而不是明知做不到却仍旧去做。

让生活回归简单

简单是一种心灵的净化，它是安定，是率直，是单纯。它通常表现在衣着、饮食、休闲娱乐、事业成就等与生活密切相关的方方面面。然而就其本质而言，则是依托于一颗简单的心。换言之，就是在喧嚣的世俗社会中为自己增添一分内心的宁静。

王阳明曾在写给他学生的书信中说："'大道理容易令人明白'，这句话非常正确。后来的学者忽略那些简单明白的大道理不去遵循，而去追求那些难以理解的东西来做学问，这就是'道理在近处却偏偏往遥远的地方去寻求，事情本来很简单，却偏偏要将其复杂化'。""圣人的学问之所以最容易最简单，容易令人明白并遵循道理行事，容易学有所成，是因为它只是关于恢复入心本体所共有的良知，而知识技能并不是它要论述的。"

圣人做学问追求一种"大道至简"的境界，人活一生也应如此。在人的一生中，会有许多的追求、许多的憧憬。追求真理，追求理想的生活，追求刻骨铭心的爱情，追求金钱、名誉和地位。有追求就会有收获，我们会在不知不觉中拥有很多，有些是我们必需的，而有些却是完全用不着的。那些用不着的东西，除了满足我们的虚荣心之外，最大的可能，就是成为心中的负担。

为什么人们会不厌其烦、孜孜不倦地去追求那些看似风光，实际令人身心疲累的"负担"呢？皆因内心少了一分简单，少了一种简单的人生态度。与其困在财富、地位与成就的壁垒中迷惘，不如尝试以一颗简单的心，追求一种简单的生活，舒展身心，享受用金钱也买不到的满足与快乐。

其实也有很多人渴望拥有简单的生活，渴望放弃华屋美宅、山珍海味，不追时髦，不赶潮流。他们常常说："如果能回到孩童时代就好了！那时的我们，多单纯，多快乐啊！"孩童时代的我们能够拥有一颗单纯的心，并不是因为我们处于那样的年龄阶段，而是因为那时的我们内心尚未被世间的身外之物所牵绊。真正的简单是发自内心的，选择简单的生活就是要挣脱心灵的桎梏、回归真我。无论是三岁孩童还是二三十岁的成年人，都可以拥有一颗简单的心。尤其当人的一生即将结束的时候，人们终将体会到，简单才是内心深处最迫切的渴望。保持一颗简单的心，才能使简单的生活不仅仅是内心的向往而成为现实。

简单，是一种生活的艺术，是幸福生活的最高境界。简单的生活首先是外部生活环境的简化。然而强调简化生活，并非完全抛弃物欲，而是要将全副身心专注于身外浮华之上的注意力打散，从而求得一种身心的平衡，过一种和谐从容的生活，真正提升生活的品质。一个真正懂得简单生活的人，才能从做家务、带孩子、与心爱的人散步等平凡的生活细节中体验到真正的快乐。

简单不仅是一种生活的艺术，同时也是一种强大的驱动力。吃惯鲍参翅肚的人偶尔尝一次家常小菜，自然觉得新鲜可口，但能否长此以往，则在于他的内心是否也如此简单。善于攻心之人，心思复杂之人，则因为缺乏了这种强大的驱动力，而难以享受发自内心的简单生活所带来的快乐。当我们不再为身外的浮华耗费过多的时间和精力，也就为内心提供了更大的空间与平静。当我们的生活趋于简单，我们才能更深层地认识自己，更真诚地对待自己，才能将一颗简单的心升华，从而体会到"不足为外人道"的快乐。

内心单纯、想法简单的人，更能打动世界的心。世界上有这样两种人，一种人像水，随着地势的起伏改变着自己的形态；另一种人则像水晶，内心晶莹透彻，但却锐利坚硬。第一种人只能让自己随着世界而改变，第二种人则能令世界因他而改变。因为一颗简单的心，往往能令人们美好的梦想和执着的信念具有强大的感召力和影响力。这种强大的影响力与单纯的人格魅力常常形成一种鲜明的对比，天真烂漫的生活和无忧无虑的心态使他们宛若孩童，但思想的感召力和举手投足间的伟人风范却令人心生敬意。

对于心如水晶的人而言，一切都只不过是听从了内心的召唤，并随着善良的灵魂高歌起舞罢了。

四、知行合一至关重要

知与行就是一个理论和实践的问题，王阳明则提出"知行合一"，他认为懂得道理是重要的，但实际运用也是重要的。也就是说，一个人不仅要有崇高伟大的志向，也要掌握符合实际、脚踏实地的方法，并努力实践，才能真正获得圣人的智慧。

知和行并非两件事

在王阳明看来，认识是实践的起点，实践是认识的成果。圣人的学问只有一个功夫，认识和实践不能当作两件事。

王阳明强调知与行的统一。所谓知，便是对事情各方面的思考与了解，只有思考明白、了解清楚了才能开始行动；所谓行，便是将那些思考明白、了解清楚的东西付诸实践，才能有所成就。王阳明指出，圣人之学乃身心之学，其要领在于体悟实行，不可将其当作纯粹的知识，仅仅流于口耳之间。

然而，自古以来大多数人都把知和行看作两件事，比如人们常说："三思而后行。"意思是思考在前，行动在后，必须经过多番仔细周密的考虑才能有所行动，认为如此才能取得最好的效果，避免一些不必要的麻烦。

三思而后行，确实是对年轻气盛、易冲动的人最好的劝谏，因而备受世人推崇。人们相信，经过深思熟虑的决定才是最好的，经过反复思量的行动才能顺利进行。不幸的是，由此形成了一种重思考而轻行动的风气。或许是过于谨慎，过于追求万无一失，人们将大量的时间与精力用在了无限的沉思之中，结果越想越觉得准备不够充分，越想越觉得存在很大的问题，最终使本可以尝试的想法变成了不可能完成的任务，以致无疾而终。

由于人的思维空间是无限宽广的，不受客观事物与能力的强行束缚，因此，过度的思考很容易偏离正轨，越想越远反而找不到重点。人们在思想的海洋中畅游太久而迟迟不上岸来付诸实践，结果无异于窒息其中，彻底失去付诸实践的机会与能力。

唐代时期，中原大地有一片山脉盛产灵蛇，蛇胆和蛇心都是很好的药材。虽然蛇毒剧烈，见血封喉，可是为了赚钱，仍有很多人不惜冒着生命危险去捕蛇。一天，有三个来自南方的年轻人来到附近的村子，准备进山捕蛇。

年轻人甲在村里住了一天，第二天清晨便收拾行装上山捕蛇，但是过去好几天了，他还没有回来。原来他不懂得蛇的习性，在山里乱窜，惊扰了灵蛇；而且他由于不懂如何捕蛇，最终因捕蛇而命丧黄泉。

年轻人乙见状，心中害怕不已，再三思虑要不要去山里捕蛇，他每天都站在村口，向大山的方向张望，时而向前走几里路，不久又走回来，终日惶惶然行走于村子与大山之间。

年轻人丙则充分考虑了如何找蛇穴、捕蛇、解毒等问题，并向村里人讨教，掌握了寻找蛇穴、引蛇出洞等捕蛇的技术，学习制作解毒的药剂。经过半个月的准备，年轻人丙带着工具上山了。七天过去了，大家都以为他已经丧命，可是丙竟然背着沉重的箩筐回到了村里。他捕到了上百条灵蛇，赚了很多钱，之后还做起了药材生意，成为著名的捕蛇之王。

三个年轻人一起捕蛇，一个毫不考虑、鲁莽行动；一个思来想去、迟迟不动；一个经过深思熟虑之后付诸行动。三个人对待思与行的不同态度，注定了他们不同的结果。思考与行动是相辅相成的，无论偏向于哪一方，都难成大事。

思考与行动，是人生至关重要的事，犹如人之生老病死，难以避免。小到处理家庭琐事，大到掌握国家命脉，都要思考与行动。不假思索地行动和多番思虑却不行动的人，轻则败家，重则亡国。思与行，不可偏其一，这便是中国两千多年历史积淀下来的沉痛教训，也是王阳明知行合一的基础所在。

千里之行，始于足下

有弟子问王阳明："感觉自己在知识上没有任何进步，该如何是好？"

王阳明回答："做任何事都要从源头做起，在源头用力，渐渐地积累，从量变到质变。就如道家说婴儿一样——婴儿在母亲肚子里时只是一团肉，没有任何知识，出生后，才开始啼哭，然后是笑，然后能行能跑，最后认识字，懂得为人处世。你不能要求一个孩子一出生就会为人处世，因为他需要从第一步做起。"

很多人自作聪明，总是跳跃着，甚至想腾空而起去达到目标，结果只能是摔得鼻青脸肿。因为天下任何事要想发生质变，必须要有量变的积累。用王阳明的话说，就是要有本原。

很多人都会忽视这个本原，在基础没有打好的情况下，就想要建造空中楼阁。但更多的人心浮气躁，根本不承认有基础这回事。

佛家典籍《百喻经》里有这样一个寓言：有个人饥饿难忍，狼吞虎咽地吃了一个饼，觉得没饱，又吃了一个，一连吃了六个，感觉还是没有饱，于是拿起第七个饼，吃到一半时，饱了。这人仰天长叹，用手打自己的嘴巴，懊悔地说："我今天吃饱了是因为吃了这半个饼，前面吃的六个都是白白浪费的。如果早知道是这样，我应该只吃这半个饼就行了。"

不要把这仅看成是寓言。在现实中，有很多人都有这样的心态：他们只想做大事，对眼前的小事不屑一顾。

其实很多人都不知道：如果把第一步做好，将来的成就会无可限量。

中世纪欧洲有一个国王要感谢一个大臣，就让他提出一个条件。大臣说："我的要求不高，只要在棋盘（国际象棋）的第一格里装1粒米，第二个格子里装2粒，第三个格子里装4粒，第4个格子里装8粒，以此类推，直到把64个格子装完。"国王认为这是小事，痛快地答应了。

装米的工作进展神速，但棋盘受不了了，所以又改成了大棋盘。很快，粮仓也受不了，国王又去地方上运粮。数米的人累昏无数，那格子却像一个无底洞，越来越填不满，国王终于发现自己上当了。

一个东西哪怕基数再小，一旦以几何级数成倍增长，最后的结果则会让人难以置信。

其实我们每个从底层起步的人就象棋盘前几个格子，1粒米和2粒米之间没有多大差别。有人说，一件事情的成功，往往就在于最后一步，当基数积累到一定的时候，只需要向前跳一个格子，你就立地成佛了。这之前的一切都是铺垫，而铺垫绝不可少。铺垫就是一个由量变到质变的过程，这个过程是漫长的、艰难的，是否能坚持到那最后一天，就看你的造化了。

中国有句古话叫"千里之行，始于足下"，其实它的道理就是：想要质变，必须从量变开始。

远行千里，必要从脚下开始。要想成就大事，应该多着眼于细微的事，多做细微的事。事情的成功表面上看是那最后一跳，但没有平时的积累，那一跳根本就不可能发生。

在我们的生活中，人人都有梦想，都渴望成功，但人世间没有一蹴而就的成功，任何人都只有通过不断的努力，才能积聚起改变自身命运的力量。

看看那些人类历史上的伟大人物，他们的成就和荣誉，往往令人敬佩、羡慕，很多人也常渴望着能取得他们那样的成就。可是，怎样才能达到预想的目标呢？只需要牢记一句话：千里之行，始于足下。认准方向，朝着理想，从小处做起，一步一步地积累着、走下去，这就是成功的秘诀。

你不从基础做起，轻者一事无成，重者还会遭受灾难。

据说，上帝曾带着他的门徒彼得远行，途中发现一块破烂的马蹄铁，上帝就让彼得把它捡起来。不料彼得懒得弯腰，假装没听见，上帝没说什么，就自己弯腰捡起马蹄铁，用它从铁匠那儿换来三文钱，用这钱买了十八颗樱桃。

出了城，二人继续前进，经过的全是茫茫的荒野。上帝猜到彼得渴得够呛，就让藏于袖中的樱桃悄悄地掉出一颗，彼得一见，赶紧捡起来吃。上帝边走边丢，彼得也就狼狈地弯了十八次腰。最后，上帝笑着对他说："如果你先前遇到马蹄铁时弯一次腰，就不会在后来没完没了地弯腰。小事不做，将来就会在更小的事情上操劳。"

这正是王阳明要说的。如果不把基础打好，你将来就会经常遇到困扰自己的问题。

无知，才能无所畏惧

如果你的童年是在乡村度过的，当你回忆起童年来，你会想到什么？

去齐腰深的河里捉鱼？在森林里快乐地奔跑？在就快淹没你身高的草丛里捉迷藏？很可能，这些你都经历过。但如果让成人的你跑进森林里，去茂密的草丛里捉迷藏，你还会去吗？让你去污浊不堪的齐腰深的水里捞鱼，你敢吗？我想，你肯定不敢。因为多年来你所接受的知识告诉你，草丛里会有蛇，污浊不堪的河里会有侵袭你皮肤的水虫。如果你对生物学和病理学稍有了解，你还知道草丛里至少有很多种你用肉眼看不到的寄生虫，他们对你的健康会造成极大的危害。

很多人都有这样的感觉：随着年纪的增大，胆子却越来越小。其实，这正应了老子的那句话，"知之越多，行之越艰。"

并非是人们所想的那样——人拥有的知识越多，胆量就越大。恰好相反，当一个人拥有的知识越多，遇到事情时，总会用在外界所学到的知识来解决事情，知识束缚着他们，让他们不能用内心来解决问题。

王阳明在打油诗《啾啾鸣》中说：有个老头很怕老虎，所以总是提防，结果被老虎啃了脑袋；而有个小孩不知老虎是什么东西，却赶着老虎像赶头牛一样。这就是俗语所谓的"无知者无畏"。

和王阳明打油诗里说的故事相似的，是宋朝的苏轼讲的一个故事。这个故事说，有一个妇女带着两个三岁的孩子到河边洗衣服，由于担心孩子会爬进河里，所以就把这两个小孩放在了沙滩上。当她去洗衣服时，有一只老虎看到了两个孩子。老虎对这两块嫩得可以挤出水来的肉垂涎三尺，可它发现这两个孩子并不怕它。因为这两个三岁孩子根本不知道眼前这个庞然大物到底是什么东西。老虎故意用头蹭了蹭其中一个孩子的脑袋，结果，这个孩子只看了它一眼，根本没有理它。老虎很郁闷，在两个孩子身边待了好一会儿，就悻悻地离开了。

苏轼最后总结说，食肉动物大都和猫一样，喜欢捉弄它的猎物。猎物越畏惧它，它就越有力气；如果猎物不理它，它反而没了捕猎的心情。这两个孩子之所以没有被吃掉，就是因为他们的无知——他们根本不知道老虎是什么东西。如果他们知道老虎是吃人的，必然惊恐起来，到那时，他们的惊恐挑起了老虎的兽性，必然是尸骨无存了。

有个心理学上的实验也可作为"无知者无畏"的证据。

实验人员让十个人穿过一间黑暗的房子。在他的引导下，这十个人都成功地穿了过去。接着，主持人打开房内的一盏灯。在昏暗的灯光下，这些人看清了房子里的一切，都惊出了一身冷汗。这间房子里有一个大水池，水池里有五条大鳄鱼。水池上方搭着一座窄窄的小木桥，刚才他们就是从小木桥上走过去的。主持人问："现在，你们当中还有谁愿意再次穿过这间房子呢？"只有三个人经过长时间思考后站了出来。

每个人活在这个世界上都很难。从无休止的战争到频繁的灾害，从豺狼虎豹到黑恶势力，从上级的脸色到同事的情绪，从相互倾轧到明枪暗箭，我们怕过许多的人，也惧过许多的事。尽管我们一直如履薄冰，谨言慎行，不去得罪人，也不愿惹是生非，却总难觅得一块让心灵轻松到无所挂碍的地方。因为你知道它们，了解它们，你不无知，你够有知。而且你获得的越多，知道得越多，你的恐惧就越深。

而要坦然地面对这种种的恐惧，就要做到"无知"，不知恐惧为恐惧，放下它、忽视它。眼观鼻，鼻观心，守住了内心的良知，一切困难就只是纸老虎了。

工作即修行

王阳明在江西讲学时，当地一位政府官听毕王阳明的心学后，搓着手说：您这心学太好了，听得我险些手舞足蹈。可是，他沮丧地说：我公务繁忙，真是没有时间来学习啊。

王阳明说："我什么时候让你脱离公务而学习？你既然有工作，那就在工作中修行，这才是真的修行。我就以你审案为例：你审案时不能带有情绪，不能因为被告强词夺理就大怒；也不能因为他甜言蜜语而欢喜；不能因为他送礼了，就宽恕他的罪行；也不能因为别人托你惩治嫌疑人，你就真去惩治。总之，必须要秉承公正的心来做事。如果你离开你的工作而专门来修行，那就成了水中捞月，永远扑空。"

在工作中修行，一般人很难理解。大多数人都把修行和工作一分为二：修行就是修行，修行的道场应该是在远离人间的地方；而工作只是一种职业，如果非说它很重要，那也只是维持我们生存的一个物质基础。工作是俗的，而修行却是高雅的。我们常常能听到有人说，我想把工作辞了，专心去修身养性。还有人说，谁不想通过修行让自己的境界高一点，烦恼少一点？可修行也要有时间啊。每天都被工作搅扰得头昏脑涨，哪里有时间修行？

有这种想法的人，必然不是个真懂得修行的人。

王阳明曾在给弟子的信中谈到禅宗的一桩公案，这桩公案说，唐朝中后期有位叫怀让的法师名震四方，许多人都跑来向他请教。有个叫道一的和尚来请教他后，认为怀让徒有虚名，于是就在怀让的寺边结庐。他每天只做一件事：跏趺坐禅。

怀让和尚有一天问他：每天这么口不语、眼不睁的为了什么？

道一回答：成佛。

怀让笑笑，拿了块砖坐在道一身边磨，声音很刺耳，道一只好问他：你这是干什么？

怀让回答：磨成镜。

道一险些笑喷：砖头能磨成镜？

怀让等的就是这句话，回敬道：坐禅岂能成佛？

怀让

据说，道一猛地睁圆了眼睛，如在晴天听到一声霹雳。他最终悟到：呆傻般的坐禅不能成佛，成佛的修行要在平时的言谈举止中。

倘若把道一换作世俗人，就会有这样的顿悟：修行就在我们的工作中。

实际上，这并非是王阳明的信口开河，尤其是在今天，大多数人除吃饭、睡觉外，占生活三分之二的时间都是在工作。这段充足的时间正是修行的最好时间。

不明白工作就在修行中的人和那个"道一"和尚一样，根本就不明白什么是真正的修行。依王阳明的解释，所谓修行，就是在工作中为善去恶，秉承一颗有良知的心来面对工作中的一切。

王阳明的心学盛行多年以后，一个叫石田梅岩的日本人照抄阳明心学，号称创建了石门心学。石田是日本德川幕府时期的一个贫苦农民，他没有接受过任何正规教育，但他的思想却影响了包括日本商业大亨稻盛和夫在内的大批日本精英。他和王阳明一样，都主张人应该在工作中修行，在不断地修行中提升精神境界。无论做什么工作，只要用心去做，总能"悟透大道"。其实，"大道"无非就是幸福。

再具体一点说，王阳明所谓的为善去恶的修行的终极目的，无非就是心灵的健康和个人幸福感的加强。在工作中，去和他人共事，而工作上所必须具备的专注精神与使命感，就是我们修行的精髓。一个用积极心态投入工作的人，必将成为自己最满意的心灵导师。

实干家比空想家做得成功

王阳明认为，如果没有下功夫克制私欲，每天只是说一说，最终就认识不到天理和私欲的区别。就像人走路，走了一段才能看清楚前面一段。到了岔路口，有了疑惑就要问，问明白再走，这样才能渐渐走到目的地。也就是说，光是空谈而不去实践，是无法克制自己的私欲、认识天理的，因此王阳明感叹："天下大乱，只因空谈多而实践少。"

古来有论："实干兴邦，空谈误国。"世界上有两种人：一是实干家，一是空想家。空想家们想象丰富，善于夸夸其谈，总是设想做各类大事情；而实干家则是着重于做！空想家往往不管怎样努力，都无法完成那些自己应该完成或是可以完成的事情；而实干家虽然没有空想家那样富丽堂皇的说辞，却往往能获得成功。

实干家比空想家做得成功，是因为实干家总是采取持久的、有目的的行动，而空想家很少去着手行动，或是刚开始行动便很快懈怠。实干家具备有目的地改变生活的能力，能够完成非凡的事业，不论是开一间自己的公司，写作一本书，竞选政府官员，还是参加马拉松比赛等。而与此形成鲜明对比的是，空想家大多是站到一边，梦想这些而已。

空想家往往受到人们的嘲笑，因为他们始终把自己的理想挂在嘴边，却从不见他们为之奋斗。他们谈话时言辞激烈，谈到理想时更是慷慨激昂，然而，他们是行动上的矮子。空想家总认为自己头脑中的知识可以拯救世界，但是世界却不这么认为。事实一次又一次地证明，空想家是难以获得成功的。

战国时候，秦国派王龁攻下上党，意欲进攻长平。

赵孝成王听到消息，命廉颇率二十多万大军驻守长平。廉颇叫兵士们修筑堡垒，深挖壕沟，跟远道而来的秦军对峙，做好了长期抵抗的准备。

王龁几次三番向赵军挑战，廉颇只是坚守。秦昭襄王请范雎出主意，范雎说："要想打败赵国，必须想办法让赵国把廉颇调回去。"

过了几天，赵孝成王听到左右纷纷议论，说："秦国就是怕让年富力强的赵括带兵。廉颇不中用，眼看就快投降啦！"

赵王听信了左右的议论，立刻把赵括找来询问。赵括说："要是换上我，打败王龁不在话下。"

赵王听了很高兴，就拜赵括为大将，去接替廉颇。

蔺相如对赵王说："赵括只懂得读兵书，不会临阵应变，不能派他做大将。"可是赵王听不进去蔺相如的劝告。

范雎得知赵括替换廉颇的消息，知道自己的反间计成功，就秘密派白起为将军，指挥秦军。白起一到长平，就布置好埋伏，然后故意打了几阵败仗。赵括不知是计，拼命追赶。白起把赵军引到预先埋伏好的地区，派出精兵25000人切断赵军的后路，另派5000骑兵直冲赵军大营，把40万赵军切成两段。

赵括的军队内无粮草，外无救兵，兵士叫苦连天，无心作战。赵括带兵想冲出重围，秦军万箭齐发把他射死了。40万赵军，就在"纸上谈兵"的主帅赵括手里全军覆没了。

赵括是个空谈家，自以为读过兵书，对兵法之道十分谙熟，但没有亲身经历过战争，书本在他头脑中构筑的虚无缥缈的军事楼阁，在真实的刀光剑影中不堪一击，赵括也因"纸上谈兵"而被作为空想家的代表贻笑千古。

良好的理论基础固然很重要，但是理论基础若不经过实践的检验，在实际应用中就不可能转化为有效的力量。无论是空谈者，还是空想者，往往自以为有了知识就有了一切，这是极度错误的想法。掌握知识是为了应用，有了目标也要实干才能实现理想，否则，单凭理论异想天开，将会导致重大的失误。因此，我们应少空谈，多实践，将所学知识灵活运用在实践中。

在合适的时间、地点，做合适的事

弟子徐爱问道："伏羲、神农、黄帝之类的书也有流传下来，但是孔子为什么把它们都删掉了呢？"

王阳明回答说："社会风气日益开放，文采日渐兴盛，世道沧桑，那些书即使有流传下来的，也会因时代的变迁而逐渐不合时宜。周朝末年的时候，要恢复夏商时期的淳朴风俗，已经不可挽回了，何况尧舜时的世风呢？更何况太古时期的伏羲、黄帝的世风呢？"其实，王阳明是在告诫人们在做事时要根据实际情况——不同的时间、地点来随机应变，制定相应的、正确的方法。

世界瞬息万变，人们只有顺应外界的变化而变化，用发展变化的眼光和思维来对待生活中的万事万物，才能因地制宜、因时随化，从而获得真正的自由和幸福。

王阳明在平定农民起义的过程中，始终从当地的实际情况出发，坚持因地制宜、因时而变的原则。他没有把起义农民当成打击对象，而是把杀人越货的盗贼和被迫铤而走险的贫苦民众区别开来，把首恶和胁从区别开来，把愿意弃恶从善者和坚持不改者区别开来。具体到个人，王阳明更是谨慎从事，即使犯了罪，也要根据认罪的态度来决定处罚。

为了给胁从者、愿意悔改者机会，王阳明在每次采取行动之前，都先发布告，劝谕误入迷途者改恶从善，弃旧图新。在征战过程中，他也是根据实际需要，灵活制定制敌政策。在平乱之后，他根据当地的实际情况，或者奏请皇帝批准增设县治，管关隘检查的巡查司，或者改变布局不合理的巡检司治所。

王阳明根据社会制度和风俗习惯的不同，因地、因事、因时以制宜，并没有死守绳法。其实，任何事物的发展都会与原有的计划有所不同，面对改变的时候，智慧之人往往能看到直中之曲和曲中之直，并不失时机地

王阳明全集

王阳明心学大智慧

把握事物迂回发展的规律，通过迂回应变，达到既定的目标。

孔子周游列国时，曾被围困在陈国与蔡国之间，整整十天没有饭吃，有时连野菜汤也喝不上，真是饿极了。学生子路不知从哪里弄来了一只煮熟的小猪，孔子不问肉的来路，拿起来就吃，子路又不知用什么方法弄来了酒，孔子也不问酒的来路，端起来就喝。

可是，等到鲁哀公迎接他时，孔子却显出正人君子的风度，席子摆不正不坐，肉类割不正不吃。子路便问："先生为什么现在与在陈、蔡受困时不一样了呀？"孔子答道："以前我那样做是为了生存，今天我这样做是为了讲礼呀！"

孔子处理事情能从容淡然，就在于他有着因时而化、因地制宜的头脑。所以说，在遇到困难时，我们应懂得改变自己的思路和行为，因为变则通，才能克服困难，达到目的。

当今社会，各种事物都在飞速发展变化着，身处其中的人如果不能审时度势，顺势而变，就很难适应社会的发展。我们在生活中如果能做到针对不同的时间和地点，随机应变、顺势而动，无疑会对我们适应生活，适应现实变化有很大的帮助。正如王阳明所说："天下事虽万变，吾所以应之。"只有这样，我们才能克服各种困难，获得成功。

绝境使人无畏

1507 年，王阳明被明朝中央政府发配到偏僻的贵州龙场驿站。第二年，他创建了心学，并在当地开学授课。当地人对王阳明敬佩万分，来听课的人越来越多，曾数次万人空巷。

王阳明在龙场的轰动性成功引来了不必要的麻烦：思州太守找上门来。王阳明根本没有招惹到这位官老爷，但这位思州大老爷就是派了许多社会流氓找上门来，王阳明正在讲课，听到外面有人喧哗，急忙跑出来，得知这些人是思州太守的走狗时，立即就表现出了不卑不亢的气质来，这就更让走狗们动了肮脏透顶的心。他们指责王阳明：到龙场多日，为什么没有眼力，不去拜见他们的主人？为什么在这里装神弄鬼，搞非法集会？王阳明此时正准备用心学的力量让他们屈服，可听课的苗民们却抢了先：他们"心"的力量太脆弱，但拳头够强大，对来的走狗们一顿殴打，让这些人哭爹喊娘地逃出了龙场驿站。

思州太守看到走狗们遍体鳞伤，气冲斗牛，发誓要给王阳明好看。幸好老天爷保佑，王阳明的一位老乡、思州的按察副使毛应奎安抚了太守，并且给王阳明写了封信，要求他给那个定时炸弹官老爷叩头认罪。

王阳明就给这位按查副使回了封信：

昨承遣人喻以祸福利害，且令勉赴太府请谢，此非道谊深情，决不至此。感激之至，言无所容！但差人至龙场凌侮，此自差人挟势擅威，非太府使之也。龙场诸夷与之争斗，此自诸夷愤悁不平，亦非某使之也。然则太府固未尝辱某，某亦未尝傲太府，何所得罪而请谢乎？跪拜之礼，亦小官常分，不足以为辱，然亦不当无故行之。不当行而行，与当行而不行，其为取辱一也。……某之居此，盖瘴疠虫毒之与处，魑魅魍魉之与游，日有三死焉。而我居之泰然，盖在于我无动于心。

王阳明的意思是说：太府要加害我，我也只当是瘴疠、虫毒、魑魅魍魍而已，我岂能因此而动心？

王阳明怎么会有如此能量，敢和他的顶头上司较劲？要知道，他是因为得罪中央政府的大佬刘瑾才被发配到这里来受苦的。来到这里后，空气不好，缺衣少食，又有毒蛇猛兽，简直和地狱没有区别。按理说，王阳明应该学乖了，应该赶紧去给这位顶头上司赔罪才是。但他的信却是不阴不阳，根本就没有把那位太守大人放在眼里。

我们注意到他信中的最后一句话："某之居此，盖瘴疬虫毒之与处，魑魅魍魉之与游，日有三死焉。而我居之泰然，盖在于我无动于心。"这句话才是王阳明为什么无所畏惧的根本原因。那就是：我经历了太多的绝境，至于你思州太守的为难，在我眼里根本就不算什么了。因为我从绝境中得到了人生最宝贵的财富—无所畏惧。

宋人笔记里有这样一个故事，可以作为"绝境使人无畏"的眉批：

有个人叫孟德，从小喜欢深山老林，长大后，当了兵。但当兵的日子很苦，有一次，在陕西卫戍，他见那个地方的山岭险峻陡峭，于是，就一口气从兵营逃出来，逃进了深山。

在逃跑的路上，他用自己的衣服换了一把刀、十张饼。饼很快就吃完了，他只好吃草根和野果。他知道，自己被抓住了，是死；饿死了，是死；被虎豹豺狼吃掉，还是死。无论如何也是一死，他索性便什么也不怕了。哪里山深，他就往哪里钻。有一段日子，因为吃草根野果，他肠胃不适，经常呕吐腹泻。但他不管不顾，奇怪的是，后来再吃这些东西，竟然像吃五谷杂粮一样了。

孟德经常遇到狮、虎等大型的猛兽。这些猛兽在离他百步远的时候，就开始嗥叫，声音尖厉而瘆人。一阵威慑之后，猛兽便跑到距他十几步远的地方，上下腾挪，做出要与他搏斗的样子。每当这时候，孟德常常泰然自若，毫无畏惧之色。因为他想，自己无论如何也是一死，怎么死，也无所谓。

猛兽见孟德没有丝毫害怕之意，便犹疑起来，锐气失掉了一大半。逡巡一阵子之后，它们便蹲坐在那里，呆呆地盯着他看上一阵子，最后，快快地离开。

的确，只要你有一种无所畏惧的精神，狼虫虎豹、魑魅魍魉也会离你远远的。这种无所畏惧是由内而外发出来的，不是声色俱厉的穷吆喝，也不是色厉内荏的银样镴枪头。我们只有在绝境中才能用心锻造出这种高贵的品质，当然，在我们的人生中，很少有人遇到绝境，这是一种不幸。所以，当你遇到绝境时，不要气馁，不要放弃，因为当你从绝境走出来后，你的整个人就脱胎换骨，拥有了别人所没有的大无畏精神。

方法比努力更重要

问："孟子'巧、力、圣、智'之说，朱子云：'三子力有余而巧不足。'何如？"

先生曰："三子固有力，亦有巧。巧、力实非两事，巧亦只在用力处，力而不巧，亦是徒力。三子譬如射，一能步箭，一能马箭，一能远箭。他射得到俱谓之力，中处俱可谓之巧。但步不能马，马不能远，各有所长，便是才力分限有不同处，孔子则三者皆长。然孔子之和只到得柳下惠而极，

王阳明心学大智慧

清只到得伯夷而极，任只到得伊尹而极，何曾加得些子。若谓'三子力有余而巧不足'，则其力反过孔子了。巧、力只是发明圣、知之义，若识得圣，知本体是何物，便自了然。"

有弟子问王阳明道："孟子主张'巧、力、圣、智'的说法，朱熹先生说：'三子力有余而巧不足。'这样说对吗？"

王阳明回答说："伯夷、伊尹、柳下惠三个人不仅有'力'，而且还有'巧'，'巧'与'力'实际上并非两回事，'力'中要有'巧'。有'力'却无'巧'，不过是白费力气罢了。如果用射箭做比喻，他们三个人里，一个能够步行射箭，一个能够骑马射箭，一个能够远程射箭。只要他们都能射到靶子那里，便都能叫作有力；只要能正中靶心，便都能叫作巧。但是，步行射箭的不能够骑马射箭，骑马射箭的又不能远程射箭，他们三个各有所长，才力各有不同。而孔子则是身皆三长，然而，孔子的'和'最多也只能达到柳下惠的水平，而'清'最多能够达到伯夷的水平，'任'也最多只能达到伊尹的水平，未曾再添加什么了。如果说'三子力有余而巧不足'，那他们的力加在一起反倒能超过孔子了。巧、力只是为了阐明圣、智的含义，如果认识到了圣、智的本体，自然就能够了然于心。"

生活中，有人日出而作，夜深才息，一天甚至埋头苦干十一二个小时，但结果却不尽如人意，一生平庸，碌碌无为。有人却深谙巧干远大于苦干的奥妙，总能找到更简单、更轻松、更快捷的方法，让自己获得成功。

美国船王丹尼尔·洛维格获得的第一桶金，就和他做事善于巧干有关。

出身于中低收入家庭的丹尼尔·洛维格不甘心过平凡穷苦的生活，他想要赚很多的钱，让自己充分体会成功的快乐。在他看来，对于一贫如洗的人，要想拥有资本就得借贷，用别人的钱开创自己的事业，为自己赚更多的钱。

经过多番思考后，洛维格想出了一个绝妙的借贷方法：他将自己的一条尚能航行的老油轮重新修理改装后，以低廉的价格包租给一家大石油公司。然后，他带着租约合同去找纽约的各大银行申请贷款，理由是——他有一艘被大石油公司包租的油轮，每月可收到固定的租金，如果银行肯贷款给他，他可以让石油公司把每月的租金直接转给银行，来分期抵付银行贷款的本金和利息。

许多银行听了洛维格的想法，都觉得既无信用可言，又荒唐可笑。但大通银行的总裁却不那么认为。他想：洛维格一文不名，也许没有什么信用可言，但是那家石油公司的信用却是可靠的。拿着他的租契去石油公司按月收钱，这自然十分稳妥。

洛维格终于贷到了第一笔款，然后买下了他所要的旧货轮，把它改装成油轮，租给了石油公司。然后又利用这艘船做抵押，借了另一笔款，再买了一艘船。这种情形持续了几年，每当一笔贷款付清后，他就成了这条船的主人，租金不再被银行拿走，而是进了自己的腰包。

就是凭借这样巧妙的借贷方法，洛维格赚得了他事业的第一桶金，也开始了他辉煌的创业旅程。

生活中，会苦干，更要会巧干。会巧干的人，不一味走别人走过的路，总会努力开辟一条新途径，寻找新的机遇，尽管路上荆棘丛生；会巧干的人与众不同，而且并不介意与众不同；会巧干的人从不循规蹈矩，他们往往放荡不羁，喜欢标新立异、独辟蹊径，以新的方法去干老的工作；会巧干的人具有独立性，他们具有独立工作的能力，有时喜欢独处，对自己的信念和愿望总会坚定不移地坚持下去；会巧干会变通的人看问题具有与常人不同的眼光，他们具有特殊的综合能力，往往别出心裁。如当别人说 1+1 ＝2 时，他们却说 1+1>2 或 1+1＝11。

总之，会巧干的人不满足于浅显的东西、世俗的东西、平庸的东西或陈腐的东西；不满足于对问题的固有答案；并在不断的追求和探索中感到其乐无穷，因此，他们往往能够避免王阳明所说的"有力却无巧，只是白费力气"的做事误区。

克服浅尝辄止的毛病

王阳明认为，当人们对世界辨析明白了，思考谨慎了，询问仔细了，学习也长进了，却还能坚持用功不懈，这就是笃行。

现如今的社会，人们大多急功近利，对事物的认识也多是浅尝辄止——略微尝试一下就停止，不肯下功夫深入钻研，害怕因此浪费自己的时间。比如，人们在学习基础知识时往往只停留在表面，看起来好像对这些问题已经了解了，却没有深入思考、触类旁通和向外拓展，因而题目稍有变化就不知道该如何解答了，这就是浅尝辄止的坏处。

如果人们能在学习了解的基础上再深入思考，将所学知识不断反馈到大脑的深处，让这些信息一次次地刺激潜意识，以便把知识提炼、消化，就可以灵活自如地运用这些知识。在拥有了深入思考的习惯后，人们就能避免浅尝辄止的毛病，学会深入地了解事物，即儒家所说的"笃行"，也就是人们常说的坚持到底的做事精神。

唐代大诗人李白自幼天资聪颖、活泼好动，是远近闻名的"小才子"。在众人的赞赏声中，年幼的李白逐渐变得骄傲自满起来，一味贪恋玩耍，读书时只是敷衍了事，不太愿下苦功学习。

李白的父亲看到儿子这样不思进取，很是担忧，便送他到山中去读书，希望他能静下心来专心学习。然而，李白一点也没有改变。

过了一段时间，父亲想看看李白有没有进步，就考他对一首诗的理解，李白自恃其才进行解说，却解说得乱七八糟。父亲很生气，斥责他："如此读书，何时成才？"李白却不以为然，认为自己已经记住了那首诗，不明白父亲为什么会生那么大的气。他说去练书法，就借机溜出去了。面对顽劣的儿子，父亲叹息不已。

李白正在写字时，面前飞过一只蝴蝶，一下把他吸引住了，他忙放下笔，蹦蹦跳跳地去追蝴蝶。一路追逐着蝴蝶，李白不知不觉就来到了山脚下的一条小涧，他看到一位老婆婆正在那里磨一根铁棒。

李白好奇地问："老婆婆，你在这里做什么呢？"

老婆婆抬起头来，答道："我在磨这根铁棒呀。"

李白感到更奇怪了："你磨铁棒干什么用呀？"

老婆婆说："我呀，我想把这根铁棒磨成一根绣花针。"

李白惊呆了："那么粗的一根铁棒，什么时候才能磨成绣花针啊？"

老婆婆回答道："这你就不懂了。常言说得好，世间无难事，只怕有心人。不论做什么事，没有成不了的。这根铁棒虽然粗，但只要坚持，总有一天会磨成绣花针的。"

看到这一切，又听了老婆婆的这番话，李白的心灵受到了极大的震撼，他深深地感到自己以往不论做什么事都浅尝辄止，与老婆婆要将铁棒磨成绣花针的精神相比，真是太惭愧了！

从此，李白痛改前非，无论射箭、练书法、读书都非常用心，力求精益求精。经过持久不懈的努力，他最终成了名垂千古的"诗仙"。

李白作为天资聪颖的一代大诗人，尚且要如此笃行才能成功，我们普通人，要想取得成就，就更要下苦功去克服浅尝辄止的毛病了。

笃行，即坚持，一个再简单不过的词汇，却也是一个鲜有人达到的标准。国学大师冯友兰曾说："我们在一生中，所想做的事不一定都能成功，而尤其是新兴的事业，那更没有把握了。所以我们无论做什么事，即使遇到失败，千万不要灰心，仍然要继续做下去。"也正是秉持着这份坚持，冯友兰大师才在哲学领域取得了成功。

许多人都有过这样的经历：做一个决定，总是很容易，但当事情发展下去时，人们会发现越来越多的问题出现了：没有时间、外界干扰、条件不允许……分歧也在此产生。很多人开始动摇，开始心存疑惑：我真的能做完这件事吗？接着，开始气馁、灰心丧气，随后便是退缩与放弃，成功就此夭折。如果在面对诸多阻挠与困难时，能够坚持不懈地继续下去，跨越一个又一个障碍，往往能迎来期望中的成功。

很多时候，成功并没有想象中那么遥远。大戏剧家莎士比亚说："千万人的失败，都失败在做事不彻底；往往做到离成功还差一步，便终止不做了。"这样的失败，无疑令人扼腕叹息。其实，我们与成功只有一步之遥，这一步便是坚持不懈、锲而不舍。

正视自己的弱点

王阳明认为，在白天学习时，如果感觉自己被外界繁乱打扰，就学习静坐；如果觉得自己懒于看书，就去看书。这就是对症下药。

对症下药一词出自《三国志·魏志·华佗传》，本是指医生针对病症用药，后用来比喻人们针对问题，采取有效应对措施的行为。

华佗是东汉末年著名的医学家，他精通内、外、妇、儿、针灸各科，医术高明，诊断准确，在我国医学史上有很高的地位。华佗给病人诊疗时，能够根据不同的情况，开出不同的处方。

一次，州官倪寻和李延一同到华佗那儿看病，两人诉说的病症相同：头痛发热。华佗分别给两人诊了脉后，给倪寻开了泻药，却给李延开了发汗的药。

两人看了药方，感到非常奇怪，问："我们两人的症状相同，病情一样，为什么吃的药却不一样呢？"

华佗解释说："你俩相同的只是病症的表象，倪寻的病是由内部伤食引起的，而李延的病却是由于外感风寒，着了凉引起的。两人的病因不同，我当然得对症下药，给你们用不同的药治疗了。"

倪寻和李延服药后没多久，病就全好了。

华佗能够区分病情，对症下药，因而能很快治好病人的病。治病讲究对症下药，解决问题也具有同样的道理。对症下药地解决问题，首先要找对关键，抓住问题的"症结"。在生活中遭遇难题、一筹莫展的时候，我们不妨先冷静下来，仔细分析一下问题，认真区别不同的情况，给予相应的对策，就能正确地处理各种问题。

一位幼儿园老师每个月都被评为优秀员工，许多同事向她请教和孩子相处的技巧。她只说了四个字——对症下药。

同事不解，这位老师解释道："就是要具体问题具体分析、具体对待。比如，当孩子有负面情绪时，一定要针对不同情况给予不同处理。

如果孩子是因为担心、害怕，我一般会以轻松的口气告诉他不用着急，并用科学知识为他释疑，缓解他的不良情绪。比如，孩子做噩梦了，我便告诉他每个人都有可能做噩梦，这并不丢脸，做噩梦只是因为我们平日玩得太累或者睡姿不好造成的，只要我们注意就可以避免，而且噩梦本身不是真实存在的，即使很可怕也没关系，因为它不是真的。有时候，我还会以感同身受的办法来消除他的担心，如我会告诉他我小时候也有类似的担心和害怕，后来是采取什么样的方法自己解决的，等等。

如果孩子是无理取闹，我一般是冷处理，放任他自我宣泄，并且不屈服于他的哭闹（不答应他的不合理要求），我还会告诉他：'生气会使人变丑、变老哦！'这样，孩子往往会因为自讨无趣而接受我的合理建议。

如果孩子是因为生病等或碰到挫折有一些小小的情绪，我则会比较宽容，给予耐心的安慰和劝告，并尽量满足他一些要求，还会选择一些轻松愉快的话题和游戏引导他，使他能够从负面情绪中尽快抽离出来。"

看似同样的事或表面现象，其实蕴藏着很多不同甚至是相反的作用。如果人们忽视那些细微的差别，笼统地对待问题，就无法抓住问题的核心，也就无法对症下药，从而快速有效地解决问题。

无论是工作、学习还是处理生活问题，都要讲究方法。只有抓住关键环节，切中问题的要害，才能使我们的工作和学习事半功倍。办事情、做工作应从关键处下手，尽量避免过程烦琐，更不要面面俱到。正如著名的人力资源培训专家吴甘霖博士说的："要解决问题，首先要对问题进行正确界定。弄清了'问题到底是什么'，就等于找准了应该瞄准的'靶子'。否则，要么是劳而无功，要么是南辕北辙。"这就是王阳明所推崇的"对症下药"。

能克己，方能成己

萧惠是王阳明弟子中名声并不大的一个，但他问的这个问题，却是王阳明许多弟子都没有问的，因此《传习录》中还是把萧惠这段问话认真地记录了下来。

这里所谓的"私"其实就是私欲。我们总是控制不了自己，只是因为我们无法控制自己的私欲。私欲其实并非是个贬义词，我们赖以生存的一切物质和精神的事物其实都是我们的私欲。这些事物因为和我们的良知背道而驰，所以被王阳明断然地定义为私欲。

私欲为什么难以克制？或者说，我们为什么无法控制自己？还是王阳明和萧惠的问答最为直白，甚至可以说是一针见血。

萧惠说，私欲难克。王阳明说，让我来给你克，又补充说。人必须要先有为自己着想的心，这里所说的"为自己着想"，其实就是良知的恢复。只有如此，才能控制自己，去恢复良知。能控制自己，才能掌握自己的命运（成己）。

萧惠疑惑："我也有为自己的上进心，不知道为什么不能够克制自己?"

王阳明说："那就说说你为自己的上进之心是怎样的吧。"

萧惠想了一会儿后说："我也一心想做一个好人，就自己认为自己挺有上进心了。现在想想，看来也只是为了这个躯壳，而不是出于自己的真心。"

王阳明说："自己的心意何时与这躯壳无关？恐怕你也不曾为了你那躯壳。而且你所说的你自己的躯壳，难道不是耳目口鼻和四肢吗?"

萧惠点头说："是这样的。目倾向于好看的颜色，耳就倾向于好听的声音，口舌就倾向于好吃的味道，四肢就倾向于轻松快乐的事，因此不能够克制自己的欲念。"

王阳明说："《道德经》上说'美好的色彩使人眼瞎，美好的声音使人耳聋，美好的味道使人失去味觉，放纵身体无节制的娱乐使人发狂'，这些欲念都是祸害你的，怎能是宜于你的？如果为了你的躯壳着想，就要思考耳应听什么，眼应看什么，嘴应说什么，四肢应做什么；一定不要无理地去听看说做，才算是成功地运用之，这才是为了自己的躯壳着想。你现在整天向外走动劳累，就是为了名利，都是为了躯壳之外的事物努力。……你的心是能为行动做出决定的，这就是天性，是天理的体现。有这个天性人才能够生存。这天性中的本质之理就是叫作仁的。这天性中的本质之理，在眼就真正会看，在耳就真正地会听，在嘴就真正地会说话，在四肢就真正地会行动，都只有那仁在决定人之行动。这心的本质在天地间原本就存在的，这就是你真正的自己的心意。这个心意才是躯壳的主宰。如果没有这样的心意，就没有你的身体，真的是有了它就活着，失去了它就死去。你如果真是为了自己的躯壳，就一定要用到自己的心，要常保持着自己的真正的心，不要做太多为自己的心意的事，就怕伤害了心，怕有所迷失。才有一点不是出于本心本意的念头，就好像有刀在割，有针在扎，忍不了这痛苦，就一定要移去刀和针，这才是为了自己的心的生活方式，才能克制自己的欲念。你现在过的正是违背己心的生活，又凭什么说是为了自己的心意，不能够克制自己呢？"

萧惠有所感，其实我们更应该有所感。

控制自己，其实就是控制外在的物欲，不要让物欲控制我们。虽然说命运掌握在自己手中，但当你被物欲控制时，你哪里还有精力再抓住自己的命运？

中国古代有个叫怀海的法师，因他所住持的丛林在百丈山的绝顶，故又号百丈禅师。他立下一套极有系统的丛林规矩——百丈清规。

百丈禅师倡导"一日不作，一日不食"的农禅生活，即不工作就不能吃饭。这个提议在制定之初，曾经也遇到许多的困难。这是因为佛教一向以"戒"为生活的规范，

怀海

而百丈禅师改进制度，以农禅生活为主，因此难免被一些懒惰的僧人怨恨，被一些保守的禅师反对，甚至有人批评他为外道。

身为住持的他每日除了带领众僧修行外，还必须亲自参加农田里的劳

作，教导其他僧人和弟子勤劳工作。尽管身为方丈，他还是极其认真地参加劳作，对于平常的琐碎事务，也是亲力亲为，不肯假手他人。

时光荏苒，渐渐地，百丈禅师年纪老了，身体也越来越不好。但他却不肯放弃劳作，每日仍随众僧人一起上山担柴、下田种地。因为农禅生活，就是自耕自食的生活。弟子们毕竟不忍心让年迈的师父做这种粗重繁劳的工作。因此，大家商议以后，派大师兄说与师父听，恳请他不要随众劳动，要修行的话，在寺里参禅打坐也是可以的啊，没必要非得不顾自己的年事已高，还去做这些形式主义的事情。但百丈禅师却不肯罢手，仍以坚决的口吻说道："我是无德劳的人，人生在世，若不亲自劳动，岂不成了废人？"

弟子们见言语劝说阻止不了百丈禅师参加劳动的决心，只好将百丈禅师日常劳作所用的扁担、锄头等工具藏起来，不让他做工。百丈禅师找不到工具，就问弟子们，弟子们都说没看见，说也许是佛旨将它们请走了。这瞒不过百丈禅师，他知道是弟子们藏起了工具，无奈之下，他只好用不吃饭的绝食行为来抗议。弟子们焦急地问禅师为何不饮不食，百丈禅师对他们说道："找不到工具，我就参加不了劳动，没参加劳动，我也就没资格吃饭了。"

弟子们劝了老半天，百丈禅师还是不肯进餐。他们没办法，只好又将工具还给了百丈禅师，让他随众劳动。

严于律己才能修炼自身，练就良好的自制力。自制力就像人的欲望和行为的闸门，能控制住自己的人，才能掌握自己的命运。

只在自己身心上用功

王阳明对别人的成功有着冷静的看法。他说，周公制作礼乐，是个圣人就能做到，那在他之前的尧舜为什么不做？孔子删述六经这种事，周公也能做，那周公为什么不做，非要留给孔子？

他总结说，其实周公也想做尧舜的伟业，孔子也想做周公的伟业，但因为周公所处的环境不允许他做那样的伟业，他遇到的情况就是要制礼作乐。孔子所处的环境也不允许他去做周公那样的伟业，他遇到的情况是"礼崩乐坏"。他必须要删述六经，以正人心。

这说明一个什么道理呢？那就是：别人的成功是无法复制的。每个人要做的不是去复制别人的成功，而是只需要自己用功，"先有个明的工夫"，只在自己身心上用功，创造一种属于自己个性的成功。

人类社会总有一种很奇怪的现象：一旦你脱颖而出，达到成功的境界，就有人会给你总结成功经验。比如林书豪，在他家喻户晓后，有人就为他总结了成功的经验：无人理睬时要相信自己；找到一个适合你风格的系统；机会来的时候就要抓住……

这种大而化之、模棱两可的话听上去头头是道，可是把这些放到其他人身上同样适用吗？也就是说，林书豪的成功可以复制吗？再继续问下去，李嘉诚的成功可以复制吗？比尔·盖茨、马云这些新经济时代的人物可以复制吗？

都不能！李嘉诚最开始做生意时平平无奇，只是赶上了香港经济转型，他才一下子崛起的。比尔·盖茨的成功虽然有他个人的努力，但你可知道，他的母亲是 IBM 董事，是她给儿子促成了第一单大生意。巴菲特八岁就知道去参观纽交所，但那是因为他身为国会议员的父亲带他去的，由高盛董事接待的。

实际上，每一个成功都有其特殊性，如果你去复制，就是照葫芦画瓢。正如王阳明说的那样——孔子如果去搞周公的制礼作乐，那非被气死不可；周公在和平环境下还去做尧舜那样的事业，国王也不王啊，非得以擅权之罪把他拿下。天时、地利、人和，古今中外的成功者都离不开这三点因素。而这些因素都是动态的，是视不同环境、情况而定的，时过境迁之后，你想去复制别人的模式，这就好比刻舟求剑。

其实，很多成功者之所以成功，偶然的因素占了一大半。股神巴菲特有个理论，叫"排卵彩票"，意思是说人的命运跟投胎有很大的关系——投胎好，简直就像是买了牛气冲天的股票；投胎不好，那就是进了熊市。你的出身决定你和别人截然不同的命运轨迹。

中国西汉王朝的卫青不到二十岁，就是西汉帝国"陆军总司令"。战国末期秦国的甘罗十二岁就当了宰相。可你可能不知道，卫青是汉武帝的亲戚，甘罗的老爹是秦国元老。他们这样的成功，你如何复制？

但让人疑惑的是，人人都想复制别人的成功。可能一个很大的原因就是，成功者个个都不承认自己是命运的幸运儿，而总是刻意夸大自己吃苦耐劳的革命家史。回忆或者是夸大那些吃苦耐劳的历史，大概是想让别人认为他是真的通过自己的努力来成功的。其实，讲到吃苦耐劳，谁能比得上中国九亿农民？

记住一点：别人的成功无法复制。人家有人家的命，你有你自己的路。这不是宿命论，而是客观存在的。你所能做的就是跟自己比，不管你在命运的哪个台阶上，每天不断地挑战自己、超越自己，就够了。如王阳明所说，只要你锻炼了一颗"明"的心，当机遇来时，你就能马上抓住它。其实幸福就是超越自己，超越了自己，就是致良知，就能见到幸福。

人须在事上磨

陆澄有个疑惑："平时无事的时候觉得自己的修为很好，心境也不错，但一遇到事情就不同了，心乱导致手忙脚乱，什么事都做不成，这是怎么回事？"

王阳明告诉他："这是因为你只知道静养，而没有在实际事情上用'克己'的功夫。只知道静养，就会养成好静的毛病，这样面对突如其来的事情，心态就会乱，事情就会处理不好。所以呢，人必须通过做事来磨炼自己的心志、磨砺自己的心境，这样面临事情时心才不会乱，处理事情才能从容不迫、游刃有余，才能做到'静时心也定，动时心也定'。"

陆澄所说的情况，我们经常遇到。当你平时无事时，自我想象，认为什么都能做，可一遇到事情就干瞪眼；平时说起任何人生难题时头头是道，跟哲学家和专家的水平在一条线上，但真去做了，发现自己跟白痴差不多。中国古代有个极鲜明的例子，就是纸上谈兵，说的是战国时期赵国大将赵奢的儿子赵括，跟他老爹辩论兵法谋略时，滔滔不绝，把老爹辩得哑口无言。但老爹却说，这小子把打仗看得太容易，一旦到战场，必死无疑。老爹的话一语成谶，多年后，赵括指挥的主力部队在长平之战中被秦军全歼，他本人也死于乱箭之下。

其实，人类历史上"静时亦觉意思好，才遇事便不同"的人太多，王阳明分析说，这是因为他们未能"克己"。所谓"克己"，传统儒家门徒的解释是：约束、克制自己。从心理学的角度来说，就是控制自己的情绪，降低情绪波动的干扰，也就是要情绪稳定。再具体点说，就是要不动心：泰山崩于前，心率依然正常。面对别人的侮辱，绝不冲冠一怒，而是一笑了之。

可是，很多人都"临事颠倒"，原因就是心动了，也就是情绪产生了波动、不稳定，失去了自制力，变得非理性，从而做出荒唐的事来。我们见到很多人在无事时都稳如泰山，情绪控制自如，其实这是假象，因为事实上安静时并没有情绪产生，既然没有产生情绪，正如井水，平时没有动静，那是因为它原本就那样，可当你投进石头时，它就动了起来。这个时候，也就是当你被石头击中时，你是水还是冰，就是真正的考验了。

很多人都是这样：经历少，没有实际经验，情绪一遇撞击，自然就控制不住，失去了理性，乱了方寸，自然不能成事。

苏东坡的故事就是明证：

北宋后期，苏东坡被发配到江北瓜州任职，和他的好朋友佛印禅师所住的金山寺只隔着一条江。有一天，苏东坡坐枯禅欣然有得，便洋洋得意地做了一首偈子，来表达他的境界，并且很得意地派书僮过江把偈子送给禅师，并嘱咐书僮看看禅师是否有什么表扬的话。诗是这样的：

稽首天中天，毫光照大千；

八风吹不动，端坐紫金莲。

佛印看了以后，拿起笔来，只批了两个字，让书僮带回去。

苏东坡满以为佛印会赞叹自己的境界，打开信后，却看到两个字：放屁。

苏东坡气冲斗牛，连夜乘船到江的对岸去找佛印。一见到佛印，苏东坡怒气冲冲地问："你这是什么意思?"佛印似乎早就等着他了，不紧不慢地说："你不是八风吹不动吗? 怎么让我一屁就打过江来了?"苏东坡如挨了当头一棒，马上就恍然大悟了。

苏东坡看似情绪稳定，心平气和，其实那都是幻象，佛印稍稍刺激他一下，他马上就被情绪所左右，失去了自制力，没能经得住事实的考验。佛印对苏东坡这种遇事颠倒的行为给了评价：八风吹不动，一屁过江来。

如何才能静亦定、动亦定呢，王阳明给出了解决的方法：事上磨。

只有多做事，多历练，有意识地进行磨炼，吸取经验，从而做到安静时情绪稳定，遇事时情绪也能保持稳定，才会杜绝"遇事就颠倒"的窘境。

心学所提倡的"静"，绝不是说枯坐在那修行，不然修的就是外形的坐相，而不是内心的静。王阳明提倡的"静"是和"动"（事上磨）不可分割的，正如他的"知行合一"一样，二者是并驾齐驱的。

一个不经世事的孩子，其实"静"对他没有意义，因为这样修不成淡定的心。对经历过很多事情的人来说，要去刻意磨砺自己才有可能达到淡定；经历了不思考，不使自己坚强，遇事依然会崩溃。别人的赞扬、别人的恶语，遇到的困难、遇到的喜事，这些都不能让内心起任何波澜。这便是静的工夫。

求人不如求己

王阳明的一位学生曾问老师："功夫不深切怎么办？"

王阳明说："学问的功夫，我曾一句话就概括过的，你怎么越说越远了？"

学生回答："致良知当然是听您说过了，但没听明白。"

王阳明说："既然你知道致良知，又怎样才算是明白呢？良知本身就是明白的，你踏实用功就是了。你不愿意用功，只在言语上打转转，不是越转越糊涂吗？"

学生说："啊呀，我正是想让您讲明白致良知的功夫啊。"

王阳明回答："这个需要你自己去悟，我和别人都帮不了你。从前有个禅师，别人问他佛法，他只是把尘尾抬一抬。某日，他徒弟把它的尘尾藏了起来，想看看他怎么回答。禅师找不到尘尾，只好空手抬一抬。我这个良知就是回答的尘尾，没了它，还有什么可抬起的？"

过了一会，又有学生问先生致良知工夫的要点，先生四下看了看问："我的尘尾在哪？"一时间，在座的学生都乐坏了。

按王阳明的看法，致良知没有什么可以细化的方法，全要在自己心上求。别人帮不了你，只能是稍做指点。致良知是教不会的，只能靠自己学会。这段故事告诉了我们这样一个道理：求人不如求己。

因为人人都有良知，只需要在自己心上求、下苦功就是了。别人根本帮不了你，只有你自己才能致你自己的良知。

其实，王阳明的"求己"思想来源于儒门祖师爷孔子。

孔子说："君子求诸己，小人求诸人。"真正的男人只求自己，从不求别人。我们如果能静下心来问自己这样一个问题，就会深刻体悟王阳明的"求己"思想：谁会跟随你一生？谁会跟你形影不离呢？答案很简单，就是我们自己。

按心学人人都可成圣的思想，每个人都可以成为自己的老师，每个人也都应该成为自己的老师。当我们在生活中遇到问题时，最先问的应该是自己的良知：我能怎么办？我可以怎么办？我要怎么办？我想怎么办？倘若你的良知没有被物欲所遮蔽，它自然能回答你这些问题。当你对这些问题进行详细分析，竭尽全力地解决时，你的良知就是你自己的老师。

求人不如求己。你只有自己主动承担解决问题的责任，让自己遵循良知的指引，你才能真正成为自己的主人。如果你凡事都求人，那只能和王阳明举的那个例子中丢了尘尾的禅师一样，不知所措。

一人在屋檐下躲雨，看见佛祖撑伞走过。

他请求："我的佛，普度一下众生吧，带我一段如何？"

佛祖说："我在雨里，你在檐下，而檐下无雨，你不需要我度。"

这人马上窜出檐下，站在雨中："现在我也在雨中了。"

佛祖说："你在雨中，我也在雨中。我不被淋，因为有伞；你被雨淋，因为无伞。所以不是我度自己，而是伞在度我。你要想被度，不必找我，请自己找伞去！"

这人怔在雨中，被浇成了落汤鸡。

第二天，此人遇到难事，便去寺庙里求佛祖。走进庙里，才发现佛祖的像前也有一个人在拜，那个人长得和佛祖一模一样。

他小心翼翼地问："你是我佛吗？"

那人答道："是我。"

这人又问："那你为何还拜自己？"

佛祖笑道："我也遇到了难事，但我知道，求人不如求己。"

原来，佛祖的神通广大并不仅仅是因为他能帮助众生，还因为他能遇事求自己。我们的人生只有一次，作为人生的当事人，我们不能让其他任何人左右我们的人生，他们也无法左右。

据说，拿破仑年轻的时候，一次到郊外打猎时听见河里有人喊救命，他快步走到河边一看，见一男子正在水中挣扎。但这河并不宽。水其实也不深，男子完全可以游上岸来。拿破仑端起猎枪，对准落水者大声喊道："你若再不自己游上来，我让你死在水中！"那人见求救已无用，反而更添一层危险，便只好奋力自救。出人意料的是。他最终游上了岸。

我们无须论证这个故事的真实性，它只是告诉我们一个道理：自己的生命本应该是自己负责的，唯有自己负责的生命才是真正有救的生命。生命如此，幸福更如此。

五、拥有纯明无瑕的良知

诚心诚意地生活，首先，要求我们不欺骗自己，坦然面对自己的内心；其次，要求我们真诚地面对他人，不要伪装良善来欺骗他人，不要失信于人。如此才能拥有王阳明所说的那个纯明无瑕的良知，才能获寻人生的欢乐。

养心最好的办法就是思诚

一天，弟子管志道问："荀子说'养心最好的办法就是思诚'，但程子并不赞成这个观点，这是为什么？"

王阳明回答说："这也不能就认为不对。'诚'字也可以从存养身心上来理解。'诚'是心的本体，要恢复心的本体，就要思诚。程颢先生说'用诚敬的心存养它'，也是这个意思。《大学》里说'要端正人心，必须先端正他的思想'，也是如此。"在王阳明看来，用诚挚的态度生活，就是致良知——恢复心的本体的表现。

佛家有一句话："心香一瓣，有诚则灵。"是说看一个人是要从心而论的。当然这不是说没必要修行了，不然，打着"心香"的旗号，胡作非为，岂不是戏弄了佛家的宽容与智慧？

早在春秋战国时期，圣人孔子就感叹人们"诚心"的日渐趋下，发出"吾不欲观之矣"的喟叹。古代的禘礼，是国家的大典，全民的大典，皇帝要斋戒沐浴七天或三天以后，才代表全民出来主祭，而且要全副精神，诚心诚意，十分郑重，等于是一个宗教家的大祈祷，绝对不可马虎。但随着当时文化的衰败，即便在郑重的禘礼上，人们也不再心诚：禘礼开始以后，主祭者端上一爵奉献神禘的酒以后，就想着赶快走，隆重的祭礼不过是在走形式，应付了事。这样的情形，怎能不让孔子感叹："我实在不想看下去了。"为什么不想看？就是认为何必勉强作假，而丧失了这件事的实际精神呢!

现在社会上的许多事情都逐渐走向"形式主义",无论是宗教仪式还是宣誓,只要举起手来表示一下,心里完全没有肃庄恭敬的诚意,完全是为了做而做,为了结果而做,失去了诚心,也就失去了做事的意义,自然也就享受不到做事的快乐。

在一个禅者看来,所有问题的出现,都源自心,而所有问题的解决,同样源自心。

有一天,奕尚禅师起来时,刚好传来阵阵悠扬的钟声,禅师特别专注地聆听。等钟声一停,他忍不住召唤侍者,并询问:"刚才打钟的是谁?"

侍者回答:"是一个新来参学的和尚。"

于是奕尚禅师就让侍者把那个和尚叫来,并问:"你今天早上是以什么样的心情在打钟呢?"

和尚不知道禅师为什么这样问他,于是说:"没有什么特别的心情啊!只为打钟而打钟而已。"

奕尚禅师说:"不见得吧?你在打钟的时候,心里一定在想着什么,因为我今天听到的钟声,是非常高贵响亮的声音,那是真心诚意的人才会打出的声音啊。"

和尚想了又想,然后说:"禅师,其实我也没有刻意想着什么,只是我尚未出家参学之前,一位师父就告诉我,打钟的时候应该想到钟就是佛,必须要虔诚、斋戒,敬钟如敬佛,用一颗禅心去打钟。"

奕尚禅师听了非常满意,再三说:"往后处理事务时,不要忘记持有今天早上打钟的禅心。"

我们可以想象，那个小和尚将来一定可以修成正果，原因就在于他虔诚的佛心。

心诚不诚，也许骗得了别人，但终归骗不了自己。虽然，结果的好与坏也存在着许多不确定因素，但总有一些因素是由心而定的。忠诚地对待自己的理想、真诚地对待自己的学业和事业、坦诚地对待自己的亲朋……好的结果就会出现，忠诚度、真诚度、坦诚度越高，好的结果就会越早出现。

心诚则灵，怀着一颗永不放弃、至死不渝的真诚心，就会给人带来永不言败、锲而不舍的精神意念，好的结果自然水到渠成。很多成功的人，正是因为有了一颗虔诚的心，才做出了伟大的事业。因此，无论外界如何喧嚣，我们都要固守一颗虔诚的心。虔诚的心是对正念的把握，是对信念的秉持。纤尘不染，杂念俱无，集念于一处，力量就是最大的。

爱出者爱返，福注者福来

正德年间，宁王朱宸濠叛乱，时任赣南巡抚的王阳明手里既没有平叛的兵权也没有平叛的御旨，打倒朱宸濠的叛军对他来说不是责任也不是义务，但是他却毅然挑起了平叛的重任，为的不是别的，就是为了报国救民，为的就是使千千万万的无辜百姓免受硝烟战火的蹂躏和摧残。也正是因为王阳明对于百姓的爱和付出，当他义旗高举的时候在短短十几天内就获得了众多百姓的支持。平叛后，智勇双全的王阳明也自然受到了黎民百姓的爱戴。

"爱出者爱返，福往者福来。"为他人奉献善心，为社会造福祉，他人和社会必定会以善回报于我们。这就好比因果循环，我们种下了什么样的因，也将会收获什么样的果。

人们之所以不快乐，是因为不明白仁爱的道理。往往忽视了自己也是需要付出的，只知一味地寻求结果，结果只会导致不分青红皂白地怨天尤人，抱怨自己没有得到幸福和快乐。福往与福来间，我们都要为自己的举动负责，因果之间不只是简单的报应关系，而是一种对责任的深化。如果心中有爱，胸中有福，不是一人独享，而是与人分享，那人生又有什么苦恼可言呢？

孟子在与邹穆公对话时，引用了曾子的话："出乎尔者，反乎尔者也"，这都是因果报应的观念。古今中外，一切事情都逃不开这个因果律。因果，最简单的解释，就是"种什么因，得什么果"，这是自然界的普遍法则，世界上没有任何一种结果不是从它的原因生成，正所谓"种瓜得瓜，种豆得豆"，福往者才能福来。关于因果之缘的古今轶事，实在不胜枚举。

春秋时期，秦穆公在岐山有一个王室牧场，饲养着各种名马。有一天几匹马跑掉了，管理牧场的牧官大为惊恐，因为一旦被大王知道，定遭斩首。牧官四处寻找，结果在山下附近的村庄找到了部分疑似马骨的骨头，心想，马一定是被这些农民吃掉了。牧官大为愤怒，把这个村庄的三百个农民全部判以死刑，并交给穆公。

牧官怕秦穆公震怒，于是带领这些农民向穆公报告说，这些农民把王室牧场里的名马吃掉了，因此才判他们死刑。穆公听了不但不怒，还说这几匹名马是精肉质，就赏赐给他们下酒。结果这三百个农人被免除了死刑，高兴地回家了。

几年后，秦穆公与晋惠公交战，陷入绝境，士兵被敌军包围，眼看快被消灭，穆公自己也性命堪忧。这时敌军的一角开始崩裂，一群骑马的士兵冲进来，靠近秦穆公的军队协助战斗，这些人非常勇猛，只见晋军节节败退，最后只得全部撤走，穆公脱离险境。到达安全地点后，穆公向这些勇敢善战的士兵表达自己的谢意，并问他们是哪里的队伍。他们回答说：我们是以前吃了大王的名马，而被赦免死罪的农民。

秦穆公的善举最终获得了好的回报。因果也就是这个道理，一念之善救人救己，人生就是如此。一个人在其漫长的一生中所走的每一步，都已为明天埋下了伏笔。我们所做的每一件事，都如同我们撒下的一粒种子，在时光的滋润下，那些种子慢慢生根、发芽、抽枝、开花，最终结出属于自己的果实。我们自己所种下的因，遇到适合的条件就会产生一个结果。在这个世界上，因果自有定，做人不执着，不自私，不占有，为而无为，所得与所想，虽常不一致，但皆由人自己制造。

我们种了什么种子，自然结出什么果子。善得善果，恶得恶果。

世间的爱就犹如这因果一样可以循环。爱，给予别人，不见得有直接的回报，但最终也会循环到自己身上。如果每个人在爱护自己的同时，也去关爱别人，那么最终自己也能得到更好的爱护。

爱出者爱返，福往者福来。世间的爱与福皆在这因果当中，需要我们去播撒与收获。

与人为善，暖人暖己

早年间王阳明立志于格物穷理，在他看来，明白善与恶的差别就是良知，而怀有善心做一些善事，反对和去除一切"恶人""恶事"便是格物，便能穷理了。其实，无论我们做什么工作，如果能秉持多付出一点爱心的原则，成功就是必然的。

"人之初，性本善"是人所共知的《三字经》的开篇语，但是长大的我们心中是否还留有这一份善呢？也许我们有，也许我们的心里早就被不良诱惑挤满了，不再有善的踪迹。而且在这个世界上，贪欲与邪恶、自私与狡诈正以前所未有的势力存在着。然而，善良依然是这个世界最感人的力量，它使我们充满力量与勇气，使我们赢得尊重和支持，帮助我们一步步走向成功。帮助别人就是帮助自己，每一个善良仁爱的人是一定会得到回报的。

东汉的开国皇帝刘秀精于谋略，智勇兼备。刘秀在争伐天下的过程中，十分注重御心之术，很多棘手的问题他都能轻松化解，最终战胜所有对手，拥有天下。

建武三年（公元 27 年），刘秀亲率大军前往宜阳，截断了赤眉军的退路。赤眉军无可奈何只好投降。

刘秀的手下深恐赤眉军再起叛乱，私下对刘秀说："陛下仁爱待人，只需安抚住赤眉军将士即可。刘盆子身为敌人头领，难保不生二心，此人不可不除啊。"

刘秀对手下人说："行仁之义，全在心诚无欺，如此方有效力。朕待他不薄，他若再反，那是他自取灭亡；朕若背信枉杀，乃朕之失，自不同也。"

刘秀对刘盆子赏赐丰厚，还让他做了赵王的郎中。

在刘秀的治理下，天下的混乱局面也平息下来，日渐安定。

刘秀懂得人心永远不是武力可以征服得了的，让人心服才是真正的征服。而善良仁爱的手段具有强大的力量，它在帮助别人的同时也帮助了自己。人的一生应该是施与爱的一生，只有这样，我们才能活出真正的自我，获得一个充实而美丽的人生。

善待社会、善待他人，并不是一件复杂、困难的事，只要心中常怀善念，生活中的小小善行，不过是举手之劳，却能给予别人很大帮助，何乐而不为呢？

心中有情有爱，世界才会风光无限。仁爱之心如一盏明亮的灯，它可以照亮我们的人生。所谓仁爱，就是先想到别人，能宽容别人，就是要与人为善。

楚惠王吃酸菜时，突然发现菜中有一条蚂蟥，他没有声张，不动声色地吞了下去，结果肚子痛得不能吃饭。令尹前来问候。关心地问道："大王怎么得了这种病？"

楚惠王说："我吃酸菜时见到一条蚂蟥，心想，如果把这事张扬出去，只是斥责庖厨等人，而不治他们的罪，就违反了法度，那样，今后我自己的威信就无法树立；如果追究他们的责任，就应该诛杀他们，这样，太宰、监食的人，按法律都将处死，我于心不忍啊。所以，我只好把蚂蟥悄无声息地吞咽下去。"令尹深深地施了一礼，祝贺道："我听说上天是铁面无私、六亲不认的，只是辅佐有德行的人。大王您大仁大德，正是上天保佑的人啊，这点小病是不会伤害您的。"当晚，楚惠王胃里的蚂蟥真的出来了，他也不用再忍受疼痛之苦。

古语云："人生一善念，善虽未为，而吉神已随之。"意思是说一个人只要心存爱心，即使还没有去付诸实践，吉祥之神已在陪伴着他了。楚惠王为使他人免除灾难，而不惜自己忍受痛苦，这样怎么会得不到上天的眷佑呢？爱人者，人恒爱之；敬人者，人恒敬之。

说到底，慈悲是一种关怀，是无条件地爱一切生命。播种爱心，慈悲为怀不仅能够得到内心的安静祥和，达到美好的境界，而且能够让别人获益，记取你的那份善良与美好。上善若水，涓涓细流，润物无声。播撒爱心，幸福触手可及。

土地不如德行，财物不如仁义

修身、齐家、治国、平天下，此乃儒家文化中传统的道德理想。儒家思想将"修身"放在人生事业的第一位，而"欲修其身者，先正其心"。可见对于我们中国人而言，人品修养有多么重要。尤其是对于立志创出一番事业的年轻人而言，无论是奋斗的过程还是成功之后，良好的道德修养都是不可或缺的。

王阳明的"心"学思想尤其注重个人自身的道德修养，将之与天理相统一。他认为，"良知"作为人内心的是非准则，具有知善去恶的能力，人们能够凭借它去辨明是非善恶。即是说，一个人发自内心的道德修养，会影响他的言语、行为以及为人处世的原则。小则影响他在利益与仁义之间的取舍，大则影响他在人生的道路上是荆棘满布还是一片坦途。

段干木是战国时晋国人，赵、魏、韩三卿三家分晋后居于魏。他小时候家里贫穷，社会地位低下，因而他的志向难以实现。他游学西河，师事孔子弟子卜商（子夏），成为很有学问的人。他住在魏国的城邑段木，所以人们称他为段干木。他很有才能，但不愿做官。魏国国君魏文侯曾经登门去拜访他，想授给他官爵，他却避而不见，越墙逃走了。从此，魏文侯更加敬重他。每当乘车路过他家门时，就下车扶着车前的横木走过去，以表示对段干木的尊敬。

他的车夫感到纳闷："段干木不过一介草民，您经过他的草房表示敬意，不是太过分吗？"魏文侯答道："段干木是一位贤者，他在权势面前不改变自己的节操，有君子之道。他虽隐居于贫穷的里巷，而名声却远扬千里之外，我经过他的住所怎敢不对他表示敬意呢？他因有德行而取得荣誉，我因占领土地而取得荣誉；他有仁义，我有财物。土地不如德行，财物不如仁义。这正是我应该学习、尊敬的人啊！"

后来，魏文侯见到了段干木，诚恳地邀请他任国相，段干木谢绝了。他与段干木倾心交谈，两人成为莫逆之交。没过多久，秦国想兴兵攻打魏国，司马唐雎向秦国国君进谏道："段干木是贤人，魏国礼遇他，天下没有不知道的。像这样的国家，恐怕不是能用军队征服的吧！"秦国国君觉得有道理，于是按兵不动。

在《上古先秦歌谣》中，有一首歌谣，其中写道："吾君好正，段干木

王阳明心学大智慧

之敬。吾君好忠，段干木之隆。"段干木终身不仕，然而他又不是真正与世隔绝的山林隐逸一流，而是隐于市井穷巷，隐于社会底层的平民百姓中。进而"厌世乱而甘恬退"，不屑与那些乘战乱而俯首奔走于豪门的游士和食客为伍，使倾覆之谋，"浊乱天下"。

与此相反，那些见利忘义者，必遭人唾弃。历史上不乏道德败坏之人登上高位、不可一世的例子，当代仍存在不少人经受不住荣华富贵的引诱而贪污腐败、以权谋私的残酷现实。在金钱与权力面前，人们会质疑，良好的道德品质还有何用？然而，真实的历史给了我们最好的印证，没有良好的道德品质，再位高权重、大富大贵之人，也会不得善终、惨淡收场。

秦朝宰相赵高，为官期间横征暴敛，滥杀无辜，却官居高位，一人之下，万人之上；三国董卓个性粗爆，奸诈无比，却自封相国，专断朝政，凶暴淫乱，无法无天；唐朝的李林甫，为人奸诈阴险，手段卑鄙，世称"口有蜜，腹有剑"，受贿无度，生活奢华，却官至宰相；奸相秦桧，其人残忍阴险，陷害忠良，卖国投降，却能为相十九

赵高

年。然而，赵高后来为子婴所杀；董卓为王允等人所杀；李林甫的腐败最终引发了"安史之乱"，留下千古骂名；秦桧死后被筑"跪相"，永世不得翻身。官居高位固然令人称羡，但他们的下场，向世人清楚地昭示了罔顾道德、埋没良心而得来的荣华富贵，是以令人唾弃、遗臭万年为代价的。

在追逐成功的人生道路上，获得一定的社会地位是成功的一个重要方

面。然而，地位有两层含义。一是外在的权位高低，一是在众人心目中的位置。有远见之人看重"赢得身前身后名"，鼠目寸光之人只见眼前的风光而听不到背后的骂名。上述道德败坏之人，无不因其外在的权位而一时风光，却背负着世人的唾骂而不自知。王阳明忠君爱国，体恤百姓，鞠躬尽瘁，死而后已，因此流芳百世；而与王阳明同时代的刘瑾，狡诈得权，肆意贪污，其社会地位差之千里。

由此可知，立志成功之人，无论最后上到何等高位，都不能忘德行这个"本"。只有时刻保持良好的品德，以此为准约束自己的行为，才能在有限的能力范围之内创造出无限的人生价值，才能以良好的口碑传世，成为人生道路上真正的大赢家。

良知本身没有善恶之分

王阳明认为，如果人们在经过一番修习后，还不知道心的本体原本是纯净无物的，而一直执着于惩恶扬善，心里就多了有意惩恶扬善的成分，人心的本体就不再是广阔坦荡、中正平和的了。《尚书》所说"不有意为善为恶"，才是心的本体。

对于心的本体，王阳明将其称为"良知"。在他看来，人人都有良知，甚至连强盗都有良知，因而圣凡贤愚的区别，并不在于有没有良知，而在于良知是否被物欲所蒙蔽，以及良知被蒙蔽程度的深浅。

良知本身没有善恶之分，只有当人们的良知被物欲蒙蔽时，才会受物欲的驱使而对世上的事物做出善（有利于自己）、恶（不利于自己）的区分，也才逐渐开始了以善为美、以恶为丑的生活，开始了有意为善，或为善不成而有意为恶。

然而，无论是有意为善还是有意为恶，都扭曲了良知。正如王阳明所说："心体上着不得一念留滞，就如眼着不得些子尘沙。些子能得几多，满眼便昏天黑地了。""这一念不但是私念，便好的念头亦着不得些子。如眼中放些金玉屑，眼亦开不得了。"意思是说，人心的本体上不能存留一丝杂念，就像眼睛里揉不得一点沙子。一点沙子没有多少，却使人满眼昏天黑地，看不清世界。这一念头不仅仅是指那些恶的私念，就是好的念头也不能存留。如果你在眼中放入一些金玉屑，眼睛也会睁不开。王阳明以此劝诫人们要时时保持自己的良知，不让它被物欲所沾染。

有意为善，就渴望回报，渴望受助之人能"滴水之恩，当涌泉相报"。这个回报不单指金钱上的回报，更多的是情感上的回报——美名。因此蒲松龄才说："有心为善，虽善不赏。"在他看来，同样是善行，如果是有心为之，就不应赏。因为"有心之善"不是出于本心，即便是为行善而行善的真善（如吃斋念佛），因其本身已包含了某种受报答的期待（升天成佛），所以也不能被称为"真善"；何况还有很多是同时已伏下杀机的逢迎讨好者的"伪善"呢？

清代文人蒲松龄在《聊斋·黎氏》中描写的狼妖黎氏刚娶进门便是"妇便操作，兼为儿女补缀，辛劳甚至"，完全一副勤劳、温柔的慈母贤妻模样，然而她的这些举动都是"伪善"，是为了让谢生放松警惕，为自己吃掉谢生的儿女做准备。所以赏有心之善，既难免有失察之嫌，又难免有纵恶之失。

蒲松龄又说："无心为恶，虽恶不罚。"倘若有人做了坏事，只要不是有意为之，再加上道歉及时，态度诚恳，被伤害的人也会谅解。比如，你无意中踩了别人一脚，立即向对方说一声："对不起"。对方往往会笑着回复："没关系"。

犯了过错当然要受责罚，但也要看动机，若是意外的过失，并非出自本心，如投鼠损器之类的事与愿违，就不必按例受罚，只要"能改"就好。《聊斋·莲香》中的女鬼李氏与桑生相好，但她身上的阴霾之气使得桑生一病不起。因为李氏并无谋害桑生之心，是"无心为恶"，所以没受惩罚，并因真诚改过而起死回生，与桑生结为夫妻。

总之，无论"为善"还是"为恶"，它们所招致的"名"或"刑"都对自我的生命有害。刑罚不用说了，至于名声，人们也往往为其所累：或者做起善事就不得停止，一路做去，疲弊精神；或者为了竭力维护好名声，徒然增加许多不必要的作为，为了面子而虚伪，背离自己的本性。因而，从生命的本真而言，"善""恶"不妨都放下，不有意为善为恶，以免遭受"名""刑"的伤害，而这也是恢复并保有纯明良知的最好方法。

从眼前此刻做起

王阳明认为，人们探索心灵的奥秘，只是依据各自的能力尽力而为。今天探究到这样的程度，就只依据今天所理解的延伸到底；明天，我们的心灵又有新的体悟，那就从明天所理解的延伸到底。这样才是踏踏实实专注于一个目标的功夫。

这其实就是在告诫人们：修身养性也应当循序渐进。因为人的天赋不一样，领悟能力也不同，如果要求资质较差的人一开始就去做难度很高的事，如何能够做得到呢？所以一定要循序渐进地进行修行，注重从小事做起。不管环境怎样，只要持之以恒地完善自我，就能做最好的准备以应对机会的到来。

在现实生活中，有很多人都不重视做眼前细小的事情，不注意从一点一滴开始积累"良好的行为"，总认为小事不值得去做。其实，每一刻的努力都会令我们的心灵得到成长，增加我们的定力，提升我们的素质。

当下这一秒钟的努力也许微不足道，但是，正是由无数个这样的一秒钟构成了每一分钟、每一小时，乃至整个人生。正如老子所说："合抱之木，生于毫末；九层之台，起于累土；千里之行，始于足下。"合抱的大树，是从细小的树苗生长起来的；九层的高台，是由一筐筐土堆积而成的；千里的远行，是从脚下第一步开始的。老子又说："图难于其易，为大于其细。天下难事，必作于易；天下大事，必作于细。是以圣人终不为大，故能成其大。"难事是由一件件容易的事累积成的，大事是由一件件细微之事组成的。天下的难事，必定是从每一件容易的事做起；天下的大事，也必定是从每一件看似微不足道的小事做起。

正由于这个原因，成就了伟大功业的圣人，从不好高骛远去做所谓的"大事"，而是扎扎实实地从身边的每一件小事做起，将每件小事、容易的事做到极致，最终做成大事。

电话发明者贝尔的经历，正是从眼前的事做起而获得伟大成功的典型例子。

刚开始，贝尔并不是一个专业的科学家或发明家，他也没想到要去发明电话，他只是一个聋哑学校的老师。

在学校工作几年后，他与一个聋哑学生产生了感情，后来两人结了婚。妻子听不到声音，令贝尔感到很苦恼，他于是想发明一种工具，能使妻子听到自己说话。

在这个单纯目的的驱使下，贝尔废寝忘食地投入了这项研究，他从眼前最细小的事情做起，着眼于解决当前一个个具体的问题：先深入学习电学知识；受到电报机运用电磁铁完成电信号和机械运动相互转换的启发后，开始设计电磁式电话；先把音叉放在带铁芯的线圈前，音叉振动引起铁芯做相应运动；产生感应电流；电流信号会到导线另一头做相反转换，变为声信号；再把音叉换成能随声音振动的金属片，把铁芯改成磁棒……总之，贝尔在反复不断试验的基础上解决了一个个具体的小问题，从而发明了电话，极大地改变了人们的生活方式，他也因此成了一个伟大的发明家。

美国波士顿大学的一位教授，曾对毕业生说过这样的话："大学生有一种危险，那就是关心其他的问题胜于关心眼前的问题。年轻人过于自信，把许多事情看得过于简单，而认为不值得用全部精力去做而导致失败的例子也屡见不鲜。"

这位美国教授所指出的，也正是中国很多年轻人所存在的弊病。很多年轻人一心想干大事，想找一份既体面又赚钱的工作，却不能认真地从眼前那些看似微不足道的琐事做起，以打好日后做大事的基础。若在青春的大好年华过去时才感叹"时不我待，机不再来"就为时太晚了！其实，这不仅是年轻人存在的问题，更是整个人类存在的问题。

所以，有志于成就一番事业的人，从现在就应该立志从当下的小事做起，日积月累，才能不断提升素质，增强才干，为实现自己的抱负打下坚实的基础。

真心着眼，敦本尚实

一次，王阳明来到南镇游玩，一个朋友指着从石头缝里长出来的花问道："你说天下没有心外之物，那么这花在自开自落，和我心有什么关系？"

王阳明回答说："你见到这花之前，花与你的心各自寂静；你来看此花时，花进入我们的内心，此花便在心头显现出来。便知此花不在你的心外。岩中花树对于心来说，其存在本身及其意义的被确认，在于花在人心中的显现。"

王阳明的这番话可以有很多种理解，而其中最为紧要的一点则是对于"心"的着眼。世间万象，其实都在于你是否用一颗"本心"去体验融会。在王阳明看来，这个本心就是真，真诚、真挚、真君子，抽取"真"，弄权耍奸，虚伪掩饰，只剩皮囊一副；抽取"真"，花开花谢无关己身，不知人事变迁，落得心眼两茫，终其一生，全无所得。

人心中有善有恶，有趋炎附势，有高洁自傲。唯其不真，所以才有"这万丈红尘，最难揣摩的就是人心"的说法。王阳明的全部学问就在于求"真心"以接"仁义"。简单地说，就是你没有一颗真挚实诚的心，也做不出善良敦厚的事。

一日，杨时、游酢来到嵩阳书院拜见程颐，正遥上程颐闭目养神，坐着假睡。程颐明知有两个客人来了，他却不言不动，不予理睬。杨、游二人也不愠不恼，只是恭恭敬敬地站在门口，肃然待立，一声不吭等候他睁开眼来。

那天正是冬季很冷的一天，不知什么时候，开始下起雪来。门外积雪，有一尺多深。在雪中等了约有半天工夫，程颐才从睡榻上醒来，见了杨、游二人，装作一惊说道："啊！啊！贤辈早在此乎！"而杨时和游酢并没有一丝疲倦和不耐烦的神情。

杨时、游酢二人"程门立雪"，只为学于高师，求善解，两人真心崇拜程颐人品道德和学术修养，明知程颐在考验自己，依然以礼相见。对他们来说，这是出于真心实意的行为，并非趋炎附势，所以内心坦荡而礼义周全，即是平常人之礼，其本质是诚心而非收买。

不敷衍、不做作、不逃避，能老实地袒露内心的人，往往最能打动人心，得到别人的谅解。然而，做人却很难得永远保持着这种心境。就好像刚出学校的年轻人，满怀着希望和抱负。但是入世久了，挫折受多了，艰难困苦经历了，或者心染污了，变坏了；或者本来很爽直的，变得不敢说话了；或者本来很坦白的，变成很歪曲的心理了；本来有抱负的，最后变得很窝囊了。其实，社会与环境不足以影响人，只要我们每个人有自己独立的造诣、独立的修养，那么在任何复杂的世界、任何复杂的时代、任何复杂的环境里，都可以永远保持最初开始时的心境，这就是王阳明说的"本心"。

一如动静互补是一种生命形态，本心为真亦是一种生命形态。王阳明常言："真，吾之好也。"而痛恨假道于私的小人所为。佛家说世上只有两个人，一个人叫名，一个人叫利，照此讲来，我们不妨也可以这样说，世上只有两样事，一件为真，一件为假。求真必然务实，求假自然务虚，虚实之间，体现的不仅是对人的态度，更是对自己的认识。糊弄别人容易，糊弄自己很难。

保持本色，出以真情

泰山拔地而起，于是造就了东岳的雄伟；黄山吞云吐雾，于是成就了它的瑰丽；峨眉清幽秀美，于是展现了它的神奇——山因自己的个性而呈现出千姿百态。雄也美，秀也美。万事万物，因有个性本真而美丽；芸芸众生，因有个性本真而永恒。

王阳明曾对他的学生黄弘纲说，无事时是独知，有事时也是独知。人如果只在人们关注的地方用功，那就是虚伪的作假。因此，一个人在这个社会上生存，不要总希冀自己能够瞒天过海，还是以真示人，但求无违我心的好。

子路、曾晳、冉有、公西华坐在孔子身旁。孔子说："不要认为我比你们年纪大一点，就不敢在我面前随便说话，你们平时总在说：'没有人知道我呀！'如果有人想重用你们，那么你们打算怎么办呢？"

子路不假思索地回答说："一个拥有一千辆兵车的国家，夹在大国之间，常受外国军队的侵犯，加上内部又有饥荒，如果让我去治理，三年工夫，就可以使人人勇敢善战，而且还懂得做人的道理。"孔子听了，微微一笑，于是又问："冉求，你怎么样？"

冉求回答说："一个纵横六七十里或者五六十里的国家，如果让我去治理，等到三年，就可以使老百姓富足起来。至于修明礼乐，那就只得另请高明了。"

孔子又问："公西华，你怎么样？"

公西华回答说："我不敢夸口说能够做到怎样，只是愿意学习。在宗庙祭祀的工作中，或者在同别国的会盟中，我愿意穿着礼服，戴着礼帽，做一个小小的赞礼人。"

孔子接着问曾皙，这时曾皙弹瑟的声音逐渐慢了，接着铿的一声，放下瑟直起身子回答说："我和他们三位的才能不一样呀！"孔子说："那有什么关系呢？不过是各自谈谈自己的志向罢了。"曾皙说："暮春时节，天气暖和，春天的衣服已经上身了。我愿意和五六位成年人，六七个青少年，到沂河里洗洗澡，在舞雩台上吹吹风，一路唱着歌儿回来。"

孔门这几位弟子的个性跃然纸上，子路的忠诚与勇敢，冉有的谨慎，公西华的谦虚，曾皙心灵的平静与淡然，都呼之欲出。个性就是一种特质，一种不因潮流而改变的东西，一种你有别人没有的东西。只有坚持独属于自己的才会是最美的。

明末清初大思想家王夫之在其书中曾强调，个人身处世间，不可"挟心而与天下游"，否则就会像"韩非知说之难，而以说诛。扬雄知白之不可守，而以玄死"。既然一个人不可"挟心而与天下游"，那就说明人生在世，要学会"以真示人"。但很多人都自认为聪明，可以骗得了天下人，其实，人的智慧相差无几，一个人的那点小小的伎俩怎么可能瞒得了其他人呢？

东晋时，王家是大家族，社会地位很高，因此当时的太尉郗鉴就想在王家挑选女婿。郗鉴这个女儿，才貌双全，郗鉴爱如掌上明珠，这么一个宝贝女儿，一定要找个门当户对的人家。郗鉴觉得王家与自己情谊深厚，又同朝为官，听说他家子嗣甚多，个个才貌俱佳。一天早朝后，郗鉴就把自己择婿的想法告诉了王丞相。王丞相说："那好啊，我家里子嗣很多，就由您到家里任意挑选吧。凡您相中的，不管是谁，我都同意。"郗鉴就命心腹管家带上重礼到了王丞相家。王府子弟听说郗太尉派人觅婿，都仔细打扮一番出来相见。寻来觅去，一数少了一人。王府管家便领着郗府管家来到东跨院的书房里，就见一个袒腹的青年人仰卧在靠东墙的床上，似乎对太尉觅婿一事无动于衷。郗府管家回去向郗鉴报告："王家的少爷个个都好，他们听到了相公要挑选女婿的消息以后，个个都打扮得齐齐整整，装模作样，循规蹈矩，唯有东床上有位公子，袒腹躺着，若无其事。"郗鉴说："那个人就是我所要的好女婿！"于是马上派人再去打听，原来那人就是王羲之。郗鉴来到王府，见到王羲之既豁达又文雅，才貌双全，当场下了聘礼，择为快婿。

王羲之并不因有人来挑选女婿就刻意打扮自己，这就是显其真。一个以真示人的人一定会有一个好前途，所以王羲之被选中了。

真正成功的人生，不在于成就的大小，而在于是否活出自我。走自己的路，让人们去说吧！何必把自己的人生交到别人的手中，何必要被别人的评论所左右，何不按照自己的想法去过自己的人生！

伪装自己、改变自己只会丢失了自己，这样便没有了存在的意义。王阳明提倡恢复心的本体，是告诉世人要保持最为本真的自己。每个人都是独一无二的，无须按照他人的眼光和标准来评判甚至约束自己，无须效仿他人，要相信自己，保持自我的本色，无须去寻求这样那样的机心，应以真心对待万事万物。事实上，只要我们在遵守团体规则的前提下能够保持自我本色，不人云亦云，不亦步亦趋，就能创造出属于自己的美好人生。

善待别人就是善待自己

王阳明带兵打仗，无论打到哪儿，都会站在当地百姓的立场来看问题、想问题。王阳明在做任何决定的时候，都会从良知出发。他认为天地万物本是一体的，人民困苦，也就相当于是自己身受困苦。这个时候他不仅在当地采取措施帮助人民脱离苦海，还上书朝廷帮助百姓解决困难。

金钱、地位、名声，吸引了一批又一批的追逐者。这其中有追逐成功的，被我们叫作富人、成功人士；有失败的，就是我们常说的平民、穷人。但是，这些仅仅只是外在的，就算富可敌国，终有一天，它们都会离你而去。所以，拥有财富、拥有荣誉，不光是光环那么简单，更多的是一种责任。这个时候，顾及的不只是个人而已，造福社会才是长久的可行之道。

正像王阳明说的，君子尊重并赏识有贤德的人，而小人只顾自己享乐，只顾贪图自己的利益。贪婪的本质是不安定，它像是长在人内心深处的一棵毒草，不断地腐蚀着本来纯净的心灵。它时而蛰伏，时而膨胀，人若不能摆脱就只能受制于它，所谓人心不足蛇吞象，过于贪婪而没有节制只能招致生活的惩罚。无论是贫还是富，只要你能够帮助到别人，就不应该吝啬自己的善心。

两个同村的砍柴人相约去村西的山上砍柴，这两个砍柴人一个年长，一个少壮，都是砍柴的好手。但是相比之下，由于年龄和经验的差别，年长的这个砍柴人还是比少壮的这个人显出更大的能力。

两人来到山上，拿出砍刀砍柴，村西的这座山，山势不高而且树木繁茂，一开始两个人的进度都相差不多，过了两个多小时。天气渐渐炎热起来，少壮的砍柴人躺在地上休息了一会，而年长的那位依然砍柴不止，并且已经从山的这边移到了山的那边。眼看就要比预计的时间提前一个多小时砍完柴。

这个时候，少壮的从梦中醒来，看看天色暗了下来，而自己还没有砍够第二天要用的两捆柴，于是心急起来，他不用砍柴刀。而是用手一根根地折断树枝和杂草。但是今天的天色似乎比以往暗得早，直到太阳落山，少壮的砍柴人也没有砍够第二天所需用的柴火。

这时年长的喊他下山了，当这个年长的砍柴人看到他孤零零的一捆柴时，明白少壮的这人没有好好砍柴，他一声不响地拿过自己的一捆柴火，对少壮的说："这下够你用一天的了。后天我们再来砍。"

少壮的说："你这些柴火都是用来卖钱的，你给了我，不是少了很多收入吗？"

年长的说："钱今天少赚，明天可以多赚，但是烧火做饭却是一刻不能受影响的。我这些柴火够我用的了，而你也不会受饿，这不是两全其美的事情嘛。"

年长的砍柴人其实说出了我们很多人明白但却很难做到的真理——你是一个人享用此间的美好，还是将这种美好散播到每个人的身上，独乐乐不如众乐乐？其实，再平凡再普通的人只要有一颗爱心，一样能做出让所有人感动的善行。而那些只顾自己享乐的人大多是因为心中欲望太多，不能一一得到满足，于是产生烦恼，就会觉得苦。人为了摆脱这种感觉就会竭尽全力地再次索取，像是困在海上的水手，船仍在海上，彼岸遥遥而淡水枯竭，无边浩瀚的海洋就像充满诱惑的花花世界，第一口海水本意为了解渴，哪知命运却也就此断送在了这一口海水中。

欲望是无穷的，贪婪就像一把利刃，不能丢下就不能踏上苦海之岸，心中揣着太多的贪念，行走尚且蹒跚，又怎么回头？不回头，哪里是苦海的岸呢？要想上岸，必须除去贪念，提起一颗爱心，将奉献当作一种快乐。

善待别人、给予他人就是奉献，所奉献的不仅仅是物质财富，还包括精神和理念。这是抵制贪念的第一利器，是一个人充满爱心的具体表现，更是一个人有智慧和有责任心的表现。通过帮助别人可以体验到快乐，所以说，善待别人，也就是善待了自己。

至诚胜于至巧

我国著名翻译家傅雷说过这样的话："一个人只要真诚，总能打动人，即使人家一时不了解，日后便会了解的。我一生做事，总是第一坦白，第二坦白，第三还是坦白，绕圈子，躲躲闪闪，反易叫人疑心。你要耍手段，倒不如光明正大，实话实说，只要态度诚恳、谦卑恭敬，无论如何人家不会对你怎么样的。"

所谓"精诚所至，金石为开"。假如我们没有诚意，就会什么事情也做不好，做不成。王阳明认为"惟天下之至诚，然后能立天下之大本"。在他看来，"诚"是一个非常重要的字。做事情，总是有一个先后的顺序，在谈到格物致知和诚意时，王阳明说"若以诚意为主，去用格物致知的工夫，即工夫始有下落，即为善去恶无非是诚意的事。"意思是，必须先有诚意，然后才能在事物上格致，否则就会无从下手。所以，在做任何事情的时候，都要讲究一个"诚"字。而这个"诚"是发自内心的真诚、坦白。

生活中有这样一种人：表面和善大度，对待他人永远只会表现他阳光的一面，而将他的阴暗与冷漠、自私等蒙上一层面纱，他们气量狭小却又故作宽宏。

在《论语·公冶长》中，孔子说，一个人讲一些虚妄的、好听的话；脸上表现出好看的、讨人喜欢的面孔；看起来对人很恭敬的样子，但不是真心的。用我们老百姓的话说更直白：嘴上一套，背地里是另一套。这样的人就叫"两面三刀"。还有明明对人有仇怨，可是不把仇怨表示出来，而是暗暗放在心里，还去和所怨恨的人故意周旋，这种人的行径是不对的，用心也奸险。

凡夫俗子们通常都是把心情写在自己的脸上，哪里有那么多的精力用在工于心计上，这样活着的人未免太辛苦了。

贞观初年，有人上书请求清除邪佞的臣子。太宗问他说："我所任用的都是贤臣，你知道哪个是邪佞的臣子吗？"那人回答说："臣住在民间，不能确知哪个人是佞臣。请陛下假装发怒，以用来试验群臣，如果能不惧怕陛下的雷霆大怒，仍然直言进谏的，就是忠诚正直的人；如果顺随旨意，阿谀奉承的，就是奸邪谄佞的人。"

这个人的办法看来非常聪明，但是太宗对他说："流水的清浊，在于水源。国君是政令的发出者，就好比是水源，臣子百姓就好比是水。国君自身伪诈而要求臣子行为忠直，就好比水源浑浊而希望流水清澈一样，这是不合道理的。我常常因魏武帝曹操为人诡诈而特别鄙视他，如果我也这样，怎么能教化百姓？"

于是，太宗对上书劝谏的人说："我想在天下伸张信义，不想用伪诈的方法破坏社会风气。你的方法虽然很好，不过我不能采用。"

不管对谁，都需诚心诚意地对待，才能够迎来别人的信任。而不是通过一些看似聪明的障眼法，来试探对方。因为这样做一方面有被识破的危险，如果这样的做法被别人利用，趁机表现，只会让自己陷入被动、是非颠倒的境地；另一方面，当自己都失去了诚意的时候，就不可能再要求别人真心实意。

事情成功与否，取决于有多大的诚意。真诚，乃为人的根本。如果你是一个真诚的人，人们就会了解你、相信你，不论在什么情况下，人们都知道你不会掩饰、不会推托，都知道你说的是实话，都乐于同你接近，因此也就容易获得好人缘。

以诚待人处事，能够架起信任的桥梁，能够消除猜疑、戒备的心理，能够成大事，立大本。

清水芙蓉，纯然初心

王阳明在回复顾东桥的来信时说，诚是心的本体，恢复心的本体，就是思诚的功夫。心的本体就是最本真，不矫揉造作，不过分修饰。就是永远保持"初心"，不受外界环境影响，光明磊落、坦白纯洁，永远长新。

"初心"是这个世界的原始本色，没有一点功利色彩。就像花儿的绽放，树枝的摇曳，风儿的低鸣，蟋蟀的轻唱。它们听凭内心的召唤，是本性使然，没有特别的理由。

诗人李白云：清水出芙蓉，天然去雕饰。如果一个人去除了机心，还生活本来面目，不刻意追求什么，他就能像李白诗中那朵出水的芙蓉一样，美丽、洁白而无瑕。

王阳明主张心就是理，二者本来就是一体的，除去人的私心，就是符合天理。对于这一点，人们很难认识到，或者即使认识了也很难从心底接受，以至于总是执着于自己的一腔信念，却不知这个想法已经错了。这种自以为是的聪明，反而会成为算不清的糊涂账，还不如像王阳明说的，去除杂质，于单纯中得正道。

聪明是一种先天的东西，人们总是羡慕聪明人的智商，殊不知这种表面的光芒不一定能令聪明人成功，在现实中也确实存在着众多一事无成的聪明人。聪明这种天赋犹如水一样，可以载舟，也可以覆舟。

苏轼在其《洗儿》一诗中这样写道："人皆养子望聪明，我被聪明误一生。唯愿孩儿愚且鲁，无灾无难到公卿。"苏轼对于自己一生因聪明而受的苦真是刻骨铭心，以至于希望自己的儿子愚蠢一点，躲避各种灾难。聪明本是天生禀赋，但机关算尽却是人的痛苦之源，这正是聪明人苏轼对后来人的忠告。

才智也有困窘的时候，神灵也有考虑不到的地方。正所谓难得糊涂：聪明难，糊涂难，由聪明而转入糊涂更难。摒弃小聪明方才显示大智慧，除去矫饰的善行方能使自己真正回到自然的善性。机关算尽太聪明，结果未必是好的。

孔子的徒弟子贡从南方的楚国返回晋国，经过汉水南岸时，看见一位老人在菜园中劳动。这位老人凿通一条地道到井边，抱着瓮装水过来灌溉，费了很大的劲，效果却很差。

子贡说："现在有一种机械，每天可以浇灌一百块菜园。用力很小而效果很好，老人家不想要吗？"

种菜老人抬起头来看着子贡说："怎么做呢？"

子贡说："削凿木头做成机器，后面重前面轻，提水就像抽引一样，快得像沸水流溢。这种机械叫作槔。"

种菜老人面带怒容，讥笑子贡说："我听我的老师说：'使用机械的人，一定会进行机巧之事；进行机巧之事的人，一定会生出机巧之心。机巧之心存于心中，就无法保持纯净状态；无法保持纯净状态，心神就会不安宁；心神不安宁，是无法体验大道的。'所以，我不是不懂得使用机械，而是因为觉得羞愧才不用的。"

子贡满脸羞愧，低着头不说话。

一个人若在机巧之路上迷途不返，就只会越走越远，就像一个追赶自己影子的人那样，自己跑得越快，影子也跑得越快，永远没有追到的一天。因此，一个人若想拥有幸福、快乐的人生，必须去除机巧之心，用"难得糊涂"的心态和真正的大智慧去面对生活中的点滴。

众所周知，在音乐的世界中，技巧很重要，但并不是最重要的，过多的花哨技巧只会减弱情感的表达。人生也是如此，人人都玩弄聪明才智，只会让世界繁杂凌乱，绝圣弃智，才能朴实安然地生活。

我们存在于这个世界上，虽然由于各种各样的因素，不能完全去除机心，但也要尽量减少机心。去除了机心，人就能保持内心的宁静，就能显现出天真烂漫的情怀来。

在声色货利上致良知

有人问王阳明："良知恐怕也存在于声色货利（音乐、美女、商品、利益）之中。这种观点对吗？"

王阳明回答："当然。但初学用功时，对自己的内心必须进行扫除荡涤，不能让自己的心陷入声色货利等东西之中，它们来了既不欢迎，去了也不留恋、惋惜。唯有如此，才能以坦然的心态来对待所遇到的各种事物，才不会让它们成为心灵上的负担，这样自然就会依顺自己本来的智慧去应对。我们致良知，就应该在声色货利上用功，把良知渗入声色货利中，这样你所获得的声色货利就是天经地义的了。"

依王阳明的意思，荣华富贵和吃喝玩乐不一定是低级趣味，只要按良知指引来获得或是享受这些声色货利，那它们就是天经地义、符合天理的。

王阳明从来不否认丰富的物质生活给人带来的利益，在他的学生中有因为贫穷而不得不退学的事，他对此喟然长叹，这足以说明王阳明对物质财富和享乐并不绝对地反对，但前提是，获得它们和享受它们时必须要有个正确的态度。

有些贫穷的人永远感觉不到幸福，是因为他们把追逐声色货利当成是人生的主要目标，由于还没有达到目标，或是在通往终点的路上遇到挫折，就会陷入痛苦的境地。如果他们有个正确的人生态度，也就是按王阳明所说的致良知，把致良知当成是人生的终极目的，把追逐声色货利当作是致良知的工具，那么，就不可能有痛苦。因为"工具"丢了还可以再寻。

有些富人也感觉不到幸福，因为他们还想获得更多的声色货利，同时绞尽脑汁思考如何保住拥有的声色货利。他们和前一种人一样，也是把声色货利当成人生的终极目的，而把真正的人生目的（致良知）抛到脑后。

相比第一种人，拥有了声色货利的人的幸福感微乎其微。不明白良知是人生终极目的的人，一旦享受到了声色货利，就会跟幸福绝缘。因为他们做不到王阳明所说的——富贵来了，不欢迎；富贵走了，不留恋，不惋惜。

在一个繁华的城镇，有两个反差巨大的邻居：一个是富翁，一个是勉强糊口的穷小子。富翁的财富足够他活上几辈子，但他还在拼命地赚钱，而且感觉不到幸福。而让他疑惑的是，邻居那个穷小子每天都开心地笑着，偶尔还会唱几首跑调的歌曲。

富翁对他的管家说："我不明白咱们的邻居穷得叮当响，为什么还那么幸福。"

管家对人性有着深邃的见解，对富翁说："如果您让他忧愁，很简单。只要给他一大笔钱，就是了。"

富翁难以置信，他觉得：一个人穷成那样子还能这么快乐，如果得到一大笔钱，那岂不是为他的幸福锦上添花吗？

管家说："如果不信，咱们就打赌。"

王阳明心学大智慧

第二天，富翁便和管家把几十块金币主动送给了隔壁的穷小子，为了让他相信这是无偿赠送，还特意立了字据。

穷邻居得到这笔钱后，更是快乐无比。富翁却愁容满面，管家安慰富翁说："等等看。"

一天后，富翁听不到穷邻居的歌声了。因为他正在思考一个重大问题：这么多钱，我该把它放到哪里？如果放在家里，被人偷窃了怎么办？存到钱庄去，利息可是太低了。如果拿去做生意，一旦亏本了，岂不是要哭死？

穷小子想了一天，也没有想出更好的办法，最后只好把钱埋到床底下。

但从此后，穷小子再也没有出去，每天都守着那些钱，作困愁城，最终成了个神经敏感、焦虑万分的人。

故事的最后，穷小子终于想通了自己为什么陷入痛苦的深渊。他把钱挖出来，交还了富翁，从此，歌声又在他那家徒四壁的房间里响起了。

人有了物质财富，如果不能以一种正确的人生态度来面对，那将是幸福的灾难。其实我们对于物质财富，也正如王阳明所说的那样，你最好把它当作是一件致良知的工具，而不是目的。如果物质财富是完全在良知许可下获得的，那你不必每天都担凉受怕。即使它有一天离你而去，但只要你的良知还在，你也大可不必为此黯然神伤。事实上，能把致良知功夫做透的人，根本不会在意声色货利的来去。

不要被外物所束缚，这是许多鼓吹心灵励志的人经常谈到的问题。但他们的理解和王阳明的俨然是人间天上。王阳明告诉我们，只要凭借良知去做事，物质财富就会不请自来，而且，在良知的指引下，每个人都有追求声色货利的权利和能力。

王阳明心学对幸福的定义其实很简单：在良知上用功，良知如镜子般光明了，那么照到的东西，无论是什么，都能让心坦然、幸福。

容人方能得人之心

嘉靖元年，一位泰州商人穿着奇装异服来到王阳明家里求学，想拜入王阳明门下，王阳明一口答应了。不久，这人就打算穿着奇装异服出去游历、讲学。王阳明问他为什么要穿成这样，这人便以反对理学陋规，讲究心学为借口。王阳明知道他是怕别人看不起，所以才穿着奇异的服装，打着王阳明的旗号出去讲学，便一口拆穿了他，说他只不过是想出名罢了。这人一听被老师看穿了，只想收拾起最后一点尊严离开，没想到王阳明没有计较，反而继续留他在家里。从此这个人洗心革面、一心向学，他就是王阳明最优秀的学生、泰州学派的创始人——王艮。

人们常说，水至清则无鱼，人至察则无徒。如果你是别人的上级或者师长，不能容忍下属、学生的任何过错与不足，久而久之是很难在下属或者学生之中树立起威信的。

其实，历史上有很多明君，他们都是睁一只眼闭一只眼，在小事情上他们都无比糊涂，不会把下属逼得每日战战兢兢，如临深渊、如履薄冰。当然遇到大事情的时候，或者触犯大原则的时候，他们也毫不客气，一点也不手软。容忍别人的过错，是一个人心胸宽广的表现，同时也是一种生存的谋略。

楚庄王逐鹿中原，连续几次取得了胜利。庄王设宴款待群臣。席间，庄王命最宠爱的妃子为参加宴会的人敬酒。

这时，天色渐渐暗下来，大厅里开始燃起蜡烛。猜拳行令，敬酒干杯，君臣喝得兴高采烈，好不热闹。忽然，一阵狂风刮过，客厅内所有的蜡烛一下全被吹灭，整个大厅一片漆黑。庄王的那位关妃，正在席间轮番敬酒，突然，黑暗中有一只手拉住了她的衣袖。对这突然发生的无礼行为，美妃喊又不敢喊，走又走不脱，情势紧迫之下，她急中生智，顺手一抓，扯断了那个人帽子上的缨。那人手头一松，美妃趁机挣脱身子跑到楚庄王身边，向庄王诉说被人调戏的情形，并告诉庄王，那人的帽缨被扯断，只要点明蜡烛，检查帽缨就可以查出这个人是谁。

楚庄王听了宠妃的哭诉，出乎意料地表示出很不以为然的样子，趁烛光还未点明，便在黑暗中高声说道："今天宴会，盛况空前，请各位开怀畅饮，不必拘礼，大家都把自己的帽缨扯断，谁的帽缨不断谁就是没有喝好酒！"群臣哪知庄王的用意，为了讨得庄王欢心，纷纷把自己的帽缨扯断。等蜡烛重新点燃，所有赴宴人的帽缨都断了，根本就找不出那位调戏美妃的人。就这样，调戏庄王宠妃的人，不仅没有受到惩罚，就连尴尬的场面也没有发生。按说，在宴会之际竟敢调戏王妃，堪称杀头之罪了。楚庄王为什么蓄意开脱，不加追究呢？他对王妃解释说："酒后失态是人之常情，如果追查处理，反会伤了众人的心，使众人不欢而散。"

时隔不久，楚庄王借口郑国与晋国在鄢陵会盟，于第二年春天，倾全国之兵围攻郑国。战斗十分激烈，历时三个多月，发动了数次冲锋。在这场战斗中有一名军官奋勇当先，与郑军交战斩杀敌人甚多，郑军闻之丧胆，只得投降。楚国取得胜利，在论功行赏之际，才得知奋勇杀敌的那名军官，名叫唐狡，就是在酒宴上被关妃扯断帽缨的人，他此举正是感恩图报啊！

如果说当年楚庄王"三年不鸣，一鸣惊人"之举表现出他在诸侯中问鼎称霸的韬略和气魄的话，那么在宴会中绝缨之事，则表现了他那宽容大度的襟怀。

容人之过，方能得人之心。有过之人非常希望看到他人的宽容和友谊，希望得到悔过自新的机会。这种需要一旦得到满足，其对立情绪便会立即消失，感恩戴德，"得人滴水之恩，必当涌泉相报"的情感很快在心理上占据主导地位。在这个基础上，稍加引导，就会产生像"戴罪立功"那样的心理效果。

一名统御者能宽宥属下的某些过失，宽大为怀，容人之过，念人之功，谅人之短，扬人之长，必然会得到部下的奋力相报，在客观上为自己留下了一条后路。

不急人怒，忍让内敛

世间什么力量最大？忍辱的力量最大。拳头刀枪，使人畏惧，但不能服人，唯有忍辱才能感化强者。诸葛亮七擒孟获，廉颇向蔺相如负荆请罪，此皆忍辱所化也。

王阳明也坦言，当时被贬谪贵州，逆来顺受、一无所有的境地，是最能锻炼自己忍耐力、最能够使他静心忍性的地方。在军事思想上，王阳明最擅长的就是绝地反攻，在平定朱宸濠叛乱的时候，王阳明率领的义军几次陷入绝境却又几次奇迹般地获得胜利，最终打倒了朱宸濠。即使在自己

王阳明全集

王阳明心学大智慧

占据兵力优势的时候，王阳明也善于忍耐、再忍耐，等到最佳时机用最少的损失获得战斗的主动权和最终的胜利。他善于忍耐，善于放低自己的位置，这样的军事思想源自他的自信和忍耐。

"自行本忍者为上。"做人要忍，尤其对那些性情暴躁之人，遇事不要轻易发火，要学会自制，否则，得罪的人多了不利于自己日后的发展。

富弼是北宋仁宗时一位品行很好的宰相，然而富弼年轻的时候，因能言善辩常常在无意间得罪了不少人，给自己的事业、生活带来了不利影响。

经过长时期的自省，他逐渐变得宽厚谦和。所以，当有人告诉他谁在说他的坏话时，他总是笑着回答："怎么会呢，他怎么会随便说我呢？"

富弼

一次，一个穷秀才想当众羞辱富弼，便在街心拦住他道："听说你博学多识，我想请教你一个问题。"

富弼知道来者不善，但也不能不理会，只好答应了。

秀才问富弼："请问，欲正其心必先诚其意，所谓诚意即毋自欺也，是即为是，非即为非。如果有人骂你，你会怎样？"富弼想了想，答道："我会装作没有听见。"秀才哈哈笑道："竟然有人说你熟读四书，通晓五经，原来纯属虚妄，富弼才智驽钝，充其量不过是个庸人而已！"说完，大笑而去。

富弼的仆人埋怨主人道："您真是难以理解，这么简单的问题我都可以回答，怎么您却装作不知呢？"

富弼说道："此人乃轻狂之士，若与他以理辩论，必会剑拔弩张、面红耳赤，无论谁把谁驳得哑口无言，都是口服心不服。书生心胸狭窄，必会记仇，这是徒劳无益的事，又何必争呢？"

几天后，那秀才在街上又遇见了富弼。富弼主动上前打招呼。

秀才不理，扭头而去；走了不远，又回头看着富弼大声讥讽道："富弼乃一乌龟耳！"

有人告诉富弼那个秀才在骂他。

"是骂别人吧！"

"他指名道姓骂你，怎么会是骂别人呢？"

"天下难道就没有同名同姓之人吗？"

他边说边走，丝毫不理会秀才的辱骂。秀才深感无趣，便走开了。

人的一生谁都难免会遇上像富弼这样难堪的局面，遭到他人不公正的批评甚至辱骂。富弼用行动告诉我们，不论是卑鄙的、恶毒的、残酷的，你千万不要被对方一句不公正的批评或难听的辱骂而变得像对方一样失去理智。获胜的唯一战术，就是保持沉默，不和别人发生正面冲突，就连多余的解释也没必要。如果别人骂你，你大可以把他当成空气，对他置之不理。因为在这种情况下，相互争吵、辱骂既不会给任何一方带来快乐，也不会给任何一方带来胜利，只会带来更大的烦恼、更大的怨恨、更大的伤害。退一步讲，在对骂中没有占上风的一方，当众出丑，带来的只是对自己的怨恨。占了上风的一方，虽然把对方骂得体无完肤，又能怎么样？只能加深对立情绪，加深对方的怨恨。

成功学家戴尔·卡耐基说："要真正憎恨对方的简单方法只有一个，即发挥对方的长处。"憎恶对方，恨不得剥他的皮，吃他的肉，而其结果则只能是使自己焦头烂额，心力交瘁。卡耐基的"憎恶"是另一种形式的"宽容"，憎恶别人不是咬牙切齿，而是把对方的长处化为自己强壮身体的钙质。

为了更好地保全自己、发展自己、成就自己，我们就要学会俯身，放低姿态，在社会生活中表现得谦逊、低调、圆融、平和。因为，许多时候，正是我们的"低姿态"、我们的"内敛"，才使我们的人生更加美好。

吃小亏，免祸事

明朝正德年间，宁王朱宸濠的反叛之心可谓"司马昭之心路人皆知"，早在他广交人脉、招兵买马的时候就有许多内阁大臣上奏此事，只是贪玩的皇帝朱厚照并没有把这件事放在心上。朱宸濠决议反叛之时，王阳明和他的同乡好友孙隧同在江西任职，而且他们早就意料到朱宸濠即将采取反叛行动，也必然会拿他们二人开刀。可是遥遥千里，想要上奏皇上奉旨平叛肯定来不及了，想要擅自行动却没有一点兵权在手。王阳明想与好友一起离开江西，再从长计议，但孙隧毅然决然要留守江西。无奈之下，王阳明只好独自离开，再想办法。果然，不几日，朱宸濠就找了个借口将孙隧杀掉了。痛失好友的王阳明义愤填膺，他也想立即回去替好友报仇，但是他最终忍下了，他知道那时候回去也只是死路一条，所以就好暂忍一时之气，留得青山在，不愁没柴烧。

在人与人的相处中，像王阳明这样学会容忍是非常重要的，这是一种理智，也是一种涵养，更是经历了时光磨炼与淘洗的圆润的智慧。而容忍并不是纵容，而是为了以后的前途。

真正的容忍需要宽广的胸襟，既要能包容清净，也要能包容污秽，既要包容所爱的人，也要包容憎恨的人，既要包容人性的善良，也要包容人性的邪恶。所谓"量大智自裕"，能容忍的人都是有度量的人，就像广袤的苍穹，容纳群星也容纳尘埃；又像浩瀚的大海，容纳百川也容纳细流；更像无垠的虚空，无所不含，无所不摄。

生活中难免会有摩擦，互相谩骂、羞辱并不能解决问题，大打出手只会让情况变得更糟。或许对方的冒犯让你觉得窘迫，但你若能坦然处之，就会觉得比自己更尴尬的应该是那个出口伤人的无礼者。在官场、职场中，忍一时之气更有可能换来坦荡前途。

清朝时，太监李莲英倚仗慈禧的宠爱，权倾朝野，为非作歹。李鸿章以军功晋升，起初很看不起这半男不女的奴才，有意无意间得罪了李莲英。于是，老谋深算的李莲英决定教训李鸿章一下，让他知道自己的厉害。

当时，慈禧太后有意静养，想把清漪园修缮一番，以便颐养天年。苦的是筹款无术，时常焦虑不安。李莲英便对李鸿章说："李伯爷是朝廷重臣，若能体仰上意，玉成此事，以慰太后，以宽圣心，当立下不世之功。"

李鸿章对此等溜须拍马的好事，岂肯轻易放过？当即满口应承，并接受李莲英的提议，以兴办新式海军、振兴国防的名目，责成各疆吏拨定款，从中提取六七成作为造园经费。

见李鸿章上钩后，李莲英窃喜，拍手称赞，笑容可掬地奉承了李鸿章一番。之后，李莲英又对他说："既然款子有着落了，就请李伯爷辛苦一趟，到园内察看一下，看哪里该拆该建。这样您心中有数，老佛爷要是查问起来，也好回话。"李鸿章想想是这个道理，十分感谢李莲英帮了他一个大忙，给了他一个这么好的机会伺候老佛爷，但他对自己的危险处境却浑然不觉。

到了约定的日子，李莲英借口有事不能奉陪，派了个伶俐的太监领李鸿章，把清漪园上上下下、里里外外、左左右右走了个遍，并记录下了哪里该修一座假山，哪里该建一个湖亭。这一路下来，整整逛了一整天。李鸿章心里很高兴，就等着太后的召见。没想到满心欢喜的李鸿章没有等来太后的召见，却等来了光绪皇帝下诏"申饬"。

所谓"申饬"，就是由皇帝、太后或皇后派一名亲信太监，捧着"圣旨"去指着某人的鼻子，当众数落臭骂一顿。而被骂的人，既不能申辩，也不能回骂，还要伏在地上谢恩。

原来，李莲英故意挑光绪皇帝肝火最旺的时候，诬陷李鸿章在清漪园里游玩山水。

光绪帝自4岁进宫称帝，从小慑于西太后的淫威，始终当着一傀儡皇帝角色，凡事都要看慈禧的脸色，自然有一肚子说不清道不明的委屈，他最忌讳的就是别人不尊重他的皇权帝位。听说权倾当朝的李鸿章敢大摇大摆地在他的御苑禁地游逛，顿时大怒，认为这是"大不敬"，是对皇权皇位的公然藐视和冒犯！光绪帝一怒之下，不问青红皂白，立即下诏"申饬"，将李鸿章"交部议处"。

李鸿章被御批"申饬"，自然很快悟出了吃亏的原委，从此以后再也不敢对这狐假虎威的"九千岁"有丝毫怠慢了。

小人心胸狭窄，卑鄙阴险，常常因为一些鸡毛蒜皮的小事把你整得鸡犬不宁。俗话说："宁得罪君子，勿得罪小人。"以李鸿章的权势都吃小人的亏、受小人的罪，用"不往何灾也"（出自《周易》）安慰自己，我等一介凡人更需使尽一切手段，与小人划清界限。

王阳明平定朱宸濠叛乱有功，被封"新建伯"，但是王阳明几番推辞，最后说："夫殃莫大于叨天之功，罪莫甚于掩人之善，恶莫深于袭下之能，辱莫重于忘己之耻。"王阳明冒着惹恼圣恩的危险辞去朝廷的恩典，无非想要和当朝的小人、是非划清界限，躲避祸患而已。

与小人相处，千万不要得罪他们，要保持距离，有时候吃些小亏也无妨。容忍的过程固然痛苦，但结果往往是美好的，忍下一口恶气，免了一场祸事。

仁爱的人把天地万物看作一个整体

在王阳明看来，仁爱的人把天地万物看作一个整体，如果有一物失常，就是自己的仁爱还有不完善的地方。

为了进一步阐述天地万物共为一体的道理，王阳明又说："禽兽与草木同是爱的，把草木去养禽兽，又忍得？人与禽兽同是爱的，宰禽兽以养亲与供祭祀、宴宾客，心又忍得？至亲与路人同是爱的，如箪食豆羹，得则生，不得则死，不能两全，宁救至亲，不救路人，心又忍得？"意思是说，人们既然同样喜爱动物与草木，怎么忍心拿草木去饲养禽兽呢？同样热爱人与禽兽，为什么忍心宰杀了禽兽去供养父母、祭祀和招待宾客呢？对至亲的人与路人同样充满仁爱，但是如果只有一箪食、一豆羹，无法保全两方的性命，怎么能忍心只让至亲的人吃了活命，让路人饿死呢？

《论语》中记载樊迟问孔子："什么叫仁？"孔子说："能够爱一切人就是仁。"孔子所说的"一切人"并不单指人类这一种生命，而泛指世界上的一切生命，这才是圣人的"仁"。由此可见，孔子的仁是建立在人类最高可能的平等性基础上的，是没有半点私心的。

《庄子·内篇·大宗师第六》中写道："有亲，非仁也。"就是说，只要带有一点私情，就已经够不上仁了。佛家讲慈悲平等，则是爱一切众生。仁慈是爱天下，没有私心。有所亲，有所偏爱，就不是仁的最高目的了。

有一个农夫的妻子去世了，农夫请无相禅师到家里来为他的亡妻诵经超度。佛事完毕以后，农夫问道："禅师，您认为我的妻子能从这次佛事中得到多少收益呢？"无相禅师如实回答道："佛法好像慈航，普度众生；好像日光，遍照大地。不只是你的妻子可以得到利益，一切有情众生无不从中得益。"农夫听了有些不满意："我就知道是这样的。可是我的妻子很娇弱，其他众生也许会占她便宜，把她的功德夺去。请您这次只单单为她诵经超度，不要回向给其他众生，可以吗？"

无相禅师慨叹农夫的自私，但仍慈悲地开导道："回向是好事情啊！你看，天上只有一个太阳，但万物皆蒙照耀；一粒种子可以生长万千果实。你应该用你的善心点燃这一支蜡烛，去引燃千千万万支蜡烛，这样世间的光亮就会增加百千万倍，而且本身的这支蜡烛并不会因此而减少亮光。如果人人都能抱有这样的观念，那我们每一个人就会因千千万万人的回向，而蒙受很多的功德，何乐而不为呢？故我们佛教徒应该平等地看待一切众生！”农夫想了想，知道无法说服禅师，只好让步：“好吧，这个教义很好。但是，但是……”农夫吞吞吐吐地说道：“还是要请法师破个例，我有一位邻居，平日里总是欺侮我，如果能把他除去在一切有情众生之外就好了。”无相禅师忍不住以严厉的口吻说道：“既然是一切众生，哪里来的除外？”

佛法的功德在于普度众生，岂有为一人超度之理？

在王阳明看来，圣人的心与天地万物为一体，他们看待天下的人，没有远近内外之别，凡是有生命的都是兄弟儿女，都要教养他们，使他们安全，以实现自己与天地万物一体的信念。普通凡人的心原本同圣人的心并无差别，只是后来夹杂了私心，内心的良知渐渐为物欲所蒙蔽，与万物为一体的仁爱之心就变成了狭隘的私心；有了私心，就生出了爱与憎的情绪，就将万物分化开来。

可见，如果人们能够消除内心爱与憎的区分，把天地万物看作一个整体，爱一切人、事，就能恢复通透的良知，获得人生的成功与幸福。

行善不要伤害别人自尊

王阳明认为，如果人们为了行善而行善，就不是真正的仁者。就好比，侍奉父亲，不是为了从父亲那里得到“孝”的美名；辅助君王，不是为了从君主那里得到“忠”的称赞；结交朋友、治理百姓，也不是为了从朋友或者百姓那里得到“守信”和“仁爱”的赞誉。

《论语·先进》中写道：“子张问善人之道。子曰：‘不践迹，亦不入于室。'"意思是说，子张问怎样算是一个好人，怎样做才叫行善？孔子的答复是："不践迹，亦不入于室。"什么叫"不践迹"呢？就是不留一丝痕迹。我们可以借用道家庄子所说的"灭迹易，无行地难"来加以理解。我们在电影中时常看到坏人的一些做法：他们一般在作案的时候要戴上手套，作案之后还要毁尸灭迹，让警察追查不到他们的行踪。如果人们把这种"不践迹"的态度用到行善做好事上，就能很好地致良知，让世界更和谐、更快乐。

生活中，一些人做好事是希望别人对他感恩戴德，或者是希望别人能看见他做了好事，这样的人其实并不算是真正做好事。孔子认为，一个真正行善的人是不会让人感觉到他做事的痕迹的。可见，孔子对于行善的标准要求很高，有点像今天我们所说的"做好事不留名"，但是比这个的标准要高一点。孔子还强调了做好事应注意方法，比如你伤害了别人的自尊，那你的行善就不能算是行善。

有一家卖布丁的商店，将许多美味的布丁摆放成一排。顾客可以选择最适合自己口味的布丁，店家甚至还允许顾客先品尝，然后再做决定。

店主海特常常想，会不会有些根本不打算买布丁的人利用这个优惠的机会白吃呢？有一天，他向女店员提出了这个问题，才得知的确有这样的事情。

"有这样一位老先生，"她说，"他几乎每星期都来这儿尝一尝每一种布丁，尽管他从来不买什么，而且，我怀疑他永远也不会买。我从去年，甚至前年就记住他了。唉，如果他想来就让他来吧，我们也欢迎。而且，我希望有更多商店让他去品尝布丁。他看上去好像确实需要这样，我想大家都不会在乎的。"

就在她跟海特说话的时候，一位上了年纪的先生一瘸一拐地来到柜台前，开始兴致勃勃地仔细打量起那一排布丁。

"哎，他就是我刚刚跟你说的那位先生，"女店员轻轻地对海特说，"现在你就看着他好了。"说完，又转身对老先生说："您想尝尝这些布丁吗，先生？您就用这把调羹好了！"

这位老先生衣着破旧，但很整洁。他接过调羹，开始急切地一个接一个地品尝布丁，只是偶尔停下来，用一块大大的手绢擦擦他发红的眼睛。

海特看到他的手绢已经完全破了。

"这种不错。"

"这种也很好，但稍稍油腻了一点。"

海特想：看起来，他真诚地相信自己最终会买下一个布丁，他一点也不觉得自己是在欺骗商店。可怜的老头！也许他过去有钱来挑选自己最爱吃的布丁，如今他已家境破落，所能做到的也只是这样品尝品尝了。

海特突然动了恻隐之心，走到老人跟前说："对不起，先生，能赏个脸吗？让我为您买一只布丁吧，这会让我深感欣慰的。"

听完海特的话，老先生好像被刺了一下似的往后一跳，热血冲上他那布满皱纹的脸。

"对不起，"他说，他的神态比海特根据其外表想象出的要高傲得多，"我想我跟您并不相识，您肯定是认错人了。"

说完，老先生转身对女店员大声说道："劳驾，把这只布丁替我包好，我要带走。"他指了指最大的也是最贵的一只布丁。

女店员从架子上取下布丁，开始打包。这时，他掏出一只破旧的黑色小皮夹子，开始数起他那些零散而少得可怜的钱来，然后将它们放到柜台上。

一个真正行善的人，在帮助他人时绝不会表现得像一个高高在上的施舍者，这是对他人人格的尊重。由此可见，做一个好人也不是那么简单的事情。

为了行善而行善，那不是真正的行善，更多的是为自己博取"仁"的美名。真正的行善，应该是"好事不留名"；在帮助他人的同时也顾及他人的自尊，这也是王阳明所认可的仁爱精神。

以德为先，德才兼备

高尚的品德与出众的才能，是获得成功的两个必备条件。儒家圣贤们十分看重人的品德，认为品德比才能更重要。孔子在《论语·述而》中说道："如有周公之才之美，使骄且吝，其余不足观也。"孔子认为，即使有周公那样的才能和那样美好的资质，只要骄傲吝啬，他其余的一切也都不值一提了。如果一个人才高八斗而品德不好，那么圣人连看也不会看他一眼。只有德才兼备，以德育才，才是真正的人才。当德与才不可兼得时，当舍才而取德，正如孟子"舍生而取义者也"。

对此，近代学者胡适先生曾解释说："孔子的人生哲学注重养成高尚的道德，教育学生以培养自身的道德修养为基础。"在孔子看来，有高尚道德的人是有仁爱之心的人，也是能博济众施之人，是能为他人着想的人。所以孔子说"骥不称其力,称其德也"。也就是说,对于千里马,不称赞它的力气,要称赞它的品质。尚德不尚力,重视品质超过重视才能,这是儒家的人才思想,也逐渐成为当今社会选拔人才的重要标尺。

王阳明有关"致良知"的观点,就能够看出他的教育目标。如他所言,"世之君子,惟务致其良知,则自能公是非,同好恶,视人犹己,视国犹家,而以天地万物为一体,求天下无冶不可得矣。"心学推崇"心即理"的思想,"致良知"在这一基础上是可能的,也是必要的。王阳明认为,世上的君子,只有专心于修养自身品德,那么自然能够公正地辨别是非好恶,像对待自己那样对待他人,将国事等同家事一样关心,把天地万物看作一个整体,从而求得天下的大治。因此,"致良知"不仅是为学之道,更是育人之道,重在育人之德,"道德"或"良知"等精神品质蕴涵于经典之中,对人的自身修养有着与之相应的陶冶价值。

唐朝汝州有个叫夏子胜的人,十年寒窗苦读,一朝高中,被皇帝授予南县县令。这日夏子胜携一家仆赴任,来到县衙,大小县吏已在门口等候多时,见新县令到来,一个个急忙迎上去。夏县令问他们去年南县老百姓生活如何,粮食是否丰收,商贾是否安分行商,官粮是否收齐,赋税是否完成,然后叫来师爷将县吏们所说记录在册,逐一核对账簿。几天后,师爷对夏县令说,一切都如县吏所言,去年南县一切安好。听完汇报,夏子胜点点头。

在南阳县吏们的眼里,这个新来的县令与以往的县官老爷大有不同,除了处理输诉讼官司时会开口说话外,平时听不到他说一句话,不过话虽然很少,但是做的事情却极为合乎规范,往来公文,刑罚办差,无论是上司还是下面的老百姓，都称赞夏县令做事稳当，是个好官。

这些官吏们十分不解，这个不爱说话的老爷到底是怎么一个人。一天，有个胆大的县吏将这一疑问向夏子胜提了出来，夏子胜听后，呵呵一笑，说道："圣人行道，心正而行端，做官做民都是一个道理，为官之道在于教民养民，为人之道贵在德行，明白了这其中的道理，做起事情来就不会有失偏颇，如此，又何必说那么多的话呢？"

我们可以将这位南县县令的话理解为对"执事敬"的最好注解，事实上，一如这位县令说的那样，行圣人之道又何必多言，"行"首在"知"，这是心灵净化，涵养提升的必然结果，由此，对人忠信而不诡诈，与人交往而不奸猾，堂堂正正做人，端端正正做事，与此相对，再多的话都不过是水中倒影，没有实际意义。

在现实生活中，我们会遇到这样两种品质不好的人。一种是品质不好、能力也不强的人，这种人因其能力有限，对他人和社会造成的危害不会太大；另一种则是品质败坏但才思敏捷、能力出众的人，这种人更容易寻捷径上位，一旦得势，将会对反对他的人或社会集团造成巨大的危害，甚至达到一发不可收拾的毁灭程度，最终断送一个家庭、一个公司甚至一个国家的前途。不可否认，没有灵魂的头脑，没有德行的知识，没有仁善的聪明，固然是一种强大的力量，但它们只能起负面的破坏作用。也许偶尔会给人们一些启发，或者带来一些乐趣，但却很难赢得人们的尊敬与发自内心的赞叹。

反之，品德高尚的人，即便能力有所不及，也会虚心好学，不断提高自己，通过脚踏实地地努力奋斗来获得成功。当然，不能因此而走向另一个极端：忽略人的才能，一味强调道德修养。不懂得尊重知识、尊重人才的人，何谈培养自己的道德品质！历史的经验告诉我们，无论做人还是做事，都要以德为先，就好像王阳明告诉弟子的话：良知在人心，随你如何，也不能泯灭。德行是我们行走人生的前提，而才能是我们创造人生的手段。做到德才兼备，才能使我们的人生绚烂多姿！

君子如玉亦如铁

王阳明出生于官宦世家，自幼受到良好的教育，并以读圣贤书，修身齐家治国平天下为己任。为官期间屡立战功，政治声望不断升高，然而他的仕途却坎坷不断。

由于不满太监刘瑾把持朝政，任意妄为，许多正直的官员上书正德皇帝，要求严惩刘瑾及其党羽，结果被打入死囚。时任兵部主事的王阳明站出来为他们辩护，委婉地请求皇帝释放众人。刘瑾当即下令将王阳明谪迁至贵州龙场，做一个没有品级的驿丞。不仅如此，他还暗中派人尾随王阳明，准备将他在途中害死。

王阳明在钱塘江边遇到杀手，急中生智，趁夜色跳入江水，逃过一劫。虽然如此，但为了家人的安全，王阳明不得不前往贵州赴任。

刘瑾倒台后，王阳明被重新起用，但又因平定宁王朱宸濠叛乱而惹怒龙颜，不但没有得到皇帝的嘉奖，反而招来横祸。他的仕徐再次陷入低谷。

一年之后，正德皇帝驾崩，嘉靖皇帝登基。王阳明被任命为南京兵部尚书，仅仅是一个闲职，无大事可为。愤怒之下，王阳明以回家养病为由请求辞官归故里。回到家乡后，艰苦的生活条件以及当地瘴疠之气弥漫，跟随王阳明的众多随从都病倒了。王阳明始终没有气馁，他亲自为随从们担水做饭，为他们吟唱诗歌，鼓励他们振作起来。自己则兴办书院，一边讲学，一边不断探究人生的真谛，努力不懈地完善和传播他的思想，最终成为一代"心学"宗师。

王阳明既能以德修心，注重自身道德修养，以开阔的胸襟包容万物；又能在坎坷的人生道路上铁骨铮铮，不畏权贵的迫害，毅然坚持自己的理想，不愧为如玉亦如铁的君子。

"谦谦如玉，铮铮若铁"，是孔孟儒家思想中对君子人格的最高评价。"谦谦君子，温润如玉"，以玉喻君子，取其圆润，不尖锐。佛家的"圆融"境界，要求戒嗔、戒痴、戒贪，无欲无求，尔后能不动声色、不滞于心。谦谦君子的圆润亦同此理。虽然成佛修仙遥不可及，但磨去棱角，收敛光华，养成谦谦如玉的君子人格却是可为之事。具有容人之量是谦谦君子的前提，开阔的胸怀、宽广的胸襟，是谦谦君子的基本品质。

"铮铮若铁"，突出君子人格中铁骨铮铮的特质，就像一树寒梅，挺立在风雪中，傲然绽放。拥有此等品质的人，敢于仗义执言，绝不妥协；不油滑，不世故，不屈不挠；有志气，有勇气，有胆有识。他们立世一尘不染，对人一片冰心，一箪食，一瓢饮，却敢于承担一切苦难。正如古诗所云："冰雪林中着此身，不同桃李混芳尘。忽然一夜清香发，散作乾坤万里春。"

王阳明曾言："名与实对，务实之心重一分，则务名之心轻一分；全是务实之心，即全无务名之心。若务实之心如饥之求食、渴之求饮，安得更有功夫好名!"圆润如玉方能名实并重，铮铮铁骨力保务实而不受沽名钓誉之心所扰。

"谦谦如玉"与"铮铮若铁"，从不同侧面展现了君子人格的两种特质。当今之世，纷繁复杂。倘若一如既往，只养谦谦如玉之性情，抑或只炼铮铮铁骨之傲气，恐怕都难成大事。要想在现实生活中成就一番事业，应当像王阳明那样，讲究方圆之道，既养铮铮铁骨的一身正气，处世有底线，为人讲原则；又取谦谦如玉的圆融为人，包容四方。如此，才能在熙熙攘攘的人世间游刃有余，成其大事。

化解那些不必要的猜疑

王阳明认为，存心去体察别人的欺诈与虚伪，是后世猜忌、阴险、刻薄的人做的事。只要存有这一念头，就进入不了尧舜圣道的大门了。由此可见，猜疑他人，只能使自己离"致良知"的道路越来越远。

猜疑是一种狭隘的、片面的、缺乏根据的盲目想象。如果猜疑发生在朋友之间，会破坏纯真的友谊；发生在恋人之间，会阻碍感情的发展；发生在同事之间，会影响正常的工作。猜疑心理不但害人，而且害己，哪怕是一点点猜疑，也可能让你失去最珍贵的东西。

猜疑别人的同时也是在怀疑自己。我们的心胸时而被猜疑打开，时而又被猜疑关闭。猜疑是一种矛盾心理的体现，过分猜疑极容易转变成病态；而过分相信，又很容易被他人愚弄。猜疑使我们遇事犹疑，不能果断地处理问题，从而错失许多良机。猜疑会产生许多痛苦的细胞，使我们长夜难眠，因此，化解那些不必要的猜疑的最好方法就是相信自己。正常的人是很难摆脱猜疑的，良好心态基础上的猜疑使我们保持理智，而狭隘的猜疑使我们丧失信心和斗志。

两个人结伴横穿沙漠，水喝完了，其中一人中暑不能行动，剩下的那个健康而饥渴的人对同伴说："你在这里等着，我去找水。"他把手枪塞在同伴的手里，说："枪里有五颗子弹，记住，3 小时后，每小时对空鸣枪一次，枪声会告诉我你的位置，这样我就能顺利找到你。"

两人分手后，一个人满怀信心地去找水了，另一个人满腹狐疑地躺在那里等候。他看着手表，按时鸣枪，但他一直以为只有自己才能听到枪声，他的恐惧加深，一会儿认为同伴找水失败，中途渴死；过了一会儿他又想一定是同伴找到了水，却弃自己而去。到应该开第五枪的时候，这人悲愤地想："这是最后一颗子弹了，同伴早已听不到我的枪声了，等到子弹用完之后，我还有什么依靠呢？只有等死了，而在临死前，秃鹰会啄瞎我的眼睛，那时该多么痛苦，还不如……"于是他颤抖着把枪口对准自己的太阳穴，扣动了扳机。

不久，那个提着满壶清水的同伴领着一队骆驼商旅循声而至，但是他们找到的只是一具尸体。

在沙漠里等候的人不是被沙漠的恶劣环境吞没，而是被自己的猜疑毁灭。面对友情，他用猜疑代替了信任。猜疑是可怕的，由于不相信别人，反而使自己陷入了困境，甚至丢掉了性命。虽然在生活中，难免会出现意外，我们免不了对自己的情况产生怀疑，但如果对任何事都无端怀疑，整天疑神疑鬼，就是病态心理了。这种人整天忧心忡忡，总觉得无论做什么事、说什么话，都有人在评论自己，议论自己的一举一动，甚至总有人跟自己过不去。其实每个人都有自己忙不完的工作，没有人有闲情逸致去管别人的事。

英国哲学家培根说："猜疑的根源产生于对事物缺乏认识，所以多了解情况是解除疑心病的有效办法。"要采取用事实说话的方法，逐步消除自己的猜疑心。当你疑心别人在讽刺你、轻视你的时候，不要马上采取行动，先观察一下，看你的猜疑是否正确。不妨设身处地地站在对方的立场设想一下，看他的言行是否合乎情理。这样，也许你会发现，事情常常和你猜想的不一样。多深入调查了解，能避免感情用事。多疑的人应对别人直言相告，坦诚相处，彼此间有了信任，猜疑的根源就不存在了。如果对某人产生了猜疑，则可以主动与对方接触，开诚布公地谈一谈，多沟通思想，互相交心通气。这样不但可以消除误会，驱散疑云，还能进一步增进彼此间的友谊。并且，关系融洽，互相信任，有利于团结一致、携手前进，因多疑而引起的焦虑苦恼也将一扫而光。

真诚的力量

王阳明曾对弟子聂文蔚说："良知只是一个天理，良知的自然明白呈现就是真诚恻隐，这是它的本体。用致良知的真诚恻隐去侍奉父母便是孝，敬从兄长就是悌，辅佐君主就是忠。这一切都只是一个良知，一个真诚恻隐。"这段话的核心意思是：要真诚地面对自己，面对他人。

著名翻译家傅雷说过："一个人只要真诚，总能打动人，即使人家一时不了解，日后便会了解的。我一生做事，总是第一坦白，第二坦白，第三还是坦白，绕圈子，躲躲闪闪，反易叫人疑心。你要手段，倒不如光明正大，实话实说。只要态度诚恳、谦卑恭敬，人家是不会对你怎么样的。"

所谓"精诚所至，金石为开"。假如我们没有诚意，就会什么事情也做不好，做不成。王阳明认为"唯天下之至诚，然后能立天下之大本"。在他看来，"诚"是一个非常重要的字。在谈到格物致知和诚意时，王阳明说："若以诚意为主，去用格物致知的工夫，即工夫始有下落，即为善去恶无非是诚意的事。"即必须要先有诚意，然后才能在事物上格致，否则就会无从下手。所以，在做任何事情时，都要讲究"诚"，而这个"诚"应是发自内心的真诚、坦白。

《论语·公冶长》中孔子说，一个人讲一些虚妄的、好听的话；表现出好看的、讨人喜欢的面孔；看起来对人很恭敬的样子，但不是真心的。用我们老百姓的话说更直白：嘴上一套，背地里是另一套，这样的人就叫"两面三刀"；还有明明对人有仇怨，可是却把仇怨暗暗放在心里，还和有怨恨的人故意套近乎，这种人的行径是不可取的，用心是险恶的。

大多数人通常都是把心情写在脸上，哪里有那么多的精力用在工于心计上，这样活着未免太累了。

贞观初年，有人上书请求清除邪佞的臣子。唐太宗问他说："我所任用的都是贤臣，你知道哪个是邪佞的臣子吗？"那人回答说："臣住在民间，不能确知哪个人是佞臣。请陛下假装发怒，以用来试验群臣，如果能不惧怕陛下的雷霆大怒，仍然直言进谏的，就是忠诚正直的人；如果顺随旨意，阿谀奉承的，就是奸邪谄佞的人。"

这个人的办法看来非常聪明，但是太宗却说："流水的清浊，在于水源。国君是政令的发出者，就好比是水源，臣子百姓就好比是水。国君自身伪诈而要求臣子行为忠直，就好比水源混浊而希望流水清澈一样，这是不合道理的。我常常因魏武帝曹操为人诡诈而特别鄙视他，如果我也这样，怎么能教化百姓？"

于是，太宗对上书劝谏的人说："我想在天下伸张信义，不想用伪诈的方法破坏社会风气。你的方法虽然很好，但我不能采用。"

不管对谁，都需坦诚相待，这样才能够赢得别人的信任；而不是通过一些看似聪明的手段，来试探对方。因为一方面这样做有被识破的危险，如果被别人利用，趁机表现，只会让自己陷入被动、是非颠倒的境地；另一方面，当自己都失去了诚意的时候，就不可能再要求别人真心实意。

真诚，乃为人之根本。如果你是一个真诚的人，人们就会了解你、相信你，不论在什么情况下，人们都知道你不会掩饰、不会推托，都知道你说的是实话，都乐于同你接近，因此也就容易获得好人缘。

以诚待人处事，能够架起信任的桥梁，消除猜疑、戒备的心理，能够成大事，立大本。

顶天立地，刚正不阿

正德皇帝朱厚照登基之后，整日与刘瑾等宦官混在一块，不理朝政。朝中忠臣不断规劝皇帝将精力放在处理国家大事上来，皇帝并没有理会。随着朝政的逐渐混乱，刘瑾等人越来越专横跋扈，朝中很多大臣联名上书，要求惩治刘瑾等人的恶行，以此稳定政局，维护大明江山。

联名上书并没有惩治到恶势力，刘瑾安稳住皇帝之后，利用手中大权抓捕了这些上书要求惩治他的大臣。当时很多正直的官员得知这个消息之后，纷纷上书为这些官员打抱不平。但是，这些上书反而激化了刘瑾的报复行动，更多上书的官员被革职、被抓捕、被杀害。朝廷上下，人心惶惶，乌烟瘴气，很多官员为了保命都选择了缄默。

当时的王阳明身任兵部主事一职，官位并不高。但是看到越来越多的官员被压倒，敢说话的人也变得胆怯，满朝文武都闭口不言了，这个时候王阳明挺身而出，为受冤官员说话。

刘瑾等人见一个小小的兵部主事竟敢这样明目张胆地同他们作对，于是，将王阳明逮捕进锦衣卫的大牢，最后，处以廷杖之罚。

王阳明在危难关头不畏强权，坚持正义的行为表现了他崇高的品德和高尚的人格。自古大丈夫者，胸怀大志，腹有良谋，包藏宇宙之机，吞吐天地之志，创不世之基业，立不世之奇功。真正的大丈夫，其标准之高，让当今之人望而却步。然而，"大丈夫"贵在其自身的道德修养。堪称"大丈夫"之人，必有一身大无畏的气概，敢于面对生与死的考验，勇于做出一番惊天动地的壮举。

文天祥面对死亡，潇洒题下"人生自古谁无死，留取丹心照汗青"；谭嗣同在押赴刑场之前，壮烈地写下"我自横刀向天笑，去留肝胆两昆仑"；婉约词人李清照，曾在她的《夏日绝句》中流露出对项羽的大丈夫气概的钦佩之情："至今思项羽，不肯过江东。"如此情怀，壮烈豪迈，气冲霄汉，令人敬佩不已。

堪称大丈夫之人，必有顶天立地、刚正不阿之品质。王阳明有言："岂有邪鬼能迷正人乎！"刚正不阿之人，即便是邪恶鬼神也不能使其心智迷乱，如此才能直面残酷的现实，即使身心受创，仍能愤然而起，成就一番事业。

年轻时的司马迁为继承父亲遗志，计划写一部全面记述中国历史的"史书"。在他进行了长达二十年的知识积累，开始写作这部历史巨著的时候，李陵事件发生了。当时朝廷专管刑法的廷尉杜周，为了讨好当朝皇帝，竟给无辜的司马迁判了"腐刑"（即割去男人的生殖器官）。按照当时汉朝的法律，被判了刑的犯人是可以用钱来赎罪的，但是司马家世代为史官，根本拿不出赎金，因此他只能屈辱地受刑。

遭受如此酷刑，乃人生的奇耻大辱。司马迁经过了无数个日夜的痛苦煎熬，他终于豁然开朗——周文王被纣王关在羑里，写出了《周易》；孔子一生困厄不得志，但他孜孜不倦地教育学生，并且写下了《春秋》；左丘明眼睛全盲，以巨大的毅力写成了《国语》；屈原遭人排挤诬陷，流放他乡，却写出了名著《离骚》；孙膑遭朋友庞涓陷害，

司马迁

被挖掉了两个膝盖骨还能忍辱负重，写出《孙膑兵法》。中国历史上的这些坚毅之人的事迹给了司马迁莫大的鼓舞，他决心抛弃个人的悲痛与屈辱，效法古人，完成自己的宏愿。

司马迁出狱后，汉武帝让他当了中书令。他以巨大的毅力忍受着朝廷

上下投来的鄙视与嘲讽的目光，经过了数年坚韧不拔的艰苦努力，终于完成了空前的历史巨著《史记》。本来已经没有勇气再活下去了，但是，理想还没有实现，难道一切都撒手不管了吗？他不甘心！

司马迁虽遭逢奇耻大辱，但他并不因此而屈服，并未放弃自己用一生的精力搜集来的材料，以及成"一家之言"的理想。如此坚毅顽强，绝非由个人的才能高低所决定的，而是来自"大丈夫"的道德品质的力量。黄宗羲的《宋元学案》说道："大丈夫行事，论是非，不论利害；论顺逆，不论成败；论万世，不论一生。"大丈夫之所以能"论是非、论顺逆、论万世"，是因为在其心中万事以"仁义"为先，以道德为本。

正所谓，"玉可碎，而不可改其坚；兰可移，而不可减其馨"！只有具备"玉碎而志不改"的坚毅品质，才能成为顶天立地的大丈夫，才能经受住风霜雨雪的磨炼而成就人生大业。

文质彬彬，表里如一

文质彬彬，表里如一，是儒家思想所提倡的为人处世的理想境界。但人们往往在文或质上有所偏颇，真正能做到表里一致的并不多。王阳明关于"表里如一"有这样的见解：人们如果不知道在独知的地方用功，只在人人都知道的地方用功，这就是做假，就是"见到君子后掩饰自己的罪行"。这里独知的地方就是诚意萌芽的地方。不论善念恶念，没有一点虚假，一荣俱荣，一损俱损。

狂妄自大这种言行举止虽然不合乎儒家提倡的文质彬彬之说，但却是真性情的流露，用王阳明的话说虽然他们的行为并不完全从仁心出发，表现的却没有一点虚假，是发自内心的纯粹的性情。

王国维在《人间词话》中也说道："'昔为倡家女，今为荡子妇。荡子行不归，空床难独守。''何不策高足，立登要路津？无为守贫贱，轗轲常苦辛。'可谓淫鄙之尤。然无视为淫词、鄙词者，以其真也。"在王国维看来，这两首五言诗虽然言语粗鄙低俗，但能够大胆地抒发诗人的真感情、真愿望，其情之真切，才是最值得欣赏之处。

由此可见，文质彬彬、表里如一讲求的是发自内心的诚意与真情，而与之相对的，则是孔子所说的"乡原"："乡原，德之贼也。"孟子也曾说："阉然媚于世也者，是乡原也。"乡原其实就是道貌岸然的伪君子。内在的道德败坏，表面上却严肃正经，满口仁义礼智信。《儒林外史》中的人物范进，就是一个典型的虚伪之徒。

两人（张静斋及范进）进来，先是静斋谒过，范进上来叙师生之礼。汤知县再三谦让，奉坐吃茶。同静斋叙了些阔别的话；又把范进的文章称赞了一番，问道："因何不去会试？"

范进方才说道，"先母见背，遵制丁忧。"

汤知县大惊。忙叫换去了吉服。拱进后堂，摆上酒来。

知县安了席坐下，用的都是银镶杯箸。范进退前缩后地不举杯箸，知县不解其故。静斋笑道，"世先生因遵制，想是不用这个杯箸。"

知县忙叫换去。换了一个瓷杯，一双象牙箸来，范进又不肯举动。静斋道，"这个箸也不用。"随即换了一双白颜色竹子的来，方才罢了。知县疑惑："他居丧如此尽礼，倘或不用荤酒，却是不曾备办。"落后看见他在

{中华传世藏书

王阳明全集

王阳明心学大智慧

二五三七}

燕窝碗里拣了一个大虾圆子送在嘴里，方才放心。(《儒林外史》第四回)

范进在知县面前表现出一副至情至孝的模样，不用银镶杯箸而用竹筷，结果却因为燕窝碗里的一个大虾圆子而露出了本来面目，伪君子的形象跃然纸上。

对于道貌岸然之徒，稍有良知道德之人都会嗤之以鼻，智者贤士更是以之为耻。孔子曾言："巧言令色足恭，左丘明耻之，丘亦耻之。匿怨而友其人，左丘明耻之，丘亦耻之。"可见他对于"巧言令色足恭"之徒深恶痛绝。鲁迅先生亦在《魏晋风度与文章与药及酒之关系》中抒发了其对道貌岸然之徒的厌恶之情：

"魏晋时代，崇尚礼教的看来似乎很不错，而实在是毁坏礼教，不信礼教的。表面上毁坏礼教者，实则倒是承认礼教，太相信礼教。因为魏晋时代所谓崇尚礼教，是用以自利，那崇奉也不过偶然崇奉，如曹操杀孔融，司马懿杀嵇康，都是因为他们和不孝有关，但实在曹操司马懿何尝是著名的孝子，不过将这个名义，加罪于反对自己的人罢了。于是老实人以为如此利用，亵渎了礼教，不平之极，无计可施，激而变成不谈礼教，不信礼教，甚至于反对礼教。但其实不过是态度，至于他们的本心，恐怕倒是相信礼教，当作宝贝，比曹操司马懿们要迂执得多。"

在鲁迅看来，曹操、司马懿便是孔子所说的"乡原"，看似在维护伦理道德，其实在他们心中并无这些道理存在，只不过是玩弄于股掌的政治手段罢了。真正在乎伦理道德之人，当遵循内心的良知行事。正如王阳明所言，他被毁谤的原因是因为他按照良知行事，是非分明，伪君子的那套同流合污的谄媚功夫他坚决不去做，在别人看来这是一种狂妄自大的表现，所以别人要毁谤他。他也曾想过，能不能在那样的形势之下，内心有一点"乡原"的意思？答案是肯定不行的，因为那样就违反了良知，非君子所为。

儒家诸圣贤的教训无疑给了我们很大的省示作用。做人不论方圆，都应力求文质彬彬，表里如一，切不可学乡原之所为。道貌岸然而内心腐败者，只会令人深恶痛绝，即便有所往来，也难以深交，难成大业。

"言而无信"的人生悲剧

在王阳明看来，诚信是一个人的立身之本，一个人存在于社会之中，诚信是其基本的道德依存。如果一个人能够坚持以忠实诚信为行事的准则，坚定做圣人的志向，不被时局动摇，不被名利诱惑，德行修养就会越来越高，事业也会越做越大。

孔子在《论语·为政》中也曾说："人而无信，不知其可也。大车无輗，小车无軏，其何以行之哉？"意思是说，人不讲信用，真不知道他怎么处世呢！就好比大车上没有輗，小车上没有軏，它靠什么行走呢？一个人失去信义，便无所依托，长此以往，别人对其只会敬而远之。信口开河、言而无信，只会让自己失去做人的从容与真挚，同时失去别人的信任。

季札是春秋时吴王寿梦四个儿子中最小的。他虽小却很有才华，寿梦在世时就想把王位传给他，但季札避让不答应，寿梦只好仍旧让长子诸樊继位。

后来，季札受吴王的委托出使北方，北行时拜访了徐国国君，徐国国君在接待季札时，看到他佩戴的宝剑立即赞不绝口，流露出喜爱之情。吴国铸剑在春秋闻名，季札作为使节所佩戴的宝剑自然不凡。季札也看出徐国国君的心意，就打算把这宝剑送给他以做纪念。但是这把剑是父王赐给他的，是他作为吴国使节的一个信物，他到各诸侯国去必须带着它，现在自己的任务还没完成，怎么能把它送给别人呢？于是他只能暗下决心，返回时一定把此剑献上。

后来，他离开徐国，先后到鲁国、齐国、郑国、卫国、晋国等地，返回时又途经徐国，当他想去拜访徐国国君以实现自己赠剑的愿望时，却得知徐国国君已死。

万分悲痛的季札来到徐国国君墓前祭奠，祭奠完毕，他解下身上的佩剑，挂在坟旁的树木之上。随从人员说："徐国国君已死，那宝剑还留下干什么呀？"季札说："当时我内心已答应了他，怎么能因为徐国国君已死，就违背自己的心愿呢！"

一个已经亡故的赠剑对象，一把价值连城的宝剑，诠释了"诚"的真实含义，相比那些对别人做出了正式承诺却找各种理由不履行诺言的人来讲，季札无疑为我们做出了表率。

诚信是一个人安世立命的基本准则，是与人交往的前提，唯有遵守对他人的承诺，他人才会将心交于你，并且团结在你的周围，给予你存世的支撑。倘若你历来以违背誓言为生活的基本准则，为贪小便宜而处处失信于人，则不但会失去朋友，还会失去你所得到的一切，令自己孤立无援。

因此，王阳明总是告诫自己的学生：讲良知，自然就不能够容忍不诚实。不诚实一旦存在，心就能够察觉。而诚实也好比人的名片，无论走到哪里，都会为其赢得信赖。在成功的道路上，诚信的品格比能力更重要。

谈到诚实与守信，许多人也许会有"老实人容易吃亏"的感觉。的确，在我们的人生旅途中，也许我们会由于诚实而暂时错过一些东西，但是，从长远来看，这些都算不了什么。因为我们树立了诚实守信的形象与名声，从而被人信赖，这是无法用金钱衡量的。凭借欺诈、奇迹和暴力，或许可以获得一时的成功，但是只有凭借诚实与守信，我们才能获得永久的成功。

诚意的最高境界

王阳明认为，《中庸》大体上讲的就是"诚身"，"诚身"的最高境界就是"至诚"；《大学》大体上讲的就是"诚意"，"诚意"的最高境界就是"至善"。看起来好似不同，其实他们所讲的心灵修养的道理都是相同的，都是在告诫人们为人要有诚意。诚意包括悲天悯人、诚己信人等发自内心一切善的情怀。

孟子曾说："存其心，养其性。"意思是保存赤子之心，修养善良之性。我们生来便有一颗赤子之心，不沾俗尘，不染污土，而仁爱是首先要培养出来的性情。为他人奉献善心，为社会造福祉，他人和社会必定会以善回报你。

古代的药铺里常常挂着这样一副对联："但求世上人无病，何妨架上药生尘。"这其中便包含着对生命的一种关怀，自己虽然是良医，却祈求别人不生病，其中蕴含着至高境界的道德品质。

世间天地万物数不胜数，其中最能够打动人的莫过于一颗宽厚无私、善良的心。

山东潍县以前是个多灾多难的地方，经常发生水灾、旱灾。扬州八怪之一的郑板桥在当地任县令七年，就有五年发生灾情。他刚到任那一年，潍县发生水灾，十室九空，饿殍遍地，其景象惨不忍睹。郑板桥据实上报，请求朝廷开仓赈灾，可朝廷迟迟不准。在危急时刻，郑板桥毅然开仓放粮，他说："不能等了，救命要紧。朝廷若有怪罪，就惩办我一个人好了。"这样灾民很快得救了。

郑板桥秉承儒家心系天下苍生的精神，心念百姓疾苦。他深知"民为邦本，本固邦宁"的古训，不管做任何事，他首先想到的都是百姓。他招民工修整水淹后的道路城池，采取以工代赈的办法救济灾区壮男；同时责令大户在城乡施粥救济老弱饥民，不准商人囤积居奇；他自己带头捐出官俸，并刻下"恨不得填满了普天饥债"的图章。他开仓放粮时有秋后还粮的借条，到秋粮收获时，灾民歉收，他当众将借条烧掉，劝人们放心，努力生产，以使来年交足田赋。由于他的这些举措，无数灾民解决了生存之危。

为了老百姓，他得罪了一些富户，特别是在整顿盐务时，更是触动了富商大贾的私利。潍县濒临莱州湾，盛产海盐，长期以来，官商勾结，欺行霸市，哄抬盐价，贱买贵卖，缺斤少两，以次充好。郑板桥针对这些弊端严令禁止，因此，一些富人对他造谣毁谤，匿名上告。1752年，潍县又发大灾，郑板桥申报朝廷赈灾，上司怒其多次冒犯，又加上听信谗言，不但不准，反而罢了他的官，削职为民。

离开潍县时，百姓倾城相送。郑板桥为官十余年，并无私藏，只是雇三头毛驴，一头自骑，两头分驮图书行李，由一个差丁引路，凄凉地向老家走去。临别他为当地人民画竹题诗："乌纱掷去不为官，囊囊萧萧两袖寒。写取一枝清瘦枝，秋风江上做渔竿。"

郑板桥为官，不以自己晋升为目的，而是心系百姓，尽全力为民谋福，这种宽厚无私的精神是为官的最高境界。

孔子在《论语·颜渊》中也说过："听讼，吾犹人也。必也使无讼乎！"意思是说，审理诉讼案件，我同别人一样能做好，但内心总是希望这些事情不再发生啊！孔子希望通过教化来提升人们的修养，减少案件的发生，这是以天下人为念的崇高博大的情怀。

达到诚意的最高境界，要求将福祉惠泽天下的芸芸众生，人只是这个世界微小的一部分，花草鸟兽作为世界的一分子，也应受到福祉的惠泽。孔子曾说"子钓而不纲，弋而不射"，意思是说孔子钓鱼，但不用绳网捕鱼；孔子射鸟，但不射栖宿巢中的鸟。在孔子的眼里，一草一木皆生命，岂有不爱惜的道理。王阳明对于心外存在可以使人渊博、使人明智的知识这一点并不否认，可是他更加强调，如果在人内心没有善的动机，即使得到再多，也只是表面现象而已。

确实，在这天地间，即使只是一只毫不起眼的小蚂蚁，也是造物主的恩赐，它的生命与我们人类的生命并没有本质区别，也应该享有生命的尊严。对生命的关怀并非人性的道德完善，也并非居高临下的施舍，而是发自内心对生命的平等的尊重和深切的关怀。很多时候，我们在关怀其他生命的同时，也是对我们自身的关怀与尊重，这才是对自己、对生活最高的诚意。

养一身浩然正气

王阳明奉旨前往广西平乱，到了之后了解到当地少数民族起义的原因。汉族官兵与少数民族之间的矛盾挑起了战争，王阳明认为如果以武力进行压迫，可能会使双方的矛盾越积越深，这样冤冤相报何时才能了？于是，王阳明开始寻找机会，想要缓解双方的矛盾。

这个时候，王阳明获知反抗首领哈吉的母亲卧病在床。王阳明赶紧派跟随自己的医生去给哈吉的母亲看病。不出几日，在医生的治疗下，哈吉的母亲能够下床走路了。但是出于双方是敌对关系，哈吉并没有过多的表示。之后，哈吉从医生的口中听说了王阳明的为人，而且得知用来医治母亲病的药都是王阳明自己本人所必需的。王阳明在哈吉心中的印象大为好转。

随后，王阳明写了一封信给哈吉。实事求是而又诚恳谦虚地劝哈吉要从大局出发，和睦相处为妙。哈吉早已被王阳明高尚的人格所折服，这封信正好说到了他的心坎里。就这样，王阳明未用一兵一足，只是晓之以理，动之以情，便让哈吉率领大军撤出了边界。

孟子说养气修心之道，虽爱好其事，但一曝十寒，不能专一修养，只能算是知道有此一善而已；必须在自己的身心上有了效验，才算有了证验的信息；进而由"充实之谓美"直到"圣而不可知之谓神"，才算是"吾善养吾浩然之气"的成功。

何为浩然正气？一谓至大至刚的昂扬正气，二谓以天下为己任、担当道义、无所畏惧的勇气，三谓君子挺立于天地之间无所偏私的光明磊落之气。浩然正气便是由这昂扬正气、大无畏的勇气以及光明磊落之气所构成。有些人表面上很魁伟，但与之相处久了就觉得他猥琐不堪；有些人毫不起眼，默默无闻，却能让人在他的平淡中领略到山高海深的浩然正气。正是因为后者具有正直如山的品质，才能让人感受到他的一身正气。

古今之成大事者，心中都有大气象。正是"笑览风云动，睥睨大国轻"，"俯仰天地之气概"，"力拔山兮气盖世"，乃浩然正气也。

秦末的项羽为楚国下相人。年轻时与刘邦上山伐木，二人看见秦始皇头顶华盖，队伍浩浩荡荡，男女随从无数。刘邦长叹："大丈夫当如是。"而项羽则顿生豪气："吾当取而代之！"由此可见项羽霸气。

项羽一生多征战，先是破釜沉舟，击破巨鹿三秦（章邯、董翳、司马欣）。后又刺杀怀王，逼走刘邦，自立为"西楚霸王"。然后大封诸侯。楚霸王四年，刘邦与霸王项羽以鸿沟为界，东归楚，西归汉议和。

同年，项羽返彭城时遭齐王韩信追杀至垓下，韩信以"四面楚歌"之计包围楚兵。项羽高唱"力拔山兮气盖世，时不利兮骓不逝。骓不逝兮可奈何，虞兮虞兮奈若何"。歌毕自刎于乌江边。

项羽不是笑到最后的那个人，但是虽败犹荣。这首《垓下歌》气壮山河，势吞万里。体现了项羽卓绝超群，气盖一世。面对四面楚歌的惨败结局，一种英雄末路的感慨油然而生，让人倍感苍凉。面对敌军的包围，"不肯过江东"的项羽穷途末路，面对虞姬也只能是"奈若何"。项羽的选择豪气逼人，展现了一方霸王的浩然正气。

与项羽的"英雄本色"有所不同的，是诸葛亮等文人志士的"名士风流"。三国时期的诸葛亮，羽扇纶巾，貌似轻松淡定、潇洒自如，实则神机妙算、运筹帷幄。西晋开国元勋羊祜，平日一副松洒打扮，飘逸十足，甚至在打仗的时候，仍不失其雍雅的风度。魏晋名士大多旷达风流，放任自流，毫不矫揉造作，痛快淋漓。

不管是英雄本色，还是名士风流，都具备是孟子所说的"浩然正气"。"其为气也，至大至刚，以直养而无害，则塞于天地之间。其为气也，配义与道；无是，馁也。是集义所生者，非义袭而取之也。"有志之士当养浩然正气，大者壮我泱泱中华之神威，小者在为人处世中光明磊落、至情至性。

养浩然正气并非易事。《孟子》中有言：是集义所生者，非义袭而取之也。在孟子看来，浩然正气是正义的念头日积月累所产生的，不是一时的正义行为就能得到的。关于"集义"，王阳明认为做每一件事都应符合良知的要求，这样才能使心中的浩然之气壮大起来，再遇到其他事情就更能以良知为指导，从而达到"从心所欲不逾矩"的中庸境界。由此看来，要养浩然正气，就要做正直之人，诚实地对待生活中的每一件小事，日积月累，不断壮大。

浩然正气是人的精神"脊梁"，是抵御歪风邪气的"屏障"。正气长存，则邪气却步、阴霾不侵；正气长存，则清风浩荡，乾坤朗朗。要保持浩然正气，就必须"一日三省吾身"，做到自重、自省、自警、自励，时时处处以激浊扬清、弘扬正气为己任，使正气日盛，邪气渐消，引领整个社会不断走向正义和文明。此乃君子之道也。

消磨掉你的私心杂念

王阳明的一位弟子说:"私心杂念一出现,我的良知就侦查到了,可总是不能将这些私欲立即去除。"

王阳明回答:"私心杂念刚开始萌动时,恰是彻底革除之机,这才是安身立命的真功夫。"

私心杂念是什么?就是我们在生活中的一些小毛病、小错误。人人都知道这是小毛病和小错误,但却都如王阳明的那位弟子一样,虽然知道,却不能马上将它去除,久而久之,水滴石穿,集腋成裘,小毛病成了大错误,只能让我们懊悔长叹。

《伊索寓言》里有这样一个故事:

有个小孩在学校偷了同学一块写字石板,拿回家给母亲看。其实他知道这种做法不对,他给母亲看,只是想知道母亲对这件事的看法。让他想不到的是,母亲居然表扬了他的能力。下一次,他又偷回家一件大衣,交给母亲,母亲更是笑颜如花。从此后,这个小孩子小偷小摸的习惯一直没有改变。

随着岁月的流逝,小孩子长大成人,更变本加厉地去偷更大的东西。一次,他偷东西时被当场捉住,反绑着双手被押送到刑场。他的母亲跟在后面痛哭,指责他没出息。这时小偷说,他想和母亲贴耳说一句话。他母亲走上去,儿子一下子用力咬住了她的耳朵并撕了下来。母亲大骂他不孝。这位儿子痛苦地说道:"如果我第一次偷石板交给你时,你能打我一顿,今

王阳明心学大智慧

天我何至于落到如此结局呢？"

这个故事完美地验证了我们的结论：小毛病不改，必将酿成大祸。

但是，许多小毛病靠外力真能改掉吗？

从前有个高明的剃头师傅，收了一个机灵的徒弟。这个徒弟很快就入了门，不过，他师傅认为他还是火候不到，就买了许多冬瓜当作是人脑袋的模型，让他练习。

这个机灵的徒弟有这样一个很不好的毛病，就是在练习刮冬瓜时，如果师傅让他去做什么事，他就顺手将剃刀扎在练习的冬瓜上。他师傅第一次看到他的这一毛病时，温和地对他说，这个习惯很不好，要他改正。徒弟对师傅说，这是小问题，没有关系吧。后来，师傅多次劝他改掉这个毛病，徒弟虽然知道这是问题，但只是觉得这是小问题。他经常说的一句话就是：师傅您放心，真要给客人剃头时，我是不会这样做的。

斗转星移，徒弟终于出师了。师傅有一天坐到椅子上说：给我剃头，如果不错，你就正式上马。徒弟很高兴，专心地给师傅收拾起头发来。正在这时，外面来了客人，喊了一声"有人吗？"。

这名勤快的徒弟答应了一声，和往常一样，随手就把剃头刀插到了师傅的脑袋上……

我们身边的人，甚至就是我们自己，身上总有这样那样的小毛病。有人经常说"瑕不掩瑜""大德不逾闲，小德出入可也"，以此来对自己的小毛病置之不理。他们明知道那是瑕疵，明知道有些小问题不符合道德标准，但只是因为懒惰，或者是根本就没有放在心上，而不去改正，长此以往，必将为此付出代价。

赫拉克利特叮嘱我们："留心你的行动，因为行动能变成习惯；请留心你的习惯，因为习惯能成为性格；请留心你的性格，因为性格能决定你的命运。"

王阳明告诉我们，任何人其实都有良知，而小毛病出现时，任何人凭良知都能判断这是问题。改正它的方法很简单：只要意识到这是问题，马上就改正，绝不要拖延。

因为无数个小问题聚集到一起，就成了改变我们命运的大机关。所以，改掉小毛病是刻不容缓的人生大事。

成功励志学对此也有还算货真价实的见解：一个人有了缺点，哪怕是极小的缺点，如果不引起重视，不加以克服，发展下去，也会演变成大的缺点和错误。"一趾之疾，丧七尺之躯；蝼蚁之穴，溃千里之堤。"一个人堕落变坏，往往是从小事上打开缺口，一步步走向堕落境地的。因此，我们不能对小错误、小缺点抱着无所谓的态度，必须防微杜渐，把坏思想、坏风气、坏作风消灭在萌芽状态中。

人生大病，只是一傲字

在王阳明看来，人人都有良知，但人本身却是个毛病的集合体，所以他才苦口婆心地提倡要恢复被毛病侵袭的良知。自私、心胸狭窄、懒惰这些毛病人人都有，但王阳明认为，这些毛病都不是大问题，人最大的毛病就是骄傲。

他说，如果做子女的有傲慢的习气，一定会不孝顺；做臣子的傲慢，一定会不忠诚；做父亲的傲慢，一定会对子女不慈爱；做朋友的傲慢，则一定会不讲诚信。所以，古代圣人舜的弟弟"象"和尧的儿子"丹朱"，他们都没什么出息，只是因为终生都很骄傲，所以，庸庸碌碌地就结束了一生。

象，是舜的弟弟，因为总瞧不起舜，所以一直想把舜置于死地，但舜每次都逃脱了。丹朱，是尧的儿子，因为骄傲自大，所以尧就把王位传给了舜。

所谓骄傲，就是自以为了不起，看不起别人。它不仅让人如象和丹朱那样庸碌一辈子，还是我们人际关系的最大敌人。

在现实生活中，人与人之间的很多矛盾几乎全是从骄傲中来的，人人都觉得自己比别人更高明，比别人更有见识，比别人更高贵，于是相互轻视，矛盾也就逐渐产生了。

王阳明告诉我们，既然傲慢是我们最大的毛病，那就必须要消除它。而消除它的方法很简单，那就是：无我。

骄傲，其实就是太"有我"。所谓"有我"，就是心中随时都想到自己，在别人和自己之间永远想到的是自己，而且还会把自己抬到高位，恨不得踩着别人的肩膀才能得到幸福。

"无我"，通俗而言，就是"毫不利己，专门利人"。把自己放在一个普通的位置上，告诉自己不过是芸芸众生中的一员——你没有什么了不起，比你了不起的人太多了。如果真抱有这种心态，那就会在日常生活中怀有一种敬畏的心，就会变得谦虚。唯有谦虚，才能进步；唯有进步，才能使你的人生像一个车轮，不停地向幸福之路上狂奔。

直觉就是良知

其实，王阳明所说的"良知"虽然神乎其神，但其中有一个方面是我们今天经常提到的，那就是直觉，也就是王阳明所谓的"虚灵明觉"。

用心理学的语境来解释，直觉就是：未经逻辑推理的理解，本能的知识，一种不需要去发现或者是发觉而能感觉或感知的能力。

也可以这样理解：直觉不靠任何理性的特殊处理，它只是自然而然。它不是那种让你觉得应该尽量采取行动的东西。

17世纪的哲学家帕斯卡说："心灵活动有它自身的秘密，理性的头脑可能无法知晓其中的原因。"今天的心理学家们证实了这一观点的正确：我们知道的，比我们意识到自己知道的要多得多。

例如，脑部受到损伤的病人永远不能学会辨认医生，所以医生每天都要握手和他重新认识。有一天，医生在手上粘了一枚针，握手时，病人由于被刺痛而跳了起来，后来当他再遇到医生时，还是不认识，但却本能地拒绝握手。这就是直觉在起作用。再比如，当你看到陌生号码而接起电话时，只听到对方一声"喂"，你就能立刻辨别出这是你哪个朋友，虽然你对自己为何能做到这点一无所知。

王阳明称直觉为良知的一种表现，这并非是他信口胡说。在未创立心学时，王阳明曾修习道家方术，有一天，他在静坐中突然睁开眼，对跟班说，我有两个朋友来了，现在正走在路上，你帮我去迎接他们。跟班大吃一惊，当他出来时，真的发现山脚下有两个人正在上来。王阳明后来说：

静久则明。这个"明"其实并不是静坐久了的结果，而是我们在什么都不想时的直觉。

心理学家们通过许多实验发现，人们的直觉有时候根本不符合科学逻辑，但能适应生存。在进行深思熟虑之前，情绪已经即刻做出了直接的反应。简单的喜欢、不喜欢以及恐惧通常并不涉及分析的过程，这就是王阳明所说的——你见到美色，立即就会喜欢上，根本不会在喜欢上之前有个考虑分析的过程。正是这些无意识的瞬间直觉，保护了我们，让我们变得"聪明"或者"幸运"。很多人都靠着这种与生俱来的良知的一种方式而得到了美好的人生。

我们很容易找到这样的人：他们靠炒股赚得巨额财富，但如果你问他们是如何做到的，他们却耸耸肩告诉你——我其实什么都没做，就是凭感觉挑选了一股，然后就赚了。

我们更容易找到这样的一类人：他们的书桌上摆满了各类专家学者的分析著作和财经类报纸，他们每次选择股票都谨小慎微，翻阅的资料都能写成一本书，可每次都无功而返，甚至全军覆没。你问他们为什么，他们叹息说：这些专家全是"砖家"，我太相信他们了。

这似乎给了今天向来以科学自傲的人一记响亮的耳光：严谨的分析，亦步亦趋跟在专家后面，却赚不到一分钱；而那些对股市一窍不通的人，却赚得盆满钵满。

现代人无法用科学解决这些问题，只能说这只是老天的恶作剧。但真是这样吗？

名震中国出版界的台湾城邦集团创始人何飞鹏多年前是《中国时报》

的财经主管，那时的他有钱有权，日子风光无限，使人羡慕嫉妒恨。

他也沉浸在这种幸福的生活中，可突然有一天，他内心有个声音问他：20年后，我会是什么职位？不可能是老板。我还是个打工仔。直觉告诉他，必须要自己决定自己的方向，否则，这辈子都不会得到快乐。

就是凭着内心的敏锐和直觉，他只用了五分钟就做出决定：辞职。经过几年的打拼，他创立了台湾最大的图书出版集团——城邦出版集团。

事实上，我们的人生中有很多重大决定都不是靠直觉做出来的，那些前思后想做出决定的人，多年以后往往会对当初的那个决定表示遗憾。

请你仔细想想你人生拐点处的那些决定：它们是不是你经过深思熟虑后做出的决定？还是不知受到什么力量的驱使，你突然就做出了决定？即使这一决定在后来经过多次深思熟虑，但那种力量给你的方向，你却始终没有改变过。

这就是直觉的力量。王阳明谈到良知时，对他的弟子说：你不要欺骗它，遇到一件事，是和非的选择就是那一刹那，良知知道"是"也知道"非"，你只需要在那一刹那之间做出良知给的决定就是了。这种良知就是直觉！

而良知是我们本身就固有的，所以直觉就是我们的本能，听从内心的召唤，让本能闪现，那就是致良知。

遗憾的是，人世间有太多的人缺少这种直觉式的良知，尤其是随着我们年纪的增大，这种直觉式的良知在我们内心深处销声匿迹了。

原因很简单：今天的许多人在未进入社会这个大染缸时，都是单纯、乐观、敏锐的，他们判断事情有主见，就像一只刺猬，对于周围的危险和机遇仿佛有天然的感应。这种天然的感应就是王阳明所说的我们与生俱来的"虚灵明觉"。当我们没有被社会大染缸污染时，这些本能发出的声音，我们很容易就听见。

但是，当我们进入社会后，接触了太多内心之外的事物，这些事物的信息庞杂繁多，搞得我们晕头转向，使我们失去了分辨力。随之而来的就是我们无意识的"本我"反倒不断受到压制，那个所谓的"他我"却建立起来了。这个"他我"其实就是被外界环境塑造的我们。于是，所有人都失去了敏锐，随大流走。

越是成熟的人，越是老谋深算的人，其实越是没有主见的人。因为他们在做任何事之前，根本不会去听内心的真实想法，而是绞尽脑汁考虑自己是否是被社会所认可的人，自己是否是被社会塑造的那个人。

人终究要长大，终究要进入社会，那么，难道我们与生俱来最优秀的良知——直觉——就这样被抛弃了吗？

王阳明说，直觉永远都在，只是我们把它遮蔽了。

王阳明是知行合一的，他经常和大自然接触，他和他的弟子讲学时，往往都是在旅游的路上。他经常让学生们静坐，希望他们能把那颗躁动已久的心安顿下来。他还要弟子们立下成为圣人的志向，雷打不动。他也希望弟子们能融入社会，因为心学的本质是"事功"，不融入社会，就无法建立"事功"。在融入社会时，难免要"伪装"，可夜深人静的时候，你要知道真实的自己是什么。

请记住：忽视自己第一感觉（直觉）的人，必将自食其果。所以，请恢复你的直觉，它虽然不符合科学，但比科学更有用！

凡事需因病而药

一种很常见的情况是：有些人对那些自己喜欢做的事情，常常会充满激情地把它做好，可对于那些自己不喜欢做的事情，就总会千方百计地回避。在这个世界上，在不被胁迫的情况下，没有人会愿意去做自己不喜欢的事情。

但问题是，人既然是社会的动物，就不可能随心所欲地去做事。人的一生中会有多个岔道口，在每个岔道口处我们都要做出很多次选择。而这些选择中必然就包含了很多我们不喜欢的因素，这个时候，你是放弃还是继续？

如果放弃，就要重新来过。重新来过后你还是要面对备种选择，这里面仍然有你不喜欢的事情。如果继续，那就注定了你会很痛苦，因为没有人愿意去做自己不喜欢的事情。实际上，在生活和工作中，不可能每件事都让你感到满意和幸福。当你受到这些自己不喜欢的事情困扰时，要先问问自己是否可以对这些事情说"不"。如果答案是肯定的，就不必去做；如果答案是否定的，那你必须要去做。正如王阳明所说，如果你厌倦读书，那就去读书，这是因病而药，这是以毒攻毒。

因为，只有你做了，你才知道幸福到底是什么。试想想，如果一个人把自己不喜欢的事情做了，假设还做得不错，他才能做好自己喜欢做的事情。如果你没有做过不喜欢的事情，那么你就不会真正体会到喜欢做的事情的价值。比如你讨厌销售，喜欢艺术，可因为没有对比，你根本不知道艺术的魅力到底有多大；可当你做了销售后，你就会更加喜欢艺术。还有一点就是：只有做好不喜欢的事情，你才有更强的意志力去完成你喜欢的事。

有句话说："只要一个人能在一件事情上做到顶尖，那么让他去做另一件事，他一定不会做得太差！"所以，做你不喜欢做的事，正是磨炼你内心的最简便的招数。

一名某一流大学生物专业毕业的学生到微软公司应聘，总裁问他："你不是学计算机专业的，为什么要到微软来工作呢？"

大学生回答："当年入学时，我被迫选了自己不喜欢的生物专业，现在毕业了，我还是不喜欢这个专业。其实我还是比较喜欢计算机。"

微软总裁听了很反感，觉得这名学生不是微软公司所需要的。但是，这名大学生却说："我不喜欢生物专业，但不代表我不去认真学习，只要还在生物系，我就要对自己负责，我认真地对待每一天，学好每一课。但毕业时我没有选择去制药公司，而是向微软投出了我的简历。请您看看我生物学习的成绩单。"

那张成绩单让总裁的眼睛一亮，因为全是优秀。最终，这名学生被微软录取了。总裁的评语是：这人连最不喜欢的事情都做得如此好，何况是他喜欢的事情呢！

其实，人生在世，不可能时时处处都能碰到自己喜欢的事。但正因为人生有如此遗憾，所以能从这遗憾的深渊中跳脱而出的人才能得到人生的意义和幸福。美国管理学家韦特莱说："成功者所从事的工作，是绝大多数的人不愿意去做的，所以许多时候，他们成功，只是因为他们做了其他人不以为然、不愿意去做的事情而已。"

其实天下任何一件事，只要你去做，都会有收获，尤其是你不喜欢做的事。王阳明也说，对于自己不喜欢的事，实际上永远无法让自己喜欢上。正如你不喜欢狗屎的味道，如果你逼着自己喜欢上它，那说明你违背了

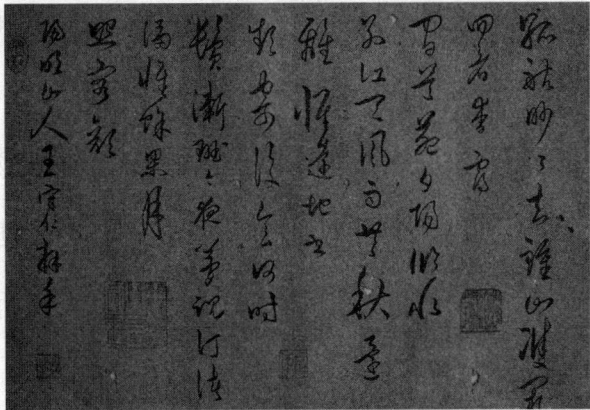

《龙江留别诗》（局部）

本心，这就不是良知学了。但你可以改变眼光，从你不喜欢的事情里看到收获。

比如你不喜欢销售，因为它和目标相连。你不喜欢的只是目标。那么，为什么不把销售当成一个过程？在这个过程中，你是否想过：自己是否从来就没有想过能碰到这样各色人等，还和他们打了交道？自己是否更加能够理解销售的艰辛？自己是否口才更好了？自己是否和陌生人打个招呼，不再那么害怕了？这些都是"收获"。

抱着这种眼光，你就你会发现：改变了眼光，你就改变了你自己。做自己不喜欢的事情，不只是逼自己，而是要改变一下眼光！

行孝，首先要使父母无忧

学生傅凤想要早点考取功名，以摆脱贫困的家境，更好地奉养父母，

于是不眠不休地学习，却因劳累过度而病倒了。王阳明批评他的这种做法并不是孝顺，傅凤流下了悔恨的泪水，并向王阳明请教："我如何才能够修正这种不孝的行为呢？"

王阳明回答说："保养好你的身体，爱惜你的生命；端正你对父母的感情，不要辱没了父母对你的期望；尽心尽责地做好你该做的事情，不要有得失之心；平心静气地生活，心不要为外物所左右，这样你就能避免陷入不孝的处境。"

在王阳明看来，家贫亲老而不为禄仕，固然不得为孝，但欲求禄仕以成疾，使父母伤心悲苦，牵肠挂肚，这又怎么谈得上孝呢？由此可见，为人子女者在生活上不让父母担忧，不让父母伤心悲苦，这是对行孝最起码的要求。

孟武伯向孔子讨教关于孝的含义。孔子答曰："父母唯其疾之忧。"意思是说，由于疾病不受人控制，因此子女如果能常常以谨慎持身，使父母只忧虑子女的疾病，而没有别的东西可忧虑，这就是孝。然而现实社会中，有些人能自理自立，却还是让父母整天为了他担惊受怕，这便是不孝。

在一个关着一些死刑犯的牢房里，死刑犯们聚在一起看书闲聊。

一名犯人指着书中的珠宝说："我母亲没有一件像样的首饰，如果她戴上这些首饰一定会很高兴。"

另一名犯人指着书中的房屋说："我家的房子又破又旧，每逢下雨就漏，我的母亲如果有这么一间漂亮的房子她该多高兴啊。"

第三个犯人指着书中的汽车说："我真想给母亲买一辆车子，以后她来看我的时候就不用走那么远的路了。"

书最后传到一个犯人的手中，他拿着看了很长时间，看着上面的珠宝、房子、汽车……

他沉思了许久后，流着泪说："我们从一出生就让母亲操心劳神，直到长大了，本该回报母亲的养育之恩，却由于我们的错误，让母亲更加为我们操劳。我们都是母亲牵挂的根源，更是母亲幸福的寄托。我们的一言一行、一举一动都连着母亲的心，我们是母亲心中永远的痛。母亲的付出，不是为了得到珠宝、别墅、小汽车这些物质上的回报，因为在她们心里最大的幸福莫过于自己的儿子是一个正直的、对社会有贡献的人。如果我们的母亲有一个好儿子就好了！"

这时，所有的人都低下了头。

对父母最好的回报不是珠宝、汽车、别墅这些外在的东西，而是有一个"好"儿子，除了疾病，他们不必为儿女的衣、食、住、行等其他方面担忧。

俗语说："儿行千里母担忧，母行千里儿不愁。"无论儿女有多大，都永远是父母心中的牵挂。子女离家的时候，父母心里总是充满担心与牵挂，分别总是令他们黯然神伤。他们会担心子女在外面是否吃饱穿暖，是否会受人欺负，是否会误入歧途等，因此才有了这句"父母唯其疾之忧"。然而古往今来，又有几人能做到呢？因此，王阳明才会告诫人们：行孝，首先要使父母无忧。

尽心尽力满足父母的期望

王阳明认为，对父母真正的孝顺，不单单是安排酒宴、歌舞来为父母大肆祝寿，也不单单是费尽心思为父母准备美味可口的食物，更不单单是照顾父母的起居、扶持父母行走。真正的孝顺不是子女能够奉养父母，而是要遵循父母的意愿，尽心尽力地满足父母的期望。正如王阳明所说："孝莫大乎养志。"

王阳明在《书黄梦星卷》中记载：

潮州处士黄保仰慕王阳明的学问，但鉴于自己年纪大了，不能远行，便让自己的儿子黄梦星远行千里来到越地向王阳明求学。黄梦星在王阳明处学习几个月后，就会请假回家去看望自己的父亲，在家陪伴父亲一两个月后再回来继续求学，然后学习几个月后再回家看望父亲。黄梦星就这样在相隔数千里的潮越两地来回奔波，十分辛苦。

王阳明对此感到很不解，就询问黄梦星。黄梦星回答说："我的父亲是一个仰慕圣贤之道的人，他偶然从同乡的薛、杨两位先生那里听说了先生的学问博大高深，于是便对我说：'我老了，并不期望你考中功名去做官，你如果能够像薛、杨两位先生那样向阳明先生求得圣贤的学问，我即便是每天喝粥饮水过清贫的日子，死后无钱买棺材只能直接入土下葬，也十分满足了。'就这样，我不远千里来向先生求学。我每次回家后，总是希望能多些时间陪伴父亲，但父亲连一个月也不让待够，总是在我到家十多日后，就给我准备了行囊和路费，催着我赶紧出发。我哭着想要留下来，父亲却责备我说：'你以为这样是在孝顺我吗？如果你不能像鸿鹄一样在广阔的天地飞翔，只是想做在父母羽翼保护下的雏鸟，只能使我感到痛心啊。'我既想留在父亲身边尽孝，又不敢违背父命，因而只能在两地之间来回奔波。"

王阳明听了之后大为感动，说："黄处士是多么贤明的父亲啊，黄梦星是多么孝顺的儿子啊。能够遵从父亲的意愿，满足父亲的要求，才是真正的孝顺啊。"

在王阳明看来，不违背父母意愿的养志之孝，是远远高于养亲之身的养体之孝的。这才是尽心尽力满足父母需求的表现。

而天下父母对子女最大的期望，就是"望子成龙，望女成凤"。因此，从养志为孝的角度来说，王阳明认为一个人能够成贤成圣就是对父母最大的孝。正如《书张思钦卷》中记载的那样："三原张思钦将葬其亲，南走数千里而请守仁铭。守仁对他说：请人铭，无非是为图亲有不朽之名。但图之人，哪里及得上图之于己？使亲传之于人之口，哪里及得上传之于其子之身？如果子为贤人，则其父就为贤人，子为圣人，则其父就为圣人之父。其托人铭而扬名，哪里及得上孔子父亲梁纥之名的不朽呢？由此思钦醒悟，归而自学。"由此可见，只有成贤成圣，才能扬名显亲；而扬名显亲，让父母为子女的成就而自豪，就是满足了父母最大的期望，就是对父母最真诚的孝顺。

朴实的人生态度

王阳明认为世间本没有善恶之分，也就没有为善除恶之说。若真要弄出个善、恶来，也是存在于人心当中，遵循自然而发展就是善，被外物所扰，掺杂私欲就是恶。

所谓善恶，只不过是在周边环境影响下依据本性而产生的，有善恶之分的不是本性而是习惯。本性是一种内在的东西，平时可能感觉不到它的存在，但它在暗中操控着你。它决定着你的大部分习惯，决定着你的性格，甚至决定着你的人生。人本来生下来都很朴素、很自然，由于后天的教育、环境的影响，种种原因，把圆满的自然的人性雕琢了，刻上了许多的花纹雕饰，反而破坏了原本的朴实。因此，人不要刻意雕琢自己本性的棱角，要保持住生命中最朴素的东西。

先秦时期，燕国寿陵地方有一位少年，叫寿陵少年。

这位寿陵少年不愁吃不愁穿，论长相也算得上中等人才，可他就是缺乏自信心，经常无缘无故地感到事事不如人，低人一等——衣服是人家的好，饭菜是人家的香，站相坐相也是人家高雅。他见什么学什么，学一样丢一样，虽然花样翻新，却始终不能做好一件事，不知道自己该是什么模样。

家里的人劝他改一改这个毛病，他以为是家里人管得太多。亲戚、邻居们，说他是狗熊掰棒子，他也听不进去。日久天长，他竟怀疑自己该不该这样走路，越看越觉得自己走路的姿势太笨，太丑了。

有一天，他在路上碰到几个人说说笑笑，只听得有人说，邯郸人走路姿势那叫美。他一听，对上了心病，急忙走上前去，想打听个明白。不料想，那几个人看见他，一阵大笑之后扬长而去。

邯郸人走路的姿势究竟怎样美呢？他怎么也想象不出来。这成了他的心病。终于有一天，他瞒着家人，跑到遥远的邯郸学走路去了。

一到邯郸，他感到处处新鲜，简直令人眼花缭乱。看到小孩走路，他觉得活泼、美，学；看见老人走路，他觉得稳重，学；看到妇女走路，摇摆多姿，学。就这样，不过半月光景，他连走路也不会了，路费也花光了，只好爬着回去了。

这就是"邯郸学步"成语的来历，它所比喻的道理乃是生搬硬套，机械地模仿别人，不但学不到别人的长处，反而会把自己的优点和本领也丢掉。很多人过不上自己想要的生活，就希望自己成为别人，把自己想象成模仿中的人物，过着模仿的生活。其实每个人都有自己的本色，如果一味模仿别人，扭曲自己的本来面目，最终会迷失自己。

人需抛弃自己引以为傲的聪明灵巧，抛弃自私自利的贪图之心，如果人人皆能如此，便不会有作奸犯科的盗贼，不会有我们认为的大恶。

著名国学大师南怀瑾先生曾说，如果将绝圣弃智的观念归纳到生命理想中，便是"见素抱朴，少私寡欲"。"见"指见地，观念、思想谓之见；"素"乃纯洁、干净；"朴"是未经雕刻、质地优良的原木。见素抱朴正是圣人超凡脱俗的生命情操，佳质深藏，光华内敛，一切本自天成，没有后天人工的刻意造作。

孔子在《论语》中也说，"素"如一张白纸，毫不沾染任何颜色，人的思想观念要随时保持纯净无杂，即不思善，不思恶。心地胸襟，应该随时怀抱原始天然的朴素，以此态度来待人接物、处理事务。个人拥有这种修养，人生一世便是最大的幸福；如果人人持有这种生活态度，天下自然太平和谐。

最优秀的东西就在人们自己身上，但是"大浪淘沙沙去尽，沙尽之时见真金"，大多数人都在浮华过后才意识到本色的可贵。质本洁来还洁去，不要让尘世浮华沾染了原本纯洁的心灵。玉不琢，不成器，但有时，人应该成为一块拒绝雕琢的"原木"，保留人性中单纯、善良、朴实的东西，不要让外在的雕饰破坏了自然的本质。一个人若能以本色示人，焕发本真个性，活出自己便是最美的。

君子养心莫善于诚

从古至今，诚信都是衡量人品的重要标尺。"信"是一个人的立身处世之本，如果不守信，也就失去了做人的基本条件。孔子把"信"与言、行、忠并列为教育的"四大科目"，并把它与恭、宽、敏、惠一起列入"五大规范"之中。一个人，只有言而有信，才能得到他人的信任。

在今天这个竞争激烈的社会中，人们往往因各种利益发生冲突，放弃了传统道德中提倡的信义，处处钩心斗角、尔虞我诈、机关算尽。只要能得到利益，根本顾不得承诺，为了把自己的荷包撑起来，甚至朋友、亲人皆可出卖。于是，人与人很难彼此真诚对待，每每在一起，总用一种狐疑的目光瞅着对方，还要虚与委蛇地干笑。回过头来，一面缓解面部抽筋，一面又觉得劳累空虚。

对这些无法遵守诺言的人，王阳明一向持批评态度。他认为与人交往时，事先就揣着怀疑的态度，臆想别人不相信自己，其实这就是不诚信的表现。只有淳朴、怀真情、讲真话、守信用的人才值得认同和欣赏。这种人，本性中最重要的便是"真"字，是至诚之人真实的写照。

诚信是一个人安世立命的基本准则，是与人交往的前提要求，唯有遵守对他人的承诺，他人才会将心交于你，并且团结在你的周围，给予你存世的支撑。倘若你历来以违背誓言为生活的基本准则，只为小便宜处处失信于人，不但会失去朋友，还会失去你所得到的一切，令自己变得孤立无援。

周幽王三年，褒国的奴隶主褒姁试图平息周褒之间的战争，将貌美非凡的褒姒献给了周幽王，史书上记载那褒姒生的是"目秀眉清，唇红齿白，发挽乌云，指排削玉，有如花如月之容，倾国倾城之貌"。幽王本昏庸又荒淫无度，明眸皓齿的褒姒进宫以后自然集万千宠爱于一身，幽王视褒姒为掌上明珠，立她为妃。

可那褒姒却因不习惯皇宫中的生活，且念养父被太子宜臼所杀，心中忧恨，平时很少露出笑容，偶有一笑，流盼生辉，幽王便心中甚喜，为了博得美人一笑，幽王于是下诏天下：诱褒姒一笑者，赏千金。

后朝中的大奸臣虢石父便献出"烽火戏诸侯"的主意，幽王决意一试，遂命点燃烽火。那时候，从边疆到国都，每隔一定距离修一个高土台，当有外敌侵犯的时候，日夜驻守在烽火台的兵士便点燃烽火，一路传递下去，诸侯国得到消息便会立即派兵来援助。

且说那烽火燃起后，褒姒看到带着兵马匆匆赶来的大臣狼狈不堪的样子，忍不住便笑了，幽王心里甚是痛快，又把如此自己感觉滑稽却让人愤恨的游戏重演了几遍。这游戏满足了幽王的要求，却终使幽王失信于朝中大臣，又是西周最终灭亡的直接原因。

幽王讨褒姒欢心，便下令废黜王后申氏和太子宜臼，册封褒姒为后，褒姒生的儿子伯服为太子，王后的父亲申侯听后气愤不过，便联合缯侯及西北夷族犬戎之兵，于公元前771年进攻镐京，幽王惊慌，命人点燃烽火，诸侯们却因以往多次地被愚弄心生不满，又加之痛恨幽王的昏庸无道，无人救援，终幽王被杀，褒姒被掳，西周灭亡。

幽王确是愚，他愚到滥用自己的皇位职权愚弄朝廷大臣。终失信于人，不用说是尊严了，连性命也丢掉了，可悲可叹！

"真""善""美"中，"真"是为人的第一步。如果一个人待人虚伪而不真切，他终究难以给人留下好的印象。王阳明的"致良知"学说中就有包含真诚笃实的观点。人之言为信，言而无信则非人。如果连句真话都不讲、连个小小的承诺都不能实现，并且因失信对他人造成伤害，那么这个人无论做什么，别人都会敬而远之、唾弃其卑劣人格，或者对他以牙还牙。最后此人终将孤立于世，郁郁寡欢、无疾而终。

在日常生活中，许多人对自己的习惯要求不严，总觉得一些小事，即使做错了也没什么大不了，所以往往不知不觉中失去诚信。生活就是这样的，你对他不诚实，他也会对你不诚实，总有一天，你会发现自己被生活所"欺骗"，失去了原本应该得到的东西。

做一个有信义的人胜似做一个有名气的人。也许有一天，一个人会失去所拥有的地位、财富、权力，但是做人的信用却不会被时间冲刷掉，它是无形的人生财富。时刻用诚信点缀自己的心灵，便能享受真实而惬意的生活。

自利则生，利他则久

王阳明很注重个体的社会责任，个体作为社会的存在，同万事万物是共存的关系，这个观念被王阳明具体化为以仁道的原则对待一切社会成员并真诚地关心他人。他那看似不容于世，其实又处于俗世的一生始终都坚持着通过仁爱来显现内心的良知。即便抱负冤屈，坎坷一生也是如此。

利他方能自利，害人实际是在害己。敬人者，人敬之；爱人者，人爱之；损人者，人损之；欺人者，人欺之。所以，我们应该做到自利利他，不可损人利己。我们每一个人都有两只手和两只脚，这本来就是为劳动而准备的，倘若我们不将它们用来劳动，那么不但让双手双脚发挥不了作用，而且对身体也没有任何好处。换句话说，倘若常常劳动，身体必定很健康。这样对双手双脚有利的同时也对身体有利，可谓一举两得。而在王阳明看来，义与利之间的差别很小，也就是说，如果能做一些"义"事，对他人有益，自己也一定能获得利益。

利己是人与生俱来的本性，它归根结底源自生存的需要。但人是生活在群体之中的，单方的利己行不通，互相帮助更有利，帮助别人也是帮助自己，于是产生了群体中利他的行为准则。

雍正年间，京城有一家规模很大的药店，他们的药物质地好，连皇上都信得过他们，并允许他们给皇宫供药。

有一年，由于前一年是暖冬，没怎么下雪，一开春的时候，气候反常，所以在三月里的会试能不能顺利进行，就成了朝廷最为担心的事情。因为当时清廷招募考生，都是在科场号舍举行的，那里多为应付考试临时搭建的，里面空间狭窄，伸不开腿，也直不起腰。考生从开考到结束，三天不能出号舍，这样身体差一点的就会支撑不住，再加上天气的原因让很多考生的精神都变得萎靡。

根据这一年的实际情况，那家药店赶制了一批祛湿气的药散，并托付

王阳明心学大智慧

内阁大臣奏明皇上，说要送给每一个考生，让他们备不时之需。雍正帝正在为会考的事情发愁，见这家药店主动为皇上解忧，自然大加赞许。于是，这家药店派专人守在考场门口，给每个考生派发药物，并且附带一张宣传单，上面印上了他们药店最有名的药物。结果，一半是因为药店的支持，另一半是由于当年考生的运气好，很少有人中场离席。由此一来，不管是中举的还是没中的，人们纷纷来这家药店买药。由于考生们来自全国各地，自此以后，全国的人都开始知道了这家药店，并且都来照顾他们的生意。

只用了很少的本钱，却换来了大生意。这家药店能够赢得这么大的成功，就是因为它懂得利他方能自利的原则。

一个人活在世上，虽然不能做到利人不利己，最少要能从利己想到利人，所谓"自利利他"。利己与利他并不总是处于对立的位置，很多时候，二者完全可以统一起来，人都有利己的一面，这是由于每一个生命个体都有自己生存的各种各样的需求，人的一切行为都是为了满足自身的需要，因此人的行为动机为利己。在利己的意识驱动下，人做出了种种行为，而这种种行为的客观结果产生了利他。

如果我们每一个人都能做到利他，那么我们每个人也都会得到自利，这便是所谓的："我为人人，人人为我。"因为我们在别人眼中也是"他"，对别人来说是利他，对自己来说就是利己。如果只是自私地考虑自己，从来都不去管他人，虽然你心里认为是利己了，但其实受损的还是自己。因为我们也是别人眼中的"他人"，如果人人都不管"他人"，而只顾自己，那么我们自己就成了人人都不管的"他人"，而只有自己去关心自己。然而，在这个群体共生互助依存的社会上，只靠自己关心自己是远远不够的，一个人的能力是有限的，需要借助他人的力量。因此，对于我们每一个人而言，利他方能利己，所以，我们需要时时用一颗利他的心去对待他人。

将心比心，推己及人

《论语》说："仁者，爱人。"仁爱就是人性中应有的朴素和美丽。在王阳明看来，仁爱也是人性中的"善"，王阳明一生中无论是被贬龙场还是平叛，他始终和百姓保持着亲密的联系，以仁爱之心对待百姓。

仁爱思想讲究付出、不计回报，提倡扶危济困、尊老爱幼。自古以来受到儒家仁爱思想影响的先贤不计其数，他们的仁爱之道常能达到推己及人的程度。诗人屈原，还在幼年时就怀有悲天悯人的情怀。

当时正逢连年饥荒，屈原家乡的百姓们吃不饱穿不暖，时有沿街乞讨、啃树皮、食埃土者，幼小的屈原见之，不禁伤心落泪。

一天，屈原家门前的大石头缝里突然流出了雪白的大米，百姓们见状，纷纷拿来碗瓢、布袋接米，将米背回了家。不久，屈原的父亲便发现家中粮仓中的大米越来越少，他很奇怪。

有一天夜里，他发现屈原正从粮仓里往外背米，便将屈原叫住，一问才知道，原来是屈原把家里的米灌进石缝里。乡亲们知道了真相都很感动，纷纷夸赞屈原。

父亲没有责备屈原，只是对他说："咱家的米救不了多少穷人，如果你长大后做官，把我们管理好，天下的穷人不就有饭吃了吗？"自此，屈原勤奋治学，长大后因为出众的才能而被楚王召为官，管理国家大事。他为国为民尽心尽力，为后世之人所称颂。

　　屈原的这份朴素和美丽发源于心，由内而外，是人性中最质朴而绵长的一种情怀。"仁"是儒家学说中最重要的一个概念。在儒学鼻祖孔子的眼里，无论是"好仁者"还是"恶不仁者"，其实都有一颗仁爱的心，人性本善的另一层意思就是人性本仁。而"己所不欲，勿施于人"也是一种仁爱的表现。如果我们给别人东西，最好想想对方或自己到底想不想要，如果连自己都不想要，那么最好还是把这个东西拿回去。

　　每个人在社会上都不是孤立的，周围有许多与自己共同学习、工作和生活的人，为使学习顺利、事业成功、生活幸福，人们都愿意建立良好的人际关系。而推己及人则是实现人际关系和睦、融洽的重要之道。要做到推己及人，首先要做到"己所不欲，勿施于人"，然后再进一步做到"己欲立而立人，己欲达而达人"。也就是孔子所说的"推己及人可谓仁之方也"，一个有仁德的人，自己想要站得住，同时也要帮助别人站得住，自己想要事事行得通，同时也要帮助别人事事行得通。推己及人，将心比心地为别人设想一下，这并不是一条高不可及的教条。其实，无论君子妇孺，这剂仁之方都同样适用。

　　南宋诗人杨万里的妻子在古稀之年，每到天寒时，天不亮就早早起来，然后径直走进厨房，熟练地生火、烧水、煮粥。满满的一大锅粥要熬上很长时间，杨夫人每次都耐心地等着。清甜的粥香顺着热气渐渐充满了厨房，飘到了院子里。院子的另一边，仆人们伴着这熟悉的香气陆陆续续地起床，洗漱完毕后，来到厨房，并接过杨夫人盛起的满满一大碗热粥喝了起来。杨夫人的儿子杨东山看到母亲忙碌的身影，甚是心疼。一次，他劝母亲说：

"天气这么冷，您又何苦这么操劳呢？"杨夫人语重心长地说："他们虽是仆人，也是各自父母所牵挂的子女。现在天气这么冷，他们还要给我们家里做活。让他们喝些热粥，心中有些热气，这样干起活来才不会伤身体。"一席话说得儿子点头称赞。

杨夫人之所以能说出如此慈悲为怀的话，就是因为她是一个心地善良，懂得体贴与关怀的好人。她会设身处地体会别人的切身感受，所以能够为别人着想。她的做法，既教育了儿子，也温暖了仆人们的心。

虽然是生活中的小场景，但是由此推想，小中亦可见大，我们行走在这个社会当中，自己不想要的，也不要强加给别人，再进一步，自己想要立足，就要能够大度地让别人也能立足。

生活中，我们大多数人都是小人物，但只要从爱出发，一路与爱相伴，生命就会获得本质的诗意和快乐。王阳明在庐陵任县令时，曾向当地百姓发过一道文告，其中有一条是要求民众要懂得谦让礼义，做一个善良的人。王阳明认为只有善良才能够让家庭得到安乐，才能够保全财产。

一粒种子落进大地，大地就会为它长出一片绿色；一片云彩依偎在天空，天空就会为它带来丰沛的降水；万物把萌发的心愿交给世界，世界便呈现出盎然与蓬勃。天地万物数不胜数，其中最能够打动人的莫过于一颗善良的心。

每一种善行都有回声

慈悲不是出于勉强，它像甘露一样从天降下尘世，它不但给幸福于受施的人，也同样给幸福于给予的人。行善是一种幸福，当和尚出门化缘的时候，总是一家一家地敲门，其实这也是在提醒人们，时刻不要忘了做善事。

在平叛了宁王叛乱之后，权奸江彬却依然怂恿贪玩皇帝朱厚照南下江西去平叛。王阳明知道，一旦江彬这些群盗小人到了江西，江西百姓肯定要遭受烧杀抢掠之祸，所以他做出了一个决定——抗旨将反王朱宸濠押往南京，迫使朱厚照在南京止步。王阳明的抗旨，又是为了江西的百姓。

生活中，我们虽然做不成王阳明那样的大事，却可以多为他人着想，做一些高贵的善事来提升自己的灵魂，这样做也许得不到任何直接的物质回报，但是我们的心灵却获得了丰收。与其说是为了爱别人而行善，不如说是为了尊敬自己。

隋侯珠与和氏璧是中国珠宝玉石文化中最重要的代表作。古有"得隋侯之珠与和氏璧者富可敌国"之说。由此可见，隋侯珠的价值与珍贵。隋侯珠的来历也非常具有传奇色彩。

汉姬姓诸侯隋侯，有一次出使齐国，途中见一蛇，被困在热沙滩上打滚，头部受伤流血，隋侯怜悯，急忙以物用药敷治，然后用手杖挑入水边让它恢复体力后游去。

一天夜里，隋侯从梦中惊醒，发现那条巨蛇口里衔着一颗硕大溜圆的珍珠盘踞在他的床头。巨蛇见他醒来便放下珍珠离去。原来巨蛇为报答隋侯的救命之恩，特意从江中衔来一颗硕大的珍珠给他，这就是"隋侯之珠"。

"隋侯珠"直径一寸，纯白色，夜里发光，可以照亮全室，世称为隋侯宝珠。

举手的善行，有可能像隋侯一样得到价值连城的回报。所以，"勿以善小而不为"，要让随时随地行善成为一种习惯，在不断行善的过程中会发现，人生的道路会越走越广。

王阳明反复强调心的本体是至善的，恶是不存在的，一旦受到外物的干扰动了恶的念头，便要及时制止，也就是他所说的为善去恶的功夫。所以，每个人都有一盏心灯。点亮属于自己的那一盏灯，既照亮了别人，更照亮了自己。善意地帮助别人，就好像一盏心灯。今天你帮助他人，给予他人方便，他可能不会马上报答，但他会记住你的好处，也许会在你不如意时给你以回报。

我们当中许多人都听过这个说法："付出是它自己的回报。"这当然是真的，而且比任何理由更值得付出，付出还有一面可能会让人认不出来。付出是一种精力，不但帮助了他人，还为付出的人创造了更多。这是一条真实的自然法则，不论付出的人想要什么或究竟发生了什么事。

你帮助别人，他即使不会报答你的厚爱，但可以肯定的是，他日后至少不会做出对你不利的事情。如果大家都不做不利于你的事情，这不也是一种极大的帮助吗？生活的基石是善良。这是我们的灵魂所固有的一种感情。

六、做内心强大的自己

王阳明是一个能够与逆境共处的人，他珍惜自己，热爱生命，并善于在逆境和失败中迅速调整心态，适应新的环境，寻获新的目标。如果人们能像王阳明一样不被生活中暂时的失败、打击和磨难吓倒，始终乐观地面对生活，就能成为内心强大的人。

逆境使人由弱变强

弟子陆原静说自己平时烦恼太多，不曾体会到真正的乐趣，因此真切地想找到乐趣，王阳明开导他说："圣贤们虽然另有真正的快乐，然而这种快乐也是一般人共有的，只是一般人不知道这种快乐，反而给自己找来了许多忧愁苦闷，丢弃了真正的快乐。虽然在忧苦迷茫中丢弃了快乐，但真正的快乐并非就不存在了，只需念头明朗，在自己身上寻找，便能真正感觉到快乐。"由此可见，人人自身都有快乐，只不过大多数人看不到这种快乐，反而向外面去寻找，结果却得到许多忧愁苦闷。

生活中有苦有乐。生活的波浪在高峰时，人即显得快乐，在低谷时，人便显得痛苦。而波浪永远都是忽高忽低，没有永恒的上扬，也没有永恒的下降，所以人生是痛苦与快乐交织并行，二者相伴而生，既互相矛盾又互相联系。所谓"没有痛苦也就无所谓快乐"，就是告诉我们要正确对待人生的苦乐。也就是说，人们不能只追求快乐，而讨厌烦恼和痛苦。

王阳明28岁举进士，之后他担任过刑部主事、兵部主事。正当他要为朝廷出力的时候，政治劫难降临到他头上。正德元年（1506年），因营救南京科道戴铣、薄彦徽等人，王阳明抗疏，触犯了刘瑾，被罚廷杖，因此下狱，再贬谪贵州龙场做驿丞。在赴任途中，刘瑾又派人跟踪追杀。他侥幸逃过一死，之后他又乘坐一只商船游舟山，不料遭遇飓风，船漂流至福建的武夷山。王阳明本想隐居在武夷山，却又担心刘瑾找父亲的麻烦，于是他到南京探望父亲之后，便辗转到达龙场。

身处逆境固然让人痛苦，却也能磨砺人的意志，使一个人由脆弱变得坚强，变得有韧性。王阳明历经了磨难，心性比以前更坚强了。他开始了解群众疾苦，为生民立命，在艰苦的环境中逐步成长，最终构建了心学理论的大厦。

从长远来看，痛苦其实是人生最宝贵的精神财富。正如人们常说的："没有苦中苦，哪有甜中甜？"哈密瓜比蜜还要甜，人们吃在嘴里乐在心上；苦巴豆比难吃的中药还要苦。然而，种瓜的老人却告诉我们："哈密瓜在下秧前，先要在地底下埋上半两苦巴豆，瓜秧才能茁壮成长，结出蜜一样的果实来。"

"吃得苦中苦，方为人上人"，"不经风霜苦，难得蜡梅香"，这些俗语不也说明了成功的快乐，正是经历艰苦奋斗后才能得到的吗？古人"头悬梁，锥刺股"，苦则苦矣，但他们下苦功实现上进之志，本身就是一种快乐，以苦为乐，苦中求乐，其乐无穷。

有一群弟子要出去朝圣。师父拿出一个苦瓜，对弟子们说："随身带着这个苦瓜，记得在每一条你们经过的圣河里浸泡它，并且把它带进你们所朝拜的圣殿，放在圣桌上供养，并朝拜它。"

弟子们朝圣走过了许多圣河圣殿，并依照师父的指示去做。回来以后，他们把苦瓜交给师父，师父让他们把苦瓜煮熟，当作晚餐。晚餐的时候，师父吃了一口，然后语重心长地说："奇怪呀！泡过这么多圣水，进过这么多圣殿，这苦瓜竟然没有变甜。"几位弟子听后立刻开悟了。

苦瓜的本质是苦的，不会因圣水圣殿而改变；人生是苦的，修行是苦的，由情爱产生的生命本质也是苦的，这一点即使是圣人也不可能改变，何况是凡夫俗子！去看过著名油画大师凡·高故居的人都知道，那里只有一张裂开的木床和破皮鞋。凡·高一生潦倒困苦，没有娶妻，但也许正是生活上的困窘，才使他在艺术上有颇高的造诣，使他成为大师中的大师，使他的作品成为经典中的经典。

对待人生与修行也是这样的，时时准备受苦，不是期待苦瓜变甜，而是真正认识那苦的滋味。苦瓜本来就是苦瓜，连根都是苦的，这是苦瓜的实相、真相，变甜只是我们虚幻的期待而已。唯有直面事物的真相，我们才能从中解脱。

当我们接纳苦，把苦看作是人生的必然历程时，苦便不再是世俗的"苦"。同样，接受乐，把乐当作是生命的历程，乐也不再仅仅是世俗的"乐"。享受生命的盛宴，享受所有的高潮与低谷，活在生命的苦乐之中，由此生命的苦乐便被我们掌握在手中。

面对成败淡定处之

辉煌与低谷、成功与失败都只是人生的一段旅程。今天的辉煌不代表日后的成功，今天的低谷也不能代表日后的失败。正是这一段段不同的旅程才成就了此时此刻的我们，塑造着以后的我们。然而在低谷和辉煌、失败和成功转化的过程中，每个人的人生航线都会发生转折，而每一个转折都需要我们从容面对，淡然处之，勇敢地开启下一段旅程。

贬谪龙场是王阳明人生的一次重大转折。他没有逃避，也没有自暴自弃，而是思考儒佛道思想，于艰难的生命波涛中寻找立身之本。他针对程朱理学越来越脱离人的生命而知识化、外在化的倾向，尤其是其末流暴露出来的支离破碎的弊病，以更加简易直截了当的功夫与"先立乎其大"的入手方法，开辟了另一条与朱子不同的成德之学，拓宽了主体自立自主的精神价值世界，展示了道德自律与人格挺立的实践精义及具体路径。

转折是我们每个人都必须面对的。如意或不如意，起决定作用的，并不是人生的际遇，而是思想的瞬间；成功或不成功，有时候也不是由个人的努力所决定，而是取决于意念的转换。当生活与感情皆陷入泥潭，倘若连迈出下一段旅程的勇气都没有了，那岂不是自讨苦吃，苦上加苦吗？

一个秀才模样的人悠闲地走在满是尘土的路上，这个秀才背着诗词，摇着脑袋，满是惬意。

秀才出门已经一年多了，他原先是进京赶考的，但是考场失利，名落孙山，在愁闷中度过了几个月的黑色时光，整日借酒消愁，以泪洗面。两个月前，他和几个朋友共游，与一老者相谈，秀才倒出了心中的苦闷，老人听后，说道："昨天早上与你说话的第一个人是谁？"

秀才回道："这个已经忘了。"

"那明天你会遇到什么人？"

"这个我哪里知道，明天还没来。"

"此时此刻，你面前有谁？"

秀才愣了一下，说："我面前当然是您啊。"

王阳明心学大智慧

老人轻轻点头道："昨天之事已忘却，明日之事尚未来，能把握者唯在此刻，你又何必对过去之事耿耿于怀，因为明天不可知，昨日已过去，不如放下挂念，平淡对之，你并没失去什么，不过是重新开始。"

秀才瞪大双眼，等着老人继续说下去，他似乎听懂了老人话中的意思。

老人说道："既然又是新的开始，又何来执着于以前？如潺潺溪水，偶被沙石所阻，但其终究要汇入万里波涛。你可曾明白了？"

秀才微笑着点点头，此刻的他，已经有了新的打算。在京城办完了一些事情后，这个秀才告别朋友，踏上了回家的路途。他决定三年之后再考一次。

常人说，害怕失败，是因为想得太多，想得太多是因为情绪太盛。秀才考场失败后，人生顿觉颓唐，好在他及时醒悟——心境归于平淡，目标得以重新确立。在这个秀才身上，我们能看到的并不是放弃后的心如止水，两眼迷离，而是再度追逐后的豁然，因为这种豁然，不再对过去的遗憾耿耿于怀，不再对未知的将来作不肯定的畅想，心落在了此时此刻的"老人"面前，这个"老人"就是现在需要做的事以及如何将其做好。

成功和失败都是生活的转折点，每一个成功都是一个新的开始，每一次失败也都是为成功做准备。当面对成功与失败时，没有比迈出下一段旅程的勇气更重要的了，无论多么好的计划与机会，不往前迈一步，就永远都无法成功。

作家林贵真说："生命是个橘子，自己决定了生命，就像你选择买了这个橘子，酸甜就要自己负责了。生命是个橘子，一瓣跟着一瓣，有时一瓣瓣是甜的，也有时是酸的，但也要亲自尝了才酸甜自知。"生命本是一段路，每一段旅程，都需要一个开始，都需要你自己去生活、去体验、去锻炼，去接受成功与失败。

事实上，成功者能够不断获取成功不在于他们有多高的智慧，而是在于他们无论成功还是失败都敢于往前迈一步，哪怕只是小小的一步，都是迈向成功的必经之步。王阳明在回答学生的问题时说，走路摔跤是正常的事，跌倒了便要起来继续走，不要做出一副从来没有跌倒过的样子，也不要站在原地不敢动。

在人生的过程中，可以累积小冒险、小失败、小挫折、小成功、小胜利，唯有小小的尝试，你才能让自己找到目标、找到方法。学习开始练习小步前进，体验小小的风险和小小的冒险，直到冒险的经验已够多，让你有信心去实践更大的梦想，到了那个时刻，你会认为更大的梦想只不过是稍微有点危险的一小步而已。绽放生命，需要你勇敢迈出下一段旅程。

耐住等待，才能苦尽甘来

面对无道昏君和奸佞小人，很多贤者要么选择迎面直对，要么选择委曲求全。然而王阳明却选择了等待。他并未向奸臣屈服，也没有速死以求解脱，他选择了坚持和忍耐。

王阳明一心为国，却忍受莫大屈辱。"何玄夜之漫漫兮，悄予怀之独结。严霜下而增寒兮，皦明月之在隙。风呶呶以憎木兮，鸟惊呼而未息。魂营营以惝恍兮，目眢其焉极！懔寒飚之中人兮，杳不知其所自。""夜辗转而九起兮，沾予襟之如泗。"在这些诗句中能够看出王阳明内心之苦楚与

王阳明心学大智慧

郁结，自己一片衷心，却无人理解。"何天高之冥冥兮，熟察予之忠？"然而也正是这份等待和坚持，王阳明扼守着自己的良知，以平和心态执着于一份信念，最终在孤寂决绝中省悟："圣人之道，吾性自足，向求理于事物者误也。"

欲成事业就要耐得住挫折和落寞，潜心静气，才能深入"人迹罕至"的境地，汲取智慧的甘饴，如果过于浮躁，急功近利，就可能适得其反，劳而无功。

《庄子·逍遥游》说："北冥有鱼，其名为鲲。鲲之大，不知其几千里也；化而为鸟，其名为鹏。鹏之背，不知其几千里也；怒而飞，其翼若垂天之云。"北冥之鲲化身为鹏的过程虽然只是转瞬，但在此之前力量的累积却非一朝一夕能够完成。

"鲲化鹏"包含着两个方面：沉潜与腾飞。在人生的某个时刻，或是耽于年幼，或是囿于困境，都只能沉潜在深水之中，动都不要动，而一旦时机成熟，或自身储备了足够的能量，就能摇身一变，展翅腾飞了。

等待的目的是为了使自己能够安心地韬光养晦，更是为了有朝一日能够一怒而飞。这不禁令人想起了"不鸣则已，一鸣惊人"的典故。

春秋时代楚国著名的贤君楚庄王，少年即位，面对混乱不堪的朝政，为了稳住事态，他表面上三年不理朝政，声色犬马，实则在暗地里等待时机，旁人问他，他说："三年不飞，飞将冲天；三年不鸣，鸣将惊人。"

果然，其后楚庄王励精图治。他在位的22年间，知人善任，整顿朝纲，兴修水利，重农务商，楚国国力日渐强盛，先后灭庸、伐宋、攻陈、围郑，陈兵于周郊，问鼎周王朝，成为历史上著名的春秋五霸之一。

楚庄王可谓"厚积薄发"的典型，他并不惧怕蛰伏期间的碌碌无为所招致的质疑与鄙夷，而是心平气和地选择了等待的姿态。事实上，人生绝大多数时间都是在蛰伏，在积蓄，在等待。这种淡然、平静的姿态并非无为，而是以一种示弱的、最不易引起警觉和敌意的状态为自己争取到一种好的氛围，让人能够在静如止水、乐山乐水的淡然中获取自己想要的东西。

楚庄王

"世上无难事，只怕有心人。"熬不过等待的人得不到幸福。那些不愿意在寂寞中充实自我、等待机遇的人，多数会成为小打小闹的投机者。在一个著名的投机者的墓碑上写着这样的墓志铭："他曾经生活、投机、失败。"生活与商海一样，投机所得也会因投机而失去。故而，不如与等待为友，有了长长久久的等待，才会有精钢出鞘的绝响。

成功之路充满了崎岖和挫败，它不可能是畅通无碍的康庄大道。成功之途是崎岖曲折的，伟人所达到并保持着的高处，并不是一飞就能到达的，而是他们在同伴都歇着的时候，一步步艰辛地向上攀爬所至。

把生命看得太重，容易迷失自己

有人向王阳明请教《论语》里《志士仁人》那一章。

王阳明回答说:"就是因为世人都把自己的命看得太重了,不问当时是不是应当献出生命,只管委曲求全,为此,把天理都丢弃了。忍心伤害天理,还有什么做不出来?如果违背了天理,那他就如同禽兽了,苟且偷生在世上千百年,也只不过是做了千百年的禽兽。学者们在这个地方要看得明白。比干、龙逢等,都只是因为他们看得分明了,才能够成就他们的仁。"

生死是人生最根本的大问题,所以哲学家常常会思索死亡的问题。所谓"千古艰难唯一死",如果能够看透这一点,人生还会有什么困难呢?其实,对死亡的恐惧,来自对死亡的无知和对生存的执着。既然死后的世界是不可知的,那就意味着任何人都不能确定活着和死亡哪一个更快乐、更自在,那么为什么人们不能对死亡进行一个乐观的猜测呢?

人们总是习惯性地把死亡想象成失去、虚无、黑暗、痛苦,所以,在人的心里,死亡成了绝望的代名词。我们心甘情愿地被自己的想象所欺骗,因而生出了种种恐惧,又让这种种恐惧占据了内心,影响了活着的心情。六祖慧能禅师弥留之际所说的"你们不用伤心难过,我另有去处",犹在耳边,发人深省。没人知道死后的人是否快乐,说不定在"另有去处"之地反而活得更自由舒服。

关于生死苦乐的问题,庄子有一则有趣的故事。

庄子到楚国去,途中见到一个骷髅,枯骨凸露,呈现出原形。

庄子用马鞭从侧旁敲了敲,问道:"先生是贪求生命、失却真理,因而成了这样呢?抑或你遇上了亡国的大事,遭受到刀斧的砍杀,因而成了这样呢?抑或有了不好的行为,担心给父母、妻儿子女留下耻辱、羞愧而死成了这样呢？抑或你遭受寒冷与饥饿的灾祸而成了这样呢？抑或你享尽天年而死去成了这样呢？"庄子说罢，拿过骷髅，用作枕头而睡去。

到了半夜，骷髅给庄子显梦说："你先前谈话的情况真像一个善于辩论的人。听你所说的那些话，全属于活人的拘累，人死了就没有上述的忧患了。你愿意听听人死后的有关情况和道理吗？"

庄子说："好。"

骷髅说："人一旦死了，在上没有国君的统治，在下没有官吏的管辖，也没有四季的操劳，从容安逸地把天地的长久看作是时令的流逝，即使南面为王的快乐，也不可能超过。"

庄子不相信，说："我让主管生命的神来恢复你的形体，让你重新长出骨肉肌肤，返回到你的父母、妻子儿女、左右邻里和朋友故交中去，你希望这样做吗？"

骷髅皱眉蹙额，深感忧虑地说："我怎么能抛弃南面称王的快乐而再次经历人世的劳苦呢？"

人们如此惧怕死亡，但是没有人知道，人在死亡以后是否也会一样畏惧着生存，想方设法地避免"出生"在这个"活着"的世界。人之所以恐惧，是源于对那些神秘事物的惧怕，越是不了解死亡，恐惧感就会越强。

古希腊的快乐主义大师伊壁鸠鲁认为："一切善恶凶吉都在人的感觉之中，而死亡不过是感觉的丧失。所以，死亡事实上与我们的感觉无关，因而无须恐惧死亡。因为，在人活着的时候，死亡还没有真正到来，而一旦死亡降临时，我们又感觉不到死亡了。"确实如此，死亡并不可怕，可怕的只是我们对生存的执着。王阳明劝诫人们不要把生命看得太重，以免迷失自己，也是这个道理。

善待生，善待死

有人向王阳明请教"夭寿不贰"的意思。

王阳明回答说："做学问的功夫，能够将一切声色、利益、嗜好都摆脱干净。但是只要还有一丝一毫在意生死的念头牵累着，便会有和本体不能结合在一起的地方。人有在意生死的念头，是生命本身带来的，所以不容易去掉。如果在这里都能看破、想透彻，心的全部本体才能自由没有阻碍，这才是尽性致命的学问。"

我们通常以为，每个人都很重视生命，而忽略了死亡。事实恰恰相反，我们通常都是忽略了生命而重视了死亡。我们总是在一些无关紧要的事情上消耗宝贵的生命，而在死亡自然来临前，却过于重视死亡的发生，以至于让自己最后的生命始终笼罩在恐惧之中。从时间上说，我们的生命有限，而死亡则是无限的。而从生命的意义上说，生命是绵长的，而死亡是短暂的。

人都是轻死贵生的。不少上了年纪的人很怕提到"死"字，因为他们害怕面对死亡，认为自己死后就什么也没有了。其实，对死亡的惧怕每个人都有，但不是每个人都能用平淡的心来接受。我们也要明白这样的道理，与其把大好的光阴用在惧怕死亡之上，不如真真切切地去想一想怎样好好地活着，把握这来之不易的生命。

其实，不论人们想与不想，人的生命终究是要走向终结的，没有人能逃过这一劫。既然如此，人们何不把生死看得淡然、坦然一些呢？要知道，死也是生命的一部分，因为只有死才有生。佛门讲究生死轮回，把一次生命的结束当成是另一段生命旅程的开始。宇宙万物就是在这样的生生死死中循环不息的。天地造化赋予人一个生命的形体，让人们劳碌度过一生，几十年的忙碌后当人们到了生命的最后才让人休息，而死亡就是最后的安顿，这也是人一生的描述。一个善待自己生的人，也一定会善待自己的死。

庄子有云："善吾生者，乃所以喜吾死也。"这也是一个重要的结论。人的生命绵长而死亡短暂，在漫长的生命中，怎样活得更有意义，是人们不断探索与思考的。当然，有的时候生命也是转瞬即逝的，正如有些人所说生命在于一呼一吸之间，如流水般消逝，永远不复回。一个人只有真正认清了生命的意义、生命的方向，才能够更好地活着。在活的过程中，将生命演绎得无比灿烂和美丽，才是真正懂得善待死亡的人。

那么生命究竟是什么？释迦牟尼佛或许能给你启示。

一天，佛祖把弟子们叫到法堂前，想考验一下弟子们的悟性。

佛祖问众人："你们说说，你们天天托钵乞食，究竟是为了什么？"

"世尊，这是为了滋养身体，保全生命啊。"弟子们几乎不假思索。

佛祖点点头，继续问道："那么，肉体生命到底能维持多久？"

弟子们开始有了不同的见解。一个弟子想了想说："人的生命在春夏秋冬之间，春夏萌发，秋冬凋零。"

佛祖笑着摇了摇头："你觉察到了生命的短暂，但只看到生命的表象而已。"

弟子们面面相觑，一脸茫然。这时，一个烧火的小弟子怯生生地说道：

"依我看，人的生命恐怕是在一呼一吸之间吧！"

佛祖听后连连点头。

故事中各位弟子的不同回答反映了不同的人对生命的态度。有的人是惜命的，希望生命能够长久，这样自己才能享受更多的荣华富贵，正是因为如此，才会有那么多帝王将相苦寻长生之道，但是无论是谁都无法改变生命终究会终结这一事实；世间的人是有贪欲的，又是有惰性的，所以才会有那么多争名夺利的事情发生；而人又是向上的，所以才会有那么多人珍惜光阴，从不松懈，却身心俱疲地生活着。

生命在呼吸的一瞬间，既是自己，又不是自己。死亡是短暂的，人们在活着的过程中要时时更新自我，不眷恋旧我，不追悔往昔。人们只要了解了生命的真谛，生命的长短就不重要了。生命之旅，有时即使短如小花，人们也应当珍惜这仅有的一次生存的权利。要想让自己的生命更精彩，我们理应在有限的时间里，去努力绽放生命的花朵。生死也是人生的一个大学问，只有一个真正善其身的人，才能够主宰自己的生命，才能够善其死。也正如王阳明所推崇的那样：只要还有一丝贪生怕死的念头，就难以心安，就难以"致良知"。

恐惧源于依赖

弟子陆原静在给王阳明的信中问道："昨天先生说良知就是照心，但我私下里觉得良知是心的本体；而照心，则是人所下的功夫，就是时时不忘检点、警戒自己的心，和'思'相类似。而先生您却把戒慎恐惧当作是良知，为什么？"

王阳明回答说："能够让人戒慎恐惧的，就是良知。"这里的良知，指的是人们不畏恐惧、面对恐惧的自信和勇气。

恐惧是人生命情感中难解的症结之一。在自然界和人类社会，生命的进程从来都不是一帆风顺、平安无事的，总会遇到各种各样意想不到的挫折、失败和痛苦。一个人若预料将会有某种不良后果产生或受到威胁时，就会产生恐惧，并为此紧张不安，从轻微的忧虑到惊慌失措。

就像国学大师冯友兰先生所言："我们于空袭时，虽处很安全的地方，而总不免于怕，此即为空袭所累。确切地说，我们不是为空袭所累，而是为怕空袭所累也。更有人于无警报时，亦常忧虑警报之将来，他的累即更大。他的累不是警报，而是忧虑警报。对于忧虑警报的人，我们可以说，虽警报不来，而'性情已困'矣。"简单地说，人们恐惧的其实是恐惧本身，而那些引发恐惧的对象，并没有想象中那么骇人。

从心理学上来看，恐惧产生的根源在于人们根深蒂固的依赖情结：对他人的依赖，对物质的依赖，对思想的依赖。也就是说，当我们不够独立，不能完全做自己而必须仰仗别人时，我们的内心就会充满不安和恐惧，害怕被遗弃，害怕失去已有的一切。

当我们发现依赖其他的人和事并不能帮助我们摆脱恐惧时，我们会转而向自我的心灵求救，试着培养那些可以与恐惧相抗衡的力量，如勇气、信任、知识、希望、屈从、信仰以及爱。这些力量不但帮助我们接纳恐惧、分析恐惧，还以百折不挠的精神与恐惧奋战。有了这些力量的庇护，我们就可以交出自己，避开那些阻塞生命能量流动的恐惧。

说到交出自己，许多人也许会疑惑："交出自己，多少都会搅乱我们原有的生活，也许还会破坏我们的私人空间以及人格的完整。"因为每一次打开心扉、每一次心有所属、每一次为爱恋的人付出的时候，人们都会不由自主地处于手无寸铁、敏感脆弱的境地，从而妥协让步；而把自己完全交给另外一个人，更是冒着极大的风险。这往往会让人们陷入害怕失去自我的恐惧中。然而，当你真正尝试着去做这些时，你会发现你的心中只有爱，没有恐惧。

对于这一点，王阳明十分赞同。在他看来，致良知，就是要求人们用自信去面对恐惧。因为战胜恐惧的力量只在我们直接面对恐惧事物的瞬间产生。如果想得越多，潜能就被自己封锁得越严，最后，只会相信自己绝无那种抗拒恐惧的能力。相反，如果你忘了恐惧，自信且勇敢地面对生活，坦然地面对生活中的苦难，你会发现，生活原来一直都很美好。正如著名文学家鲁迅先生所说："人生的旅途，前途很远，也很暗。然而不要怕，不怕的人的面前才有路。"

苦不入心，生命自有芳华

幸福之于人，就像尾巴之于狗，怎么转圈都咬不到，但是只要你向前走，它就会乖乖地跟在后面；苦恼之于人，像运动员握在手里的铅球，除非尽全力抛出去，否则就是沉甸甸的负担。倘若一直把那些不幸的或者痛苦的经历捧在手里，势必身心俱疲。而如果不把苦楚于悲痛放入心间，生命也自然会绽放芳华。

王阳明初到贵州，便遭遇到意想不到的困难。那里的生活非常艰难，而且瘟疫肆虐。从中原流放到这里来的人，很多都死在半道。即使到了流放地，也很难融入当地的生活，他们或者没有生活来源，或者生病无法医治，直至饿死病死。

在艰难困苦之中，王阳明以圣人对待困境的态度作为精神支撑，苦不入心。他在《初至龙场无所止结草庵居之》中说："缅怀黄唐化，略称茅茨迹。"他沉湎在儒佛道思想之中，并渐渐感悟。他将思想的粗略处与生活的精微处相结合，用内心的意志抵抗物质的贫瘠，对待凶险像对待坦途那样平静，而不在意谪居龙场的困苦。他曾感叹说：啊，这就是古圣人当囚徒而忘了自己是囚徒，老了也不以为意的原因了，我知道我也该这样度过自己的一生。

苦不入心，生命自有芳华。这样的逻辑思维，对于指导人们应对种种挫折、变故，无疑有极大的好处。人生好似一场考验，任何通向成功的道路上都布满了荆棘，充满了数不清的艰难与困苦、辛酸与煎熬。只有经得起考验的人才能体验到生命的价值，才能最终绽放生命的芳华。在著名的佛学大师弘一法师的房间里，挂着他的一幅书法作品，上面有一句偈语：花繁柳密处拨得开，方见手段；风狂雨骤时立得定，才是脚跟。意思是说，只有经得起考验的，才是最好的。

车胤，字武子，晋南平（今安乡、津市一带）人。车胤自幼好学不倦，可是由于家境贫困，没有钱买灯油在晚上读书。因此。到了晚上他只能背诵诗文。

一个夏夜，他在屋外诵书，忽然看到原野里如星星一样的萤火虫在空中飞舞。他突发奇想，萤火虫的光亮在黑夜里不正如灯一样吗？这样我就能够彻夜苦读了！想到这，兴奋的他立即找来了白绢扎成一个小口袋，并抓了几十只萤火虫放在里面。果然，如此还真的管用。

车胤就这样用工苦读，终于成了一个很有学问的人，后来做到吴兴太守、辅国将军、户部尚书等职位。

"读书莫畏难"，一个有志于学的人应该早早有心理准备，经得住各方的考验，才能够读有所成。不仅读书学习要经得住苦楚，生活也是如此。生活在给我们期待和欢乐的同时，也给我们很多的失望和伤心，很少有人能够生活得一帆风顺，多少都会遇到一些意外、流泪、心痛的经历。但是当走过一段经历时，我们会发现那些你曾经跋涉的足迹多多少少都会留下成长的痕迹，而每一段的成长都是真实而亲切的，所以我们要相信一切都是最好的安排！当我们沉溺在暗河时，如果能拥有一汪名为"乐在其中"的心湖，就不会再因生活的坎坷郁郁寡欢了。

初入仕途的王阳明因为伸张正义而被贬下狱，他虽然被关在破败而又黑暗的监牢中，而且身体也遭受了严重的摧残，但是他的心却更加坚定，好像沐浴在春风当中一样，洒脱，浩荡。他说："俯仰天地间，触目俱浩浩。"足以可见王阳明坦荡无私的胸怀。

生活固然不易，但我们不能总以苦脸回应苦脸。生活艰苦如何，衣衫破旧又如何，只要有一束"发光"的微笑，这些灰暗的色调就会全部被照亮。

一位哲人曾说过："人的生命似洪水在奔腾，而遇到岛屿与暗礁，便难以激起美丽的浪花。"苦难并不可怕，它如咸盐，有了它的调剂，生活的满汉全席才不会显得缺少滋味，苦难如烈酒，麻木过后的人会体验到释放的快乐，醉酒之后方知清醒的可贵。喜悦与悲伤、顺利与坎坷、幸运与不幸、得到与失去交织在一起，让生命显得更加多姿多彩，也让人在垂暮之年拥有了更多可供回首的往事。

生活本身就是一道难题，最艰难的是破解的过程。波澜不兴的生活对人们心灵的成长并没有多少益处，若想变得更加勇敢，更加坚强，反倒需要依靠苦难来给我们的心灵淬淬火，加点钢。

坚忍不拔、威武不屈

一个人的心界随着一个人的眼界的拓展而拓展，眼界小者和眼界大者所追求的境界会逐渐不同。当一个人把自己的心界扩展到无限远时，即庄子所说的"天地与我并生，万物与我齐一"的时候，他就会把追逐道的境界当作自己的追求。王阳明带兵平定南昌宁王朱宸濠的武装叛乱之后，却不料反招致大祸。遭到张忠、许泰等人的嫉恨，他的弟子冀元亨也被人诬告构陷，入狱而死。这个时候，他潜入九华山，每日宴坐草庵中。历经磨难的王阳明愈发相信"良知"足以使一个人身处逆境而不屈，出入生死而不折。他感慨地说："我此良知二字，实千古圣圣相传一点真骨血也，某于此良知之说，从百死千难中得来。"在此他悟出"致良知"之说。

王阳明也提出"良知者，心之本体"，"心之虚灵明亮即所为本然之良知"，他主张克服私欲之蔽，克服万千磨难，尽量发挥良知的作用，将良知贯彻到日常生活中去。

宋朝战争频频，国患不断。大将军李卫带领人马杀赴疆场，不料自己的军队势单力薄，寡不敌众，被困在小山顶上，眼看就要全军覆没。就在士气大减、将要缴械投降之际，大将军李卫站在大家的面前说："士兵们，看样子我们的实力是不如人家了，可我却一直都相信天意，天意嘱我们能赢，我们就一定能赢。我这里有九枚铜钱，向苍天企求保佑我们冲出重围。我把这九枚铜钱撒在地上，如果都是正面，就可以脱离险境，如果不都是正面，我们就投降。"士兵们闻言纷纷跪在地上，祈求苍天保佑。李卫将铜钱一把撒向空中，落在地上。开始士兵们不敢看。可是突然有人一声尖叫："快看，都是正面！"大家都睁开了眼睛往地上一看，果真都是正面。士兵们跳了起来，把李卫高高举起喊道："我们一定会赢，老天保佑我们了！"

李卫拾起铜钱说："那好，既然有苍天的保佑，我们还等什么，我们一定会冲出去的，各位，我们冲出去！"就这样，一小队人马竟然奇迹般地战胜了强大的敌人，突出重围。后来将士们谈起了铜钱的事情，仍说："如果那天没有上天保佑我们，我们就没有办法出来了！"

就在此时，李卫从口袋里掏出九枚铜钱，大家竟发现这些铜铁的两面都是正面。

人在面临困境的时候，有时候常会失去自信，如果自己不能重拾信心，那就需要施一些手段来使人重新恢复自信。这就是李卫的"天决定论"方法。人没有自信，只能脆弱地活着；反过来讲，信心则可以使人改变恶劣的现状，造成令人难以相信的圆满结局。

从牢狱中出来的王阳明为了躲避刘瑾派来的锦衣卫的追杀，曾在钱塘江的岸边脱掉身上的衣物，来了一招金蝉脱壳之计，才捡回了一条命。而在纵身跃入江中之前，他留下一首诗："自信孤忠悬日月，岂论遗骨葬江鱼！百年臣子悲何极？日夜潮声泣子胥。"我自信一腔忠心赤胆，无愧于心，无愧于天地，即便葬身海底，也无遗憾。

在这个世界上，只有强者才能掌握自己的命运。做一个强者，首先是做一个精神上的强者，一个坚忍不拔、威武不屈的人。有人说信念是明天的太阳，用坚定的信念来支撑自己勇敢地走下去，就像世界乐圣贝多芬"我要扼住命运的咽喉，决不能让命运使我屈服"一样；抑或学习鲁迅先生"用笑脸来迎接悲惨的命运，用百倍的勇气来应付一切的不幸"的精神。

玉不琢不成器，不经历风雨怎么见彩虹。世间不存在无法克服的艰难和困苦，只要我们怀着坚定的信念勇往直前，将磨难和不幸当作垫脚石，不断攀登人生之路，以百折不挠和笑脸直面人生，我们定能创造属于自己的辉煌。所以当你面临绝境时，在你气喘吁吁甚至筋疲力尽时，你只要再坚持一下，奋力拼搏一下，困难就会被你征服了，你就坚强了许多。

正确对待不如意之事

王阳明认为，人在遭遇父母过世这样的伤心事时，认为按照天理就该忧虑，因而常常恨不得一下子哭死来化解心中的痛苦，他们只是一味地愁苦，却不知道"过度愁苦以至于不能保持心态中正平和"的道理。心一旦不能中正平和，做人做事就容易失去分寸。其实，王阳明是在告诫人们要正确对待不如意的事，不要过度悲伤、愁苦。

从心理学的角度来说，悲伤、愁苦等消极情绪常常会让人们失去判断力。所以，一个人在悲伤、愁苦的时候，一定不要着手重要事情的裁决，尤其是可能会对我们的生活产生深远影响的人生大事，因为悲伤、愁苦会使你的决策缺少深入全面的思考。一个人在看不到希望时，仍能够保持乐观，仍能善用自己的理智，是十分不容易的。

俗话说："世上不如意之事十常八九。"在现实生活中，每个人都难免遇上不顺心、不如意的事，这是无法避免的。但值得庆幸的是，我们虽然不能决定外界的环境，但是可以决定自己的心灵选择。

当心停留在事物的积极方面时，我们将会发现事物的光明面，会从中得到有益的启示。也就是说，当你善于用积极、乐观的心态来看待问题时，任何不如意之事，都像是上天赐予的礼物，能让你看到机会并得到心灵上的成长。

一个人从事销售工作的第一年，因为经验不足而屡遭别人拒绝，这使他的心灵受到很严重的打击和折磨，消沉到了近乎绝望的地步。

一天，他心情郁闷地来到空旷无人的乡下散步，想放松一下身心。在田埂边撒尿时，见到一只青蛙蹲在田边，无聊之下，便把尿撒在青蛙的头上。

他原以为会看到青蛙在突如其来的袭击下大吃一惊，狼狈逃跑的情景。谁知道，那只青蛙不但毫无逃走的意思，还睁着眼睛舒舒服服地蹲在那里，很享受的样子。在它看来，这似乎不是一种羞辱，而是一次暖和、舒适的温水淋浴。

那个推销员见此情景，心头一动，脑海中闪过一道灵光："以前我总是把客户的拒绝视为对自己的羞辱，觉得自己干的工作很低贱。我能不能改变一下自己的心境呢，就像那只青蛙一样，把无理的羞辱视为一种享受，当作提升自己心灵不可缺少的机会。这样，即使遭到再多的拒绝，我只要能保持冷静、接纳、乐观的心境，所谓的羞辱又怎么进入得了我的内心呢？"

自从悟得了这个道理后，他不再害怕别人的拒绝，反而深入了解每次被拒绝的原因，用以提升自己的销售能力。他的业绩也越来越好，连续多年获得推销冠军的称号，成为名副其实的推销之王。

如果故事中的销售员没有正确对待客户的屡次拒绝，那他的消极情绪就会阻碍他继续努力工作，也就不会有后来的成功。

每一天，生活会带给我们何种情绪，其实都是由我们的心灵如何去看待它所决定的。即使在遭遇危机时，若能够正确对待面临的危机——不要过度愁苦，而要用一种接纳、积极的心态来面对生活——就能获得一个有意义、快乐的人生。

用寂寞催生心灵的成长

王阳明被远贬龙场初期，当地生活的艰苦以及精神上的寂寞，使他心情十分悲凉。为了排遣心中的郁闷，他日夜端居默坐，澄心静虑，希望通过静坐来厘清自己的思绪。这是耐得住寂寞的表现，他也因此悟出了一个道理：圣人处世，在于自足七性，而不在向外求理。从此，王阳明就开始了用寂寞催生自己心灵成长的龙场悟道之旅。

在成功之前，大多数人必然要经历一段被自己埋没也被他人埋没的过程，在这段时间内，如果因一时的不被赏识而暴躁不安，很可能会前功尽弃；而如果暂时安下心来，耐心等待，于寂寞中养精蓄锐，甚至享受寂寞，这种经历往往会令整个人生受益匪浅。

寂寞固然令人痛苦，但也能让人变得更加坚强、更加成熟。安静的环境能够让一个人获得心灵的宁静，不容易受到外界杂务琐事的干扰。每个想要突破目前困境的人首先要耐得住寂寞，只有在寂寞中才能促使人心灵的成长。正如一位西方哲学家所说："世界上最强的人，也是最孤独的人。只有最伟大的人，才能在孤独寂寞中完成他的使命。"

王阳明在贬谪期间饱尝各种人生摧残与折磨。为了摆脱寂寞和苦楚，他兴办书院、传递文化；还经常和当地人交流，深刻感受到当地民众质朴人性的可贵。譬如彝族首领安贵荣知道他在龙场的艰难处境后，便主动给予他生活上的照顾，使他通过与少数民族"礼益隆、情益至"的密切交往，激发他悟道传道的热情。王阳明用他的亲身经历见证了一个真理：只要能耐得住寂寞，不断充实、完善自己，当际遇向你招手时，你就能很好地把握，获得成功。

王顺友，四川省凉山彝族自治州木里藏族自治县邮政局投递员，全国劳模，2007年"全国道德模范"的获得者。他一直从事着一个人、一匹马、一条路的艰苦而平凡的乡邮工作。邮路往返里程360公里，月投递两班，一个班期为14天，22年来，他送邮行程达26万多公里，相当于走了21个二万五千里长征，相当于围绕地球转了6圈！

王顺友担负的马班邮路，山高路险，气候恶劣，一天要经过几个气候带。他经常露宿荒山岩洞、乱石丛林，经历了被野兽袭击、意外受伤乃至肠子被骡马踢破等艰难困苦。他常年奔波在漫漫邮路上，一年中有330天左右的时间在大山中度过，无法照顾多病的妻子和年幼的儿女，却没有向组织提出过任何要求。

为了排遣邮路上的寂寞和孤独，娱乐身心，他自编自唱山歌，其间不乏精品，像"为人民服务不算苦，再苦再累都幸福"，等等。为了能把信件及时送到群众手中，他宁愿在风雨中多走山路，改道绕行以方便沿途群众。他从未延误过一个班期，准确率达到100%。他还热心为农民群众传递科技信息、致富信息，购买优良种子。为了给群众捎去生产、生活用品，王顺友甘愿绕路、贴钱、吃苦，受到群众的交口称赞。

二十余年来，王顺友没有延误过一个班期，没有丢失过一封邮件，没有丢失过一份报刊，投递准确率达到100%，为中国邮政的服务做出了最好的诠释。

王顺友是成功的，因为他耐住了寂寞，战胜了自己。

耐得住寂寞，是所有成就事业者都遵循的一项原则。它以踏实、厚重、沉思的姿态，以严谨、严肃、严峻的态度，追求一种人生目标。当人生目标得以实现时，不喜形于色，而是以更低调的人生态度去探求另一奋斗目标和途径。

只要你耐得住寂寞，寂寞就不是一种痛苦，而是一种清福。正像梁实秋先生所描绘的那样："寂寞是一种清福。我在小小的书斋里，焚起一炉香，袅袅的一缕烟线笔直地上升，一直戳到顶棚，好像屋里的一切是绝对的静止，我的呼吸都没有搅动出一点波澜似的。我独自暗暗地望着那条烟线发怔。屋外庭院中的紫丁香还带着不少嫣红焦黄的叶子，枯叶乱枝的声响可以很清晰地听到，先是一小声清脆的折断声，然后是撞击枝干的磕碰声，最后是落到空地上的拍打声。这时我感到了寂寞。在这寂寞中我意识到了我自己的存在——片刻的孤立的存在。"

如果你勇敢地接受寂寞，拥抱寂寞，以平和的爱心关爱寂寞，你会发现：寂寞并不可怕，可怕的是你对寂寞的惧怕；寂寞也不烦闷，烦闷的是你自己内心的空虚。寂寞的人，往往是感情最为丰富、细腻的人，他们往往能体验他人所不能体验的生活，感悟他人所不能感悟的道理，发现他人所不能发现的思想，获取他人所不能获取的能量，最后成就他人所不能成就的事业。因此，王阳明提倡人们应接受寂寞，并学会用寂寞促进心灵的成长。

在事上磨炼，方立得住

每一次辉煌的背后都有一个凤凰涅槃的故事，经历磨难原本就是生命旅途中一道不可或缺的风景。而生命，也总是在经历磨炼后更显价值。

对于芸芸众生来说，如果我们是一块不甘平庸的石头，就必须忍受折磨、痛苦，去经受挫折、困难和失败的雕琢，去掉生命中那些劣质、腐朽的东西，只留下精华，生命才会更加完美。如果我们不堪忍受折磨，怕被敲打，不剔除那些碎屑，天长日久，那些劣质的东西就会不断侵蚀我们，最终将精华淹没，甚至损耗我们的生命力。

王阳明来到贵州龙场不久，就亲眼看到这样的事：到贵州赴任的吏目以及他的孩子、仆从三人先后死在离龙场 10 公里处的山道上。王阳明于愤瀣之中写下了荡气回肠的《瘗旅文》。他的心境是孤独的、寂寞的、苦闷的、悲戚的。他心乱如麻，恍恍惚惚，悲愤忧思无法排解，终夜不能入眠。

然而在绝望之中，淳朴善良的龙场人民给予了他无私的援助，使他看见了一线希望的曙光，有了生活的勇气。他用"生命的体验"来面对人生，面对残酷的现实，从而走上一条艰苦、独特的道路。而这条道路成为他人生中的一大转折，成为他学术思想的新开端。

人活着并不是为了痛苦，但要活着却不能不承受痛苦。离开痛苦，人就会变得简单而肤浅，但如果不想方设法摆脱痛苦，那么活着也只是肤浅而简单。痛苦可以捶打出哲学思想，但你必须是一块钢铁；痛苦可以磨砺出卓越人才，但你必须是一把宝剑。

过去无量劫的时候，一有佛出世，大家都先供佛然后再求法。那个时候，释迦牟尼佛很穷困，没有钱供佛，左思右想，他终于想出卖身供佛的办法。于是，就来到大街上叫卖自己的肉身。

巧的是，还真有人需要人身的。这个人得了一种病，医生嘱咐他每天应该吃三两人肉。看到释迦牟尼佛在卖身，他非常高兴，凑过去问道："我给你五枚金币，你可以每天给我三两人肉吃吗？"释迦牟尼佛听后应允了，但是要求病人先付金币给他供佛闻法，然后再割肉。病人满口答应，并立即付了五枚金币。释迦牟尼佛拿着这笔钱供完佛，闻过法后，就开始每天从身上割三两肉给病人吃，这样持续了一个月，病人的病才痊愈。从自己身上每天割三两肉下来，这是多么遭罪和痛苦的事情，可是释迦牟尼佛却说，自己每天在割肉的时候都会念佛所说的偈，这样注意力都转移到佛法上来了，痛苦便不自觉，渐渐地，身体也在这种不知不觉中恢复了。

释迦牟尼佛为了求法，而甘愿受如此苦行。痛苦，是拥有其自身的价值的。蚌是痛苦的，珍珠是它痛苦的造化，美丽宝贵；五彩的人生之所以缤纷，是因为痛苦的折射；每一次痛苦都意味着一种美的开始，这是痛苦的价值。

释迦牟尼

诚然，"不经一番寒彻骨，怎得梅花扑鼻香？"没有经历过痛苦，就是一个不完整的人，生活也就是不完整的。经历重重苦难，跨越千山万水，生活才更完美、更充实；生命才会更有价值，也更有意义。

与其说痛苦是人的劲敌，毋宁说它是人的忠实侍从。它伴你走向成熟，走向坚强；而且，一个人是否成熟、是否坚强，关键就是看他能否在痛苦的簇拥下依然保持主人翁的身份。所以，真正的英雄不是一个名分，而是一种情怀。无论成败，都能够将苦难以及历史的沉思、人生的反省，一同埋藏在英雄的气概中。

"险夷原不滞胸中，何异浮云过太空！夜静海涛三万里，月明飞锡下天风。"这是王阳明躲避了刘瑾等人的追杀后在武夷山留下的一首诗。诗中尽显光明磊落的胸怀。艰难困苦仍然存在，前进的道路也是茫然，但是那颗心却依旧光明、皎洁。

要想永远使自己超脱于痛苦之上，还得学会在无情的现实面前保持冷静的头脑。要懂得生在这世上，就好像在爬大山，要从潜意识里相信自己摆脱困境的能力，要在心理上强硬起来，一切向前看。有许多不幸的事情是不以人的意志为转移的，即使因为自己的失误，撒下了悔恨，也不必无休无止地自责，使自己的灵魂永远背负着沉重的十字架，重要的是一切从头做起。

寂寞是最大的考验

一位西方哲学家说："世界上最强的人，也就是最孤独的人。只有最伟大的人，才能在孤独寂寞中完成他的使命。"每个想要突破目前困境的人首先都需要耐得住寂寞，寂寞能催生一个人的成长。

王阳明在贬谪期间饱尝各种人生摧残与折磨。为了摆脱寂寞和苦楚，他兴办书院、传递文化。他还经常和当地人交流，深刻感受到边地民众质朴人性的可贵和可爱。譬如彝族首领安贵荣知道他在龙场的艰难处境后，便主动给予他生活上的照顾。与少数民族"礼益隆、情益至"的密切交往，激发了王阳明悟道传道的生命热情。

虽然王阳明在贵州的时间不长，但贵州人对他的感情却十分深厚。在修文阳明洞，有彝族土司安国亨的题字，大书"阳明先生遗爱处"。《与安亘慰》的两封书信表达了他与少数民族之间深情厚谊。他所写的《居夷诗》百余首，还有《玩易窝记》《何陋轩记》《君子亭记》《宾阳堂记》，记述了他在贵州期间的心迹，是他思想转变的历史见证。

一个人一生中不同的阶段会有不同的际遇，当面对寂寞的时候，你要善于寻找方法帮助自己度过这人生最大的考验。只要你耐得住寂寞，不断充实、完善自己，当际遇向你招手时，你就能很好地把握，获得成功。

李忱是唐宪宗李纯的第 13 个儿子，于长庆中期被封为光王。在他即位之前，贵为王公的李忱不得不离京出走，这得从他当时的处境说起。李忱的母亲并不是一个有身份和地位的妃子，她作为当时叛臣的罪孥进宫，结果邂逅了当朝皇帝，生下了李忱，可惜在李忱的幼年，宪宗皇帝就被宦官暗杀了，留下这一对母子，既不能母凭子贵，也不能子凭母达。

公元 820 年二月，李恒（李忱之兄）被宦官扶上皇位，是为唐穆宗。4 年后穆宗服长生药病逝，其子敬宗李湛接任，但他只活到 18 岁，驾崩后由其弟文宗李昂、武宗李炎相继接任。

在这长达 20 年的时间里，三朝皇叔李忱的地位既微妙又尴尬，他只能以黄老之道，韬光养晦，装傻弄痴。尽管他为人低调，不事张扬，但光王的特殊身份，还是让他逃避不了侄儿们猜忌、排斥、挤压的命运。文宗、武宗两位皇帝更是对他心存芥蒂，非但不以礼相待，还想方设法地迫害他。公元 841 年，唐武宗登基时，李忱为避祸全身，便"寻请为僧，行游江表间"，远离了是非之地。应该说，李忱当时做出的这一抉择，当属达人知命的明智之举。而流放底层，阅尽人世沧桑，也为他将来修成大器提供了一个难得的机会。

法号"琼俊"的李忱虽然隐居于与世隔绝的深山之中，并没有一心向佛，忘却心中之志。握瑾怀瑜的他效法孔明，抱膝于隆中、太公钓闲于渭水，准备待时而动。在唐武宗统治的 6 年间，他不停地通过秘密渠道打探宫内情况，积极从事夺权的活动，以实现"归去宿龙宫"的凤愿。

他一直隐藏自己的这一志向，在福建境内的天竺山真寂寺的三年间，他言行谨慎，不露端倪。一日，与当时的名僧黄檗和尚山中闲话，面对悬崖峭壁上的一条飞瀑，黄檗来了雅兴，对李忱说道："我得一上联，看你能否接下联？"。李忱也兴致盎然，说道："你道来我听，我必对得上。"黄檗于是吟道："千岩万壑不辞劳，远看方知出处高。"李忱几乎是脱口而出："溪涧岂能留得住，终归大海作波涛。"黄檗听了，赞赏有加。

没有深沉的寂寞，哪有动地的长歌？李忱就像那瀑布，经历"千岩万壑不辞劳"的艰险后，终将飞珠溅玉、石破天惊。公元846年，深谙权谋、忍辱负重的李忱果然在太监们的拥戴下，从侄儿手中夺过大位，成为唐宣宗，时年37岁。由于他长期在民间阅世读人，深知黎民疾苦，故躬行节俭，虚怀纳谏，颇有作为，号称"大中之治"。

耐得住寂寞，是所有成就事业者都遵循的一种原则。它以踏实、厚重、沉思的姿态作为特征，以一种严谨、严肃、严峻的表象，追求着一种人生目标。当这种目标价值得以实现时，不喜形于色，而是以更寂寞的人生态度去探求另一奋斗目标和途径。而浮躁的人生是与之相悖的，它以历来不甘寂寞和一味追赶时髦为特征，有着一种强烈的功利主义倾向。浮躁的向往，浮躁的追逐，只能产出浮躁的果实。这果实的表面或许是绚丽多彩的，但绝非具有实用价值和交换价值。

其实，寂寞不是一片阴霾，寂寞也可以变成一缕阳光。如果你勇敢地接受寂寞，拥抱寂寞，以平和之心关爱寂寞，你会发现：寂寞并不可怕，可怕的是你对寂寞的惧怕；寂寞也不烦闷，烦闷的是你自己内心的空虚。寂寞的人，往往是感情最为丰富、细腻的人，他们能够体验人所不能体验的生活，感悟人所不能感悟的道理，发现人所不能发现的思想，获取人所不能获取的能量，最后成就人所不能成就的事业。

耐得住寂寞是一种人生品质，不是与生俱来，也不是一成不变的，它需要长期的艰苦磨炼和凝重的自我修养、完善。耐得住寂寞是一种有价值、有意义的积累，而耐不住寂寞往往是对宝贵人生的挥霍。

一个人的生活中有可能会有这样、那样的挫折，会有这样、那样的机遇，但只要你有一颗耐得住寂寞的心，用心去对待、去守望，那么，成功一定会属于你。

一心为善，生死各安天命

在王阳明看来，现今要求人不论长寿还是短命始终如一，是由于还有人因为寿命有长有短而心生杂念。因为寿命有长短之分而三心二意，这说明他为善的心还不能始终如一，不能存养自己的良知，更谈不上"致良知"。人们应不因寿命长短而改变为善之心，也就是说，生死夭寿都有定数，我们只需一心向善，修养我们的身心来等待天命的安排，这主要是因为人们还不知道天命。事天虽然尚未与天合而为一，但已经知道恭恭敬敬地去承受天命了。需要注意的是，这里的为善不是指狭隘地做善事，而是指恢复内心纯明的心体，即良知。

然而，大多数人不明白这个道理，依旧存有贪生怕死的念头，以长寿为乐，以短寿为苦，竭尽所能地想延长自己的寿命。也就是说，人们总是过于注重生命的长短，而忽略了生命的过程。其实，人生的意义不在于生命的长短，而在于体验生命过程中的酸甜苦辣。

庄子在《逍遥游》中说道："朝菌不知晦朔，蟪蛄不知春秋，此小年也。"意思是说，树根上的小蘑菇寿命不到一个月，因此它不理解一个月的时间是多长；蝉的寿命很短，生于夏天，死于秋末，它们自然不知道一年当中有春天和冬天。它们的生命都是短暂的，然而，这些生命即使活了几秒钟也觉得自己活了一辈子，因为它们有自己的快乐。人生也是如此，既然我们无法掌握寿命的长短，那么至少可以改变生命的宽度，让生活变得更丰富多彩，变得更快乐。

传说老子骑青牛过函谷关，在函谷府衙为府尹留下洋洋五千言《道德经》时，一个年逾百岁、鹤发童颜的老翁到府衙找他。两人在府衙前相遇，吸引了许多人前来围观。

老翁对老子略略施了个礼，有些得意地说："听说先生博学多才，老朽有个问题想向您讨教。我今年已经106岁了，说实在话，我从年少时直到现在，一直是游手好闲地轻松度日。与我同龄的人都纷纷作古，他们开垦百亩沃田却没有一席之地，修了万里长城而未享辚辚华盖，建了房舍屋宇却落身于荒野郊外的孤坟。而我呢，虽一生不稼不穑，却还吃着五谷；虽没置过片砖只瓦，却仍然居住在避风挡雨的房舍中。先生，是不是我现在可以嘲笑他们忙忙碌碌劳作一生，只是给自己换来一个早逝呢？"

老子听了，微微一笑，吩咐府尹说："请找一块砖头和一块石头来。"

老子将砖头和石头放在老翁面前说："如果只能择其一，仙翁您是要砖头还是愿取石头？"

老翁得意地将砖头取来放在自己的面前说："我当然择取砖头。"

老子抚须笑着问老翁："为什么呢？"

老翁指着石头说："这石头没棱没角，取它何用？而砖头却用得着呢。"

老子又招呼围观的众人问："大家要石头还是要砖头？"众人都纷纷说要砖头而不取石头。

老子又回过头来问老翁："是石头寿命长呢，还是砖头寿命长？"

老翁说："当然是石头了。"

老子释然而笑说："石头寿命长人们却不择它，砖头寿命短，人们却择它，不过是有用和没用罢了。天地万物莫不如此，寿虽短，于人于天有益，天人皆择之，皆念之，短亦不短；寿虽长，于人于天无用，天人皆摒弃，倏忽忘之，长亦是短啊。"

老翁顿然大惭。

在老子看来，生命不在于长短，而在于有意义与否。而王阳明认为，生命的意义就在于一心为善，保有自己纯明的良知。

也就是说，10 年、20 年……50 年，乃至一生庸庸碌碌、畏畏缩缩而活的人，不如一年、一月乃至一日而活得有意义的人。只要生命曾经绽放过光芒，这一生就已值得，生、死已无关紧要了。活到一百岁，和只活到 30岁、20 岁的人，根本上并没有什么差别。虽然，前者多活了几十年，后者少活了几十年，但，这只是人们观念上的感觉与执着，对于认得生命意义、清楚宇宙真谛的人来说，即使存在得短暂也不觉得遗憾。正如王阳明所告诫人们的那样："当生则生，当死则死，斟酌调停，无非是致其真知，以求自慊而已。"

须从根本求生死，莫向支流辩浊清

王阳明在《次谦之韵》一诗中感叹越来越多的人想要从身外之物中寻

求生死的道理，自古以来的帝王将相执迷于长生不老药就是如此。忽略了从自己本身的良知去寻获生死的真谛，实在是舍本逐末啊。

而人们之所以害怕死亡，就是因为人们将死亡当作一次未知的不可掌握的旅程，说到底，还是人们渴望拥有、害怕失去的欲望在作怪。因此，大多数人都是轻死贵生的，俗话说"好死不如赖活着"就是其典型表现。

庄子曾经讲过这样一个故事。

丽姬原本是一个民女，因为皇宫选宫女，她被选中，最后还成了皇后，享尽荣华富贵。她在回想当初被选中的情景时说，那时她在家里哭得一塌糊涂，情形悲惨，现在看来反倒觉得当初自己是多么荒唐、愚蠢、无知。

庄子借丽姬的典故来比喻人对待生死的态度，人们惧怕死亡就像丽姬当初惧怕进宫一样，既然我们不知道死亡之后会发生什么，又何必面对死亡而哭泣？

清朝顺治皇帝曾说："未曾生我谁是我？生我之时我是谁？长大成人方是我，合眼朦胧又是谁？"未出生当然不知道自己是谁，从娘胎呱呱落地的那一刻知道自己是谁吗？唯有慢慢长大后才清楚地意识到这个"我"的存在，等往生闭上眼后，请问自己又是谁？

在佛家看来，死去的只是人的躯壳，真正的生命则是绵延不断的。人有生老病死，所以"生，未尝可喜；死，也未尝可悲"。这便是佛教对于生死的看法。

佛陀的弟子总是问佛陀："佛死了都到哪里去了呢？"佛陀总是微笑着，保持沉默。

但这个问题一次又一次被提出来，于是佛陀对弟子说："拿一支蜡烛来，我会让你们知道佛死了到哪里去了。"

弟子急忙拿来了蜡烛，佛陀说："把蜡烛点亮，然后拿来靠近我，让我看见蜡烛的光。"弟子把蜡烛拿到佛陀的面前，还用手遮掩着，生怕火被风吹灭，但佛陀训斥弟子说："为什么要遮掩呢？该灭的自然会灭，遮掩是没有用的。就像死，同样也是不可避免的。"

接着佛陀就吹灭了蜡烛说："有谁知道蜡烛的光到哪里去了？它的火焰到哪里去了？"弟子们你看着我，我看着你，谁也说不出来。

佛陀说："佛死就如蜡烛熄灭，蜡烛的光到什么地方去了，佛死了就到什么地方去了，和火焰熄灭一样道理，佛死了，他也消灭了。他是整体的一部分，他和整体共存亡。"

佛陀的用意在于告诫世人：死亡就是死亡，想那么多做什么呢？

在此，我们不由得想到德国哲学家海德格尔的著名论断——向死而生。对于一个生命群体来说，它的死，是为了更好地新生。就像新陈代谢，旧的、老的死去，换来新的、进步的诞生。从这个意义上来说，这个死不是无谓的，而是有价值、有意义的死，是为了更好地新生的死。

关于死亡、存在和重生，中国历史中有太多这样的传说，比如凤凰涅槃，不死鸟等；在战场上还有置之死地而后生的典故，"有志者事竟成，破釜沉舟，百二秦关终归楚"这几句形容的就是项羽早年的英雄事迹。

尽管涅槃和重生只是一种传说，但是从哲学意义上来讲，生就是向死而生，死就是向生而死。一个生命死了，但是很快就有另一个生命来到世间，生生死死，绵绵不绝，恰如"沉舟侧畔千帆过，病树前头万木春"。

你如果用一种超脱、达观的态度去面对死亡，把死亡当作一次再生的机会，人生不过重来一回，就能减轻生的压力，活得逍遥自在。当你明白了这点，你就做到了王阳明所说的"从根本求生死"，也就对生死无所畏惧了。

七、修炼"不动心"的境界

我们每个人的心中都会有理性和感性的斗争，这种状态就叫作"心兵"。普通人心中可能随时都在打内战，如果妄念不生，心兵永息，自然天下太平，这就是王阳明所推崇的"不动心"的境界。

不动心

王阳明认为，一个有抱负、有修养的人学习的根本目的在于提升自己。面对外来的各种毁誉荣辱，不但不让它们触动、影响自己内心的安定，而且要将它们作为磨炼自己品性、提升自身素质的工具。王阳明正是因为达到了不动心的境界，才能在毁誉参半的生活中活出自我的精彩。

王阳明在正德十一年（1516年）七月，以都察院左金都御史的身份，巡抚南安、赣州、汀州、漳州等地。他的同僚王思舆对季本说道："王阳明此行，必定会建立极大的事功。"季本好奇地问："你是凭借什么如此说呢？"王思舆感叹道："我用各种言语试探，根本无法触动他啊。"事实果然证明了王思舆的判断是正确的。

面对人生中诸多的毁誉荣辱，大可不必视之为洪水猛兽，要以一种坦然自若的心态去对待，并借此来修炼自己的心灵，达到不动心的境界，以获得悠游自在的人生。

世间的事纷至沓来，只有做到不动心，才能得到真正超然物外的洒脱。王阳明认为，心的本体，原本就是不动的。心不动，即便有三千烦恼丝缠身，亦能恬静自如。生活的智者总是懂得在忙碌的生活之外，存一颗娴静淡泊之心，寄寓灵魂。尽管忙碌中身体劳累，却因为时时有着一颗清静、洒脱而无所求的心，便很容易找到自己的快乐。

苏轼是古代名士，既有很深的文学造诣，又兼容了儒、释、道三家关于生命哲理的阐释，但即便这样，他也不能真正领悟到心定的境界。

苏轼被贬谪到江北瓜洲时，和金山寺的和尚佛印相交甚多，常常在一起参禅礼佛，谈经论道，成为非常好的朋友。

一天，苏轼做了一首五言诗：稽首天中天，毫光照大千；八风吹不动，端坐紫金莲。他再三吟诵，觉得其中含义深刻，颇得禅家智慧之大成。苏轼觉得佛印看到这首诗一定会大加赞赏，于是很想立刻把这首诗交给佛印，但苦于公务缠身，只好派了一个小书童将诗稿送过江去请佛印品鉴。

书童说明来意之后将诗稿交给了佛印禅师，佛印看过之后，微微一笑，提笔在原稿的背面写了几个字，然后让书童带回。

苏轼满心欢喜地打开了信封，看完后先惊后怒。原来佛印只在宣纸背面写了两个字："狗屁！"苏轼既生气又不解，坐立不安，索性搁下手中的事情，吩咐书童备船再次过江。

哪知苏轼的船刚刚靠岸，就看见佛印禅师已经等候在岸边。苏轼怒不可遏地对佛印说："和尚，你我相交甚好，为何要这般侮辱我呢？"

佛印笑吟吟地说："此话怎讲？我怎么会侮辱居士呢？"

苏轼将诗稿拿出来，指着背面的"狗屁"二字给佛印看，并质问原因。

佛印接过来，指着苏轼的诗问道："居士不是自称'八风吹不动'吗？那怎么一个'屁'就过江来了呢？"

苏轼顿时明白了佛印的意思，满脸羞愧。

身在俗世操劳一生，却能心安、身安，着实是一件不容易做到的事。这就需要我们持一颗清静的心，带着激情去生活，不生是非分别，不起憎爱怨亲，就能够安稳如山，自在如风。

世上本无事，庸人自扰之。王阳明认为，大凡终日烦恼的人，实际上并不是遭遇了多大的不幸，而是自己的良知被蒙蔽，因而对生活的认识存在着片面性，无法做出正确的决定而已。要想恢复自己的良知，达到不动心的境界，就要磨炼自己，用心做好每一件事情，不轻起怒心、喜心、恶心、私心，不使心有一丝一毫的偏倚，保持心体的中正平和，自然能感受到生活中的快乐与幸福。

空灵而不糊涂

王阳明认为，让心空灵而不糊涂，各种道理存于心中，万事万物就会呈现出来。这其实是说，在人的本心之外没有什么天理，离开了人的本心，也就没有事物。

佛家常劝诫世人：要想让心灵充盈欢乐，首先要让心灵清明空灵，拂拭心上的积尘，不为外物所动，不以物喜，不以己悲，抛却人生的烦恼和苦痛，方能悟得空空大道，获知欢乐幸福的人生境界。

无论是王阳明的"空"，还是佛家的"空"，都不是一无所有的虚空，而是包含了极其深刻的意义，即王阳明所说的让心空灵而不糊涂。一方面，"空"是指万事万物都处在永恒的变化之中，因此，要求我们达到一种无我——消除个人私欲的境界；而另一方面，"空"也是"不空"，无论是儒家圣人还是佛学大师都讲究点化世人、普度众生，因此，它是一份救世的事业。由此来看，"空"的意义在于让我们以无我的精神去从事世间的种种事业。

对于"空"的意义，有人做了更形象的比喻："空"是"0"，0本身什么都没有，但若将0放在1的后面，则成为"10"；若将0放在10的后面，则成为"100"；放在100的后面，则成为"1000"……可以无限地增加。由此可知，一个"0"，你说它没有用，它却能生起大作用。"空"也是如此，"空"好似什么都没有，其实，它存在于宇宙世间，并且能包含万物。

佛陀在灵山会上，出示手中的一颗随色摩尼珠，问四方天王："你们说说看，这颗摩尼珠是什么颜色？"

四方天王看后，各说是青、黄、红、白等不同的色泽。

佛陀将摩尼珠收回，张开空空的手掌，又问："那现在我手中的这颗摩尼珠又是什么颜色？"

四方天王异口同声说："世尊，您现在手中一无所有，哪有什么摩尼珠呢？"

佛陀于是说："我拿世俗的珠子给你们看，你们都会分辨它的颜色，但真正的宝珠在你们面前，你们却视而不见，这是多么颠倒啊！"

佛陀的手中虽然空无一物，但就像苏轼的诗句所说："无一物中无尽藏，有花有月有楼台。"正因为"空无"，所以具有"无限的可能性"。佛陀感叹世人"颠倒"，因为世人只执着于"有"，而不知道"空"的无穷妙用；世人总是被外在的、有形的东西所迷惑，而看不见内在的、无形的本性和生活，而那才是最宝贵的明珠。

有人说："空是佛教的 X 光。"其实，这句话应该改为"空是人生的 x 光"，因为宇宙世间的任何一样东西，都要经过"空"加以透视，然后才能体认它的本相。

空，是从内心深处摆脱周遭的羁绊，进入心无旁骛的至高境界；是踏上了心灵的解脱之路，使内心感受到的万物远远超过自己视线范围内的一切。此时的内心，呈现的是一种空无的状态，也就是王阳明所说的空明之心。空，才能容万物。运用到生活中，即便是人与人之间的交往，也需要给彼此一定的空间，才能畅所欲言、和平相处。与其用金钱权利、名誉地位将内心满满地填充，何不索性全部放下，将心腾空，获得心灵的自由和解脱呢？

因此，普通人若能抛开杂念，使内心纯净空明，那么，即便才能有高下之分，也同样可以成为圣人。

攀比是忧苦之源

生活中，一个非常普遍而又具有毁灭性的心理就是拿自己和自己的生活与别人相比。人人都在互相把汽车、房子、工作、金钱、人脉、社会知名度等等进行比较。由于"人外有人"，所以这种攀比永无止境。结果可想而知，你的自尊心在攀比中受到的打击远比满足要多，负面情绪也就由此而生，幸福如躲避瘟疫一样与你遥遥相望。

王阳明的学生薛侃问老师："您说是孔子的能量大，还是周公的能量大？"

王阳明说："为什么要比较呢？孔子的能量是孔子的，周公的能量是周公的。他们只是尽着良知去做自己的事罢了。"

他随即发挥道："孔圣人之后的很多人不知在自己的本心上用功，却去外面追求自己不知道的、自己不能做到的，一味地羡慕别人的成就，一味地攀比。不知自己是桀纣的心地，却要去做尧舜的事业，怎么可能做得成？所以很多人一生忙碌，老的时候也没有成就什么，带着满心的遗憾离开人世，这实在是让人唏嘘不已。桀纣是暴君，尧舜是圣人，坏蛋想做好人才能做的事，正如能力一般的人想做名震四方的事。这都是攀比的结果，实在让人感叹不已。"

王阳明的这段训导，其实只是想说明：人不要盲目攀比，否则就会身心疲惫，永远陷于忧苦之中而无法自拔。

如果抛掉道德准则，那么，"桀纣的心地"其实就是我们自身的力量，而"尧舜的事业"就是我们希望达到的成就——但由于自身力量的束缚，我们不可能达到。而我们所以有这种不自量力的心理，其实还是外界的东西刺激了我们，使我们盲目地去攀比。

其实，无论是从哪个角度来看，人和人之间都没有可攀比的理由。也就是说，人和人之间是没有可比性的。因为人生而就不平等：有人智商奇高，稍做努力就能成就大功业；有人一出生就是官二代、富二代。要和这样的人坐在一起喝咖啡，你可能要奋斗十年甚至二十年。悲摧的是，你可能终生都不可能和他们坐到一起。还有的人社会阅历丰富，人脉很广，只要吃顿饭就能赚到一大笔钱，而这些都是你无法做到的。

王阳明就说，人人心中都有良知，人人心中的良知都是不同的，其所扩散出来的良知良能自然不同。这就如人人都有心脏，可大小和跳动频率都不一样，如果你一味地去和别人比大小和跳动频率，只能是自寻烦恼。

但世界上就是有些人喜欢比较，这可能是因为人生活在群体中，而人又有自命不凡的本性，所以本能中就想超越别人，凸显自己。攀比为什么会制造苦恼？这是因为人人在攀比过程中都用自己的弱项跟别人的强项比较。你从未见到一个富有的人会跟一个乞丐比财富，你只能见到富有的人与比他还要富裕的人比财富。

王阳明说，我们的心可以自给自足，不假外求。只要在心上用功，把自己的良知扩充到极致，那就能看到幸福的彩虹。因为我们活在世上，不是给别人看的，而只是活出自己。活在别人评价中的人永远不可能是幸福的人。

其实人生无非如此，人人都是与众不同的。无论你在这个社会上扮演着什么角色，每个人在自己的身上都有闪闪发光的一面，那亮光虽然微小，但它却是你散发出来的光芒，只要好好地利用它，你照样会成功的。只要找到自己的闪闪发光的那一面，你离幸福就已经不远了。不要和他人攀比，要相信自己是最棒的。

因为王阳明说，只要在心上用功，扩充自己的良知，你就是圣人。

以德报怨是人生大智慧

王阳明认为，舜被尧征召之后，舜的弟弟象仍然整天想要把舜杀死，这是何等奸邪的事？而舜只是提高自身修养、自我克制，没有直接去纠正他的奸恶，反而用安抚的方法来熏陶感化象。文过饰非，用以掩盖自己的奸恶，这是恶人们的常态；如果直接指责他的是非，反倒会激发他的恶性。舜最初让象起念杀害自己，也是因为想让象变好的心意太过急切，这就是舜的过错。后来，舜才明白原来功夫只在自己，不能责备别人，所以才能和象和平相处。

由此可见，对待恶人，宽容的安抚比严厉的责罚更有效，更能激发出恶人心中的善意和仁爱，从而改过自新，去恶扬善。这其实就是老子所提倡的"以德报怨"的思想。

《老子》第七十四章中写道："民不畏死，奈何以死惧之。"意思是说，民众不怕死，又怎能用死来威胁他们呢？老子之所以会发出这样的感叹，是因为春秋时期，诸侯混乱，民不聊生，不少人为了生存，或聚而为盗，或揭竿造反。当时最著名的强盗大概是盗跖，据《庄子·杂篇》介绍，此人是大贤士柳下惠的弟弟，"从卒九千人，横行天下，侵暴诸侯"。司马迁在《史记》中则说他"性格残忍凶暴，然部下盛赞其信义"，官府多次出兵镇压，都没有成功。

当然，老子这句话并不只是针对盗跖来讲的，而是泛指官府镇压盗匪的蛮横手段。他认为，老百姓没有活路才会去做强盗，镇压是没有用的。

如果让老百姓有活路，他们就会爱惜生命，害怕死亡。这时候，惩处个别为非作歹的人，就没有人敢为非作歹了。官府穷奢极欲，使得老百姓没有活路，他们连死都不怕了，又怎么会怕官府镇压呢？由此可知，老子这句话的用意在于劝告统治者不要过于相信惩罚的效力，与其惩罚犯罪的人们，不如从根本上制止犯罪。让老百姓生活富足，这样他们就会自尊自爱，不管理他们，他们也懂得自律；即使有个别坏人，管理起来也会容易得多。

其实，这世上，如果人人都能有稳定幸福的生活，是没有人愿意做坏人的。老子的观点可总结为两句话："让好人有条件做好人，让坏人不需要做坏人。"正如国学大师南怀瑾评价的那样："'以德报怨'是老子的思想，后世也认为它代表了道家的思想。就是说，你对不起我，我不恨你，不报复你，反而对你好，乃至把你感化。"

人们常说："以恨对恨，恨永远存在；以爱对恨，恨自然会消失。"你在憎恨别人时，心里总是愤愤不平，希望别人遭到不幸、惩罚，却又往往不能如愿，失望、莫名的烦躁之后，你便失去了轻松的心境和欢快的情绪，从而导致心理失衡；另外，在憎恨别人时，只看到别人的短处，在言语上贬低别人、在行动上敌视别人，结果使人际关系越来越僵。

宽容曾经伤害过你的人是人生大智慧，以德化怨，是成熟人性臻至化境的象征，宽容的人生收获的必将是幸福美满。因此，在面对他人对你的伤害时，与其责罚、报复，不如用安抚的方法来熏陶、感化他们，以引导他们改过向善。

虽然听见看见，但心不随着声色去

弟子九川问道："专心用功的时候，声、色在眼前出现，如果还像往常那样去看去听，恐怕就不能专一了。"

王阳明回答说："怎么能不想去听不想去看呢？除非是槁木死灰的人或者耳聋眼瞎的人。只是虽然听见或看见了，心却不跟着它们走就是了。"

这其实就是不动心的境界，正如人们常说的："风吹云动心不动，见到境界不动心。"

佛家所说的"不动心"从本质上讲，是指清净空寂的真如本性。想要成功，不能缺乏"不动心"，它是思想意志的顶梁柱，失去了"不动心"，人就会失去生活的方向，在迷茫中徘徊。"不动心"还可以排除私心杂念，战胜心魔，直达清净自由的"如来"境界。由此可见，佛家是将"不动心"看作一个名词，即不动的心。

而王阳明则将"不动心"看作一个动词，即他常说的心无外物。只有做到心无外物，才能得到真正超然物外的洒脱。

一天，家里的酱油用完了，妈妈就叫10岁的儿子拿一个空碗去打酱油。妈妈拿钱给孩子的时候，反复嘱咐他不要把酱油弄洒了。

从小男孩家到酱油店不算远，大概有四五百米的距离。小男孩买了酱油后，头也不敢抬地往回走，他想到母亲的交代，更是觉得紧张。他始终盯着装满酱油的碗，一步一步地走在小路上，丝毫不敢东张西望。所以很短的一段路就显得比什么时候都要长，怎么都走不到。

就在小男孩快要走到家门口的时候，一只猫突然从他脚边跑过去，吓了他一跳，酱油也泼洒了大半。小男孩非常懊丧，端着所剩不多的酱油，战战兢兢地回到了家。妈妈看到小男孩碗中的酱油后，非常生气，把小男孩骂了一顿，小男孩委屈地哭了。

爸爸听到小男孩的哭声后，便问他是怎么回事。小男孩讲了事情的经过，听完后，爸爸就对孩子说："你再去买一次酱油，这一次，你要看看路上的人和物，有什么好看的，回来后讲给我听。"

小男孩不愿意再去，他说自己连酱油都端不稳，怎么还能四处看风景呢？爸爸便告诉他，那些耍杂技的人，他们走钢丝的时候可是不看钢丝的。小男孩将信将疑，但还是决定听从爸爸的话，再打一次酱油。

这一次，小男孩端着酱油往回走，一路上看树看花，觉得四处的风景都很好。村里的小伙伴在跳绳，小男孩还跟他们打了个招呼。邻居的大婶见他端着满满一碗酱油，还走得又快又稳，夸奖了他。就这样，小男孩不知不觉就走到了家，将酱油交给了妈妈。这时候，他才发现，碗里的酱油依旧是满满的，一点儿都没有洒。

同样是端着一碗酱油回家，为什么会有截然不同的两种结果？关键就在于"动心"还是"不动心"。第一次端酱油回家时，小男孩虽然两眼注视着酱油碗，心却放在外物上，以提防随时可能出现的危机；而第二次端酱油回家时，尽管小男孩观察着路上的人和物，但他的心却在手中的酱油碗上，这其实就是王阳明所说的"虽然听见看见，但心不随着声色去"。

因此，人们在面对外境时应有自己的主张，不可随意为之牵动、扰攘；更要积极地肯定自己，怀着"一住寒山万事休，更无杂念挂心头"的决心和气魄，那么不论时代如何动荡转变，不论别人是骂你、唾你、污你、谤你，还是褒你、奖你，都能随遇而安，不受束缚，自享一片光风霁月的心灵景致，这就是王阳明所说的"致良知"之道。

环境越乱，我心越静

弟子陆澄曾经问王阳明："静养的时候也感觉自己的想法很清晰，可是遇到具体的事情就不能再依据自己的思路去做，为什么？"

王阳明回答说："这是你只懂得静心修养，却不下功夫来克制自己的原因。这样，遇到具体的事情就会觉得思路不稳。人必须在遇到事情的时候磨炼自己，才能稳，才能'静亦定，动亦定'。"这其实就是在告诫人们：身处恶境，更要持重守静。

在生活中，很多人并不是因能力不足被打败，而是因无法掌控自己的情绪被打败。面对激烈的竞争形势与强烈的成功欲望这一双重压力，我们往往会出现焦虑、欢喜、急躁、慌乱、失落、颓废、茫然、百无聊赖等情绪。这些情绪一齐发作，扰乱了心灵原本的宁静，我们不但没有时间来考察自己该做什么，甚至在错误的方向上埋头苦干，一路狂奔，始终无法把力量使在该使的地方，忙碌不止却无法得到满意的结果。而结果越是不令人满意，人们的心就越浮躁，越难以安静，也就越难以成功，从而陷入了一个恶性循环。

老子说："轻则失本，躁则失君。"意思是说轻率就会丧失根基，烦躁妄动就会丧失主宰。非淡泊无以明志，非宁静无以致远，持重守静乃是抑制轻率躁动的根本。故而缄默沉静者，大用有余；轻薄浮躁者，小用不足。

身处浮躁的世界，我们需要一颗宁静的心，以拂拭蒙住双眼的尘埃。保持一份宁静，保养身心，洗涤思维，让大脑在清澈的湖水中得到净化，就能很明朗地知道自己该做什么，该对什么负责，能从全局着眼观察整个人生，有条理地生活，防止陷于杂乱的事务中。

工作越是忙碌，我们越是要给自己一些独处的时间，静静地反思自己的人生。对自身多一些关照和内省，有助于我们获得内心的宁静与和谐。

第二次世界大战结束后，有人说杜鲁门总统比以前任何一位总统更能承受总统职务带来的压力与紧张，认为职务并没有使他"衰老"或吞蚀他的活力，认为这是很不简单的事，特别是身为一位战时总统必须面对许多难题。杜鲁门的回答是："我的心里有个掩蔽的散兵坑。"他说，像一位战士退进散兵坑以求掩蔽、休息、静养一样，他也时不时地退入自己的心理散兵坑，不让任何事情打扰他。

我们也可以像杜鲁门总统那样，用想象力在自己的心灵深处为自己建造一处恬静的房子。在这个恬静的房子里，你可以每天花点时间静思，常常静思可以让我们更深入地了解自己的意识和思想。当然，这并不意味着你要因此离群索居。静思并没有时间和地点的要求，比如散步时、购物时，你要做的也只是经常想一想自己在做什么？为了什么？价值何在？这种静思可以让你跳出成堆的文件和应酬，摆脱繁忙的工作和名利的困扰，达到身心如一的和谐境界。

王阳明之所以一再提倡静心，是因为他深知静心可以带来内在的和谐，恢复纯明的良知。在他看来，内心宁静的人，比那些汲汲营营于赚钱谋生的人更能够体会到生命的真谛。目前，人们对于静心越来越重视，因此有越来越多的人通过静坐冥想、练瑜伽、打太极拳等方式来消除浮躁，追求内心的平静与和谐。

修心之道：静坐与省察克治

有一天，王阳明和他的弟子一起探讨做学问的功夫。王阳明说："教人治学，不可偏执一端。初学时心猿意马，心神不宁，所考虑的大多是私欲方面的事。因此，应该教他静坐，平息思绪，时间一长，等他们心意稍微平定再进行下一步。但若一味悬空守静，如槁木死灰一般，也没有用。此时必须教他省察克治的功夫。省察克治的功夫不应有间断的时候，好比铲除盗贼，要有一个扫除廓清的决心。无事时，将好色、贪财、好名等私欲统统搜寻出来，一定要将病根拔去，使它永不复发，方算痛快。"

这段话说了两件事：第一是让心静下来，第二是省察克治。只有如此，才是真的修行的功夫，才是得到幸福的正确道路。

因为要获得与冰冷的物质世界抗衡的精神力量，必须要使心静下来，这样才能看到有形世界之外的无形世界。王阳明说，一个内心沉静的人，不管他处于社会的哪个阶层，他都保持着一种俯视和自嘲的目光，同时又具有谦卑和敬畏的品质，他知道在永恒面前人的渺小和局限，知道人和哪些事物往来才更有意义。

在我们这个世界上，有很多人活了一辈子也没有弄明白过，甚至是不相信在物质之外还会有什么，他们当然也活得很滋润，感觉很自豪，有宝车、豪宅和美女。他们觉得：幸福的人生不就如此吗？可是，也仅仅只是活着，忙碌了一辈子，算计了一辈子，表面风光了一辈子，当挥手与这些永别时，才发现苦心经营一辈子的"事业"，原来是一堆速朽的垃圾。

但这一切，只有在如王阳明说的那样——内心静下来后——才能发觉。

在常人的印象中，一个人的内心要静下来，只有两个途径：一是出家为僧，空对佛门；二是纵情山水，远离尘嚣。

可在王阳明看来，第一种情况是枯禅，不是要心静，而是要心死；第二种途径是逃避，是刻意求静，结果只能是——远离尘嚣时感觉内心很平静，一回红尘就更加感觉到浮躁。

王阳明所说的让心静下来，不是独坐在那里，什么都不想，也不是什么都想。其实，王阳明认为，让心静下来的唯一方法只有两个，一是静坐，二是省察克治，两者不是平行的，而是递进的。

"静坐"并非是佛道二教的专利，恰好相反，它是中国儒家知识分子修行的一个重要步骤。孔子就经常教导人静坐，中国古代许多取得卓越成就的名人，平常都喜欢静坐，如李白、白居易、苏东坡、陆游等。通过悉心练习静坐，可以感悟人生，认识自我，医治心灵的创伤，并可促使注意力集中，开发良知固有的超级智慧。

一个无可争辩的事实是，很多成就非凡的人，都有能力排除杂念而保持高度的注意力。如果你对周围的人仔细观察，会发现有成就的人在事业中有着惊人的专注度。这种人在集中全部精力来思考某一问题时，就会进入一种忘我的境界，使他的思维只集中到一个点上，灵感有时候会不请自来。

王阳明早期极推崇的理学泰斗级人物朱熹讲过一个故事，就证明了"静坐"的神奇妙用。

这个故事说，宋代有个叫陈烈的人经常为自己的记忆力差而苦恼。有一天，他读到《孟子》中的"学问之道无他，求其放心而已"，忽然醍醐灌顶，自言自语道："我没有将散放在外的心收拢回来，怎么能够在读书的时候牢记住有关内容呢？"于是把自己单独关在一间房子里，专心致志地静坐，在此期间不去读书或想别的事，以免分心。这样坚持了一百多天，从此之后，只要读过的书，再也不能遗忘。

朱熹

王阳明认为，静坐的境界并非难以企及，一个人只要有点耐心和毅力，摒弃那些干扰自己的琐事，让身心进入一种宁静和谐的状态，就有可能领悟到静坐的境界，并将其精神融入人生之中，从而达到恢复良知本体、提升心灵、开发智慧的目的。

只有先通过静坐，让心先静下来，然后才能省察克治。

理学语境是这样解释"省察克治"的意思的："省察"，就是通过反省检查以发现和找出自己思想和行为中的不良倾向，坏的念头、毛病和习惯；"克治"，就是克服和整治，去掉所发现的那些不良倾向，坏的念头、毛病和习惯。通过反省、自查，就能达到内心平和的良好状态。

王阳明所要求的省察克治，并不仅仅是在思想上如此，而是在做事情中去省察克治。每做一件事，无论成败，都要好好反省一番，为下次做必要的思想准备。那些不良的倾向、坏的念头和毛病，只要内心深处认为它是错的，就马上去除，丝毫不能耽误。

人每天都处在这种随时检讨自己的环境中，慢慢地会把这种行为当成习惯，真正的人生也就是这样！

放弃优势，内心圆满

依王阳明的认识，人人在有良知的情况下都是圣贤，也就是说，人人都有优势。但很多人的良知已被物欲遮蔽，他们还有优势吗？

也许很多人都认为自己有优势，比如有人认为自己头脑灵活，有人认为自己处世能力强，还有人认为自己才华横溢，更有人认为自己优势太多，天下舍我其谁。的确，如果不是白痴和疯子，人的智力水准不会相差悬殊，所以人人都觉得自己有别人没有——或者别人有，而自己却比别人强的优势。但是，你真的认为，你自负多年的优势是真的优势吗？

一次，父子二人因矛盾找父母官王阳明评理。王阳明去后不久，有人就看到父子二人互相抱着痛哭离去。王阳明的弟子问老师：您是用了什么方法让父子二人如此迅速地和好的？

王阳明说，我只是告诉了他们一个常识：舜是世间最不孝顺的儿子，而他老爹瞽老头是世间最慈祥的父亲。舜和老爹瞽老头的故事令人动容，舜的老爹给他娶了个后妈，老爹和这位妇人为了谋取舜的财产，想把舜谋杀。舜每次都原谅了老爹。后来，老爹幡然醒悟，恢复了父亲的慈祥，这都是舜大孝的力量。

弟子们大为惊讶，说：您这是说反了啊。

王阳明说：那是因为你们平时的思维惯性，是你们的认识出了差错。我对那对父子说，舜总是自以为自己不孝，所以总在孝上努力。而他老爹瞎老头总以为自己最慈祥，所以却不能慈祥。舜的孝是一种优势，但他全然没有把它当成优势，反而继续努力。而他老爹瞎老头却把自己的慈祥当成是优势，所以抱住优势，死死不放。

在我们现实生活中，许多人都会抱住优势不放，结果弄巧成拙。

有三个旅行者同时住进了一家旅店。早上出门时，旅行者 A 带了一把伞，旅行者 B 拿了一根拐杖，旅行者 C 两手空空。

三人出门不久，天降大雨。

晚上三人相继归来，店主发现，拿伞的 A 被淋得满身湿透，拿拐杖的 B 则跌得浑身是伤，而两手空空的 C 却安然无恙。店主和 A、B 两个人很纳闷儿，问 C：你既没带伞，也没有拐杖，怎么会一点事儿都没有呢？

C 却反问拿伞的 A：你为什么会淋湿而没有被摔伤呢？

A 回答说：大雨来时，我手中有伞，所以就大胆地在雨中走，却不知雨中有风，伞遮不到的地方就被淋湿了；我走在泥泞的路上，因为没有拐杖，所以走得非常仔细，专拣平稳的地方走，所以就没有摔伤。

C 又问拿拐杖的 B：你为什么没有被淋湿而是摔伤了呢？

B 回答：当大雨来临的时候，我因为没带雨伞，所以只能找那种能躲雨的地方走，所以没有被淋湿；但当我走在泥泞坎坷的路上时，我便用拐杖拄着走，却不知为什么摔得我东倒西歪。

C听完二人的话后，说：这就是为什么你们拿伞的淋湿了，拿拐杖的跌伤了，而我却毫发无损的原因。当大雨来时我在房檐下走，遇到泥泞的道路时我慢慢地过，所以我既没有淋湿也没有跌伤。

这个故事告诉我们：有些时候，我们常常因为自身所拥有的优势而忘乎所以，认为有了优势便一劳永逸、所向无敌，却往往忽略了一个事实——因为优势，我们少了警醒，优势就变成了劣势。所以我们往往不是跌倒在自己的缺陷上，而是跌倒在自己的优势上。

心学讲究永恒的修行。王阳明的弟子兴高采烈地对他说，我最近这段时间终于体会到良知的妙用了。王阳明却面无表情地告诫他，你再用一段时间的功看看！

所以，在王阳明看来，即使是良知，也不是一劳永逸的，我们必须要时刻警醒，如果不把自己的优势升级，它就会变成劣势。

下面是一道很耐人寻味的心理测试题，它大概会告诉你一个道理：舍弃你的优势，对你并不是坏事，而是好事。

在一个暴风雨的晚上。

你开着一辆车，经过一个公交车站。

有三个人正在等公共汽车。

一个是快要死的老人。

一个是医生，他曾救过你的命，是你的大恩人，你做梦都想报答他。

还有一个女人，她是你的梦中情人，如果这次错过，你们将永无见面的机会。

但你的车只能坐一个人，你会如何选择？

依常理分析，老人快要死了，你首先应该先救他。但是，从生物学角度来讲，每个老人最后都只能把死作为他们的终点站，你应该先让那个医生上车，因为他救过你，你认为这是个好机会报答他。

当然，你最应该做的就是拉上那位梦中情人。

到底该如何选择？

最幸福的答案是：给医生车钥匙，让他带着老人去医院，而你则留下来陪你的梦中情人一起等公车。

我们在现实生活中总是出错，总是对一些无法完成的事耿耿于怀，就是因为我们从未想过要放弃我们手中已经拥有的"优势"（车钥匙）。有时，如果我们能放弃一些我们的固执、狭隘，和一些"优势"的话，我们得到的不仅是财富，还有内心圆满的幸福。

如何对待愤懑

儒家修身宝典说，修身在于使自己的内心纯正，如果心中有愤怒，有恐惧，有忧患，都不能使内心纯正。内心不纯正，离天理就远，人欲就多，那就无法成为圣人。

正如王阳明所说，愤怒情绪，没有人可以避免。不过，愤怒情绪可以有，却不能毫无保留地发泄出来。一旦发泄出来，那就着了一层私心的意思，那就是怒得过当了。也就是说，愤怒是与生俱来的，谁都无法祛除。但愤怒是一台发动机，发动机被人所知，是因为你开动了它。如果我们不开动这台"发动机",也就是说,我们虽然有愤怒,但要控制愤怒,不要启动它,不要让它出来惹祸。

当你生气的时候,你怒骂别人的时候,你也在承受着这种行为带来的伤害。怒气会让人愚蠢,闲气会让人失神,怨气会让人灰心,坏脾气会害死一个人。生理学家通过研究发现,一个人生气 10 分钟所耗费的精力不亚于参加一次 3000 米长跑,而且人在生气时的生理反应非常剧烈,同时会分泌出许多有毒性的物质,这些毒素甚至可以毒死一只大白鼠。从这个程度上说,生气无异于一种慢性自杀。

王阳明给出了控制愤怒的方法:迁移法。这种方法要求人在被别人惹怒,或者是自己不由自主地发怒后,想象这种愤怒是别人的,而你只是个看客。当你看到不公平的事情时,虽然愤怒,但不要表现出来,那其实就没有动气,心也就没有歪,也就是达到"心正"的境界了。

如何抑制愤怒,王阳明的方法是迁移。但佛家认为,我们可以把愤怒从自己的本性中彻底清除。

有一位中年妇女,正是更年期的年纪,非常喜欢生气,一件在别人眼中无关痛痒的事,她却七窍生烟。当然,她知道愤怒的坏处,于是去求一位高僧为自己开释。

高僧听了她的要求,就把她领到一座禅房中,锁门而去。

中年妇女气得发狂,从夕阳西下骂到太阳升起。那位高僧对此丝毫不予理会。中年妇女骂累了,哀求高僧开门,高僧也不理。妇女终于沉默了。高僧这才来到门外,问她:"你还生气吗?"

妇人狠狠地说:"我只为自己生气,我怎么会到这地方来受这份罪!"

高僧摇头："连自己都不原谅的人，真是可悲。"

过了一会儿，高僧又来问她："还在愤怒?"

妇女回答："不生气了。因为气也没有办法。"

高僧说："你的气并未消，还压在心里，爆发后将会更加剧烈。"于是又离开了。

当高僧第三次来到门前时，妇女告诉他："我不生气了，因为不值得气。"

高僧说："还知道值不值得，可见心中还有衡量，还是有气根。"

太阳马上要下山了，高僧问妇女，"还愤怒吗?"

妇女茫然回答："大师，愤怒是什么?"

高僧微微一笑，打开门锁，说："你彻底清除了愤怒之心了。"

这个故事可疑的地方就在于，愤怒之心与生俱来，没有人可以把它清除。我们也只能如王阳明所说的那样，尽量压制它，不要让它如火山一样喷发。火山不喷发时，谁也不知道它是火山，当它喷发时，巨大的威力必会带给人伤害。

王阳明教导人，受到外界环境的挑战时，必须要用良知的武器去接受挑战。

我们很多的愤怒其实都不是外界给的，而是我们自己苦心"栽培"出来的。

武侠小说大师金庸，在一篇叫《不生气，就赢了》的文章中提到这样一个小故事:

台湾有个很有名的人叫殷海光，他和雷震办《自由中国》杂志，办了十年，结果被蒋介石反掌一扑，雷震被关了起来。殷海光虽没被关，但是，每天吃饭时，他想起了蒋介石，就气得吃不下饭。后来殷海光得了胃癌，49岁就因病去世，而他的敌人蒋介石则活到88岁。

注意这个故事中的殷海光，他真没必要生气，因为蒋介石针对的不是他个人，而是他的工作。工作是外物，不值得我们为其生气。但他就是愤怒了。我们有理由相信，这种膝怒像恶魔一样跟随了他一生，最后吞噬了他。

我们只需略微观察一下自己周围熟悉的人，就能明白一个浅显的道理：凡是心胸开阔者，整天笑口常开，精神百倍，身体健康，工作、生活都充满了热情；凡是心胸狭窄者，整天愁眉苦脸，精神萎靡不振，对别人而言不是什么问题的琐事，在他那里就是天塌地陷的大事，搞得自己不开心，他身边的人也跟着不开心，由于经常精神状态不好，身体很难健康，当然也就和幸福绝缘了。

其实，王阳明只是想告诉我们：无论是在生活还是工作中，遇到不顺心的事情，我们都应该压制自己的怒火；实在无法压制，就把自己遇到的事迁移到别人身上，假设别人遇到这样的事会如何。如金庸所说：不生气，你就赢了。

心不正才见鬼出

陆澄问王阳明："有人晚上怕鬼，该怎么办？"

王阳明回答："只是平时做事亏心，所以才怕鬼。如果行事光明磊落，怕什么鬼啊？"

陆澄的问话切中现代很多人的内心世界。人怕鬼，并非是做了亏心事才怕。由于人对未知世界的不了解，因而产生恐慌，所以人怕鬼这种虚无的东西，是最正常不过的。因为怕这种行为，是因我们的心而起，但凡有心的人，就必然会怕。

《东周列国志》上有这样一个故事，说的是齐桓公在草泽中打猎，管仲替他驾着马车，突然间，齐桓公神思飘散，仿佛见到了鬼。他很害怕，赶紧拉住管仲的手说："仲父，你见到了什么？"管仲对齐桓公的举动很疑惑，回答道："我没有见到什么。"

桓公打猎回来，在草泽中看见鬼这个念头始终困扰着他，长期处于恐惧之中，于是，就生病了。这时，一个叫告敖的人听说了这件事后，自告奋勇地进宫来，对齐桓公说："你是自己伤害了自己，鬼怎么能伤害你呢？身体内部郁结着气，精魂就会离散而不返归于身，对于来自外界的骚扰也就缺乏足够的精神力量。郁结着的气上通而不能下达，就会使人易怒；下达而不能上通，就会使人健忘；不上通又不下达，郁结内心而不离散，那就会生病。"

桓公听了这一番大道理，心中将信将疑，问："既然如此，那么世上还有没有鬼呢？"

告敖回答说："有。水中污泥里有叫履的鬼，灶里有叫髻的鬼。门户内的各种烦攘，名叫雷霆的鬼在处置；东北的墙下，名叫倍阿鲑蠪的鬼在跳跃；西北方的墙下，名叫泆阳的鬼住在那里。水里有水鬼罔象，丘陵里有山鬼峷，大山里有山鬼夔，郊野里有野鬼彷徨，草泽里还有一种名叫委蛇的鬼。"齐桓公就是在草泽中看到的"鬼"，听到这里，他来了兴趣："请问，委蛇的形状怎么样？"

其实，告敖早就从桓公身边的人了解到他所遇见的"鬼"的形象，这时便不假思索地回答道："委蛇，身躯大如车轮，长如车辕，穿着紫衣戴着红帽。他作为鬼神，最讨厌听到雷车的声音，一听见就两手捧着头站着。见到了他的人恐怕也就成了霸主了。"

齐桓公听了后开怀大笑，说："这就是我所见到的鬼。"不到一天时间，病也就不知不觉地消失了。

人人心中都可能有一个乃至很多个"鬼"，在你追逐外界事物时，它们就会出现，你追逐的越多，鬼就越多。心不正，必然见鬼出。遗憾的是，在这是非难辨、物欲横流的世界里，人人都有充足的理由追求外物——钱不够多，房子不够大，车子不够档次，老婆不够漂亮——所以，都拼命地追逐，于是，贪鬼、色鬼、名利之鬼一拥而上。很多人宁愿让这些"鬼"相伴左右，也不愿意让自己的心有片刻宁静。但事实上，当鬼太多时，心就碎了，幸福也就名存实亡。摆脱掉那些"鬼"的方法很简单。王阳明说，只需要停下来，那些"鬼"就会自动消失；只需不为外物所牵制，那些"鬼"就不会侵袭你。

人人心中都有"鬼"，只是很多人都不知道自己的心是否已经被心中的那些"鬼"所左右了。如果你经常害怕各种各样的鬼，那只能说明一点：你的心还不正！

掌控好自己的怒气

在王阳明看来，一个人不该发怒时发怒，就是被怒鬼迷住了心窍。这种怒其实就是人们常说的迁怒他人的行为。"不迁怒"语出《论语·雍也》，意在劝诫人们有什么不顺心的事，有什么烦恼和愤怒，不要将其发泄到别人身上去，不要拿不相干的人当出气筒。

迁怒他人是许多人都会犯的过错，被迁怒的对象往往是人们身边最亲近的人——家人和朋友，主要原因在于人们认为家人和朋友会给予自己足够的包容和忍耐，而且即使他们出言反驳，也不会用恶毒的语言攻击，因而也就不容易破坏彼此的情感。

心理学上有一个著名的"踢猫效应"，说的是"迁怒"带来的连锁反应。

A是一家公司的市场部主管，一日，A在上班途中因为堵车心情不好，而且由于闯红灯还被警察罚款，来到公司后他一脸阴沉。这时，A的下属B来找A汇报工作，B理所当然成了A的情绪宣泄对象。B莫名其妙地被上司批评了一顿，本来很好的心情一下子也变坏了，而且一整天都闷闷不乐。晚上下班回家，B的儿子小C看到爸爸回来，很得意地将自己在幼儿园画的画拿给爸爸看，希望得到爸爸的表扬。B很烦躁，不仅没有表扬儿子，反而骂了他一顿，说他瞎胡闹。小c莫名其妙地被爸爸骂了一顿，心里十分委屈，却又不知道说什么。这时，他家的小猫经过他面前，小C狠狠地踢了猫咪一脚……

故事中的每一个人都犯了"迁怒"的错误，于是便让这种坏情绪不断地延续下去，为生活带来了无穷无尽的苦恼。

国学大师南怀瑾在一篇杂谈《天呐！妈呀！》里列举了这样一个故事：

第一次世界大战以前，普鲁士的铁血宰相俾斯麦与国王威廉一世共同协作，使以普鲁士为中心的德国强盛起来。威廉一世的脾气向来不好，因为处处受到俾斯麦的约束，回到后宫时经常气得乱砸东西。一次，皇后问他："你又受了俾斯麦那个老头子的气？"威廉一世说："对呀！"皇后说："你为什么老是要受他的气呢？"威廉一世说："你不懂。他是宰相，一人之下，万人之上。下面那许多人的气，他都要受。他受了气哪里出？只好往我身上出啊！我当皇帝的又往哪里出呢？只好摔茶杯啦！"因为不能迁怒，所以威廉一世只好隐忍，而在他的隐忍之下，德国变得强盛起来。

迁怒往往会带来一系列的不良后果，如果我们能修炼自己不迁怒于人的品德，久而久之自己的性格也会发生转变，个人修养也会得到提高。

不迁怒也符合孔子"己所不欲，勿施于人"的"忠恕"之道。孔子说人不应当把对自己的要求套用在别人的身上，自己能做得到，不必非要求别人做到。迁怒也是这个道理，人的心中有愤恨，不要拿别人当出气筒，自己消化了岂不是更好，还显得很有涵养。

王阳明追求内心的中正平和，因此他一再告诫人们不要动怒，更不要在不该发怒的时候发怒，尤其不要迁怒别人，以免给他人和自己带来伤害。

诗人处世，忍让为先

在明朝正德年间，朱宸濠起兵反抗朝廷。王阳明率兵征伐，一举擒获了朱宸濠，为朝廷立了大功。但是当时受正德皇帝宠信的江彬十分嫉妒王阳明的功绩，以为他夺走了自己建功立业的机会。于是，就四处散布流言："最初王阳明和朱宸濠是同党，后来听说朝廷派兵征伐，才抓住朱宸濠自我解脱。"

王阳明听到这个消息之后，就与总督张永商议道："如果退让一步，把擒获朱宸濠的功劳让出去，就可以避免不必要的麻烦。假如坚持下去，不做妥协，江彬等人很可能狗急跳墙，做出伤天害理的勾当。"为此，他将朱宸濠交给张永，使之重新报告皇帝：擒获了朱宸濠，是总督军门和士兵的功劳。如此一来，江彬等人也就无话可说了。

王阳明称病到净慈寺修养。张永回到朝廷之后，大力称颂王阳明的忠诚和让功避祸的高尚之举，正德皇帝终于明白了事情的始末，就免除了对王阳明的处罚。王阳明以退让的方法，避免了飞来的横祸。

王阳明退让一步，换来了江彬的感恩戴德。在复杂的人生道路上，退让不仅是一种机智，也是一种坚忍的毅力和顽强的意志。瞬间的忍耐，有限的退让，将使狭隘的人生之路变得无限广阔。

唐朝娄师德性格稳重，很有度量。他弟弟当上代州刺史。临行向他告别，并征询他的建议。娄师德对弟弟说："我现在辅助丞相，你现在又承皇上厚爱，得以任州官，我们真是受皇上的宠幸太多了。而这正是别人所嫉妒的，你如何对待这些妒忌以求自免家祸呢？"娄师德弟弟说："自今以后，若有人朝我脸上吐唾沫，我自己擦去唾沫，决不叫你为我担忧。"娄师德说："这正是我所担忧的地方。别人向你吐唾沫，是对你恼怒，如果你将唾沫擦去，那岂不是违背了吐唾沫人的意愿吗？别人会因此而增加他的愤怒。不要擦去唾沫，让它自己干了，应当笑着去接受它。"

任唾沫自干，笑着忍耐接受，娄师德想要告诉我们的无非是"忍一时风平浪静，退一步海阔天空"的道理。能够将别人的愤怒化为无形是很不容易的事情，能够称赞挖苦过你的人，那真令人敬佩；能够用智慧、品行战胜狭隘的嫉妒，可以说更是很了不起的本事了。如果一个人平常为人在语言上肯吃点亏，让人一句，在事情上留有余地，肯让人一步，也许收获就能更大。

对于隐忍退让，王阳明也曾说过，起伏、退让都是功夫。就像海上波浪一样，有起就有伏，人生际遇有进也必然有退。

人之形形色色，事之千变万化。在现实生活中，常常遇到不如意的事，如不能处之泰然，就很容易引起心理上的不平衡，并进一步导致身体上和精神上的疾病。为了保持心理上的平衡，必须学会自己欣赏自己，对他人期望不要过高，以免对方达不到自己的要求，而感到失望。要及时疏导自己的愤怒情绪。在小的地方无须过分坚持，必要时应做出适当的让步。暂时回避，等情绪稳定后再重新面对。不要处处与人竞争，对人多存善意，心境自然会变得平衡。

更多时候，有限的退让是一种自保的策略，更是一种为人处世必备的心理素质。因为只有退让才能换来更大的生存空间、发展空间；只有退让才能换来以后更长足的进步、更辉煌的前程。

待人处世，凡事要忍让为先。常言道："忍得一时之气，免得百日之灾。"对长辈容忍则孝，夫妻间容忍则和，对朋友容忍则善，对年幼者容忍则美。能容忍别人的人，别人自然会容忍你。忍字头上一把刀，一忍万事消。宁可人负我，绝不我负人。万一跟人有了争执，一定要这么想："小不忍则乱大谋。"对人应宽其胸，明其理，知其道，以嫌为上，切勿以己之心，度他人之腹。要知道："能忍耐终身受益，大学问安心吃亏。"

退一步，得饶人处且饶人

王阳明不仅是著名的哲学家，更是一名出色的军事家。而王阳明的用兵之道往往与众不同，在别人认为应该进攻的时候，他却认为应该退守。宁王叛乱时期，朱宸濠久攻安庆不下，集结兵力的王阳明不顾众人从背后攻击叛军的意见，坚持认为应该退而攻南昌。结果证明他的判断是对的，南昌城攻下之后，朱宸濠彻底失去了反击的根据地。

其实，王阳明的军事思想和用兵之道也适用于我们的生活。人生是一场华丽的舞会，聪明人往往选择跳探戈，自始至终保持着优雅奔放、进退自如的姿态。我们无论处于何时何地，都会遇到各种各样的人，都要与各种各样的人相交相处。在人际关系中，难免会出现磕磕碰碰，难免会发生问题。有人说：只要有人的地方，就会有争斗。若想与他人和平相处，就要拥有一个良好的人际关系网，在原则范围内，偶尔的吃亏，偶尔的退让，既是一种包容的胸怀，也是一个友好的信号。若太过计较，双方都将陷入泥潭而难以挣脱，就像是那些在篓中互相钳制难以逃生的螃蟹。

一个青年到河边钓鱼，遇到一捕蟹老人，身背一个大蟹篓，但没有上盖。他出于好心，提醒老人说："大伯，你的蟹篓忘了盖上。"

老人回头看了他一眼，微微一笑："年轻人，谢谢你的好意。不过你放心，蟹篓可以不盖。要是有蟹爬出来，别的蟹就会把它钳住，结果谁都跑不掉。"

那一篓互相钳制的螃蟹是否曾想到，钳住别人也就堵住了自己的出路。

在现实生活中，留三分余地给别人，就是留三分余地给自己，就像跳探戈一样。

探戈是一种讲求韵律节拍，双方脚步必须高度协调的舞蹈。探戈好看，但要跳好探戈绝非一件轻而易举的事，很多高手均需苦练数年才能练就炉火纯青的舞技。跳探戈与处世，有着许多异曲同工之处，亲子、朋友、同事、上下级之间，如果能用跳探戈的方式彼此相处，彼此协调，知进知退，通权达变，不但要小心不踩到对方的脚，而且要留意不让对方踩到自己的脚。这样，人与人之间才能和睦相处。

而当有些东西对别人来说性命攸关，而对自己来说可有可无时，就成全别人好了，否则，"兔子急了也咬人"，惹急了别人，对自己也没有好处。

秦桧担任宰相的时候，有一个自视清高的书生，因为想在仕途上有良好的发展，但自知没什么背景，心想如果不用上一些手段，恐怕一辈子别想有什么希望。

这个胆大包天的书生居然把脑筋动到当朝红人秦桧的身上，不但精心伪造了一封秦桧的推荐信，还大摇大摆地拿着前去拜访扬州太守。

书生认为太守一定会慑于秦桧的权势对他另眼相看，同时，也吃定太守应该不会也不敢去查对推荐信的真伪。

不料，这个太守并不是一个糊涂虫，书生这两下子早被他看穿了。于是，太守收缴了伪信，还将他押送到京师，交由秦桧亲自处置。意外的是，秦桧知道这件事后，居然没有动气，反而给这位吃了熊心豹子胆的书生一个重要的官职。

秦桧的左右都觉得很奇怪，就问他为什么这样做。

秦桧说："有胆量假冒我的书信之人，必然不是平常人。杀了他，未免太可惜，但如果不用官职来给他一条路走、一口饭吃，除非一辈子将他关在牢里，否则这个人就很可能会转而投靠其他势力，必定后患无穷！"

秦桧通过隐忍为自己谋得一个盟友，也为将来少立了一个敌人，也是一种保全自己的手段。生活中有不少人难忍一时之气，从而与人起了正面冲突，"伤敌一千，自损八百"，最后是两败俱伤。这又何苦呢？毕竟牺牲是一时的，保全却是一世的。

与人方便就是与己方便，在人生中，将别人渴望的东西主动送上门去，能免愤恨、招感激，为自己赢得一份宝贵的人情，给自己以后的人生留下了余地。因为世事艰险，谁也说不准会遇到什么天灾人祸，如果不注意在人生的点滴处留人情，就会无形中给自己埋下不少可怕的定时炸弹！而如果得饶人处且饶人，适当也网开一面，也许就在无形中消除了很多危险。

把诽谤和侮辱作为进取的动力

面对诽谤和侮辱，王阳明倡导人们既要有超然坦荡的心境，又要实实在在地用功，相信自己的良知。如果能脚踏实地、扎扎实实地下苦功，就能在诽谤和侮辱中得到益处。如果不用功致良知，别人的诽谤和侮辱就会像魔鬼一样对你纠缠不休，而你也会在和这些魔鬼的对抗中身心俱疲，最终被伤害的还是你自己。

一个人成功之后，往往会被嫉妒、被诽谤。俗话说得好："木秀于林，风必摧之；行高于人，众必非之。"一棵树长得比其他树木高，风首先吹断的必然是这棵树；有才能、地位比较突出的人，往往是他人争相攻击的对象，在这种情况下，哪怕是圣人，也难以幸免。

在王阳明看来，面对诽谤和侮辱，既要有超然面对的心态，更要有超越它的勇气。也就是说，只要有奋发向上的决心，诽谤和侮辱也能成为进取的动力。

美国石油大王洛克菲勒曾用自己的经历告诉儿子约翰：侮辱也是一种动力。

洛克菲勒在给儿子约翰的信中写道：

"你或许还记得，我一直珍藏着一张我中学同学的多人合照。那里面没有我，有的只是富裕家庭的孩子。几十年过去了，我依然珍藏着它，更在心中珍藏了拍摄那张照片的情景：

"那是一天下午，天气不错，老师告诉我们，有一位摄影师来要拍学生上课时的情景照。我是照过相的，但很少，对一个穷苦人家的孩子来说，照相是奢侈的。摄影师刚一出现，我便想象着要被摄入镜头的情景，告诉自己要多点微笑，甚至开始想象如同报告喜讯一样回家告诉母亲：'妈妈，我照相了！是摄影师拍的，棒极了！'

"我兴奋地注视着那位弯腰取景的摄影师，但摄影师却在取景后用手指着我，对老师说：'你能让那位学生离开他的座位吗，他的穿戴实在是太寒酸了，和整个画面不匹配。'面对老师的命令，我无力抗争，只能默默地离开。

"站在一旁，我感觉我的脸在发热。但我没有动怒，也没有自哀自怜，更没有埋怨我的父母为什么不让我穿得体面些，事实上他们为了让我受到良好的教育已经竭尽全力了。看着在那位摄影师调动下的拍摄场面，我攥紧了双拳，在心底向自己郑重发誓：总有一天，你会成为世界上最富有的人！让摄影师给你照相算得了什么！让世界上最著名的画家给你画像才是你的骄傲！

"我的儿子，我那时的誓言已经变成了现实！在我眼里，侮辱一词的词义已经转换，它不再是剥掉我尊严的利刃，而是一股强大的动力，如同排山倒海，催我奋进，催我去追求一切美好的东西。说那个摄影师把一个穷孩子激励成了世界上最富有的人，似乎并不过分。"

洛克菲勒的经历告诉我们：有时诽谤和侮辱能形成一股力量，能震撼你的灵魂深处，促使你努力改变自己，完善自己，从而将自身的潜力最大限度地发挥出来，成就一番事业。如果面对别人的诽谤或侮辱，不知努力用功，而是过于在意，与之纠缠不清，就会浪费许多宝贵的精力与时间，使身心被拖累，最终一无所获。

对于恶意中伤、侮辱，你要以此为契机，激励自己不断进取，只有做得更好，做出更大的成绩，才是让诽谤者闭嘴的最好方式，也是对那些侮辱你的人的最好回应。其中的关键，就像王阳明所说的，主要看你能否实实在在地用功了。

忍耐是成就事业必备的品质

王阳明认为，一个人能够在说话说到畅快淋漓时突然住口不说，能够在人生最意气风发时懂得收敛自己，能够在十分愤怒的时候控制住怒火，不发脾气，这没有莫大的勇气、超强的忍耐力是很难做到的。

忍耐是成就事业必备的品质，人要获得成就，必须学会忍耐。一位西方学者说过："忍耐和坚持是痛苦的，但它会逐渐给你带来幸福。"

王阳明也坦言，当时被贬谪贵州，那里是最能锻炼忍耐力、最能够使他静心忍性的地方。在军事思想上，王阳明最擅长的就是绝地反攻，在平定朱宸濠叛乱的时候，王阳明率领的军队几次陷入绝境却又几次奇迹般地获得胜利，最终打倒了朱宸濠。即使在自己占据优势的时候，王阳明也善于忍耐，总是等到最佳时机用最少的损失获得战斗的主动权和最终的胜利。

"自行本忍者为上。"做人要忍，尤其是那些性情暴躁之人，遇事不要轻易发怒，要学会自我克制，否则，不利于自己日后的发展。

富弼是北宋仁宗时期一位品行很好的宰相，然而富弼年轻的时候，曾因能言善辩无意间得罪不少人，给自己的事业、生活带来了不利影响。经过长期的自省，他逐渐变得宽厚谦和。所以，当有人告诉他谁在说他的坏话时，他总是笑着回答："怎么会呢，他怎么会随便说我呢？"

一次，一个穷秀才想当众羞辱富弼，便在街心拦住他道："听说你博学多识，我想请教你一个问题。"

富弼知道来者不善，但也不能不理会，只好答应了。

秀才问富弼："请问，欲正其心必先诚其意，所谓诚意即毋自欺也，是即为是，非即为非。如果有人骂你，你会怎样？"富弼想了想，答道："我会装作没有听见。"秀才哈哈笑道："竟然有人说你熟读四书，通晓五经，原来纯属虚妄，富弼才智驽钝，充其量是个庸人而已！"说完，大笑而去。

富弼的仆人埋怨主人道："真是难以理解，这么简单的问题我都可以回答，怎么您却装作不知呢？"

富弼说道："此人乃轻狂之士，若与他以理辩论，必会剑拔弩张、面红耳赤，无论谁把谁驳得哑口无言，都是口服心不服。书生心胸狭窄，必会记仇，这是徒劳无益的事，又何必争呢？"

几天后，那秀才在街上又遇见了富弼，富弼主动上前打招呼。秀才不理，扭头而去，走了没多远，又回头看着富弼大声讥讽道："富弼乃一乌龟耳！"

有人告诉富弼那个秀才在骂他。

"是骂别人吧！"

"他指名道姓骂你，怎么会是骂别人呢？"

"天下难道就没有同名同姓之人吗？"

他边说边走，丝毫不理会秀才的辱骂，秀才深感无趣，便走开了。

人的一生难免会像富弼一样遇上难堪的局面——遭到他人不公正的批评甚至辱骂。富弼用行动告诉我们，不论是卑鄙的、恶毒的还是残酷的，都不要因对方不公正的批评或难听的辱骂而失去理智。获胜的唯一方法，就是保持沉默，不和别人正面冲突，就连多余的解释也没必要。如果别人骂你，你大可以把他当成空气，对他置之不理。因为在这种情况下，相互争吵、辱骂既不会给任何一方带来快乐，也不会给任何一方带来胜利，只会带来更大的烦恼、更大的怨恨、更大的伤害。退一步讲，在对骂中没有占上风的一方，当众出丑，带来的只是对占上风一方的怨恨；占了上风的一方，虽然把对方骂得体无完肤，但最终得到的也只是加深对立情绪，加深对方的怨恨。

忍得一时方能成就伟业，不能忍耐、毛毛躁躁，最终只能错失良机、遗恨千古。祸患大都来源于不能忍耐。刘邦在取得胜利后按兵不动、将功劳经常赠予项羽是忍耐，最终厚积薄发成就汉高祖一代帝业；韩信甘愿受胯下之辱是忍耐，之后却成就了大将军的伟业；司马迁遭受宫刑依然忍耐而著《史记》；刘备与曹操青梅煮酒论英雄是忍耐，之后韬光养晦，才有与曹操、孙权三足鼎立之局。学会忍耐，你才能成为王阳明那样的"天下之大勇者"，并且可以凭借忍耐获得人生的成功和幸福。

超然面对闲话

王阳明劝诫人们说："只要经常怀着一颗超脱世俗之心，排除烦扰，根据这良知耐心地做下去，不在乎别人的嘲笑、诽谤、称誉、侮辱，任他功夫有进有退，只要这致良知没有片刻停息，时间久了，自能让心灵变得强大，也就不会被外面的任何事情动摇。"

在王阳明看来，不在乎别人对自己的言论和看法，一心专注于目标，就能有所进步。生活在社会这个大集体中，难免会被他人议论，成为他人闲话的对象。面对闲话，人们需要持正确的态度，以超然的态度去对待它；要有一种免疫力，避免被它左右。

在一所高校，一位30出头的年轻人击败了许多比他资格老的竞争对手，获得了教授职称。因此，他在校园里顿时成了众矢之的，别人对此说什么的都有，种种难听的、诋毁的，甚至造谣中伤的话都出来了，大有"众口铄金"的势头。

年轻人却好像没有听到这一切，依旧从容自若地做自己该做的事。他的朋友们都看不下去了，问他为什么不对那些恶毒的闲话加以辩解甚至反击？他从容地笑了笑，说："他们有说话的权利，我有不予理会的权利，这不是很正常吗？"

过了一段时间，那些诋毁、造谣的人见年轻人根本不理会，好像根本没这回事一样，自觉没趣，慢慢的，那些闲话也就消失了。

在你的周围会有各种各样的人，有人会因为妒忌而诋毁你，而若你明白这些人是因为自己的优秀而诋毁自己，则不要过于理会，谁是谁非自然会得到验证。人生如此短暂和宝贵，要做的事情太多，何必为这种不愉快的事情浪费时间呢？在工作和生活中，一个人不受闲言碎语的影响，才能腾出时间和精力来做自己该做的事。

不能超然面对闲话，终将为闲话所伤害。

一个年轻、漂亮的女孩大学毕业后进入了一家大公司工作。由于女孩工作十分努力，能力也十分突出，不久便被提升为总经理助理。这时关于女孩的闲话多了起来，大家发挥着自己丰富的想象力，构造着这位女孩的种种"故事"，有的甚至说她生活作风有问题，是因为与总经理有暧昧关系才爬上如此重要的职位的……

面对这些难听的闲话，女孩忍受不住了，她奋起抗争，经常与那些说她闲话的人面红耳赤地争论不休。见她如此，那些说闲话的人更加来了兴趣，越说越起劲，越说越离谱。

过了没多久，女孩心力交瘁，无心工作，只得忍痛辞职了。那些说闲话者既达到了自己寻开心的无聊目的，同时也把女孩的事业与前途毁掉了。

真的不必太在意外界的闲话，要知道，我们活在世上，不是为别人对你的看法而活，如果做什么事都在乎别人的看法，那就什么也干不成了。

人活于世，难免会被别人议论，甚至会被别人误解，假若因此而被绊住了脚，成功将会变得遥遥无期。在前进的过程中，莫让太多的干扰扰乱心绪，迷失了方向。将谣言搁置一边不予理睬，事实会证明一切，浊者自浊，清者自清。

谈论他人是非，不如反省自己

一个朋友脾气不好，常常容易生气、责备别人。

于是，王阳明告诫他说："你要学着反省自己。如果光是责备别人，就只能看见别人的不对，而看不到自己的错误。如果能反身自省，就能发现自己还有很多做得不完善的地方，哪还有空闲工夫来责怪他人？舜能够化解象的傲慢，主要在于他没有只发现象不对的地方。如果舜仅仅是纠正象的奸恶，就只能发现他的不对之处了。象是一个傲慢的人，肯定不愿承认错误，这样怎么能够感化他呢？"

这个朋友听后感到十分惭愧和后悔。

王阳明又说道："你今后别再去谈论别人的是非了，但凡你想责备别人的时候，就把它当作自己的一大私欲加以克制。"

谈论他人是非并不是一个好的行为，古人曾如此告诫世人："时时检点自己且不暇，岂有工夫检点他人。"孔子也曾说过："躬自厚而薄责于人。"其意思是，在静查己过的同时勿论人非。

其实，"是非"本身就是极其无聊的谈资；而背后议论别人也不是正人君子所为。做人就应该光明磊落，有话就当面说，不要在背后搞小动作。要知道，搬弄是非不仅害人，同时也会害己，不但对自己没有任何好处，反而让人看不起。

李威被公司升为企划科科长，而且事先没有任何升迁的征兆，对那些和李威在同一间办公室相处好几年的其他同事来说，真是一个极大的精神刺激。想到平日不分高下、暗中竞争的同事成了自己的上司，总让人有那么一点酸酸的感觉。于是，企划科的其他几个同事就在李威的背后嘀咕开了："哼！他有什么本事，凭什么升他的官？"一百个不服气与嫉妒都脱口而出了，于是你一句我一句，把李威数落得一无是处。

孟刚是分配到企划科不久的大学生，见大家说得激动，也毫无顾忌地说了些李威的坏话，如办事拖拉、疑心太重等。可偏有一个阳奉阴违的同事王某，尽管他在背后说李威的坏话说得比谁都厉害，可一转身，他就把大家说李威坏话的事说给李威听了。

李威想："别人对我不满，说我的坏话我可以理解，你孟刚一个乳臭未干的小子，才来公司几个月，有什么资格说我。"从此，李威对孟刚很冷淡，常借故刁难他。

可怜孟刚大学毕业，一身本事得不到重用，还经常受到李威的指责和刁难，成了背后说人是非的牺牲品。

背后议论人者，有些是出于无聊，把议论别人当作一种消遣，从不考虑自己的言论将会对别人产生怎样的后果。其实这种人大多数时候并没有什么不良企图，只是逞口舌之快，可是说者无心，听者却可能有意。无意中讲的话，很可能就被有意者断章取义，成为攻击他人和自己的武器。更何况，什么事情都应辩证地去看，被议论的滋味并不好受，"己所不欲，勿施于人"，自己不愿接受的事，为什么要强加于别人呢？

喜欢议论别人的人，对别人的缺点、错误能够明察秋毫，而对自己却不能有清醒的认识；喜欢议论别人的人，他本身也存在着许多缺点，但他们往往看不到自己的缺点。这样，缺点得不到改正，长此以往，就会阻碍自身发展。"正己才能正人"，不能律己，又何以要求别人呢？

在王阳明看来，是与非相差并不遥远，"所争毫厘耳"，但只差毫厘就有本质的变化了。正所谓"失之毫厘，谬以千里"，好与坏、对与错、是与非只在一念之间。既然这样，那么不如少谈论一些是非，多一些对自己的省察，以便更好地完善自我。

人生最大的毛病——傲慢

王阳明曾说："人生最大的毛病就是傲慢，子女傲慢必然会不孝，臣子们傲慢必然会不忠，父母傲慢必然会不慈爱，朋友傲慢必然会不守信。所以，象与丹朱都不贤明，并因为傲慢断送了自己的一生，你们各位要常常体会这个。人心原本就是天然之理，精明纯净，没有纤毫沾染，只是有一个'无我'罢了。心里万万不能'有我'，有了便是傲慢了。古代圣贤有许多长处，也只是'无我'罢了。'无我'自然能做到谦谨，谦谨是众善的基础，傲慢则是众恶的源泉。"

自古以来，圣人都反对傲慢，孔子曾说："如有周公之才之美，使骄且吝，其余不足观也已。"意思是说，一个君主即使有周公那样美好的才能，如果骄傲自大而又吝啬小气，其他方面也就不值得一看了。孔子反对骄傲的态度显而易见。

人们常说："九牛一毫莫自夸，骄傲自满必翻车。历览古今多少事，成由谦逊败由奢。"这句话意在告诫人们：一个人无论取得了多大的成就都不应该骄傲，你能做到的，别人也能做到，甚至做得更好；你能想到的，一定也有人想到了，甚至比你考虑得更周到。俗话说"天外有天，人外有人"，你的见解有时候不过是大众心照不宣的共识，你做成的事情对别人来说不过是举手之劳。

许多时候，人们会因为取得一些成绩就变得傲慢，认为自己是如此出类拔萃，不禁飘飘然起来；做到一件事情就认为全世界只有他能做到，想到一个什么事情就认为全世界只有他能想到。得了"傲慢病"的人们，轻则晕头转向，忘乎所以，重则感情、事业受挫，乃至性命堪忧。

在英国著名小说《傲慢与偏见》中，作者借男主角达西这个人物很好地表现了傲慢对人生的负面影响。

达西出身名门贵族，有万贯家财，因而是许多女孩追逐的目标。他一出现在舞会上，许多姑娘就纷纷向他投去倾慕的目光；但他非常傲慢，认为她们都不配做他的舞伴，其中包括了女主角伊丽莎白。正如达西对朋友宾利所说的那样："她（伊丽莎白）长得可以'容忍'，但还没到能引起我的兴趣的程度。"也正是他的傲慢，伤害了自尊心极强的伊丽莎白，于是伊丽莎白决定不去理睬这个傲慢的家伙。

可是不久，达西对伊丽莎白活泼可爱的举止产生了好感，进而爱上了她。但即便是在第一次向伊丽莎白求婚时，达西也仍然抱有一种志在必得的傲慢心态，做出高高在上的表情，使得伊丽莎白误认为是达西无聊之极做出的调侃行为，怒斥达西"毫无礼貌"。经过这一次教训，达西才真正意识到他的傲慢是他追求伊丽莎白的障碍。当他改掉傲慢的态度，学会与人平等对话时，也消除了伊丽莎白对他的偏见，从而赢得了伊丽莎白的爱。

傲慢令达西失去爱情，而一旦抛弃傲慢，学会自省，达西就能收获爱情。由此可见傲慢的危害之大。正如俄国心理学家巴甫洛夫所说："不要让骄傲支配了你们。由于骄傲，你们会在该同意的时候固执起来；由于骄傲，你们会拒绝有益的劝告和友好的帮助；而且，由于骄傲，你们会失掉客观的标准。"

哲学家苏格拉底曾说："骄傲是无知的产物。"我国著名历史学家邓拓也说："越是没有本领的就越加自命不凡。"傲慢的人大多缺乏实事求是的精神，他们往往只看到自己的长处、成绩和功劳，看不到自己的短处、弱点和不足，而且好用自己之长比人之短，越看越比越觉得自己优秀，最终反而导致自己一事无成。

苏格拉底

为避免傲慢带来恶果，王阳明劝诫人们培养谦虚、自省的态度。古时，尧允恭能让，舜温恭允塞，禹不自满，文正徽柔恭敬，孔子温良恭俭，他们都是谦虚自省的典范。在王阳明看来，谦虚自省是人生最大的美德，王阳明自己也是一代谦虚自省的楷模。他有功而辞封，遭谤而不辩；当弟子称其人品之高如泰山，不知仰者，须是无目之人时，他则淡淡地说："泰山不如平地大，平地有何可见?"

圣人孔子曾说："聪明圣知，守之以愚，功被天下，守之以让，勇力抚世，守之以怯，富有四海，守之以谦，此所谓挹而损之之道也。"意思是说，一个人聪明睿智而能自安于愚，功盖天下而能谦让自持，勇力足以震撼世界却能守之以怯懦，拥有四海的财富，但能谦逊自守，这是抑制并贬损自满的方法啊! 也就是说，如果人们能时刻自省并谦虚地待人处事，往往能够获得成功和幸福。

不要被虚名所累

王阳明曾说："圣贤不是没有功业气节，他们只是遵循天理，这就是道。圣贤不是以功业气节而闻名的。"在他看来，具有真才实学的人是用不着用所谓的"功业气节"等虚名来证明自己的学问或者优秀之处的。放眼那些具有真才实学的名人、伟人，他们都对虚名持不屑一顾的态度。恩格斯极其反感别人称他为"导师"，他在给普列汉诺夫的回信中，第一句话便是："请您不要称我为导师，我的名字叫恩格斯。"曾两次荣获诺贝尔奖的居里夫人，把金质奖章给孩子当作玩具，且语出惊人："我是想让孩子们从小就知道荣誉就像玩具，只能玩玩而已。"

王阳明也是一个不重视虚名的人，尽管他也曾几次参加科举考试，并最终获得了功名。但他参加科举考试的目的不在于功名，而在于功名背后的实际意义。正如他在第一次参加科举考试落榜时所说："我的确有点儿难受，但不是因为没有考中，而是因为不能考中为国家效力。"纵观王阳明的政治生涯，他也确实在全心全意地为国家效力，为百姓谋福。也正是因为这样，他才成为备受后人推崇的名臣、圣贤。

然而，尽管人们明知不该追求虚名，却仍旧甘心为虚名所迷惑。古人有云："声名，谤之媒也。"意思是说，人们常常为声名所累，这个声名也即人们常常说的虚名。虚名者，有名无实，或要其名而不要其实之谓也。生活中，有很多人对此贪恋不已。

有一个书生因为像晋人车胤那样借萤火虫的光夜读，在乡里出了名，乡里的人都十分敬仰他的所作所为。一天早晨，有一人去拜访他，想向他求教。可是这位书生的家人却告诉拜访者，说书生不在家，已经出门了。来拜访的人十分不解地问："哪里有夜里借萤光读书，学一个通宵，而清晨大好的时光不读书却去干别的杂事的道理？"家人如实回答说："没有其他的原因，主要是要捕萤火虫，所以一大早出去了，到黄昏的时候就会回来。"

车胤夜读是真用功、真求知，而这个书生却在清晨这样的大好的时光下出门捕萤，黄昏再回来装模作样地表演一番，完全是本末倒置，是虚伪的表现。"名"是有了，但时间一长难免会露出马脚。靠一时的投机取巧哗众取宠，这样的"名"往往很短暂，如过眼云烟，很快会被世人遗忘。那时，这位"名人"便再也无法风光了。

追求名誉难免不被虚名所累，误了一生。虚名不过是噱头，却有太多人被它牵制。虚名能为人带来一时的心理满足，但它本身毫无价值、毫无意义，任何一个真正的有识之士，都不会看重虚名。

而且，虚名往往非福而是祸。宋襄公为虚名而祸国，慈禧太后为虚名而殃国；一些人为虚名滥上项目，动辄数亿、数十亿资金付诸东流；一些人为虚名投机钻营，损人利己……类似例子举不胜举。人们应鄙视虚名，视虚名为国之敌、人之敌、己之敌，无论先贤今人，无一不告诫世人不要图虚名。

王阳明和他的学生讨论有关"名"的问题时曾说过，如果一味地力追声名，就不会懂得真实、纯朴的道理，人生就会徒增烦扰。正如郑板桥先生所云："名利竟如何/岁月蹉跎/几多风雨几晴和/愁风愁雨愁不尽/总是南柯。"人生太短暂了，而要做的事却很多，何必为虚名所左右，何必机关算尽为虚名而累呢？请抛却虚名，着眼未来，只要脚踏实地，我们终将到达人生的制高点。

住茅草棚也快乐

王阳明被贬到偏远的龙场后，并未因当地生活条件的艰苦而痛苦不堪，反而以此为乐，正如他自己在《何陋轩记》中写的那样："孔子当初想在九夷居住，弟子们都认为九夷的环境太简陋了，不适宜居住。孔子却认为，君子居住在那个地方，就会用君子之风去影响当地的人们，将文化传播到那里，改变那里的习俗，哪里还会简陋呢？我（王阳明）因为犯了错误而被贬到龙场驿站来，这龙场在古代是蛮荒之地，在今天却成为政府安抚少数民族的重点地区，但这里的生活条件依旧很落后。人们都以为我这从繁华的大都市来的人难以在这简陋的地方居住，然而，我却在这简陋的环境里安然处之，以苦为乐。"

据当时随同王阳明前往的弟子说，龙场简直就是野生动物园：毒蛇遍地，野兽遍山。在路上行走，一不小心就会踩到蛇的尾巴。每天早上醒来，由于山中的空气夹杂着毒气，常使人感到胸闷、头痛欲裂；且山中大雾弥漫，很难看清道路，行走时一不小心就会摔得头破血流。更糟糕的是，因为龙场驿站年久失修，已经没有房子可供居住，王阳明和弟子们为房子问题费了不少心思。他们先是搭了一个茅草棚栖身，但考虑到易受野兽袭击，就又选了个山洞住下，但山洞太阴冷潮湿，王阳明的随从们都病倒了。

即便在这样恶劣的环境里，王阳明仍然十分乐观，他不仅将居住的山洞命名为"阳明小洞天"，还亲自劈柴火、打水、煮粥，喂生病的随从吃，为他们唱家乡小调、讲故事，以抚慰他们低落的心情，对生病随从的小脾气也是百般容忍。此外，他还积极与当地居民互通有无：他教当地居民打土坯，用木头建房子；当地居民则教他种粮食，还到山里砍伐木材帮他搭建了几间房屋，王阳明将其命名为"龙冈书院"，后来又有了"宾阳堂""何陋轩""君子亭"等建筑，成为王阳明龙场开悟、讲学的重要场所。

《后汉书·杨彪传》中谈道："安贫乐道，恬于进趣，三辅诸儒莫不慕。"意思是说，人们要能安于贫穷困苦，并且以坚持自己的信念、理想为乐。正是凭借"安贫乐道"的精神，王阳明才没有萎靡堕落，反而在悟道讲学中，独创了心学。他自己在《始得东洞遂改为阳明小洞天三首》中写道："藐矣箪瓢子，此心期与论。"诗中引用了颜回对待艰苦生活的态度"一箪食，一瓢饮，在陋巷，人不堪其忧，回也不改其乐"。王阳明说："颜回虽离我们很远，但我愿意像他那样安贫乐道。"

在王阳明看来，安于贫困生活，以学习和掌握圣人之道为乐，不被现实与名利所扰，便会找到自己的人生意义，这与佛家的持戒之道是一脉相通的。明代施惠在《幽闺记·士女随迁》中说："乐道安贫巨儒，嗟怨是何如，但孜孜有志效鸿鹄。"如果沉浸在世俗名利中不能自拔，一心追求欲望的满足，那么还不如在宁静的海边享受简单的幸福。著名学者梁实秋在《雅舍小品·图章》中也说过："安贫乐道的精神之可贵更难于用三言两语向唯功利是图的人解释清楚的了。"

总之，能够安贫乐道，独守内心的清净，是修行的一种境界。若做人也能够如此，则必将有所收获。

不争才是最大的争

争与不争是两种处世的态度：争者摩拳擦掌；不争者平淡处之。关于不争，"水德"是对其最好的赞誉。在自然界的万事万物中，水滋润了万物，而又并不从万物那里争取任何有利于自己的东西。这种无私的表现为其赢得"以其不争，故天下莫能与之争"的美誉。

王阳明在中国哲学思想上取得的惊人成就，也与其"为而不争，天下莫能与之争"有关。年少时的王阳明满怀雄心壮志，一心追求真理、成为圣人。然而由于他性格耿直，不愿屈从恶势力，结果招致祸殃。之后，王阳明的人生发生了一个重大的转折。他远离政治，潜心研究儒教、佛教、道家思想，他的"不争"并不是放弃眼前的一切，而是以不争今日之利争万世，不争当前之利争天下。因其"不争"，故而能静心悟道，并体悟许多以前百思不得其解的道理，进而攀登上中国哲学思想的高峰。

只有无争，才能无忧。利人就会得人，利物就会得物，利天下就能得天下。善利万民的人，如同水滋润万物而与万物无争，不求所得。所以不争的争，才是争的最高境界。做人成事也是同样的道理。

楚汉相争时，张良、萧何和韩信共同辅佐刘邦夺取天下。由于楚军强大，刘邦被项羽打败。公元前205年五月，刘邦率领残兵败将到了荥阳，才停下脚步做暂时的休整。此时汉军丞相萧何已经知道刘邦兵败退守荥阳的消息，就在关中地区大量征兵，送到荥阳。在东边打下齐国的韩信也得知了消息，可他不但不来增援，反而派人来向刘邦提出要求，希望同意他自立为"假齐王"。面对韩信的无礼要求，刘邦当即大怒，想马上派兵去攻打韩信。关键时刻，谋士张良提醒刘邦，在这危急关头，不如就同意韩信，先稳住他，以防小不忍而生大变。刘邦立刻改口骂道，"他韩信大丈夫南征北战，出生入死，要做就做个真王，哪有做假王之理，封他为齐王！"然后派张良带上印信，前往齐国，封韩信为齐王。韩信立刻带兵赶到，汉军兵力大增，又恢复了战斗的士气。

刘邦领悟了"不争"的智慧，使韩信断绝了非分之想，有效地稳定了军心，控制了复杂的局势。后来，韩信又帮助刘邦大争天下，最后"天下莫能与之争"，终成千古一帝。所以，不争不是无所作为、甘于堕落，不是要让人彻底断绝私心欲望，而是劝告世人要顺应大道，不要贪图眼前的小私，只有着眼于大局，才能得到最多的利益。

权力场上变化无常，欲免于忧患，就应保持一种"不争"的心情。与人无争，与世无争，看似消极避世，但实际上恰到好处的"与人无争"，是一种知晓进退规则之后的释然，也是一种不急功近利的心机。"与人无争"说到底是智慧的"退"，而"无人能与之争"则是聪明的"进"。

因而，我们在为人处世时，也应效法天道，把我们的智慧贡献出来，不辞劳苦，不计较名利，不居功，秉承天地生生不已、长养万物万类的精神，只问耕耘，不问收获，如能这样，则自然达到"为而不争，天下莫能与之争"的高境界。

低头是一种智慧

在古越这片土地上，越王勾践卧薪尝胆最终报仇复国的精神最见越人气性。王阳明在为人作序时，落款常是"古越阳明子""阳明山人""余姚王阳明"等，他以生为越人为荣。王阳明自幼受古越民风滋润，也深悟"卧薪尝胆"的精髓。少年时的王阳明曾去居庸三关，了解古代征战的细节，思考御边方策，回来之后甚至还屡屡想上疏朝廷建言献策，这种狂妄的想法得到了父亲的斥责。面对父亲的呵斥，王阳明并没有昂首怒目，反而经常出游，"考察"居庸三关，拜访乡村老人，询问北方少数民族的生活习俗，以探访各部落的攻守防御之策，为其"平安策"寻找可支撑的依据。最终写下著名的关于边防军队改革的奏疏，初显他卓越的军事才能。

有时候，俯首比昂首怒目更有威严，为了实现自己的梦想，短暂的低头并不是一种懦弱，韬光养晦之道实则是一种积极进取的精神。诚如梁漱溟先生所言：儒家虽然提倡温良恭俭让，但实质宣扬的却是一种积极进取的精神。换句话说，暂时的俯身就是"以退为进，以柔克刚"，是一种方圆处世的态度。

民间有句谚语说："低着头的是稻穗，昂着头的是稗子；低头的稻穗充满了成熟的智慧，而昂头的稗子只是招摇着空白的无知。"大哲学家苏格拉底曾说："天地只有三尺，高于三尺的人要想长久立于天地之间，就要懂得低头。"董得低头便是一种智慧。

秦始皇陵兵马俑博物馆的"镇馆之宝"是一尊跪射俑。许许多多出土的兵马俑都可以算作人间精品，但唯独是它享有了"镇馆之宝"的无上荣誉。

事实上，在出土、清理和修复的一千多尊各式兵马俑中。只有这尊跪射俑保存得最为完整，未经人工修复。如果仔细观察。还会发现这尊跪射俑身上的衣纹、发丝都清晰可见。

专家介绍说，这尊跪射俑之所以能够保存得如此完整，完全是得益于它自身的"低姿态"。原来兵马俑坑是地下通道式土木结构建筑，一旦棚顶塌陷、土木俱下时，高大的立姿俑自然是首先遭受灭顶之灾，这样一来，低姿的跪射俑受到的损害就大大减小。此外，跪射俑呈蹲跪姿，右膝、右足、左足三个支点呈等腰三角形，完全支撑着上体，整个身体重心在下，增加了它的稳固性，这与两足站立的立姿俑相比，就避免了倾倒、破损。所以，秦始皇陵兵马俑中的跪射俑在经历了两千多年的岁月后，依然完整地呈现在我们面前，真可谓是"宝中之宝"。

综观中国历史，那些成熟的人，有成就的人，往往都具备了低头、忍让、不自高自大的品质。譬如，两汉的韩信，因忍受"胯下之辱"，专心研究兵法，练习武艺，终得到刘邦的重用。三国时期的刘备再三低头：从三顾茅庐到孙刘联合，每一次低头，都会迎来"柳暗花明又一村"，终于成就"三足鼎立"的辉煌。

当今社会，错综复杂，变幻莫测。因此，在人生的漫长跋涉中，我们就必须学会低头。好比当你陷入泥潭时，你最先做的是迅速地爬起来，并且远远地离开泥潭，而不是对着自己的鞋子说，我们可是出淤泥而不染的。

很多时候，低头都是为了追求长远利益而采取的策略。一个为了追求更大成功的人，面对暂时的困厄，不得不低头，通过忍耐甚至放弃尊严来保全自己。它需要很大的勇气，所以我们应当用平和的心态，像跪射俑那样，时刻保持着生命的低姿态，这样就一定会避开无谓的纷争，避免意外的伤害；就能更好地保全自己，发展自己，成就自己。

老子说过，当坚硬的牙齿脱落时，你的柔软舌头却完好无损。柔软有时候是完全可以胜过强硬的。以柔克刚，以退为进，恰恰是人生的大智慧、大境界。

特别提示：

　　本书在编写过程中，参阅和使用了一些报刊、著述和图片。由于联系上的困难，和部分作品的作者（或译者）未能取得联系，对此谨致深深的歉意。敬请原作者（或译者）见到本书后，及时与本书编者联系，以便我们按照国家有关规定支付稿酬并赠送样书。

　　联系电话：010-80776121　　联系人：马老师